21世纪经济学系列教材

国际经济学

International Economics

■ 宋世方 李红艳 编著

WUHAN UNIVERSITY PRESS
武汉大学出版社

图书在版编目(CIP)数据

国际经济学/宋世方,李红艳编著.—武汉:武汉大学出版社,2008.3
21 世纪经济学系列教材
ISBN 978-7-307-05908-5

Ⅰ.国…　Ⅱ.①宋…　②李…　Ⅲ.国际经济学—高等学校—教材
Ⅳ.F11—0

中国版本图书馆 CIP 数据核字(2007)第 164648 号

责任编辑:夏敏玲　沈以智　　责任校对:刘　欣　　版式设计:詹锦玲

出版发行:**武汉大学出版社**　　(430072　武昌　珞珈山)
　　　　　(电子邮件:wdp4@whu.edu.cn　网址:www.wdp.com.cn)
印刷:武汉中科兴业印务有限公司
开本:720×1000　1/16　印张:24.375　字数:486 千字
版次:2008 年 3 月第 1 版　2008 年 3 月第 1 次印刷
ISBN 978-7-307-05908-5/F・1087　　定价:36.00 元

目　　录

下编　开放经济下的宏观经济学

前　言

我们现在所处的时代是一个开放的时代，在这个开放的社会中，世界上每一个国家、地区或经济体都以种种方式处在整个世界网络的某个节点上。"一体化"、"全球化"、"地球村"等概念就是对这种开放世界的描述。在这个世界中，每一个国家的经济发展都离不开其他国家的经济发展；每一个国家的发展也会给世界的发展带来活力。只要粗略地回顾一下中国经济开放的历程就能体会到，在迄今为止不足 30 年的时间里，中国为世界其他国家的投资者创造了多少投资机会，每一个投资项目都为这些国际投资者带来不菲的收益；中国也向世界出口了无数的商品，这些商品丰富了进口国消费者的消费选择，降低了他们的消费支出。自然，这个时期也是中国经济迅猛发展的时期，中国利用外国的资金、先进技术及先进管理经验，在增加产出和就业的同时，也在不断地提升自己的制造水平、研发能力和国家的综合实力。中国居民也在享受开放经济的成果。收入的提高使之可以消费更多的物品与服务——包括来自外国的物品和服务（中国公民出国旅游和购物已是常见的事情）。开放给中国社会带来成果是不争的事实，所以现在的中国不存在要不要开放的问题——尽管开放初期中国对该问题存在争议；而在于如何立足于这个开放的世界经济体系，如何利用世界资源谋取经济更好更快发展。回顾近 30 年的开放历程，我们既有成功的经验，也有不少的教训。在这个过程中，我们是战胜了无数的挑战才得到现在的开放经济成果的，有些挑战到现在为止仍是我们不得不面对的。如何利用外资、保护民族资本和本国市场是挑战；加入 WTO 是挑战；如何避免贸易摩擦为出口商品创造良好的国外市场环境是挑战；如何在世界环保谈判中为本国企业和本国经济争取发展的空间是挑战；汇率制度、外汇储备资产管理制度改革也是挑战。要应对现在的挑战和未来可能出现的新的挑战，做到在开放中不迷失自我，就不能将开放视为万能，而应该认真地研究开放经济的规律性。世界市场的分工格局是什么，这种格局是如何形成的，这种分工格局对处于不同发展水平的国家有什么影响，国际资本流动对相关国家有什么影响，一国应如何管理资本流动，不同汇率制度有什么特点，什么样的汇率制度更适合本国经济，在参与国际政策合作中应持什么态度……这些问题都是开放经济下反映国际经济联系的问题，它们构成国际经济学的基本内容。

国际经济学是经济学的重要分支。在微观经济学中要研究市场对资源的有效配置，通过市场在不同国家之间进行资源配置就是国际贸易理论研究的内容；在宏观经济中要研究国民收入和价格水平的决定，在开放经济中国民收入和价格水平的决定及这些宏观经济变量在国际间的相互影响，这是国际宏观经济理论（或国际货币、国际金融）研究的内容。国际经济学的理论可以追溯到英国早期的经济学家亚当·斯密和大卫·李嘉图，尤其是李嘉图的比较利益思想，现在仍是进行国际经济分析的起点。马克思在自己的研究计划中，也有专门的国际经济的内容，后因《资本论》的研究和写作耗费了他毕生的精力而没有实现。李嘉图的比较利益强调的是劳动生产率的差异。后来的两位瑞典经济学家赫克歇尔和俄林在 20 世纪早期提出了要素禀赋理论，从要素禀赋差异角度论述了国际分工和交换的格局。此理论曾长期占据主导地位，并通过现代经济学形成完美的模型。到了 20 世纪 80 年代，以克鲁格曼为代表的一些经济学家提出了"新贸易理论"，用规模经济、不完全竞争解释专业化分工和贸易，是国际贸易理论的又一次重大发展。保罗·克鲁格曼的新贸易理论以成熟的垄断竞争模型来分析规模经济以及产业内贸易，产业部门的扩张是通过厂商数目的增加（更大的规模经济）而实现的，在此情形下，每个国家都以自己生产的产品供应世界需求，同时又从其他国家生产的产品中满足自己的需求，这就很好地解释了双向的产业内贸易现象。即使各国拥有相同的资源禀赋，两国照样存在产业内贸易。在国际金融理论方面，早期理论关注的主要是外部平衡问题。休谟的价格-铸币流动机制最早论述了金本位下国际收支失衡的自动调节。价格-铸币流动机制属于价格调节，这一调节机制长期被认为是唯一的调节机制，直到凯恩斯理论出现后，收入对国际收支的作用才开始为经济学家所关注。但是，这两种调节的对象都是贸易收支，没有涉及国际收支中的资本流动，这显然有其片面性。这一问题在蒙代尔的开放经济研究中得到解决，因为他将资本流动纳入了对外均衡中，利率、汇率、收入等变量同时影响内部均衡与外部均衡，并能够解释财政政策、货币政策在不同汇率制度下的效果。国际经济学就是围绕上述国际贸易和国际金融问题的研究形成的理论体系和独立的学科。

在结构上，本书采用国际经济学通常的方法，除第一章国际经济学概论外，将内容分为两大部分：上编，国际贸易理论与政策（国际经济学的微观部分），下编，开放经济下的宏观经济学（国际经济学的宏观部分）。

上编国际贸易理论与政策部分共有 7 章。

第二章古典贸易理论。重点介绍大卫·李嘉图的比较优势理论。这里不仅对比较优势理论的基本思想进行了描述，还用现代经济学的分析工具对比较优势理论进行了论证。

第三章专用要素模型。该模型给出了部分要素不能充分流动时国际贸易产生的结果。要素的非流动性使得要素报酬无法根据要素需求的变化改变自己的配置，由于数量无法调整，就会导致要素价格的变化，因此产生再分配效应。专用要素模型为分析贸易对收入分配的影响提供了一个有用的工具。

第四章要素禀赋理论。它是最有影响的国际贸易理论之一。与古典贸易理论用技术差别解释相对价格差异不同，该理论强调一国资源禀赋的差异对商品相对价格的影响，这方面的内容被归结为赫克歇尔-俄林理论；同时，该理论在后来的发展过程中，要素价格均等化定理、Stolper-Samuelson 定理、Rybczynski 定理也被纳入这一理论体系，使这一理论体系更为完整和严密。

第五章新贸易理论。与古典贸易理论用技术差异和要素禀赋理论及要素禀赋差异解释贸易不同，新贸易理论试图在此之外寻求国际贸易发生的原因。新贸易理论还没有像新古典贸易理论那样有统一、完美的模型，理论上也没有形成统一的分析框架。有的用规模经济解释贸易的发生和贸易格局，有的用垄断来解释，甚至也有从需求差别来分析贸易的。新贸易理论解释了传统贸易理论无法解释的一些贸易现象，如产业内贸易。

第六章要素跨国流动、经济增长与贸易。从另一个角度研究了国际经济交往。在前面的贸易理论中，都是假定要素是不能流动的，如果要素能够进行无障碍的跨国流动，要素的流动就能替代商品的交换，于是就不需要商品贸易了。一旦将要素跨国流动纳入视野，这种流动就不再是简单的贸易利得问题，因为要素的跨国流动是资源在不同国家之间的重新配置，它将影响一国的生产能力和经济增长。

第七章国际贸易政策。这一章一方面分析各种贸易政策的经济效果，另一方面说明一国是否应该采取某种限制或鼓励贸易往来的政策措施。

第八章贸易政策合作。由于单边贸易政策可能引发贸易伙伴国之间的冲突，引起贸易战，这就需要伙伴国贸易政策之间的合作。国际经贸政策合作是现代国际经贸关系的重要现象，体现全球性贸易政策合作的是世界贸易组织；区域性政策合作组织和协定更是不可胜数。这些贸易合作组织或条约都旨在推动成员国之间的贸易自由化。本章介绍国际贸易合作的形式、贸易政策合作理论及有较大国际或地区影响的贸易合作组织。

下编开放经济下的宏观经济学部分共 8 章。

第九章国际收支。介绍如何将一国所有的对外经济活动通过国际收支平衡表来记录，并对国际收支平衡表反映的经济内容进行分析，这种分析使我们了解国际金融问题是如何产生的。国际收支中的重要问题是，如果出现失衡，如何进行调节。我们知道，在市场经济条件下，如果出现供求失衡，价格调节机制就会发挥作用。国际往来也是市场经济，也受价格机制调节，不过，在国际往来中，最重要的价格不是各国商品的本币价格，而是两国货币之间的价格，即汇率。

在接下来的三章里，我们介绍汇率的基本知识，然后讨论汇率决定理论。解释汇率形成的理论有很多，最基本的还是两种，即购买力平价和利率平价，两种平价理论分别反映了国际贸易因素和国际资本流动因素对汇率形成的影响。

　　研究汇率形成和变化本身并不是最终目标，而是为了考察汇率变化对一国经济的影响。这是第十三章的内容，即国际收支的价格调节机制——弹性调节理论。它告诉我们，如果政府将汇率作为政策工具来影响贸易差额（逆差），贬值在什么样的条件下才会有效。

　　尽管汇率是最重要的国际收支调节机制，但并不是唯一的机制，收入也是调节国际收支的变量，这正是第十四章的内容。在收入调节机制的分析中我们还延伸出国际经济的相互依赖性。到此为止，我们的分析只局限于分析外部失衡的调节问题，而没有考虑外部失衡的调节与内部平衡是否兼容；更进一步，外部失衡的调节本身也不是终极目标，如果外部均衡不影响内部经济运行（如经济增长、国民福利等），一国的政府就没有理由关心外部失衡问题。事实是，外部经济活动的水平、内容和结构会影响内部经济运行，并且外部经济活动的均衡并不意味着内部的均衡。如果一国努力实现外部均衡的结果是国内更多的失业，那么谁也不会认为这种努力是值得的。

　　因此，在第十五章，将把内部均衡与外部均衡结合在一起，考察外部均衡对内部均衡的影响，以及这种影响的政策意义。

　　最后，即第十六章将考察国际金融制度。正如国家之间的贸易政策可能存在冲突并产生贸易政策合作一样，国际金融政策同样也存在冲突，也需要国际间金融政策的合作。一个国家要调节内部失衡和外部失衡，汇率制度选择是至关重要的。然而汇率制度的影响却并不完全取决于一个国家单方面选择的结果，它与其他国家的选择也有紧密的联系，这就涉及国际货币政策的合作及国际货币制度的创建。

　　以上是本书的内容安排。在各章节的叙述上，采用的是首先介绍相关理论的基本思想，然后用图形对理论模型进行解释，由于图形具有直观性，有助于读者较快地掌握理论的论证。最后是用数学公式做进一步的证明，使理论更加严密。这样处理的目的是让初次接触国际经济学的读者能迅速地把握国际经济学的基本理论，让已经对国际经济学有所了解的读者能够在理论的论证和事实的理解上更加深入。

第一章　国际经济学概论

在现代社会中，每一个国家，每一个国家的每一个居民都置身在开放的经济环境中。在这种背景下，每一个人的生活不仅受本国经济的影响，而且也受世界经济的影响。一个国家或经济体的经济状况，包括它的人均 GDP、GDP 的增长速度，失业率及通货膨胀也或多或少与世界经济联系在一起。考察一国（地区）经济与外部相互联系、相互影响的过程、方式、机制构成国际经济学的基本内容。作为本书的开篇，本章的第一个任务就是展示国际经济的基本现象和事实，以此说明国际经济学的研究对象。第二个任务是说明本书对国际经济学研究内容的安排，以便使读者对国际经济学有一个总体的把握和认识。

第一节　国际经济的事实

一、世界贸易量及增长

货物贸易与服务贸易是国际经济交往的最基本内容，检查一下 1995～2004 年间的世界货物贸易和服务贸易可知，除了 1998 年和 2001 年两个年份货物贸易金额出现负增长以外，在所有其他年份中，货物贸易与服务贸易的增长率都是正的（见表 1-1 和表 1-2）。如果将货物贸易与服务贸易加在一起，其总额及其增长率如表 1-3 所示。

表 1-1　　　　　　　　**1995～2004 年世界货物贸易情况**　　　　（10 亿美元,%）

年份	货物出口额			货物进口额
	金额	增长率	贸易量增长率	
1995	5 161	19. 3	7. 4	5 278
1996	5 391	4. 5	5	5 535
1997	5 577	3. 5	10. 1	5 725
1998	5 496	− 1. 5	4. 7	5 664

续表

年份	货物出口额			货物进口额
	金额	增长率	贸易量增长率	
1999	5 708	3.9	4.4	5 901
2000	6 445	12.9	11	6 697
2001	6 191	− 3.9	− 0.5	6 452
2002	6 455	4.3	3	6 693
2003	7 482	15.9	4.5	7 765
2004	9 124	21	9	9 458

资料来源：www. wto. org。

表 1-2　　　　　　　　　**1995～2004 年世界服务贸易情况**　　　　（10 亿美元，%）

年　份	货物出口额		货物进口额
	金额	增长率	
1995	1 189	14.6	1 191
1996	1 275	7.2	1 262
1997	1 327	4.1	1 303
1998	1 341	1.1	1 327
1999	1 391	3.7	1 377
2000	1 476	6.1	1 461
2001	1 478	0.1	1 470
2002	1 570	6.2	1 546
2003	1 763	12.3	1 743
2004	2 100	19.1	2 080

资料来源：www. wto. org。

　　尽管同期的世界贸易出口总额有两年是负增长，其他年份的增长率却比较高，2004 年比上一年度的增长率竟超过 21%。为了和同期的经济总量相比较，有必要计算出 10 年间的年均递增速度。根据表 1-3 的数据，货物与服务贸易出口额在 1995～2004 年间年平均递增 6.53%；同期相应年份的世界经济总量（由表 1-4 给出）年平均递增 3.76%。也就是说，10 年间世界出口贸易总量的年均增长率远远高于同期经济总量的年均增长率。为什么贸易会有这么高的增长率？贸易增长是否有助于经济总量的增长？贸易的增长是否给贸易当事国或者世界带来福利的增加？
这些都是国际经济学要回答的问题。

表 1-3　　　　　　　　　　　　货物与服务贸易出口额

年份	总额（10 亿美元）	增长率（%）
1995	6 350	18.42
1996	6 666	4.98
1997	6 904	3.57
1998	6 837	−0.97
1999	7 099	3.83
2000	7 921	11.58
2001	7 669	−3.18
2002	8 025	4.64
2003	9 245	15.20
2004	11 224	21.41

注：数据来源于表 1-1 和表 1-2，1995 年的增长率是加权平均数。

表 1-4　　　　　　　　　世界经济总量及增长率　　　　　（10 亿美元,%）

年份	金额	增长率
1990	22 610.03	2.9
1995	29 184.97	3.9
2000	31 455.18	4.6
2001	31 195.31	2.5
2002	32 410.03	3
2003	36 327.44	4
2004	40 670.54	5.1

资料来源：World Economic Outlook database，April 2005，IMF。

二、各国的经济开放度

在我国实行改革开放前以及改革开放之初，国外制造的产品是难得一见的，即
使有，也不是普通居民所能买得到的。这些外国产的商品都在"专卖店"里，仅
供那些有外汇券的人购买。而现在的普通商店里人们也许会不经意地遇到进口商
品。当你去买一枝中性笔，它可能是韩国的产品（Made in Korea）；日本的数码相

机，泰国的大米、榴莲，美国的耐克鞋，菲律宾的香蕉等都进入中国普通民众的消费篮子。即使有些产品是在中国生产的，但很多产品是国外的资金和技术，国外的品牌，因此，这些国内生产的产品也不再是"纯"中国产品，它们多少也包含着"进口"因素。同时中国制造的产品遍布世界各地。我们会经常听到这样的故事，中国游客到西方国家旅游，回国时希望购买一些当地的纪念品、礼品或其他用品，但买回来仔细一看，这些产品却是中国制造（Made in China）。

中国经济是开放的，并且开放的步伐还在持续，其他国家又何尝不是如此呢？图 1-1 给出了世界各国贸易总量（即它的进出口总量）占其 GDP 的比重，这一指标也就是我们常说的一个国家的开放度。该图显示，2003 年除了几个经济大国和发展中国家（如美国、日本、加拿大、巴西、印度），世界其他国家（格陵兰、朝鲜等少数国家和地区没有统计数据）的开放度都超过了 30%。一些经济欠发达的国家（如蒙古、巴布亚新几内亚、阿富汗）甚至超过 100%。世界各国之间就是在这样的贸易往来中紧密地联系在一起。单纯从经济上来看，有着"一荣俱荣，一损俱损"的关系，或者像有人所形容的，中国的经济"打了个喷嚏"，澳大利亚的经济就会"感冒"。为什么世界绝大多数国家在经济上都是开放的？与其他国家进行贸易往来到底会给本国带来什么样的好处？如果贸易往来对本国确实是有益处的，那么为什么世界各国又以种种贸易管制措施限制它与其他国家之间的贸易往来？如果一国经济繁荣或国民福利与其他国家是高度关联的，一国的贸易政策也会对其他国家的经济繁荣或国民福利产生影响，国家之间的贸易政策是否需要协调？如何进行协调？这些都是开放经济面临的、需要进行研究和解释的问题。

三、国际资本流动

除了货物贸易与服务贸易的交往以外，国际经济往来的另一个重要内容就是国际资本往来。作为一个居民，如果你曾在国外为其他国家的居民提供过服务并得到当地提供的货币报酬，或者你有在国外定居的亲属并得到过他们的无偿赠款（侨汇），你都可能会拥有其他国家的货币资产。即使没有直接得到这种外国货币，如果本国外汇市场是高度开放的，没有资本流动的限制，一个居民也可以将其本币资产在外汇市场上兑换为外国货币。如果一国居民将本国货币资本转换为其他国家的货币，相当于将这笔资本转移到其他国家。①

---

① 这只是近似的说法，因为如果仅仅是两个国家的居民将各自国家的货币与对方互换，那就等于本国资本流出的同时，外国资本也同时流入了——相互持有对方国家的债权。如果本国居民仍持有兑换后的外国货币，而外国居民已经将其持有的本国货币购买了本国的商品，即外国居民进口本国的商品并用于消费，这时外国居民就不再拥有本国的债权，本国居民就是外国居民的"净"债权人。

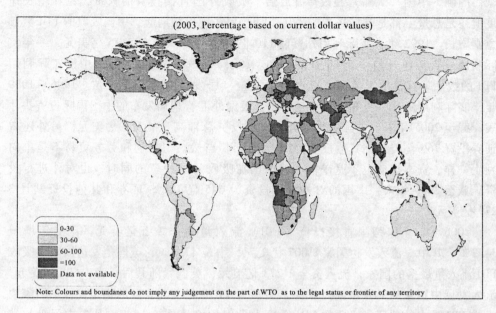

图 1-1　商品与劳务进出口占 GDP 的比率

资料来源：www. wto. org。

　　国际资本流动（尤其是短期资本流动）数量非常庞大。据 2007 年 1 月底公布的三项调查显示，全球三大外汇交易市场——英国、北美和新加坡的日均成交额在 2006 年 10 月突破 1 万亿美元，而且还在进一步上升。从 1989 年起，国际清算银行开始对全球外汇市场交易额进行首次调查，当时估算出的日均交易额约为 5 900 亿美元，是迄今全球规模最大的金融市场；此后，这项调查每三年进行一次，2004 年的日均交易额已经达到 1.9 万亿美元；在 2006 年 4 月的调查里，这个数字已经增长到 3 万亿美元。① 庞大的（短期）国际资本流动是好还是坏？这是很难用"是"和"不是"来回答的。资本缺乏的国家总是希望能从国际资本市场上得到融资，得到稀缺资源就能提高本国的产出效率；但是，1997 年泰国的金融危机，经济学家断定它的发生与投机性资本冲击有关。如何做到既能利用国际资本，又不受国际资本冲击之害，显然也是国际经济学的内容之一。

　　短期资本流动只是国际资本流动的一个方面。国际资本流动的另一个内容是长期资本流动，主要以直接投资形式存在（Foreign Direct Investment，FDI）。一谈到吸引外资（直接投资），中国总是以在发展中国家中最具投资吸引力的国家而自

　　① 赵亚玲. 全球日均交易额超 3 万亿　美元外汇市场交易增速［EB/OL］.（2007-02-06）［2007-05-22］. http：// www. p5w. net/exchange.

豪。的确,中国(大陆)在改革开放后,吸收外国直接投资的数量无论在增长速度上还是总量上都是首屈一指的。从20世纪90年代初期起,中国吸收的FDI数额急剧增长。1992年,实际利用外资额110亿美元,1993年275.15亿美元,一年实际利用外资额超过整个80年代的总和。1993~1997年连续5年,中国实际利用FDI的数额一直仅次于美国,居世界第二位,居发展中国家第一位。1996~1999年,实际利用FDI一直超过400亿美元。根据外汇管理局发布的中国国际投资头寸表,截至2005年末,中国吸收的来华直接投资总额高达6 102亿美元,另外还有证券投资766亿美元,其他投资2 439亿美元。当然,与货物和劳务贸易不是单向发生一样,资本流动也不是单向的,中国在吸收外国投资的同时,也对外进行投资。截至2005年末,中国的对外直接投资为645亿美元,证券和其他投资共计3 279亿美元。

2006年,全球跨国直接投资(FDI)流入量为1.2万亿美元,比上年增长34.3%。其中,流入发达国家8 007亿美元,增长47.7%,美国是发达国家中吸收FDI流入量最多的国家,流入资金1 773亿美元,英国紧随其后,为1 698亿美元。流入发展中国家的FDI增幅为10%,金额为3 677亿美元。亚洲仍是发展中国家中吸收FDI最多的地区,吸收的FDI金额占发展中经济体的63%,其中中国吸收外资仍居发展中国家和地区首位,新加坡次之。此外,流向东欧和独联体国家以及非洲产油国的投资猛增。

为什么会有国际直接投资?国际直接投资对投资的接受国会产生什么影响?对投资国会有什么影响?这些问题也是国际经济学所要回答的。

四、国际经济关系中的一些焦点问题

对于国际贸易或国际金融,不同的国家在不同的产品、不同的贸易方向、不同的调节方向上会有着截然不同的观点,因而也会采取截然不同的政策措施,这是因为它们之间可能在某一种贸易和金融关系上有着截然不同的利益。

先来看欧美之间的"香蕉战"。这场"贸易战争"最早由欧盟挑起。[①] 1993年迈入经济一体化进程的欧盟颁布了洛美协定,制定了香蕉共同市场政策,诚邀非洲和加勒比海太平洋地区的香蕉生产国加入洛美协定,给予这些国家最惠国待遇。按照洛美协定,欧盟对来自非洲和加勒比海太平洋地区的香蕉进口采取非常优惠的政策,给予单列的、稳定的配额,而且实行免税。这显然是对其他国家的贸易歧视。因此,这项协定一经公布,就像一颗炸弹投向了美洲大陆,许多盛产香蕉的中美洲国家认为欧盟的规定将损害它们的香蕉出口,美国也表示强烈不满,因为中美洲是

---

① 魏崴．"香蕉战""环保战"接踵而至——欧美贸易官司打到世贸组织[N]．人民日报,1999-03-10(7)．

美国许多大公司的生产基地，香蕉出口受阻，这些美国公司的收入也随之减少。美国和欧盟的贸易代表就此进行了磋商，但由于欧盟固执己见，双方谈判破裂。1995年9月28日，忍无可忍的美国和危地马拉、墨西哥、洪都拉斯共同将欧盟告上了世界贸易组织。随后，厄瓜多尔和巴拿马也加入了申诉的行列。1996年，世界贸易组织成立专家小组，负责协调欧盟争端。经过近一年的调查，专家小组认定欧盟的香蕉进口政策违背了世界贸易组织的最惠国待遇原则。但欧盟却并不承认自己的错误，并向世贸组织上诉机构提起上诉。当年9月9日上诉机构二审维持原判，要求欧盟改变香蕉进口政策。次年，也就是1998年欧盟对香蕉进口政策做出了小小的改动，但是并没有改变对中美洲国家的歧视政策。为此，世贸组织争端解决机构在1999年和2000年两次授权美国对欧盟实行报复。1999年4月，美国公布了报复名单，对来自欧盟的床单、羊绒衫、路易·威登手袋等价值5.2亿美元的商品加征100%的关税；2000年再次对价值1.9亿美元的欧盟产品加征惩罚性关税。1999年4月份开始，想购买路易·威登手袋的美国人突然发现价格一下子涨了许多，高价格使他们望而却步，路易·威登手袋在美国的销量也急剧下降，路易·威登公司眼看自己的产品在美国失掉市场，却无可奈何。

不仅如此，小小的香蕉战还引发了更大的贸易冲突。也是在1999年3月3日，美国众议院通过一项法案，将禁止欧洲的超音速协和飞机在美国着陆。这是因为在数天前，欧洲议会通过一个决议：为保护环境和防止噪音污染，从2002年起，欧洲天空将禁止机龄大的美国飞机飞行。如此，将可能危及1 600架波音飞机的飞行，美国当然不干，于是便拿英法联合生产的飞机开刀，进行报复。

直到2001年7月，欧美贸易代表才达成了协议，为长达9年之久的香蕉战画上了句号。根据双方协议，欧盟将从2001年7月1日起实施新的香蕉进口规定，到2006年再全面实行新的征税制度。美国则从2001年7月1日起中止针对欧盟国家的产品实施的惩罚性关税措施。欧盟取消对中美洲国家的香蕉歧视政策，而美国也放弃了对欧盟商品的惩罚性关税。路易·威登又恢复了以往的价格，欧美皆大欢喜。

这个例子突出说明了，一个国家的贸易政策可能与另一个国家的利益产生矛盾冲突。冲突的根源在哪里？冲突对双方意味着什么？如何寻求冲突的解决？这当然也属于国际经济学要研究的问题。

再来看我们身边正在经历的一个例子：人民币汇率升值问题。20世纪90年代中期以前，由于中国外汇缺乏，中国政府一方面实行鼓励出口创汇的政策，另一方面对外汇实施较为严格的管制，包括用汇审批和汇率双轨制。1994年外汇制度改革，取消了汇率双轨制，所有的合法用汇都可以按统一的汇价购买。后来，由于中国的经济形势和贸易形势良好，并没有出现当时汇率并轨时决策者所担心的可能造成外汇短缺的情形，相反，由于出口强劲，中国的外汇储备持续快速增长，已超过1万亿美元之巨，并取代日本成为世界外汇储备最多的国家。然而问题也随之发生，这还不是如此多的储备是否合适以及如何使用的问题（尽管这方面的问题也存在），而是美国站出来说话了：人民币必须升值！2005年，美国纽约民主党参议员舒默（Charles Schumer）和南卡罗来纳州共和党参议员格雷汉姆（Lindsey Graham）向国会提交了一份议案表示，要求中国政府在180天内重估人民币币值，否则就将对中国进口产品征收27.5%的关税，目的在于迫使人民币升值。此前和此后，美国要求人民币升值的声音甚嚣尘上。

是不是美国人喜欢管"闲事"？不是，人民币汇率的确不是美国人的闲事，因为汇率反映两国贸易商品的相对价格，从而反映两国商品的市场竞争力。在美国某些人看来，中国对美贸易存在巨额顺差，他们找不到中国在贸易政策方面的问题，也不检讨自己的贸易政策存在的问题——例如限制对中国高技术产品出口，面对它对中国的贸易逆差，只好拿中国的人民币汇率制度来"说事"了。受美国的影响，日本也在后面"起哄"，要求人民币升值。一时间，人民币汇率似乎成为众矢之的，因为那些对中国贸易有逆差的国家都希望人民币升值，人民币兑美元升值可以在一定程度上增强美国产品的竞争力，减少美中贸易逆差——在其他因素给定时美元对人民币贬值确实可以起到这样的作用。但是，汇率是联系国内外贸易与资本流动的最重要的价格变量，中国自然也不会一听到贸易伙伴国的叫喊声就任由人民币汇率升值。汇率是什么？汇率是由什么决定的？汇率是如何调节贸易与资本流动的？这些问题也是十分重要的国际经济学问题。

第二节　国际经济学及其基本内容

一、什么是国际经济学

从第一节中的内容我们可以看出，一国与其他国家处在各种各样的经济联系中，这种经济联系主要体现在两个方面：一是货物与服务的贸易，二是资本的往来。① 国际经济学就是以研究对外经济往来为主要内容形成的一门学科。具体地说，国际经济学是研究和探讨国与国之间贸易与经济往来关系发生的机理、作用，外部经济往来与内部经济的相互关系以及政府以何种目标，用何种手段影响对外经济往来的一门学科。

现在社会是一个开放的社会，任何一个国家（地区）或民族都与其他国家（地区）或民族有着各种各样的政治、经济、军事、文化的往来。如果将这些国际交往的经济因素提取出来进行研究，就是国际经济学。

---

① 事实上，劳动力也存在国际之间的流动，但是，迄今为止，劳动力在国际间的流动存在很大的障碍，在国际经济关系中，劳动力流动对国际经济关系的影响我们就忽略不计了。

国际经济学是经济学的一个重要分支。经济学的一个重要任务就是对观察到的经济现象给出理论解释，国际经济学也是一样，它首先要解释国际经济往来这一现象：为什么要进行国际贸易？为什么要进行资本流动？对这些问题的回答构成国际经济学理论的基本内容。同样，国际经济学使用的方法也是经济学中行为分析的基本方法，也就是说，人们之所以开展贸易，之所以进行资本的国际转移，是因为它能给相关利益者带来好处，是他们追求利益最大化的结果。由于国际经济学涉及经济学的基本知识，国际经济学的理论学习和理解也离不开对经济学基本知识的了解。这就要求读者掌握经济学的基础知识，因为在国际经济学的理论介绍中，并不是所有的地方都将它所涉及的经济学基础理论和分析方法从头开始介绍的。

二、国际经济学的基本内容

正像经济学分为微观和宏观两部分一样，在国际经济学中也有类似的划分，我们不妨称为国际微观经济学和国际宏观经济学。国际经济学之所以有这样的划分，并不是微观经济学和宏观经济学划分方法的简单翻版，而是由国际经济学研究特有的内容决定的。

我们已经知道，在国际经济学中有两方面的研究对象①：其一是两国之间的货物和服务交易，简称国际贸易；其二是两国之间的金融往来，简称国际金融。在国际贸易部分，国际经济学主要解释贸易发生的原因、贸易的格局（一个国家出口什么产品、进口什么产品）及贸易政策。对贸易原因的解释，在传统贸易理论中采用的是机会成本分析方法：一个国家出口自己生产机会成本低的商品，进口自己生产机会成本高的商品。很容易说明，这样的贸易能使贸易国比自给自足的经济具有更高的福利。接下来就是如何解释机会成本了，在亚当·斯密和大卫·李嘉图的理论中，机会成本的差异（即比较利益）来自于不同的生产技术水平；在赫克歇尔和俄林的理论中，机会成本的差异来自于不同的要素禀赋。后来，经济学家又从规模经济、消费偏好等不同的方面来解释贸易的发生和贸易格局。由于贸易理论所要论证的是资源在国际间的有效配置问题，所以被称为国际微观经济学。这部分内容不涉及货币问题，价格都使用商品的相对价格（机会成本），因此属于实体经济方面。

---

①　"两方面的研究对象"只是国与国之间各种交流的简单抽象，其他方面的国家之间的交往也可以归结为这两个方面。例如，军火交易从来都不是纯粹的经济问题，但在国际经济学中只是将其作为经济问题来看待；另外，国与国之间不论是个人之间还是政府之间进行的无偿捐赠都不是商品经济行为，因此，尽管这些行为也引起商品和资本的跨国流动，但由于其规模和影响微不足道，一般也不将其列入国际经济学的主要研究对象——尽管也有经济学家对此进行专门研究。

在国际金融部分，国际经济学所要探讨的内容是国际贸易如果不能平衡，它能否以及如何通过国际资本流动得到融资，如果不能，通过什么机制调节贸易差额。这在国际贸易的理论分析中，或者作为前提条件，或者作为相对价格变化后的调节结果，贸易总是处于出清状态，进口额与出口额总是相等，事实上，如果国际间存在融资机制，在一个给定的时期内，出口额与进口额可以不相等，当两者不相等时，就出现了贸易差额：出口大于进口为贸易顺差，进口大于出口为贸易逆差。贸易差额的发生——如果它不是抵消以前出现的差额——必然以融资为前提，因为差额部分就是顺差国取得出口收入——对逆差国的债权——没有用于进口；或者等价地说，进口国是向顺差国负债购买进口商品的。同时，进出口贸易不再是以物易物的贸易，而是以货币为媒介进行的，国际融资也是如此。所以，现在的贸易不仅是商品交换，而且还涉及货币交换（兑换）。有了货币兑换这个中间环节，两国商品的相对价格就受两国货币相对价格的影响，两国货币的兑换价格就是汇率。于是，汇率作为货币制度下调节两国经济往来的最重要的价格变量，成为国际金融理论中的基本内容。

贸易差额的重要性还不仅仅在于由此产生国际金融问题，而且还在于它对一国经济的影响。由于净出口是一国 GDP 支出分解中的一个组成部分，根据凯恩斯主义短期经济理论分析，如果一国经济没有达到充分就业状态，那么增加净出口就可以在乘数作用带动下增加本国 GDP，降低失业率，使经济走出衰退。这可能是很多国家为什么总是采取抑制进口、促进出口的政策措施的最可靠的解释。所以，在凯恩斯理论中，贸易差额与国内经济总量直接联系在了一起。有了这种联系，就引出一个重要的问题：国内经济均衡与外部均衡是否兼容？如果不兼容，调节国内经济均衡的财政政策和货币政策措施是否有效？在什么条件下才有效？这就是开放经济下的宏观政策调节问题。可见，在国际金融部分，国际经济学涉及的是一国经济总量，它与货币经济密切相关，因此，这部分也称为国际货币经济学或开放经济条件下的国际宏观经济学。

小　结

我们每个人都能在生活中、新闻中感觉到本国与外国存在的各种经济联系。国际间的货物与服务的贸易、国际间资本的流动是国际经济关系的最基本的事实，它们构成了国际经济学研究的对象，国际经济学就是要对这些经济现象做出理论解释，并给出政策建议。国际经济学基本内容分为两部分，一部分是解释国际贸易的国际微观经济学，另一部分是解释国际金融的国际宏观经济学。本书沿用这种分类分别对国际经济学进行介绍，并在每一章采取由浅入深的叙述方式。

思考与练习

1. 试举例说明国际经济交往有哪些内容。

2. 找出一个近期发生的反映国际经济关系的重要事件，并说明该事件反映的是国际经济学哪个领域的问题。

上　编
国际贸易理论与政策

第二章 古典贸易理论

国际贸易是国内市场的国际延伸，在经济学形成的早期，国际贸易就是经济学中的重要研究内容。提到经济学的历史，没有人能忽略亚当·斯密和大卫·李嘉图这两个早期的英国经济学巨匠，也正是他们提出了古典贸易理论，用劳动生产率的差异来解释国际贸易现象。尤其是李嘉图的比较优势理论，在解释贸易现象和指导贸易政策方面仍具有重要地位。本章除了介绍古典贸易理论的基本思想以外，还将用现代经济学的方法和语言对古典贸易理论及相关问题进行描述。

第一节 古典贸易理论的基本思想

一、古典贸易理论的基本内容及其起源

古典贸易理论以劳动要素作为唯一的生产要素，以劳动在不同的国家生产不同商品具有不同的效率为基本前提条件，得出了"贸易可以提高贸易国福利"这一基本结论。在 19 世纪，劳动价值论有着重要的理论影响，在这种理论支配下，只有劳动才能创造价值，因此，生产过程的投入要素只有劳动有决定意义。

劳动这种要素在各国国内是可以自由流动的，如果一国国内所有的劳动力并没有质的差别，那么，市场的力量就会使得劳动的报酬（或者说劳动的价格）在各部门相等。但是，劳动要素在各国之间则不能流动，这使得各国的劳动资源不会因劳动力的国际流动而发生变化，也就是说，在各国给定的劳动生产率水平下，各国的生产能力是不会发生变化的。

每个国家的商品生产成本由生产该商品的劳动消耗决定，劳动耗费多的商品其成本就高，在完全竞争环境下，商品的价格也高。因为根据微观经济学基本原理，在完全竞争下，商品价格等于边际成本，如果边际成本不变，那么边际成本等于平均成本。假定商品在两国之间可以自由交换，没有贸易障碍，则商品价格高的国家从生产价格低的国家购买该商品比自己生产更便宜，于是，它就可以减少甚至放弃这种商品的生产，通过从其他国家进口来满足消费需求；反之，商品价格低的国家将商品卖给商品价格高的国家比在国内出售可以挣更多的钱，生产者就会将产品卖给国外的消费者。从总体上来看，就是一个国家用一种商品（或者一部分商品）

来换取另一个国家的另一种商品（或另一部分商品），并且交易的结果对双方都是有益的（至少不会对其中的任何一方有害）。

亚当·斯密是古典贸易理论的创始人。他在他的经济学巨著《国富论》中，利用他的分工理论阐述了开展国际贸易的好处，因为分工和交换可以为贸易国带来利益，自由贸易就是最好的政策选择。斯密的这一理论——也就是国际贸易的绝对优势学说——给当时的重商主义致命的一击，因为重商主义认为国家只有通过不断地增加出口，积累黄金才能使国家更富裕。但是，亚当·斯密的理论也有重大的缺陷，这就是只有本国产品成本绝对低于另一国才能向对方出口，而也只有本国生产的成本绝对高于另一国才会从另一国进口该商品。这也就意味着，一国如果与其他国家开展贸易，必须恰好有一个（或一些）产品的生产成本低于其他国家，另一个（或另一些）产品的生产成本高于其他国家。如果一个国家所有商品生产的成本都高于或低于另一个国家，这两个国家还能不能开展贸易呢？

这一问题在大卫·李嘉图的比较优势理论那里给出了答案。在李嘉图的理论中，贸易不再由两个商品的绝对成本决定，而是由两个商品的相对成本决定（即商品的相对价格）。即便一个国家生产两种产品的成本都高于另一个国家，只要高的程度不完全相同，那么，两国之间仍可以贸易，只不过在决定贸易方向时，是由相对成本的比较得到的：出口国内生产上相对成本较低的商品而进口国内生产上相对成本较高的商品。

二、斯密的绝对优势理论

按照绝对优势理论，一国应专业化生产并出口具有绝对成本优势（低成本）的产品，进口具有绝对成本劣势（高成本）的产品。如果这种进出口都用同一种货币来表示，实际上也就是与封闭的国内贸易相比，国际贸易进行的是贱买贵卖；然而，单纯的买卖并不创造财富，因而也不会使相关的贸易国变得更富裕。如果不是交换本身增进了贸易国的福利，我们可以想象的是，国际交换还改变了国内的生产结构，即促进了分工。分工可以使一国的资源得到更有效率地利用，因此可以生产更多的商品，只要多生产的商品在贸易国之间进行适当的分配，每一国都可以得到并消费比贸易前更多的商品。

例如，英国和葡萄牙都生产布和果酒两种商品。在封闭经济条件下，两国各自生产两种商品的成本情况以及国内交换比率如表 2-1 所示：

表 2-1　　　　　　　单位商品生产的劳动消耗（绝对优势）　　　　　单位：小时

	布（码）	果酒（桶）	国内交换比率（码/桶）
英国	1	4	4
葡萄牙	2	3	1.5

表中数据显示，英国生产 1 单位（码）布的劳动消耗是 1 小时，低于葡萄牙生产 1 单位布的劳动消耗，这时，英国在布的生产上拥有绝对优势。同时，葡萄牙生产 1 单位（桶）果酒的劳动消耗是 3 小时，低于英国生产 1 单位果酒的劳动消耗（4 小时），即葡萄牙生产果酒具有绝对优势。国内交换比率是用布的数量表示的果酒的价格，即 1 桶酒可以交换多少码的布（它的倒数就是用酒的数量表示的布的价格，即 1 码布可以交换多少桶酒）。从酒的价格来看，英国要比葡萄牙贵，直观上看，在英国生产酒不如在葡萄牙生产便宜。

如果每个国家都按照各自的成本优势开展专业化生产然后再进行交换，会出现什么结果呢？因为英国在布的生产上有着绝对成本优势，我们假定英国多生产 4 码布，因为 1 码布的劳动消耗是 1 小时，因此需要增加 4 小时的劳动。由于英国的劳动总量是给定的（至少在短期内可以这样假定），增加布的生产所需要的劳动只能通过减少酒的生产来获得。又由于生产 1 桶酒所需劳动是 4 小时，所以，英国多生产 4 码布需要减少 1 桶酒的产量。也就是说，多生产 4 码布是用牺牲 1 桶酒的代价换来的。如果它用这 4 码布拿到葡萄牙去交换到大于 1 桶酒数量的酒，那么就可以说明英国专业化生产布并用布去交换葡萄牙的酒比自己生产酒更合算。4 码布在葡萄牙可以交换到多少酒呢？答案取决于两国的交换比率。假定 1 码布可以交换 0.5 桶葡萄牙的酒（这一交换比率应位于英国国内的交换比率 1/4 和葡萄牙国内交换比率 2/3 之间，在后面正式的理论表述中将有更详细的说明），则 4 码布可以交换到 2 桶酒，比自己生产多得到 1 桶酒。

这一交换对葡萄牙意味着什么呢？由于葡萄牙在生产酒上有绝对优势，它多生产 2 桶酒需要增加 6 小时的劳动，为得到这 6 小时的劳动，它只能减少布的生产；由于它生产 1 码布需要 2 小时的劳动，所以它总共要减少 3 码布的生产，这是葡萄牙多生产 2 桶酒的代价。它生产的两桶酒按照"1 桶酒 = 2 码布"（即 0.5 桶/码的倒数）的国际交换价格可以换到 4 码布。实际上是用减少 3 码布生产的代价通过专业化生产和交换得到 4 码布，专业化生产和贸易使得它比自给自足多得 1 码。

可见，在这一例子中，如果每个国家都存在绝对优势产品，并专业化生产这一产品，然后再通过贸易互通有无，则对每一个国家都有益处。具体地讲，如果酒与布的国际交换比例为"1 桶酒 = 2 码布"，那么，与封闭经济相比，每一个"葡萄牙的 2 桶酒交换英国的 4 码布"，这样的交换就可使葡萄牙多得 1 码布，同时英国多得 1 桶酒。贸易的结果使两国都变得比原来更好，自由贸易也应该成为两国的最好的选择。

三、比较优势理论

由于斯密的绝对优势学说意味着贸易伙伴国必须有各自的绝对优势产品才能进行分工和交换，这就限制了它对贸易原因的解释力，也无法解释这样的现实：一个生产技术发达的国家（所有产品的生产成本都低）与生产技术落后的国家（所有产品的生产成本都高）之间的贸易是如何发生的。而李嘉图的比较优势理论则弥补了这一缺陷。李嘉图认为，在劳动和资本可以自由流动的国内交换中，用绝对优势理论解释专业化和交换是合适的。当要素在国际间不能流动时，不用绝对优势也能解释国际贸易的发生，即用比较优势理论来解释。

　　仍以英国与葡萄牙两国生产布和酒两种产品为例。如表 2-2 中的数据所示，在自给自足的封闭经济中，英国生产 1 码布的劳动消耗是 1 小时，低于葡萄牙的 2 小时；英国生产 1 桶酒的劳动消耗是 2 小时，也低于葡萄牙的 3 小时。从生产成本中的劳动耗费来看，英国在生产两种产品上都拥有优势，而葡萄牙在两种产品生产上都处于劣势。若按照绝对优势理论，则专业化分工和贸易是无法发生的。

表 2-2　　　　　　　　　　　单位商品生产的劳动消耗 （比较优势）　　　　　　　单位：小时

	布（码）	果酒（桶）	国内交换比率（码/桶）
英国	1	2	2
葡萄牙	2	3	1.5
比较优势			
英国	1/2	2/3	
葡萄牙	2	1.5	

　　但是，英国虽然在两种产品生产上都具有绝对成本优势，它在两种成本上比葡萄牙低的程度不一致：生产 1 码布的劳动消耗是葡萄牙的 1/2，而生产 1 桶酒的劳动消耗则是葡萄牙的 2/3，也就是说，与葡萄牙相比，英国在布的生产上成本相对较低，而在酒的生产上成本相对较高。再从葡萄牙方面来看，它生产两种商品比英国生产的劳动耗费都高，但高的程度不同：生产 1 码布的劳动消耗是英国的 2 倍，而生产 1 单位果酒（桶）的劳动消耗则只是英国的 1.5 倍，或者说，葡萄牙生产果酒的成本相对较低。再从两种商品在两国国内的交换比率来看，用布的数量表示的果酒的价格在英国是 2 码/桶，而在葡萄牙则是 1.5 码/桶，这时能否进行分工和贸易？如何进行分工和贸易？以及贸易的结果又是如何呢？

　　根据表 2-2 的下半部分可知，英国生产布的成本相对更低，即 1/2 < 2/3，而葡萄牙生产果酒的成本则相对较低，即 2 > 1.5。这种成本相对较低的产品就是其比较优势产品。如果两国都专业化生产各自的比较优势产品然后再进行交换，同样可以比各自生产自己消费的产品更合算。也就是说，英国专业化生产布，然后用它交换葡萄牙的酒。假定英国多生产 2 码布，因此需要增加两小时的劳动，为得到这 2 小时的劳动，它就必须减少 1 桶果酒的生产，因为它生产 1 桶果酒恰好需要消耗 2

小时的劳动。英国用多生产的 2 码布可以交换到葡萄牙的多少果酒呢？这也取决于两国的交换比率。假设这一交换比率为 1.6 码/桶（在两国封闭经济下的交换比率之间的某一个数），则它用 2 码布可换取 1.25 桶果酒（2/1.6），而自己只需要放弃生产 1 桶酒的劳动力。

同样的交易对葡萄牙是什么结果呢？葡萄牙要多生产 1.25 桶的果酒，必须增加 $3 \times 1.25 = 3.75$ 小时的劳动，这些劳动需要从减少布的生产中获得，需要减少多少布的生产呢？因为葡萄牙生产 1 码布的劳动是 2 小时，所以需要减少 1.875 码布的生产，所以，葡萄牙用 1.875 码布的劳动换得了 2 码布，所以对它也是有利的。

通过上面的例子可以看出，无论是绝对优势还是比较优势，分工和交换可以给参与分工和交换的国家带来比封闭经济下更大的利益。这是为什么呢？下面将从理论上给予解释。

第二节　古典贸易理论的进一步证明

一、生产可能性边界（PPF）

在古典理论中，投入要素只有劳动，所以生产函数可以表示为下述形式：

$$Y = F（L）$$

假定劳动生产率是不变的，产出对劳动要素的投入具有规模报酬不变的性质。也就是说，劳动量增加 1 倍，产量也增加 1 倍。生产函数的这一性质使我们可以将其表达为如下的线性形式：

$$Y = L/a$$

其中 a 是单位产量的劳动消耗，它的倒数 $1/a$ 则表示单位劳动的产出量。由于每个国家在封闭经济状态下都生产两种商品，对于给定的国家（如英国），它的布和果酒的生产函数如下：

$$Y_C^E = L_C/a_C^E$$
$$Y_W^E = L_W/a_W^E$$

式中，上标 E 表示国家（英国），下标表示产品（C 表示布这种产品，W 表示果酒）。由于假定各国的劳动量是给定的，并且这些劳动都得到利用（充分就业），所以，用于布的劳动量 L_C 与用于果酒的劳动量 L_W 之和应恰好等于英国的劳动总量（为方便起见，我们总是假定劳动量等于人口量），即：

$$L_C + L_W = L^E$$

将此条件代入布的生产函数，可以得 $Y_C^E =（L^E - L_W）/a_C^E$，再将果酒生产函数中的 L 的表达式代替式中的 L，则有：

$$L^E = a_C^E Y_C^E + a_W^E Y_W^E \tag{2-1}$$

　　这就是生产可能性边界（Production Possibilities Frontier，PPF）——英国的生产可能性边界，即在给定的资源（这里是一种劳动资源）下，英国可能生产的两种产品（这里是布和果酒）的所有可能的组合：由于劳动总量是给定的，所以生产的布越多，留给生产果酒的劳动就越少，果酒的产量也就越低，反之亦然。

　　由于式中劳动量 L^E，生产 1 单位布和 1 单位果酒的劳动消耗 a_C^E、a_W^E 都是给定的，(2-1)式就反映了布和果酒两种产出的相互消长的关系。当所有的劳动都用于生产布时，果酒的产量 Y_W 为 0，由上式可得 $Y_C = L^E/a_C^E$，这是英国最多可以生产的布的数量。事实上，当英国把所有的劳动 L^E 全部用于生产布时，由于生产 1 码布的劳动消耗为 a_C^E，它所生产的布的数量显然是 L^E/a_C^E；这时果酒的产量为 0。同理，如果将所有的劳动 L^E 全部用于生产果酒而不生产布时，根据公式可得 $Y_W^E = L^E/a_W^E$，即它最多可生产的果酒量为 L^E/a_W^E，因为如果 1 桶果酒的劳动耗费为 a_W^E，用 L^E 的劳动所能生产的果酒的产量必定是 L^E/a_W^E；这时布的产量为 0。如果将劳动 L^E 中的一部分 L_C（$L_C \neq 0$）用于生产布，其余部分 L_W（$L_W \neq 0$）用于生产果酒，那么它生产布和果酒的数量就是 $(L^E/a_C^E, 0)$ 和 $(0, L^E/a_W^E)$ 的线性组合。

　　为了更清楚地说明生产可能性边界，我们将 $L^E = a_C^E Y_C^E + a_W^E Y_W^E$ 转化为下述形式：

$$Y_W^E = L^E/a_W^E - (a_C^E/a_W^E) \, Y_C^E \qquad\qquad (2\text{-}1')$$

　　等式（2-1′）反映了英国布产量作为果酒产量函数的两个特点：第一，二者呈反向变动关系，反映的是给定资源约束下生产两种产品的相互替代关系；第二，二者的变动是线性的，即在任何产量组合水平上，增加 1 单位布的产出而必须减少的果酒的数量是相同的。

　　英国的生产可能性边界用图形表示如下（图 2-1）：图中横轴 Y_C 表示布的生产量，纵轴 Y_W 表示果酒的生产量，A 点表示当劳动全部用于生产布时所生产的布的最大产出量，B 点则表示当所有劳动全部用于果酒生产时所能生产的酒的最大产出量，而 AB 连线上的各点则表示使用全部劳动力 L^E 所能生产的布与果酒的所有可能的最大组合点（如 E 点），即生产可能性边界。在 AB 线以内的所有各点，现有的劳动总量总可以生产这些生产组合，所以都是可到达点，但这些点却是无效率的，因为它没有达到在现有技术水平所能达到的最大产出量。而在 AB 线以外的各点，则是在现有的劳动总量和现有的劳动生产率水平下不可能实现的生产组合。例如，U 点在生产可能性边界 AB 上的 E 点的垂直上方，也就是说，这一点与 E 点具有同样的布的产出量，但果酒的产出量则高于 E 点的产出量，根据定义，E 点在生产可能性边界上意味着在该点上，给定布的产出 Y_C^*，Y_W^* 是现有生产率下所能得到的最大果酒产量，因此，高于 E 点的 U 点的果酒产量是不可能得到的。而在生产可能性边界上的各点则既能达到，又有效率。

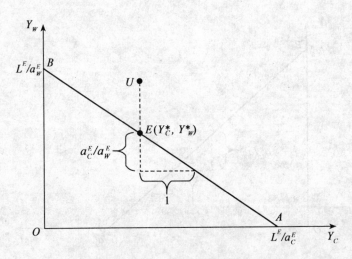

图 2-1 英国的生产可能性边界

再来考察生产可能性边界的斜率。由公式（2-1′）可知，生产可能性边界的斜率为 $-(a_C^E/a_W^E)$，即每 1 单位布折合的果酒的数量，符号为负，表明每增加 1 单位布的产出需要放弃（减少）$\left| a_C^E/a_W^E \right|$ 单位果酒的数量，即布与果酒的边际转换率。如图 2-1 所示，从 E 点出发，如果增加 1 单位的布的产出，果酒的产出就只有下降 a_C^E/a_W^E 单位。

葡萄牙的生产可能性边界是什么样的呢？设葡萄牙生产 1 单位布和 1 单位果酒的劳动消耗分别为 a_C^P、a_W^P，则葡萄牙布和果酒的生产函数分别为：

$$Y_C^P = L_C/a_C^P$$
$$Y_W^P = L_W/a_W^P$$

其中 L_C 和 L_W 分别为葡萄牙的劳动在布和果酒生产上的配置。如果葡萄牙的劳动总量为 L^P，则有 $L^P = L_C + L_W$。依照得出英国 PPF 同样的方法，可以得出葡萄牙的 PPF：

$$L^P = a_C^P Y_C^P + a_W^P Y_W^P \tag{2-2}$$

或者

$$Y_W^P = L^P/a_W^P - (a_C^P/a_W^P) Y_C^P \tag{2-2′}$$

葡萄牙生产可能性边界的斜率为 $-(a_C^P/a_W^P)$。图 2-2 是葡萄牙的生产可能性边界。与英国的生产可能性边界（图 2-1）相比，它的斜率更陡峭，即葡萄牙生产布的机会成本比英国高。

二、封闭经济中的均衡

要分析一个社会的最优经济状态的选择，可以沿用分析个人最优选择的方法，

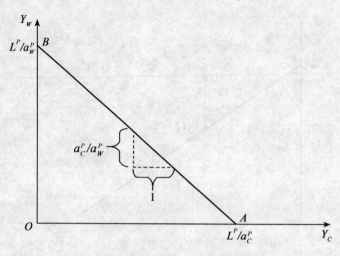

图 2-2　葡萄牙的生产可能性边界

即在个人收入约束下最大化自己的效用水平。效用水平是用偏好表示的，表示偏好的经济学分析工具是无差异曲线。

（一）个人无差异曲线及最优选择

无差异曲线是给消费者带来相同满足度的所有可能的商品组合点的轨迹。例如，如果你认为一定时期内消费 A = ｛10 千克香蕉，20 千克苹果｝与 B = ｛3 千克香蕉，25 千克苹果｝给你带来的满足是相同的，则 A 与 B 就在你的同一条无差异曲线上。个人无差异曲线有如下特征：

第一，无差异曲线是向右下方倾斜的，它反映这样一个事实，如果每一种商品都能在边际上给你带来正的效用，当你在一种商品的消费量不变而减少另一种商品的消费量时，你获得的效用就会下降。要保持你的效用水平不变，就必须通过增加该种商品的消费弥补效用的下降。这就得到了在保持效用水平不变时两种商品之间的反向变动关系，在同样的效用水平上，两种商品消费量反向变动的轨迹就是无差异曲线。如图 2-3 所示，A 点位于 U_1 这条无差异曲线上，如果从 A 点出发减少 Y 的消费量，消费组合就会指向 C 点，效用下降；只有同时增加 X 的消费，使消费组合由 C 点指向 B 点，效用才能恢复到与 A 点相同的水平，故 A 与 B 在同一条无差异曲线 U_1 上。在本书下面的叙述中，我们经常用 X、Y 代表某种产品，当公式或图形中涉及上述商品数量时，在不引起误解的情况下，也用同种字母表示。同时，在下面的两部门模型中，当我们谈到某一部门时，也总是用表示该部门产品的字母表示这一部门。

第二，无差异曲线不是一条，通常假定有无穷多条，因为假定消费者可能对所有可能的商品组合进行比较和排序，如图 2-3 中的 U_1、U_2 和 U_3。并且，在无穷多条无差异曲线中，离原点越远的无差异曲线代表的效用水平越高。如图 2-3 中箭头方向所示，U_3 比 U_2 远，所以 $U_3 > U_2$，同理有 $U_2 > U_1$。

第三，在这无穷多条的无差异曲线中，任意两条无差异曲线都不能相交，如果相交，就会产生无差异曲线定义上的矛盾。例如 U_1' 与 U_1 在 A 点相交，B 和 B' 分别是 U_1 和 U_1' 上的一点。由于 B 点的位置高于 B' 点，所以 $U_B > U_{B'}$。但是，由于 A 既是 U_1 上的点，又是 U_1' 上的点，必然有 $U_A = U_B = U_{B'}$，显然这与 $U_B > U_{B'}$ 相矛盾。

第四，无差异曲线是凸向原点的，这一性状意味着在无差异曲线上任意找两点，其直线连线（如图中的 AB 短画线）的各点都在这两点间无差异曲线各点之上。因为 AB 短画线上的各点都是 A、B 这两个端点消费组合的线性组合，所以，如果不在两个端点上消费，而是在两端点中间的某一点消费，消费者认为能得到更高的效用。

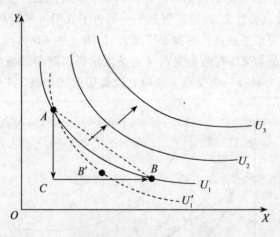

图 2-3 无差异曲线的特征

第五，不同消费者的无差异曲线的形状不同，也就是说，不同的人有着不同的偏好。如果甲比乙更喜欢商品 Y，则甲的无差异曲线则会偏向 Y 轴。

仅仅根据无差异曲线还无法确定消费者的最优选择，因为如果没有任何限制，他总是选择最高的无差异曲线上的一点，而"最高"的一条无差异曲线是找不到的。确定最优选择的限制条件就是消费者预算约束。如果消费者收入一定，在给定的价格下（我们考察的是完全竞争的经济，消费者选择不影响市场价格），他的收入就确定了其所能购买的所有可能的商品组合及这一组合的边界。他的收入所能购买的商品组合边界是由这些收入所能购买的最大可能的商品组合点确定的，这些点的轨迹就是预算约束线。如果 X、Y 的价格分别为 P_X 和 P_Y，收入为 M，预算约束线就具有如下形式：$P_X X + P_Y Y = M$。如果在 X-Y 坐标系中描述预算约束线，它就是一条斜率为负的直线。斜率为负的经济含义是：一定的收入在给定价格下购买 X 数量增加时，所能购买的 Y 必然减少。

有了预算约束概念，我们就可以考察消费者的最优选择问题了。这一问题可以描述如下：消费者总是在给定的收入约束下选择使自己效用最大的商品组合。因为收入 M 和价格 P_X、P_Y 一旦确定，预算线也就确定了（如图 2-6 中的 AB 线）。这时有很多无差异曲线可供选择，如 U、U_1 和 U_2。首先来看能不能在 U_2 上找到最优消费组合。因为 U_2 位于预算线 AB 之上，并且没有任何交点，这意味着 U_2 上的任何一点在现有的预算约束下都是无法实现的，因此，消费者不可能在 U_2 上进行选择。再看 U_1，U_1 与 AB 有两个交点：C 和 D。在包含交点在内的 CD 区间内，U_1 都在预算线 AB 的下方，即都是支付得起的消费组合；然而，在预算线的 AB 区间内——有支付能力的商品消费组合内，经过 C、D 点的 U_1 并不是这些消费组合中效用最大的，在 AB 线段上，如果在不包括 C、D 在内的 CD 间任取一点作为消费点，经过该点的无差异曲线就要比 U_1 离原点更远——等价于效用水平更高。现在的问题是，CD 间哪一点的效用水平最高？答案是既要经过 AB 上的 CD 区间（有交点，这是可行性条件），又不能与 CD 有两个交点（这是无法再作改善的条件）的无差异曲线与 CD 的交点。因为只有一个交点，所以它就是切点（如图 2-4 中的 E 点）。

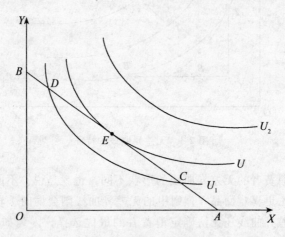

图 2-4 消费者最优选择

（二）社会无差异曲线与封闭经济下的生产与消费均衡

一个社会的生产可能性边界是该社会所能生产的所有可能的最大商品组合点，它构成了对消费的约束，也就是说最多只能在这些点上进行消费而不能超过这个边界。但具体在哪个点上消费最好呢，这还要由社会无差异曲线来决定。

　　社会无差异曲线代表社会对各种选择的偏好情形。社会是由所有单个的消费者共同组成的，但如前所述，每个人的偏好并不一样，这就存在一个有没有与所有消费者的偏好都相容的社会偏好即社会无差异曲线问题。这是一个比较复杂的问题，如果不加任何限制条件，那么答案则是否定的，这就是孔多塞悖论（Condorcet's Paradox）。例如，在一个甲、乙、丙三人的社会中，每个人都面临三种方案的比较：A、B和C，三个人对A、B、C的偏好（或排序）如表2-3所示：

表2-3　　　　　　　　　　　　　　个人偏好排序

	第一	第二	第三
甲	A	B	C
乙	B	C	A
丙	C	A	B

　　表中显示了三人偏好的不同点，不存在一个能够同时代表所有人的社会偏好。能不能通过民主程序产生一个能代表大多人意志的社会偏好呢？答案也是否定的。如果以2/3多数通过为标准让三人就A、B、C三选项进行两两投票，在A与B的比较中，A将以2/3多数胜出（甲、丙赞成选A，乙则赞成选B）；在B与C的比较中，B也将以2/3多数胜出（甲、乙赞成B，丙则赞成C）；在C与A的比较中，C又以2/3多数胜出（乙、丙赞成C，而甲则赞成A）。如此循环下去，不可能找到代表社会偏好的排序。

　　看来，要得到社会偏好，就必须进行条件限定。一种最简单的限定是假定所分析的社会只有一个人，即"鲁宾逊经济"，这时，他个人的偏好就是社会偏好。第二种限定得到社会偏好的方法是假定存在一个独裁者，他的偏好就是社会偏好。第三种得到社会偏好的限定是假定社会中每个人都具有相同的偏好，这时，每一个人的偏好都可作为社会偏好，并且它与任何一个人的偏好都是相容的。

　　如果存在社会无差异曲线，我们假定它具有与单个消费者的无差异曲线相同的性质：向右下方倾斜，凸向原点，这样就存在无穷多的社会无差异曲线，且越远离原点代表效用水平（或者说社会福利水平）越高，任意两条社会无差异曲线都不会相交。

　　有了社会无差异曲线，现在就可以分析封闭经济下生产与消费的均衡。社会生产与消费的最优选择应满足在充分利用现有资源和生产能力的基础上，使社会福利达到最高水平这一条件。前者是资源约束，反映这一约束条件的是生产可能性边界；后者是决策者目标，反映这一目标的是社会无差异曲线。封闭经济下的社会最优选择可由图2-5表示：

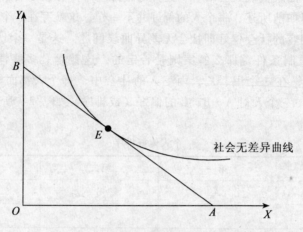

图 2-5　社会无差异曲线与社会最优选择

图 2-5 中的 AB 是生产可能性边界，与它相切的最高无差异曲线的切点 E 就是封闭经济下这个社会的消费点，该消费点同时就是生产点。在英国和葡萄牙的例子中，如果英国和葡萄牙用劳动生产布和果酒的生产率（也就是单位产量的劳动消耗）和它们的社会无差异曲线是确定的，各国在封闭经济下都存在一个生产与消费的均衡点，在这个均衡点上，既充分利用了现有的技术和资源，又使社会福利在现有资源约束下达到一个最高的水平。

由于图 2-5 中的 E 点同时是消费点与生产点，根据微观经济学的基本原理可知，过 E 点切线的斜率也是两商品的交换比率——用 Y 表示的 X 的价格，即 P_X/P_Y。又因为不论无差异曲线与生产可能性边界相交于哪一点，其斜率都是生产可能性边界上的某一点，所以，这一相对价格应等于用商品 Y 的数量表示的 X 的机会成本：

$$P_X/P_Y = a_X/a_Y$$

其中 a_X、a_Y 分别表示 X 和 Y 的单位产出的劳动消耗。如果 X 的相对价格高于生产 X 的机会成本，X 的供给就会增加，需求则会下降，E 点的均衡就不可能得到维持。

三、专业化分工与交换

如果从封闭经济走向开放经济，各国封闭经济下的均衡点会不会变化呢？绝对优势或相对优势的基本思想告诉我们，如果一国从别国交换某种商品比自己生产更有利，它就会放弃生产这种商品，通过专门生产有利的商品来向另一国交换自己不生产的商品。第一节已经用具体的数据对这一思想进行了描述，下面就是这一思想的更为严格的证明。

（一）相对价格与生产专业化

由于封闭经济下国内机会成本等于相对价格，英国与葡萄牙国内生产布的机会成本不同，封闭经济下英国与葡萄牙国内的相对价格也不会相等。如果一国按不同于本国机会成本的相对价格进行交易会出现什么结果呢？答案是完全专业化。要证明这一观点，我们首先分析相对价格变化与资源调整的关系。

如果国内要素市场是完全竞争的，那么它应具备两个特点：一是实际工资等于劳动的边际产出，二是劳动在任何部门的报酬也应相等，否则，劳动就会从报酬低的部门流向报酬高的部门。如前所述，如果单位产出的劳动消耗为 a，那么它的倒数 $1/a$ 就是单位劳动的产出量，根据技术不变假设，单位劳动的产出量同时也就是劳动的边际产量。① 如果名义工资为 w，劳动的需求规则就是：$w/P = 1/a$，当价格 P 上升时，实际工资水平下降，劳动的需求就会增加。从部门来看，当某一生产部门商品价格上升时，该部门就会增加劳动需求，与其他部门争夺劳动力；如果其他部门价格水平不变，其他部门的劳动力就会流向该部门。如果这一过程一直持续下去，其他部门的劳动力就会全部流向价格上升的部门，这就形成了该部门的完全专业化生产。

如果经济中只有两个部门，则两个部门劳动的名义报酬应该相等，否则，劳动力就会从名义报酬低的部门流入名义报酬高的部门，名义报酬低的部门就不会有劳动供给。如果两个部门分别为 X 和 Y，名义报酬相等的条件为 $w_X = w_Y$。从劳动需求方面看，劳动的实际报酬应等于劳动的边际产出（即 $w/P = 1/a$），对于 X 和 Y 部门分别有 $\dfrac{w_X}{P_X} = \dfrac{1}{a_X}$，$\dfrac{w_Y}{P_Y} = \dfrac{1}{a_Y}$。在上述两个条件下，劳动力在哪个部门就业是无差异的，厂商生产多少 X、Y 也是无差异的（厂商处于完全竞争的零利润水平），这时，一国生产 X、Y 的数量唯一地由需求因素决定，这也是一国不完全专业化的条件：同时生产两种商品。将上述两个条件结合在一起可以得到：

$$\frac{P_X w_Y}{P_Y w_X} = \frac{a_X}{a_Y} \Longrightarrow \frac{P_X}{P_Y} = \frac{a_X}{a_Y}$$

这进一步印证了封闭经济下经济均衡的结果：两种商品的相对价格等于生产的机会成本。现在的分析表明，相对价格等于生产的机会成本还是使一个经济体不完全专业化的一个条件；如果某一个部门的商品价格上升，在名义工资不变的情况下，该部门的实际工资会下降，劳动需求就会上升，于是会引起劳动力向价格水平

---

① 证明：对于技术不变的生产函数可以表示为如下形式：$Y = L/a$，劳动 L 的平均产出是 $\dfrac{Y}{L} = \dfrac{L/a}{L} = 1/a$，边际产出为 $\dfrac{\mathrm{d}Y}{\mathrm{d}L} = 1/a$，所以劳动平均产出与边际产出相等。

较高的部门流动。

(二) 生产专业化、交换与贸易利得

在英国与葡萄牙的例子中，根据假定，两国的劳动生产率是不同的。这种生产率的差别之一表现为英国生产布的劳动消耗低于葡萄牙，而生产果酒的劳动消耗则高于葡萄牙，即

$$a_C^E < a_C^P, \ a_W^E > a_W^P$$

这种情形为英国在布的生产上具有绝对优势，葡萄牙在果酒的生产上具有绝对优势。另一种描述生产率差别的方式是，英国生产布的劳动消耗比葡萄牙相对较低，而生产果酒的劳动消耗则相对较高，即

$$a_C^E / a_C^P < a_W^E / a_W^P$$

这种情形为英国生产布具有比较优势，也意味着葡萄牙生产果酒具有比较优势。[①]

我们知道，在封闭经济下，各国的经济均衡条件是布与果酒的相对价格等于用果酒表示的布的机会成本，即 $P_C^E / P_W^E = a_C^E / a_W^E$, $P_C^P / P_W^P = a_C^P / a_W^P$。又由于 $a_C^E / a_C^P < a_W^E / a_W^P$，于是得到：

$$P_C^E / P_W^E < P_C^P / P_W^P \Leftrightarrow P_W^E / P_C^E > P_W^P / P_C^P$$

上式表明，如果两国的机会成本不同，封闭经济下的相对价格也不同。如果说英国用国内的机会成本生产布，而用葡萄牙的价格去交换果酒，它就能交换到比在国内市场上更多数量的果酒，因为葡萄牙国内布的相对价格比英国高；同理，葡萄牙用国内的机会成本生产果酒，再用英国的价格交换布，就能得到比在国内更多的布，因为果酒的相对价格在英国更高。如果进一步用处于两国相对价格之间的某一个价格水平进行交换，两国都能得到比在国内价格水平下生产和交换的更多的商品。设这一相对价格为 $p = P_C / P_W$，它满足

$$P_C^E / P_W^E < p = P_C / P_W < P_C^P / P_W^P$$

这一条件下的 p 将使英国专业化生产布，葡萄牙专业化生产果酒。一旦开放贸易，两国将从封闭经济下各自国内的均衡点出发进行专业化生产，这种专业化会进行到什么程度呢？答案是直到完全专业化为止，因为只要 $P_C^E / P_W^E < P_C / P_W$，必然有：

$$a_C^E / a_W^E < P_C / P_W \Rightarrow a_C^E / P_C < a_W^E / P_W$$

注意，后一个不等式的左右两边分别是英国生产布的劳动的实际报酬和生产果酒的实际报酬，所以不等式表示生产布的实际工资水平低于生产果酒的实际报酬水

---

① 在两种商品情形中，英国生产布具有比较优势同时就意味着葡萄牙生产果酒具有比较优势，因为 $a_C^E / a_C^P < a_W^E / a_W^P \Leftrightarrow a_C^E a_W^P > a_W^E a_C^P$。

平，生产布的厂商会扩大生产，增加劳动需求。如果这一条件不变，布的生产会一直扩张下去，直到将所有的劳动力都吸引到该部门，形成完全专业化生产。如图2-6所示，图2-6是图2-1和图2-2的结合，图中的 AB 表示葡萄牙的生产可能性边界，CD 是英国的生产可能性边界。如果 P 和 E 分别是葡萄牙和英国在封闭经济下的均衡点，则对于一个介于两国封闭经济下各自相对价格之间的国际相对价格 p（它等于 BH 和 CH' 的斜率，BH 平行于 CH'，即两条线的斜率代表的交换价格是同一个量，它高于英国的布的相对价格，低于葡萄牙的果酒的相对价格），英国的生产将从 E 点出发移向 C 点，只生产布；C 点的产量组合为（L^E/a_C^E, 0）。葡萄牙的生产将从 P 点移向 B 点，只生产果酒；B 点的产量组合为（0, L^P/a_W^P）。

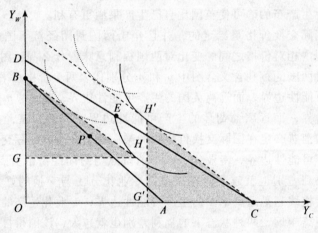

图 2-6 专业化分工与交换

每一个国家专业化生产一种商品后，必须通过交换才能获得它消费所需的另一种商品。葡萄牙在 B 点进行专业化生产，其产量组合为（0, L^P/a_W^P），因为布的产量为0，葡萄牙必须将果酒产量 L^P/a_W^P 中的一部分以 p 的价格交换英国的布，例如以 BG 数量的果酒交换 GH 数量的布，交换后葡萄牙可以在 H 点的商品组合上进行消费；这一交易同时意味着英国按相同的价格 p 用 $G'C$（$=GH$）的布交换葡萄牙的 $H'G'$（$=BG$）的果酒，交换完毕后，英国可以在 H' 点的商品组合上进行消费。

专业化生产与交换给双方带来的好处可以用两种方式来说明。第一种方式是用分工和交换后的社会无差异曲线与封闭经济的社会无差异曲线的相对位置来说明。在封闭经济下，英国与葡萄牙的社会无差异曲线分别经过 E 点和 P 点；由于 H 在葡萄牙的生产可能性边界 AB 之外，H' 在英国的生产可能性边界之外，葡萄牙过 H 点和英国过 H' 点的社会无差异曲线一定高于它们各自过 P 点和 E 点的社会无差异曲线。根据社会无差异曲线的特点——离原点越远的社会无差异曲线代表的福利水平越高，我们知道葡萄牙在 H 点和英国在 H' 点的社会福利应分别高于它们各自在 P 点和 E 点的福利。这就证明了在开放经济下两国的福利要比封闭经济下的福利水平更高。

第二种说明专业化分工与交换的好处是将贸易视为间接生产。以英国为例，它的单位劳动可生产的布的数量为 $1/a_C^E$，将这些布拿到国际市场上以 $p = P_C/P_W$ 的价格与葡萄牙交换果酒，所得果酒数量为 $(1/a_C^E)(P_C/P_W)$；单位劳动在英国所能生产的果酒数量为 $1/a_W^E$。只要 $(1/a_C^E)(P_C/P_W) > 1/a_W^E$，就表明英国用 1 单位劳动生产布并用之交换果酒比自己用 1 单位劳动生产的果酒要多。根据我们对国际交换价格 $p = P_C/P_W$ 的规定可知：$a_C^E/a_W^E = P_C^E/P_W^E < P_C/P_W$，经过简单的变换就可得到 $(1/a_C^E)(P_C/P_W) > 1/a_W^E$，这就是说，只要满足布的相对价格高于国内生产的机会成本，专业化生产布的确可使英国比自己生产果酒更有利。

我们假定国际交换价格是给定的，并且介于两国封闭经济下国内交换价格之间。它在两国国内相对价格之间的变化对两国福利意味着什么呢？图 2-7 反映的是交换价格变化对两国的福利含义。图中 p_1 和 p_2 分别代表两个价格水平，p_1 更接近于葡萄牙的生产可能性边界，而远离英国的生产可能性边界；反之，p_2 更接近于英国的生产可能性边界，而远离葡萄牙的生产可能性边界。我们知道，在专业化生产下，各国的国内消费必定在国际交换价格线的某一点上，所以国际交换价格线越是接近本国的生产可能性边界，专业化生产的消费点与封闭经济消费点的距离越近，两种状态下的福利差别也就越小，该国得自专业化分工与交换的好处也越少；反之，国际交换价格线越是远离本国的生产可能性边界，专业化生产的消费点与封闭经济消费点的距离越远，两种状态下的福利差别也就越大，该国得自专业化分工与交换的好处也越多。从图中与葡萄牙三条国际交换价格相切的无差异曲线位置明显地看出，与 p_2 相切的社会无差异曲线离原点最远，代表的社会福利水平最高；与 AB 相切的社会无差异曲线离原点最近，代表的社会福利水平最低。事实上，一旦国际交换价格与 AB 重合，它就毫无交换利益，因为国际相对价格与封闭经济的相对价格完全相等。这时，它参与国际分工与实行封闭经济是无差异的。图 2-7 中的国际交换价格变化还给我们这样的信息：国际交换价格变得对一国越有利，它对另一国就越不利。如果价格由 p_1 变化到 p_2，它离葡萄牙的生产可能性边界越来越远，对葡萄牙越来越有利；同时离英国的生产可能性边界越来越近，交易对英国越来越不利。这表明，虽然专业化分工与交换对两国都有利，但在利益分配上两国仍存在冲突。如果贸易政策能使交换价格朝有利于自己的方向变化，一国政府就有可能通过贸易政策选择操纵国际交换价格，这是对关税政策的一种可能解释。

根据 $a_C^E/a_W^E = P_C^E/P_W^E < P_C/P_W$，英国的国内价格与国际交换价格之间的差额应为 $P_C/P_W - a_C^E/a_W^E$，显然，差额越大，交换 1 单位布所得的果酒数量与自己生产的果酒数量的差额越大。由于上式也可转化为如下形式：$a_C^E[(P_C/P_W)/a_C^E - 1/a_W^E]$，

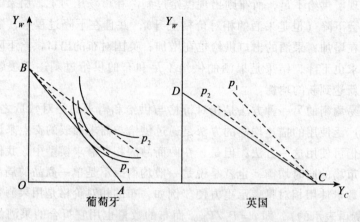

图 2-7　国际交换价格对两国的福利含义

方括号中是英国将 1 单位劳动从果酒转移到布的生产并按国际价格交换成果酒，比这 1 单位劳动在国内生产果酒多出的数量，它与国际交换价格 P_C/P_W 是成正比的，即国际交换价格越高，将 1 单位的劳动用于生产自己的比较优势商品获得的交换利益越大。因为 a_C^E 表示 1 码布的劳动消耗量，因此，$a_C^E\left[\left(P_C/P_W\right)/a_C^E-1/a_W^E\right]$ 就表示每多生产 1 码布所得的交换利益。

（三）交换与国际贸易均衡

前面的分析中我们假定了一个介于两国封闭经济下均衡价格之间的国际价格水平，并且发现这个价格与本国封闭经济下的相对价格差距越大，贸易的结果对自己越是有利。如果不考虑政府的贸易政策作用——政府不干预国际贸易条件，这个价格就是市场作用的结果。

在图 2-6 中，葡萄牙出售果酒的数量 BG 就是英国进口果酒的数量 $G'H'$；同理，葡萄牙进口布的数量 GH 就是英国出口布的数量 CG'。只要 BH 和 CH' 是两国的国际交换价格，它们的斜率就是相同的，所以，对于三角形 BGH 和 $CG'H'$ 是两个全等的三角形——因为英国出口的布的数量恰好是葡萄牙的进口量，而葡萄牙出口的果酒的数量则恰好是英国进口的数量，故称为贸易三角。如果现有的价格 p 不是均衡价格，也就是说，p 不能使市场处于出清状态，市场会不会进行调整呢？例如，在图 2-6 中，如果现在的社会无差异曲线不是经过 G' 和 H' 的两条线，而是图中虚线表示的两条社会无差异曲线。与以前一样，这两条社会无差异曲线的形状仍然是相同的（相同的社会无差异曲线假设只不过表明，贸易之所以发生不是由两国偏好不同，否则我们就无法说明贸易的发生是否为比较优势或相对优势的结果）。于是，在现有的交换价格水平下，葡萄牙在国际市场上对果酒的供给和对布的需求都下降了，而英国在国际市场上则对果酒的需求和对布的供给都上升了。结果是果酒出现了供给不足，而布则出现供给过剩。在市场压力下，用果酒表示的布的相对价格会下降（也是果酒的相对价格上升），并且在下降过程中，葡萄牙对布的进口需求在增加，果酒的出口供给也在增加；英国对布的出口供给下降，而对进口果酒的需求也下降，结果是果酒的供给不足和布的供给过剩逐渐缓解，直至消失，市场重新达到新的均衡。

描述贸易均衡的另一种方法是相对价格与供给和需求的相对数量之间的关系。在经济学中广泛使用的描述均衡的方法是通过供给与需求曲线的交点来说明。国际贸易的均衡仍可使用这一方法，但是，在两商品的相互需求模型中，我们要表达的是两个商品市场的同时均衡，也就是说是一般均衡而不是单一商品的局部均衡。这时，价格和数量使用相对量表示更方便。例如，布的相对价格是用果酒数量表示的（而不是用货币表示的），即 $p = P_C/P_W$。而布的数量也用它折合的果酒的数量来表示，如果在某个价格水平上，布的数量为 Y_C，果酒的数量为 Y_W，则在这个价格水平上布的相对数量（需求或供给）为 Y_C/Y_W。接下来的任务就是找到布的相对需求量和相对供给量作为布的相对价格的函数。布的相对需求与其相对价格是反向变动关系，它反映了消费者随价格变化发生的商品消费的替代——如果替代关系存在的话。布的相对供给则要做具体分析。在我们的假设中，英国生产布的机会成本低于葡萄牙。

1. 当布的相对价格（国际交换价格）低于英国的机会成本（同时也是其封闭经济下的国内交换价格）时，英国生产布的数量就是 0，[①] $Y_C^E = 0$；根据假定，如果布的相对价格低于英国的机会成本，它必然也低于葡萄牙的机会成本，葡萄牙也不会生产布，而是专业化生产果酒，$Y_C^P = 0$。于是，两国都生产果酒而不生产布，布的相对供给量就是 0，即 $\dfrac{Y_C^E + Y_C^P}{Y_W^E + Y_W^P} = 0$。这一区间的相对供给曲线就是纵轴上的粗线段部分。

2. 当交换价格等于英国国内的交换价格时，$P_C/P_W = a_C^E/a_W^E$，我们已经知道，这时英国不必专业化生产，它可以根据需求量在生产可能性边界上生产两种商品的任意组合。也就是说，应在 $(0, Y_W^E)$ 与 $(Y_C^E, 0)$ 之间，而这一价格肯定低于葡萄牙的机会成本，所以葡萄牙就会专业化生产果酒，它的生产组合应为 $(0, Y_W^P)$，所以，当交换价格为 $P_C/P_W = a_C^E/a_W^E$ 时，布的相对供给量应在下面的范围内：0 ~ Y_C^E/Y_W^P。Y_C^E/Y_W^P 是英国专业化生产布、葡萄牙专业化生产果酒时的相对供给量，因为双方专业化生产时各自对布和果酒的供给量分别为 $Y_C^E = L^E/a_C^E$ 和 $Y_W^P = L^P/a_W^P$，故 $Y_C^E/Y_W^P = (L^E/a_C^E)/(L^P/a_W^P)$。这一区间布的相对供给位于 a_C^E/a_W^E 水平上的粗线段

---

① 因为这时它专业化生产果酒更合算。

部分（见图 2-8）。

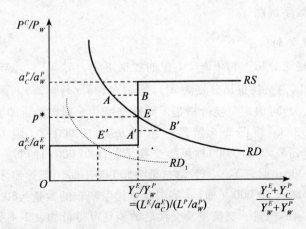

图 2-8 相对供给与相对需求

3. 当交换价格在两国的机会成本之间时，$a_C^E/a_W^E < P_C/P_W < a_C^P/a_W^P$，英国完全专业化生产自己具有绝对优势或比较优势的布，葡萄牙则完全专业化生产自己具有绝对优势或比较优势的果酒，布的相对供给量为 $（L^E/a_C^E）/（L^P/a_W^P）$，在图 2-8 中就是与此相对应的垂直的粗线段部分。

4. 当交换价格等于葡萄牙的机会成本时，英国完全专业化生产布，数量为 $Y_C^E = L^E/a_C^E$；而葡萄牙不必进行完全专业化，它可以在 $（0，Y_W^P = L^P/a_W^P）$ 与 $（Y_C^P = L^P/a_C^P，0）$ 区间生产两种商品的任意组合（具体则由需求决定），布的相对供给区间为：$Y_C^E/Y_W^P \sim \infty$。同样，当交换价格大于葡萄牙的机会成本时，由于两国都将完全生产布，果酒的产量为 0，故布的相对供给为无穷大。所以当国际交换价格大于等于葡萄牙的机会成本时，布的相对供给就是平行于葡萄牙机会成本水平的水平粗线部分。这样我们就得到了一个从原点出发的阶梯状相对供给曲线 RS。

在图 2-8 中，阶梯状 RS 表示布的相对供给曲线，向下倾斜的曲线 RD 表示布的相对需求曲线，交点 E 则是相对供给与相对需求相等的均衡点，对应的（布）相对价格为 $p*$。如果价格不是 $p*$ 而是更高的水平，如图中的 AB，则布的相对需求量低于相对供给量，过剩供给导致其相对价格下降，向 $p*$ 恢复；反之，如果价格比 $p*$ 更低，如图中的 $A'B'$，相对需求大于相对供给，这将导致布的相对价格上升，也会向 $p*$ 恢复。

由图 2-8 中的相对需求 RD 和相对供给 RS 决定的均衡价格恰好在两国封闭经济下国内均衡价格之间，这种情况并不是必然发生的。如果相对需求为 RD_1，与 RD 相比，RD_1 更低，它与 RS 相交于 E' 点，该点位于英国不完全专业化的相对供给区间；在该点，由于较低的布的相对需求，布的相对价格下降到与英国封闭经济下国内相对价格相等的水平，葡萄牙专业化生产果酒，英国生产部分果酒和部分布。

四、理论的数字说明

（一）绝对优势的例子

根据上面的理论分析，利用表 2-1 中的数据可知，$a_C^E = 1$，$a_W^E = 4$，$a_C^P = 2$，$a_W^P = 3$，所以各自的国内交换价格分别为 $a_C^E/a_W^E = 1/4$、$a_C^P/a_W^P = 2/3$。因为贸易价格必须介于二者之间，故可假定交换价格是 1 码布交换 0.5 桶果酒，即 $p_C^W = 0.5$，并且满足 $1/4 < 0.5 < 2/3$。设图 2-6 贸易三角中 $BG = 10\ 000$ 桶，则 $GH = BG/0.5 = 20\ 000$（码），即葡萄牙用 10 000 桶果酒交换了英国 20 000 码的布。再假定葡萄牙的劳动总量为 45 000 小时，英国的劳动总量为 50 000 小时，则葡萄牙专业化生产果酒的数量为 45 000/3 = 15 000（桶），英国专业化生产布的数量为 50 000/1 = 50 000（码）。于是，各国的产量、交换量及交换后的消费可得量如表 2-4 所示。

表 2-4　　　　　　　　　　专业化产出、交换与消费（绝对优势情形）

	产量		交换量		消费可得量	
	布（码）	果酒（桶）	布（码）	果酒（桶）	布（码）	果酒（桶）
英国	50 000	0	− 20 000	+ 10 000	30 000	10 000
葡萄牙	0	15 000	+ 20 000	− 10 000	20 000	5 000
总量	50 000	15 000	0	0	50 000	15 000

将这一数据对应到图 2-6，则有葡萄牙在 B 点的生产组合为（0，15 000），英国在 C 点的消费组合为（50 000，0）；葡萄牙在 H 点的消费组合为（20 000，5 000），英国在 H' 的消费组合为（30 000，10 000）。

（二）比较优势的例子

以第一节中表 2-2 的数据为例，因为英国生产布和果酒的劳动消耗比葡萄牙都低，所以英国生产两种商品都有"绝对优势"，若按照绝对优势就无法解释两国间的分工与贸易，因为该国不可能同时出口两种商品而不进口任何商品，在不考虑国际融资的背景下，这等于出口两种商品没有换到任何商品，显然，这不是可行的贸易。而如果用比较优势决定分工，问题便迎刃而解。因为 $a_C^E/a_C^P = 1/2$，$a_W^E/a_W^P = 2/3$，满足 $\dfrac{a_C^E}{a_C^P} < \dfrac{a_W^E}{a_W^P}$，所以英国生产布具有比较优势。根据表 2-2 计算的两国生产布和果酒的机会成本如表 2-5 所示。

表 2-5   机会成本

	布（码）	果酒（桶）
英国	1/2	2
葡萄牙	2/3	3/2

如果英国和葡萄牙的劳动总量分别为 50 000 和 45 000 小时，则英国分工生产布的数量为50 000码，葡萄牙分工生产果酒的数量为15 000桶。假设布的贸易条件为 3/5，并且满足 1/2 < 3/5 < 2/3，即贸易条件应位于两国生产布的机会成本之间；英国用10 000码的布按 3/5 的交换比率，向葡萄牙换得6 000桶的果酒。根据上述数据可以得到如图 2-9 所示的生产可能性边界和贸易三角。AA′ 是英国的生产可能性边界，A 点是英国的专业化生产点；BB′ 是葡萄牙的生产可能性边界，B′ 点是葡

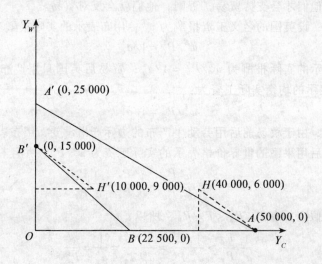

图 2-9   专业化分工与交换（相对优势举例）

萄牙的专业化生产点。B′H′平行于 AH，斜率表示贸易条件，两个贸易三角的顶点 H′ 和 H 分别表示葡萄牙和英国交换后的国内消费组合。由于葡萄牙将15 000桶果酒中的6 000桶用于换取英国10 000码的布，所以葡萄牙在 H′ 的消费组合为（10 000，9 000）；英国将50 000码布中的10 000码用于交换葡萄牙的6 000桶果酒，所以英国在 H 点的消费组合为（40 000，6 000）。由于 H′ 和 H 均在各自的生产可能性边界之外（读者可以用所给的数据证明这一结论的正确性），所以，专业化分工和交换比封闭经济的福利状态都有所改善。这一结果用表 2-6 表示如下：

表 2-6　　　　　　　　　专业化产出、交换与消费（比较优势情形）

	产量		交换量		消费量	
	布（码）	果酒（桶）	布（码）	果酒（桶）	布（码）	果酒（桶）
英国	50 000	0	− 10 000	+ 6 000	40 000	6 000
葡萄牙	0	15 000	+ 10 000	− 6 000	10 000	9 000
总量	50 000	15 000	0	0	50 000	15 000

五、贸易与工资水平

专业化分工与贸易会不会引起两国工资水平的变化，尤其是会不会导致其中一个国家工资水平的下降？这关系着劳工对待贸易的态度，只有当贸易能提高工人的工资收入时，他们才会支持贸易，否则，他们就会反对贸易。

在贸易前，设英国的名义工资报酬为 w^E，用布表示的实际报酬为：

$$w^E/P_C^E = 1/a_C^E \tag{2-3}$$

用果酒表示的实际报酬为 $w^E/P_W^E = 1/a_W^E$；贸易后英国只生产布，用布的世界价格水平 P_C 表示的均衡实际工资为：

$$w^E/P_C = 1/a_C^E \tag{2-3'}$$

也就是说，由于贸易前后用劳动生产布的边际产出没变，用布表示的实际工资也没变。贸易后用果酒的世界价格表示的实际工资为 w^E/P_W，并且有：

$$w^E/P_W = \frac{w^E P_C}{P_W P_C} = \frac{w^E P_C}{P_C P_W} = \frac{1}{a_C^E} \frac{P_C}{P_W} \tag{2-4}$$

因为根据假定，有 $P_C^E/P_W^E < P_C/P_W$，所以：

$$\frac{1}{a_C^E} \frac{P_C}{P_W} > \frac{1}{a_C^E} \frac{P_C^E}{P_W^E} = \frac{1}{a_C^E} \frac{a_C^E}{a_W^E} = \frac{1}{a_W^E} = \frac{w^E}{P_W^E} \tag{2-4'}$$

综合以上各式可得：

$$w^E/P_C = w^E/P_C^E \tag{2-5}$$

$$w^E/P_W > w^E/P_W^E \tag{2-5'}$$

式（2-5）、（2-5'）告诉我们这样一个事实，与封闭经济状态相比，贸易后英国用布表示的实际工资不变，而用果酒表示的实际工资则上升了。由于葡萄牙与英国的对称性，用同样的方法可以证明，与贸易前相对比，贸易后葡萄牙用果酒表示的实际工资不变，而用布表示的实际价格上升了。于是两国的实际工资都有所上升，福利水平当然也会上升。这一结论告诉人们，以贸易可能降低当事国的工资水平为借口反对自由贸易的观点是站不住脚的。

比较优势决定了两国的贸易格局，在此情形下，英国两种产品的生产都具有绝对成本优势，如此会对两国工资有何影响呢？根据（2-3′）式，英国用比较优势商品（布）表示的实际工资等于其生产布的边际产出，同理，葡萄牙用其比较优势商品（果酒）表示的实际工资等于它生产果酒的边际产出：

$$w^P/P_W = 1/a_W^P \tag{2-6}$$

根据 $P_C/P_W < a_C^P/a_W^P$，可以得到 $1/a_W^P < P_C/(a_C^P P_W)$，因为英国生产布的劳动消耗低于葡萄牙，故有 $a_C^P > a_C^E$，在此条件下有：$1/a_W^P < P_C/(a_C^P P_W) < P_C/(a_C^E P_W)$，再由（2-3′）得到 $1/a_W^P < (w^E/P_C)(P_C/P_W) = w^E/P_W$，最后，根据（2-6）式有：

$$w^P/P_W < w^E/P_W \tag{2-7}$$

（2-7）式的两边分别为贸易后用果酒表示的实际工资，它告诉我们如下两点：第一，贸易后两国的实际工资并不相等；第二，具有绝对成本优势的国家，实际工资高于成本劣势的国家。所以，尽管贸易格局由比较优势决定，工资水平则是由成本的绝对优势决定的。

第三节　古典贸易理论的经验检验

要回答古典贸易理论是否与现实世界相符，就需要用数据检验这一理论的基本思想。最早对古典理论进行实证研究的是迈克·道格尔（G. D. A. MacDougall）。他考察了美国与英国的出口行为，试图发现出口行为与两国相对劳动生产率及工资水平是否一致。他发现，相对于英国而言，只要美国劳动生产率高于英国，美国在国际市场上就比英国更具竞争力。也就是说，就某个行业而言，只要美国的劳动生产率与英国劳动生产率之比大于美国与英国的工资水平之比，美国的出口价值就会高于英国的出口价值；反之，每当美国的劳动生产率与英国劳动生产率之比小于美国与英国的工资水平之比，美国的出口价值就会低于英国的出口价值。他一共计算了 1937 年 25 个部门的两国劳动生产率比值与出口比值，部分结果数据如表 2-7 所示。1937 年美国的平均工资是英国的 2 倍，在他所分析的 25 个部门中，有 20 个部门服从假设检验，也就是说，当美国与英国的劳动生产率之比大于 2 时，两国出口之比大于 1；而当美国与英国的劳动生产率之比小于 2 时，两国出口之比也小于 1。后来的研究（Stern, 1962；Balassa, 1963）进一步验证了道格尔的结论。Stern 通过比较 1950 年和 1959 年两年美国与英国劳动生产率与出口绩效的关系，1950 年的 39 个部门数据中有 33 个部门支持假设检验，尽管 1959 年数据显示的结果略有减弱。Stephen S. Golub 用 1990 年的数据研究了美国与亚太国家之间的贸易关系，发现了相对生产率、单位劳动成本以及双边贸易方式与古典理论的预言是一致的。

表 2-7 比较优势理论的检验①

行业或产品	美国劳动生产率/英国劳动生产率	美国出口/英国出口
	大于 2	
收音机		8
生铁		5
容器		4
罐头		3.5
纸		1.5
	1.4 ~ 1.2	
卷烟		0.5
油毡		0.33
针织品		0.33
皮鞋		0.33
可乐		0.2
化纤		0.2
棉织品		0.11
人造丝		0.09
啤酒		0.06
	小于 1.4	
水泥		0.09
男式毛制品		0.04
人造奶油		0.03
毛衣		0.004

虽然上述经验检验证明了古典贸易理论的基本结论，但这并不意味着古典贸易理论足以说明所有的贸易发生的基础。古典模型有其严格的限制条件，它以劳动价值论为基础，并且在技术不变时，成本也不随产量的变化而变化。

① 李坤望，主编. 国际经济学 [M]. 北京：高等教育出版社，2005：51.

小　结

自从亚当·斯密提出绝对优势理论以后，经过李嘉图的完善，发展成为比较优势理论，这一理论在贸易理论中产生了长期和持久的影响。古典贸易理论的理论基础是劳动价值论，所以，它从产品生产的单一要素出发，用劳动生产率的差异说明产品生产成本的差异，用成本差异解释价格差异，用价格差异说明贸易的发生。根据比较优势理论，即使一个国家在所有商品生产上都有比另一国更高（或者更低）的生产率，两国之间仍可以进行贸易，并且贸易能给两国带来利益。此外，本章还使用生产可能性边界和社会无差异曲线对古典贸易模型的思想进行论证。

思考与练习

1. 阐述绝对优势和相对优势学说的基本思想，说明两种学说是如何解释国际贸易发生的。

2. 证明在 A、B 两产品生产中，如果一国在 A 产品生产上拥有比较优势，它在 B 产品生产上则处于比较劣势。

3. 下表给出了英国和美国生产 1 单位纺织品和 1 单位汽车（辆）所需的劳动时间（天）：

	纺织品	汽车
英国	3	6
美国	2	5

（1）计算英国和美国 1 天的劳动所能生产的纺织品和汽车的数量。

（2）假设美国有 100 天的劳动时间，试画出美国的生产可能性边界。

（3）如果贸易条件（国际交换比率）为"1 辆汽车 = 2 单位纺织品"，画出美国的消费可能性边界。

4. 如果甲、乙两国在 A、B 两产品上的劳动生产率如下：

	A	B
甲	3	1
乙	9	3

那么，两国会不会发生贸易？为什么？

5. 若甲、乙两国拥有相同数量的资源（用劳动时间表示的劳动数量），且甲国在生产 A、B 上均具有绝对优势，但在 A 产品生产上拥有比较优势。请在同一图中画出甲国和乙国的生产可能性边界（PPF），并说明这样画的理由。

第三章　专用要素模型

在古典模型和要素禀赋理论中，所有生产要素都是可以流动的，要素的充分流动使任何要素都无法获取超过其边际报酬的收益。但是，在现实经济生活中，有些要素是不能流动的，至少在短期是如此，要素的非流动性使得要素报酬无法根据要素需求的变化改变自己的配置，由于数量无法调整，就会导致要素价格的变化，因此产生再分配效应。专用要素模型有助于我们考察贸易对收入分配的影响，同时也揭示了贸易保护背后可能的原因。

第一节　专用要素的含义及模型假设

一、专用要素

专用要素（Specific Facors）指的是那些只能用于某产品生产而不能用于其他产品生产的要素。从要素的物质形态来看，不同的产品生产都需要不同的生产手段、不同的生产工具和具有不同技能的劳动力，这些要素往往无法不经任何改动或培训就用于其他产品的生产，因此，在这个意义上说，它们具有专用性。例如，生产轿车的生产工具就不能用于生产电脑，进行石油炼制的技术人员也不能从事轿车生产。

另一种考察专用要素的视角是时期的长短。经济学在分析经济行为时常常根据某些变量的可调整性分为长期与短期。在短期——只要时间足够短，所分析的变量就来不及变动。例如，如果某种要素的价格因为种种因素上涨了，厂商根据其边际产出等于实际价格这一原则决定该要素的使用量时，也会降低对这种要素的需求；然而，在短期内，由于已经签约的产品销售量已不能改变，或者由于生产过程来不及调整（用更便宜的要素取代较为昂贵的要素），厂商只能继续使用同样数量的这种要素维持生产，不改变要素的需求。但是，只要时间足够长，厂商就可能对要素的价格变化做出反应。它可以改变技术和生产过程，寻求要素的替代——这种替代在短期无法实现，也可以改变产出量使之与改变价格后的新的均衡要素需求量相匹配。所以，专用要素模型又是一种短期分析。

专用要素模型有何意义呢？由于厂商不能调整要素的数量，一旦遇到产品价格变动，专用要素的报酬就会发生较大变动。例如当汽车价格上升时，汽车供给增加，但生产汽车的专用要素（如由流水线组成的实物资本）不能增加，这些固定的要素与更多的可变要素（如劳动）结合，它的边际产出也将提高，实际报酬就会增加；反之，如果因汽车需求下降导致产出下降，这些固定的要素将与较少的劳动结合，边际产出也将下降，专用要素的实际报酬就会下降。在下面的模型中我们将详细分析专用要素对收入分配的含义。

二、模型假设

在专用要素分析中，基本结构与要素禀赋理论模型是一致的，差别只在于前者在生产函数中有专用要素——它不能随要素报酬变化而调整。假设两国的技术、偏好仍然相同，我们只须对一国有关经济状态加以描述即可。

每个国家都生产两种商品 X 和 Y，每种产品的生产都使用两种要素。X 使用劳动 L 和资本 K，其中资本是生产 X 的专用要素，并且只在 X 部门使用，它的生产函数为：

$$X = X \ (\overline{K}, \ L_x) \tag{3-1}$$

其中 $\overline{K}$ 表示固定数量的资本。

Y 使用劳动和土地 T，其中土地 T 是生产 Y 的专用要素，并且只在 Y 部门使用，Y 的生产函数为：

$$Y = Y \ (\overline{T}, \ L_Y) \tag{3-2}$$

其中 $\overline{T}$ 表示固定数量的土地。

两部门使用的劳动是同质的，并且劳动可在两部门中自由流动。除专用要素外，所有的商品市场与要素市场都是完全竞争的。一国的劳动总量是给定的，并且总是处于充分就业状态（也就是说，价格的灵活调整总能使两个部门的生产厂商对劳动的需求与劳动总量相等），在劳动充分就业时有：

$$L = L_x + L_Y \tag{3-3}$$

第二节　专用要素模型中的国内均衡

一、专用要素模型中的生产可能性边界

由于专用要素是固定的，所以流动性要素劳动在两部门的分配以及劳动的边际产出特征唯一决定了生产可能性边界的特征。劳动在每种产品的生产中都符合边际报酬递减规律，即给定专用要素，当劳动使用量越来越多时，每增加 1 单位的劳动所带来的总产出的增量越来越少。假定最初的劳动全部配置在 X 部门，X 部门的产量达到最大，Y 部门的产量为 0，即 Y 部门如果没有劳动，只有专用要素是无法得

到任何产出的（这一点对 X 部门是同样适用的），我们就得到生产可能性边界上的一个端点。从这一点出发，减少 1 单位 X 可以释放出一定的劳动，并可将这些劳动用于增加 Y 的产出。由于劳动边际报酬规律的作用，在 X 产量最大的一点，减少 1 单位 X 释放出的劳动量很多；而在 Y 产量最少的一点，由于边际产量极大，每单位劳动的增加都将带来 Y 产量的大量增加，综合上述两点可知，在 X 产量最大、Y 为 0 的这个 PPF 端点上，减少 1 单位 X 可以增加的 Y 的数量非常大。随着劳动不断从 X 部门转移到 Y 部门，劳动在 X 部门的边际产出不断提高，而在 Y 部门的边际产出则不断下降，减少 1 单位 X 的生产所能释放的劳动不断减少，而每单位劳动所能生产的 Y 则越来越少，所以，减少 1 单位劳动所能增加的 Y 的增加量越来越少。这就使生产可能性边界具有向外凸的特征（或凹向原点）。专用要素模型中 PPF 的外凸性可用图 3-1 来说明：图 3-1 中第一象限是推导出的生产可能性边界的形状，第二和第四象限分别是 Y 和 X 的生产函数，第三象限是劳动总量约束（3-3）式。劳动约束方程表示，一定量的劳动用于 Y 的生产数量 L_Y 越多，留给 X 生产的数量 L_X 越少。第三象限中 $L = L_X + L_Y$ 的 A、B、C、D 四个点分别表示劳动在 X、Y 两个部门的四种配置情况。在 A 点，所有的劳动都用于生产 Y，通过第二象限的 Y 部门生产函数，可以找到对应的 Y 的产量，X 部门的劳动为 0，X 的产量也为 0。所以 A 点的劳动配置对应的生产组合就是第一象限中的 A' 点。与 A 点相比，B 点表示用于 X 的劳动不再为 0，而用于 Y 的劳动相应下降，如果将这一点的劳动组合记为 (L_{AX}, L_{AY})，则能生产的 Y 的数量为 $Y_B = Y(\bar{T}, L_{BY})$，生产 X 的数量为 $X_B = Y(\bar{T}, L_{BX})$，即 Y_B 和 X_B 是 Y 和 X 的生产函数在 (L_{AX}, L_{AY}) 对应下的产出，这一产出组合对应于生产可能性边界上的一点，即第一象限中的 B'。以同样的方式可以得到劳动约束线上 C 和 D 点的劳动配置对应于两种生产函数上的产出（其中 $X_A = 0$ 和 $Y_D = 0$ 没有在生产函数上标出），这些产出组合点对应到第一象限就是 C' 和 D' 点。将第一象限中的 A'、B'、C'、D' 点平滑地连接起来就是外凸的 PPF。

与要素禀赋理论中的 PPF 一样，这里的 PPF 也不再是一条直线，原因在于 X 和 Y 的生产对于劳动不再像古典理论中假设的那样边际报酬不变（在古典理论中生产函数是劳动要素的线性形式），而是规模报酬递减，在此情形下，持续不断地减少一种产品（如 Y）的产量所释放的劳动，生产的另一种产品（如 X）的数量不是按前者减少的相同比例而增加的，而是以低于前者减少的速度在增加——增加的速度越来越慢。

在 PPF 上任何一点切线的斜率表示的是，在给定的劳动约束下，每增加 1 单位 X 而放弃的 Y 的数量。它就是 X、Y 的边际转换率：$MRT = -\Delta Y / \Delta X$。边际转换率大小与两种产品的生产函数有关，从下面得到两产品边际转换率的方法中可以说明这一点。根据 X、Y 的生产函数，可分别得到 L_X、L_Y 关于 X 和 Y 的函数（分

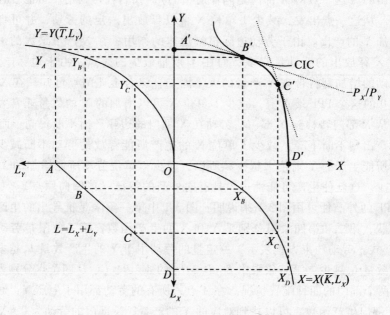

图 3-1　专用要素模型中的生产可能性边界

别以 X、Y 的反函数形式表示）：

$$L_X = X^{-1} \ (\overline{K}, \ X) \tag{3-4}$$

$$L_Y = Y^{-1} \ (\overline{T}, \ Y) \tag{3-5}$$

将它们代入 $L = X^{-1} \ (\overline{T}, \ X) + Y^{-1} \ (\overline{T}, \ Y)$，两边分别对 L，X 和 Y 求微分。因为劳动量是固定的，所以它的微分等于0；右边要用到反函数求导规则①：

$$0 = \frac{\mathrm{d}X^{-1}}{\mathrm{d}X}\mathrm{d}X + \frac{\mathrm{d}Y^{-1}}{\mathrm{d}Y}\mathrm{d}Y \Rightarrow$$

$$0 = \frac{1}{MPX}\mathrm{d}X + \frac{1}{MPY}\mathrm{d}Y \Rightarrow \tag{3-6}$$

$$-\frac{\mathrm{d}Y}{\mathrm{d}X} = \frac{MPY}{MPX}$$

所以，两产品的边际转换率就是两产品边际产出之比。

---

① 如果一个函数为 $Y = f(X)$，根据它的反函数为 $f^{-1}(Y)$，根据反函数求导规则有：$\mathrm{d}Y/\mathrm{d}X = 1/[\mathrm{d}f^{-1}/\mathrm{d}Y]$。例如，如果 $Y = X^2$，则 $X = Y^{1/2}$，$\mathrm{d}X/\mathrm{d}Y = 1/[2Y^{1/2}]$，而 $\mathrm{d}Y/\mathrm{d}X = 2X$，所以有 $\mathrm{d}X/\mathrm{d}Y = 1/[2Y^{1/2}] = 1/[2X] = 1/[\mathrm{d}Y/\mathrm{d}X]$，或者 $\mathrm{d}Y/\mathrm{d}X = 1/[\mathrm{d}f^{-1}/\mathrm{d}Y]$。

二、流动要素的配置与均衡

要确定生产可能性边界上经济达到均衡的生产组合点，就要确定流动要素 L 均衡时在 X、Y 部门的配置，即 L 中有多少用于 X 的生产（L_x），有多少用于 Y 的生产（L_y）。因为 L 的供给是既定的，要满足充分就业，就只能通过劳动需求的调节使劳动的供给与需求相等。在商品和要素完全竞争的市场假设下，两个部门的劳动需求应满足劳动的边际产出价值等于工资率这一最优选择标准：

$$P_X MPX(L_X) = w$$
$$P_Y MPY(L_Y) = w$$

$(3\text{-}7)$

其中 P_X、P_Y 分别表示商品 X、Y 的价格，$MPX(L_X)$、$MPY(L_Y)$ 则分别表示 X 的边际产量是 X 部门使用的劳动量（L_X）的函数，Y 的边际产量则是 Y 部门使用的劳动量（L_Y）的函数。由于劳动市场的完全竞争性质，两部门的名义工资一定相等，由（3-7）式中的两个等式可得：$P_X MPX(L_X) = P_Y MPY(L_Y)$，或者

$$\frac{P_X}{P_Y} = \frac{MPY}{MPX}$$

$(3\text{-}8)$

由（3-6）式的结果可知，（3-8）式右边是 X 与 Y 之间的边际转换率，所以（3-8）式表明，当劳动在两部门达到均衡时，两产品的边际转换率恰好等于两产品的价格之比。根据生产可能性边界的含义，边际转换率实际上是一个产品用另一个产品表示的机会成本（此处是用 Y 表示的 X 的机会成本）；相对价格则表示两产品的交换比率（1 单位 X 能交换的 Y 的数量）。如果两者不相等，例如，X 的机会成本大于它的交换价格，减少生产就是有利的，因为减少 1 单位 X 生产所增加的 Y 大于这个社会愿意用 Y 交换 1 单位 X 的价格，多出的部分就可以增进社会福利。反之，减少生产就是有利的。（3-8）式反映的劳动配置的均衡在图 3-1 中用 B' 点表示，过 B' 点切线的斜率为 $-P_X/P_Y$，均衡时对应的劳动配置为第三象限中的 B 点。

如果相对价格发生变化，例如，X 的价格 P_X 在 P_Y 不变时上升了，相对价格线 $-P_X/P_Y$ 变得更陡峭，表示相对于 Y，X 就变得更昂贵了。这时的相对价格与原来的机会成本相比更高，社会就会增加这种商品的生产，例如使均衡点由 B' 移动到 C' 点。由于 X 产出增加，Y 产出下降，用于 X 部门的劳动也同时增加，而用于 Y 部门的劳动则减少，反映到第三象限的劳动配置上就是 C 点。

通过上述分析可以发现，一旦由生产函数和劳动约束确定了生产可能性边界，通过找到生产可能性边界的经济均衡点，就可以回过来找到对应的流动要素的配置点。我们已经考察了经济均衡点的条件，而封闭经济的均衡点是怎么产生的呢？在封闭经济条件下，将 PPF 视为一国的产出约束，它的均衡点仍是由最大化社会无差异曲线（Community Indifference Curve，CIC）的方式得到的，也就是说，是由 PPF 与 CIC 的切点决定的。例如，图 3-1 中的 B' 点就是一条（凸向原点的）社会无

差异曲线 CIC 与生产可能性边界 PPF 的一个切点，如果说社会无差异曲线就是图中 CIC 形状的话。

　　为了更方便地考察产品价格变动对劳动配置，尤其是对工资率的影响，用另一种方法描述封闭经济的均衡更有效。我们知道，(3-7) 式作为劳动市场的最优需求条件，反映的是 X 和 Y 两部门的劳动需求。将各自的边际产量看成各自劳动需求的函数，(3-7) 式就是劳动的反需求函数；又由于边际产出是递减的，所以，每一个反需求函数都是劳动需求量的减函数，用数学语言表示就是：

$$\frac{\mathrm{d}MPX}{\mathrm{d}L_X} < 0, \quad \frac{\mathrm{d}MPY}{\mathrm{d}L_Y} < 0$$

　　再根据劳动总量约束条件 (3-3) 式，我们可以将 (3-7) 式反映的两部门的劳动需求曲线用图 3-2 来表示。图 3-2 中左边的纵轴表示 X 部门的名义工资，右边的

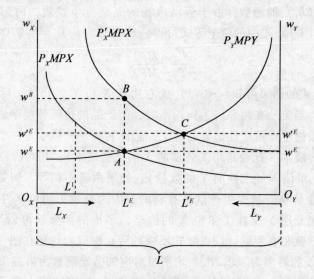

图 3-2　流动要素在两部门的均衡配置

纵轴是 Y 部门的名义工资。横轴是劳动量，$O_X O_Y$ 表示该经济中给定的劳动总量；所以 $O_X O_Y$ 上的任何一点都表示劳动在两部门中的一个可行的配置。从 O_X 出发向右，表示 X 部门的劳动需求量，而从 O_Y 出发向左，表示 Y 部门的劳动需求量。$P_X MPX$ 是 X 部门的劳动需求曲线，它沿着 L_X 方向是向下倾斜的，表示工资率越低，X 部门对劳动的需求量越大。$P_Y MPY$ 是 Y 部门的劳动需求曲线，它沿着 L_Y 方向也是向下倾斜的，表示工资率越低，Y 部门对劳动的需求量越大。在两部门劳动需求曲线相交的一点 A，决定了均衡的劳动配置 L^E，这一点可以表示为：(L_X^E, L_Y^E) | $L_X^E + L_Y^E = L$，其中 L_X^E、L_Y^E 分别表示均衡处两部门劳动的需求量，同时，在交点 A 处决定的均衡工资率为 w^E，并且它对两部门都是相同的。因为在交点上的需

求量使两部门的工资率相等，劳动在两部门的进一步配置过程就不会再发生。如果不在交点上，而是在图中的 L^1 处，我们很容易发现，在这一点上的劳动配置，X 部门的工资要高于 Y 部门的工资，于是劳动力就会由 Y 部门流向 X 部门，即劳动配置点会向右移动；反之，如果劳动配置发生在 L^E 的右边，很容易证明，Y 部门的工资率就会高于 X 部门，劳动就会从 X 部门向 Y 部门流动，即劳动配置点会向左移动。

三、商品价格变化与收入分配

接下来我们要说明的是，相对价格的变动会对收入分配产生什么样的影响。我们假定 Y 商品的价格不变，X 的价格 P_X 发生了变化（例如上升到 P'_X），则 X 部门的劳动需求曲线 $P_X MPX$ 也会上升到 $P'_X MPX$，如图 3-2 所示。X 的价格上升后，两部门需求曲线产生一个新的交点，并决定了新的劳动均衡配置 L'^E 和新的均衡工资率 w'^E。这一变动分别会对劳动者、资本所有者及土地所有者产生的影响如下：

（一）劳动者

一旦 X 部门的价格上升，X 部门劳动的报酬将提高，由于劳动是完全竞争的市场，劳动在两部门的竞争将使两部门的报酬同时提高，对于提高后的价格 P'_X，均衡的两部门工资率为 w'^E，并且 $w'^E > w^E$。也就是说，工人的名义收入上升了；由于价格也在变化，所以名义收入的变动并不能说明实际收入的增长。例如，如果工人的货币工资增长了 10%，而价格却上升了 20%，与工人较少的货币收入相比，工人现在更多的货币收入的购买力并没有增加，反而下降了。这一简单的事实说明，收入的变化不能用名义值去比较，而要用实际值来比较。劳动的实际收入状况是如何变化的呢？由于存在两种商品，用不同的商品价格计量的名义收入的实际量是不同的。首先来看用 X 商品价格计量的实际工资率的变动：即 w'^E/P'_X 与 w^E/P_X。当价格从 P_X 上升到 P'_X，均衡的名义工资是不是也以相同的幅度上升了呢？如果名义工资也以相同的幅度上升，从初始的均衡 A 点出发，名义工资应该上升到 B 点，即 w^B 的水平。事实上，名义工资只是上升到比 B 点低的 C 点。名义工资之所以没有与 X 商品的价格以相同的幅度上升，是因为当 X 部门商品价格上升后，如果名义工资也上升到 B 点的水平，X 部门的名义工资就高于 Y 部门的名义工资，劳动市场的竞争就会促使劳动从 Y 部门向 X 部门转移：X 部门的劳动量增加，Y 部门的劳动量下降。由于劳动边际报酬递减规律的作用，劳动的边际产出将随着 X 部门劳动使用量的增加而下降，支付给劳动的实际工资也应下降；由于价格在 P'_X 上没有变动，X 部门由于劳动的增加所引起的实际工资下降，只有通过名义工资的下降来实现，因此，从 B 点出发，在 P'_X 给定的前提下，w^B 沿着 $P'_X MPX$ 逐渐下降，一直到 $P'_X MPX$ 与 Y 的边际产品价值曲线相交处 C 点为止。由于在 C 点的 w'^E 小于 w^B，所以也小于 P'_X，这表明在新的均衡处，两部门均衡工资的上升低于 X

部门价格上升的幅度，因此，w'^E/P'_X 与 w^E/P_X 相比更低了。

再来看用 Y 商品价格表示的实际工资的变动。因为名义工资由 w^E 上升到 w'^E，而 P_Y 则没有发生变化，所以用 Y 商品价格表示的劳动的实际工资上升了。用两种价格表示的实际工资的变动不一致，使我们无法判断劳动者实际生活水平的变化，因为我们无法知道他们的偏好或者消费结构。如果他们消费的主要商品是 X，那么他们的生活水平就会下降，因为与先前相比，他们现在的名义收入用 X 价格表示的购买力——能买到的 X 商品的数量下降了；如果他们消费的主要商品是 Y，他们的生活水平就会上升，因为他们现在的名义收入用 Y 商品价格表示的购买力——能买到的 Y 商品的数量增加了。

（二）资本所有者

根据最初的假定，X 部门使用劳动和资本。资本作为 X 部门的专用要素，它无法通过价格和数量变动调节收益水平，它所得到的收益只不过是该部门总收益减去劳动所得以后的余额。所以，资本收益为：$P_X X - w L_X$，用 X 的价格表示的实际收益为：

$$X - \frac{w}{P_X} L_X \tag{3-9}$$

其中 X 是产量水平，w/P_X 是用 X 商品的价格表示的实际工资。前面的分析告诉我们，如果 X 商品的价格上升，用 X 价格表示的实际工资将下降，也就是说，w/P_X 下降，在总产出中，劳动的分配份额 $(w/P_X) L_X$ 也下降，资本所得必然上升。从（3-9）式可以看出，当 w/P_X 下降时，资本的实际收益是上升的，也就是说，当一种产品价格上升时，该部门专用要素的实际收益增加。

用另一部门商品的价格 P_Y 表示的资本实际收益为 $\frac{P_X}{P_Y} X - \frac{w}{P_Y} L_X$，由于 P_Y 没有变化，P_X 的上升导致相对价格 P_X/P_Y 的上升，而用 P_Y 表示的实际工资也上升了，仅仅根据这些变化我们还不能确定用 P_Y 表示的资本实际收益的变化。但是我们知道 P_X 的上升幅度大于名义工资的上升幅度，相对价格的上升幅度也就大于用 P_Y 表示的实际工资的上升幅度，所以用 P_Y 表示的资本的实际收益仍是上升的。

（三）土地所有者

土地是 Y 部门的专用要素，与作为 X 部门专用要素的资本一样，它的收益也是 Y 部门总收益减去分配给流动要素（劳动）以后的余额，即 $P_Y Y - w L_Y$，用商品 Y 的价格表示的实际收益为：

$$Y - \frac{w}{P_Y} L_Y \tag{3-10}$$

我们知道，P_X 上升后，用 P_Y 表示的实际工资率 w/P_Y 是上升的，这表明，Y 部门产出中劳动分配份额上升了，土地所得必然下降，在（3-10）式中表现为

(w/P_Y) L_Y 的增加。用 P_X 表示的土地实际报酬是如何变化的呢？因为用 P_X 表示的土地实际报酬可以表示为：(P_Y/P_X) $Y-(w/P_X)$ L_Y，由于 P_Y/P_X 和 w/P_X 都在下降，而前者下降更快，所以用 P_X 表示的土地实际报酬仍是下降的。

综上所述，X 部门价格上升对有关利益主体的影响可以总结如下：

1. 劳动者用 X 部门商品价格表示的实际收入下降，而用 Y 部门商品价格表示的实际收入则上升，因此，劳动者的实际福利变化取决于他（们）的消费结构。

2. 不论用哪个部门的价格来衡量，X 部门的专用要素（资本）实际收益都提高了，因此，一个部门的价格上升会提高本部门专用要素的实际报酬。

3. 不论用哪个部门的价格来衡量，Y 部门的专用要素（土地）的实际收益都下降了，因此，其他部门的价格上升会降低本部门专用要素的实际报酬。

第三节　专用要素模型中贸易的源泉与贸易产生的国内利益分配

在古典贸易理论中，贸易的发生是由于两国技术差异引起的；在专用要素模型中，假定两国技术是相同的，技术不再是解释两国开展贸易的原因；由于两国的偏好也相同，所以，需求也不是决定两国贸易的因素。是什么决定了两国之间的贸易呢？如果两国之间进行贸易，两国的相对价格必须是不同的（否则，一种商品在国内换得的另一种商品的数量与到国外换取的数量相同，贸易的动机就会消失），因此，解释贸易的原因实际上是解释两国相对价格的差异。在专用要素模型中，相对价格差异是由资源的差异产生的。

一、贸易的源泉

在专用要素模型中，贸易前的相对价格由各自的社会无差异曲线与生产可能性边界交点切线的斜率决定。如果两国社会无差异曲线形状相同（来自偏好相同的假定），切点处的斜率只能由不同的生产可能性边界的差异产生。我们还知道，两国技术是相同的，因此，PPF 的差异也不是两国技术差异造成的，剩下的可能就是两国资源的差异。

在图 3-3 中，首先假定两国的资源是相同的，在相同的技术下决定了两国的具有相同的生产可能性边界 PPF。假定甲国比乙国具有更多的资本，因为资本是 X 部门的专用要素，在同样的劳动资源配置下，它可以生产比乙国更多的 X，即甲国 X 部门的生产函数由 X 上升到 X'，对应于原来的劳动配置，由于生产 X 的专用要素的增加，在每一个劳动水平上，甲国的 X 产量都比原来更高。在同样的劳动资源约束下，Y 与 X' 的生产函数决定的生产可能性边界 PPC′ 比 PPC 更凸向 X 轴，甲国比乙国生产更多的 X。

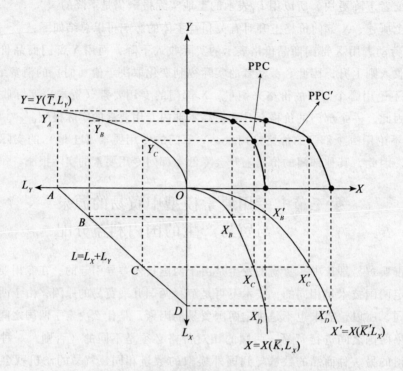

图 3-3　资源变化与生产可能性边界的变动

　　甲国更多的资本 K 使其生产更多的 X，同样的偏好下我们可以想象，甲国 X 商品的价格应该更便宜，因为它的 X 商品供给量相对更多。图 3-4 说明了这种结果。图中的细线部分是乙国的生产可能性边界、社会无差异曲线，切点为 B，切线与 X 轴的倾角为 β；粗线部分是甲国的生产可能性边界与甲国的社会无差异曲线，两者的切点是 A，切线与 X 轴的倾角为 α。由于两国的社会无差异曲线形状是相同的，所以，可以认为，切点的斜率差异是由生产可能性边界的形状差异造成的。切线的倾角不同表示斜率不同，即封闭经济下的价格不同。生产可能性边界越是凸向 X 轴，切线的倾角越小（图 3-4 中角 α 小于角 β），X 的相对价格就越低，原因是 X 产出相对越多。再结合图 3-3 的分析可知，如果甲国拥有 X 部门的专用要素比乙国多，封闭经济下 X 的相对价格在甲国就低廉；同理，如果它拥有的 Y 部门专用要素比乙国多，封闭经济下 Y 的相对价格在甲国就低廉。

　　根据封闭经济下相对价格的差异，我们就能得出贸易格局：一国应出口专用要

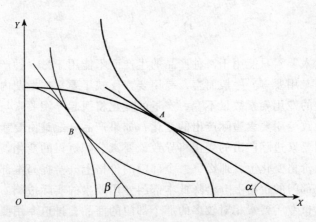

图 3-4　生产可能性边界的差异与相对价格差异

素相对较多的那个部门的商品，进口专用要素相对较少的那个部门的商品。在本节的例子中，就是甲国出口 X，进口乙国的 Y。

二、贸易、相对价格变化及其对收入分配的影响

一旦两国进行贸易，贸易后的国际均衡价格一定位于两国封闭经济下国内均衡价格之间。以 X 商品的相对价格为例，在贸易前，甲国的相对价格低于乙国，所以，贸易以后，甲国的出口商品（X 商品）的相对价格上升，乙国的进口商品（X 商品）的相对价格下降。这种价格变化与上一节价格变化与收入分配的分析联系在一起，我们就能推断贸易对劳动者、资本所有者和土地所有者的影响。由于出口商品的国内相对价格上升，使出口商品专用要素的实际收益增加；反之，进口商品价格的下降使进口商品专用要素的实际收益降低。流动要素的实际收益则无法确定，因为该要素用出口商品价格表示的实际收益下降了，而用进口商品价格表示的实际收益则上升了。

国际贸易对国内相对价格变动的影响具有政治经济含义。从贸易中受益的要素所有者赞成并推动政府实行自由贸易政策，而在贸易中受害的要素所有者则反对并阻挠政府开放贸易。所以，尽管贸易有助于一国整体福利的提高，但可能造成一部分人的福利水平下降，这造就了国内不同利益主体之间的冲突。那些影响力大的利益主体就可能具有左右政府政策的能力。这种影响力一般与他们是否能有效地结成利益集团有关。如果政府的决策过程受这些利益主体的影响，那么，政府就不得不为平衡不同的利益来制定贸易政策。

小　结

如果一种投入要素只能用于一种产品的生产而不能用于另一种产品的生产，这种投入要素就是专用要素。一般而言，专用要素反映了要素在短期内不能流动的情形。由于生产中的专用要素数量不变，产量的变化将引起专用要素与流动要素比例的变化，从而导致专用要素边际产出的变化；如果产品分配是由要素的边际贡献大小决定的，专用要素边际产出的变化将导致该要素分配所得的变化。如果商品需求变化体现在商品价格变化上，那么，一个部门的价格上升会提高本部门专用要素的实际报酬，其他部门的价格上升会降低本部门专用要素的实际报酬。根据专用要素模型，一国应出口专用要素相对较多的那个部门的商品，进口专用要素相对较少的那个部门的商品。同时，由于出口商品国内相对价格的上升，出口商品专用要素的实际收益增加；反之，进口商品价格的下降使进口商品专用要素的实际收益降低。贸易导致的这种利益格局变化有着重要的政治经济学含义：开放贸易的受益者赞成自由贸易，受损者则反对自由贸易。

思考与练习

1. 商品价格是如何影响要素实际报酬的？

2. 在两要素模型中，如果两种要素都不能流动，国际贸易会对要素实际报酬产生什么样的影响？

3. 专用要素禀赋的变化对专用要素和流动要素实际报酬有什么影响？对产出有什么影响？

4. 如果流动要素禀赋发生变化，对专用要素、流动要素的实际报酬会产生什么影响？

5. 一个国家用劳动 L 和资本 K 生产产品 A 和 B，劳动总量为 100，用 A 表示的 B 的相对价格为 2。A、B 的劳动的投入量、产出及边际产量如下表：

产品 A			产品 B		
劳动投入量	总产出	边际产出	劳动投入量	总产出	边际产出
0	0		0	0	
10	25.1	1.51	10	39.8	1.59
20	38.1	1.14	20	52.5	1.05
30	48.6	0.97	30	61.8	0.82

续表

产品 A			产品 B		
劳动投入量	总产出	边际产出	劳动投入量	总产出	边际产出
40	57.7	0.87	40	69.3	0.69
50	66.0	0.79	50	75.8	0.61
60	73.6	0.74	60	81.5	0.54
70	80.7	0.69	70	86.7	0.50
80	87.4	0.66	80	91.4	0.46
90	93.9	0.63	90	95.9	0.43
100	100	0.60	100	100	0.40

（1）作图画出 A、B 的生产函数。

（2）画出该国的生产可能性边界。

（3）在图中确定工资率和劳动在两部门的配置。

（4）确定 A、B 的产出。

（5）当 B 的相对价格由 2 变为 1 时，工资率、劳动配置、A 和 B 的产出将发生什么变化？

第四章　要素禀赋理论

比较优势是古典和新古典贸易理论分析国际贸易的理论基础。在李嘉图那里，比较优势来源于技术差异，但是技术差异无法解释在技术水平大致相同的国家之间的贸易的发生，这就要求贸易理论进一步去解释在技术水平相同的情形下，贸易是怎样发生的，贸易的模式是什么。本章将从供给方面考察影响贸易的价格因素、一国资源禀赋的差异对产品相对价格的影响，以及贸易对要素价格或收入分配的影响。这方面的内容被归结为赫克歇尔-俄林理论，在该理论中，比较优势不像在古典理论中来自于技术差异（生产率的差异），而是来自于要素的禀赋差异。

第一节　理　论　假　定

赫克歇尔-俄林理论（简称 H-O 理论）在国际贸易理论中占有非常重要的地位。该理论的基本假设如下：

1. 假定只有两个国家（A 和 B）、生产两种产品（X 和 Y），每种产品的生产使用资本（K）和劳动（L）两种生产要素，即所谓的 $2 \times 2 \times 2$ 模型。

2. 两国的生产技术相同，也就是说，具有相同的生产函数。简言之，这意味着相同的要素投入在两国生产出相同数量的同种产品。如果 A 国 X 的生产函数为 $X^A = f(K, L)$，则 B 国的生产函数亦为 $X^B = f(K, L)$。

3. 两种产品生产的技术不同：一种产品是劳动密集的（Labor-intensive），另一种产品则是资本密集的（Capitol-intensive）。所谓的劳动密集指的是在产品生产上，使用的劳动比之于资本相对较多；反之，资本密集则指在产品生产上使用的资本相对较多。这里的相对指的是比例关系，而不是绝对量的大小。商品的要素密集度不随要素相对价格的变化而变化。

4. 两种产品的生产都具有不变的规模报酬，即所有的要素投入同比扩大某一倍数，产出也扩大相同的倍数。也就是说，对于任意的 λ，有 $X^A(\lambda K, \lambda L) = \lambda X^A(K, L)$；$Y^A(\lambda K, \lambda L) = \lambda Y^A(K, L)$。B 国也有相同的结果。

5. 生产的边际机会成本递增，也就是说，对任何一国，在给定的资源（K 和 L）下，随着 X 产品生产的增加，每多生产一个 X，必须放弃的 Y（以释放资源用于生产 X）就越来越多。用另一种表述就是生产可能性曲线是凹向原点的。这不同于李嘉图的比较优势学说，在李嘉图那里，只有一种生产要素，每少生产 1 单位的 X 产品所释放的单一要素（劳动）用于生产 Y 的数量总是相等同的，故生产可能性边界是一条直线。

边际机会成本递增的进一步推论是不完全专业化。因为当一种产品生产的成本越来越高时，就无法弥补外部较低的交易价格带来的利益，这时，进一步的专业化就不会发生。

6. 两国商品和要素市场都处于完全竞争状态，同时，两国的资源都得到充分利用（充分就业状态）。

7. 生产要素在国内可以自由流动，在国家之间则完全不能流动。这意味着两国只能进行商品贸易，不能直接进行要素贸易：要素的流动是通过商品贸易实现的。同时，没有运输成本、关税壁垒和非关税壁垒等贸易障碍。

8. 两国的偏好相同，即具有相同的无差异曲线。这说明，贸易的发生不是因两国消费偏好的不同引起的，例如 A 国出口 X 不是因为 A 国的消费者不喜欢消费 X，而 B 国的消费者更喜欢消费 X。

第二节　赫克歇尔-俄林定理（H-O Theorem）

要素禀赋理论是用国别的要素禀赋丰裕程度以及商品生产要素含量的密集程度来解释商品的相对价格，并进一步解释贸易的原因和贸易格局的。因此，要分析、阐述 H-O 理论，首先必须对要素丰裕和要素密集加以定义和分析。

一、国家要素禀赋与产品要素密集度

如果 A 国要素禀赋 K、L 的比率大于 B 国，即 $K^A/L^A > K^B/L^B$，则称 A 国是资本丰裕的（如果 A 国是资本丰裕的，则 B 国必定是劳动丰裕的）。可见，资本丰裕或劳动丰裕是指的禀赋的相对量，而不是绝对量。例如，日本的人口比韩国多，这并不意味着日本相对于韩国是劳动丰裕国家，相反，它的资本更多，因此日本的资本劳动比可能高于韩国，因而是资本丰裕国家（或劳动稀缺国家）。

A、B 两国的要素丰裕度可用图 4-1 来说明。图中纵坐标表示资本量 K，横坐标表示劳动量 L。E^A 和 E^B 分别是 A 国和 B 国的禀赋点，两点与原点连线的夹角分别为 α 和 β，α 和 β 的大小反映的就是资源禀赋的丰裕程度：其正切值是 K/L，这恰恰是资本劳动比。角度越大（连线越靠近表示资本量的纵轴），表示资本越丰裕；角度越小（连线越靠近表示劳动量的横轴），表示劳动越丰裕。如果 A 国的禀赋点不在 E^A 点，而是在 $E^{A'}$ 点，那么 A、B 两国资源禀赋有着相同的丰裕程度，但两国资源的绝对量是不同的（B 国的资源大于 A 国的资源总量）。这表明资源的丰裕程度是相对概念。

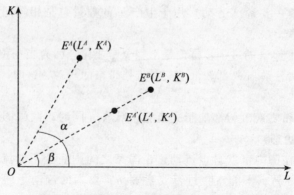

图 4-1　要素丰裕度

表示禀赋丰裕程度的另一种方法是要素的相对价格。如果用 w 表示劳动的工资率，用 r 表示资本的租金率，那么用资本表示的劳动的相对价格为 w/r。如果 $(w/r)^A > (w/r)^B$，则表示 A 国是资本丰裕的，反之，A 国则是劳动丰裕的。为什么会有这样的结论？因为如果 A 国劳动的相对价格较高，则意味着 A 国的劳动相对稀缺，资本相对丰裕，所以 A 国的资本劳动比率就较高。这一思想可从图 4-2 中

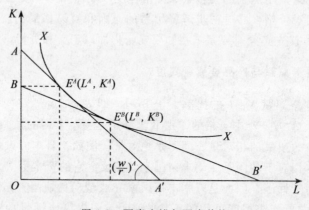

图 4-2　要素丰裕与要素价格

得到说明。图中的 XX 是 X 的等产量线，由于两国技术相同，所以可以用同一条等产量线表示两国的同种商品的产出。AA' 和 BB' 分别表示 A 国和 B 国的等成本线。在各国给定的要素价格下，A、B 两国的最优要素的使用组合点分别是等产量线和等成本线的切点 E^A 和 E^B。各国等成本线的斜率也就是过 E^A 和 E^B 点的切线的斜率。我们知道，等成本线的形式可以表示为 $rK + wL = C$，所以其斜率（的绝对值）为 w/r。显然，w/r 越大，切点位置越高，切点所代表的 K/L 比值也越高，因此

$(w/r)^A > (w/r)^B$ 等价于 $K^A/L^A > K^B/L^B$。

现在再来看要素密集度。要素密集度是某种产品生产上两种要素投入的比例。因为要素之间的替代在技术上是不充分的，又由于不同产品的生产技术性质不同，所以需要的要素比例也会有差异。如果 X 和 Y 的要素使用比例分别为 K_X/L_X 和 K_Y/L_Y，则当 $K_X/L_X > K_Y/L_Y$ 时，称 X 是资本密集型产品，Y 是劳动密集型产品。要素密集度也可用图 4-3 说明。图 4-3 中的 XX 和 YY 分别表示 X 和 Y 的等产量线，其形状由 X 和 Y 的生产技术（即生产函数形式）确定。当要素的总量和要素的市场价格给定时，生产 X 和 Y 的最优选择点分别在 E_X 和 E_Y。在 E_X 处，生产 X 所使用的 K 和 L 的比率大于在 E_Y 处的比率，即 $K_X/L_X > K_Y/L$，所以 X 是资本密集型产品，反之，Y 是劳动密集型产品。

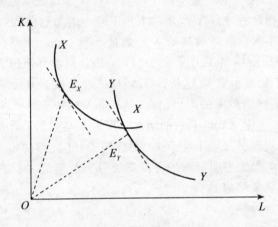

图 4-3　产品的要素密集度

二、要素密集度与生产可能性边界

不同产品具有不同的要素密集度，这对生产有什么影响呢？首先，在两要素情形下，一国的生产可能性边界是凹向原点的，它反映了边际机会成本递增这一现象，这与古典贸易理论的生产可能性边界是不同的（古典理论中的 PPF 是直线）。有两种方式可以解释生产可能性边界的凹性。

第一种解释是当资源从一种商品 Y 的生产转移到另一种商品 X 的生产时，最先使用的是生产 X 商品最有高效率而生产 Y 商品效率相对较低的那些资源，这时，放弃 1 单位 X 商品的生产释放出的资源能生产的 X 商品的数量较多；随着 X 商品生产量的增加，不得不使用那些效率较低的资源，导致每放弃 1 单位 Y 商品所释放的资源生产的 X 的数量越来越少；同时，随着 Y 商品生产的减少，不得不将生产 Y 的更有效率的资源释放出来，也就是说，释放同样多的资源所减少的 Y 商品产量越来越多。将上述因素综合在一起可以得到如下结论：随着 X 产量的增加，需要越来越多的 Y 产量的减少而增加的 X 输送资源，导致生产可能性边界凹向原点。

　　第二种解释是要素转移不是按固定比率进行的。如果在减少 Y 的同时，每减少 1 单位 Y 所释放的两种要素比例相同，根据生产函数的规模报酬不变的性质，这些释放的要素用于增加 X 的数量也相同，Y 与 X 的变化就是线性的，我们就会得到一个与古典生产可能性边界形状相同的斜率为负的直线。然而，由于两种商品的要素密集度不同，同比例释放生产要素就变得没有意义。例如，假定 Y 是劳动密集型商品，在较高的产出水平上，减少 1 单位 Y 将首先释放更多的资本，而 X 是资本密集型商品，较多的资本与较少的劳动结合恰好能满足技术要求，从而能得到较多的 X 的增量；当 Y 的产量不断下降时，可释放的资本越来越少，并不得不释放更多的劳动，而这将导致 Y 产量的大幅下降；增加的劳动对资本密集的 X 的产出贡献则不如资本大，所以增加的 X 的数量不断下降，于是便得到凹向原点的 PPF。这一思想可用图 4-4 来说明：图中（a）部分是埃奇沃思方框图，图中高度表示资本数量，宽度表示劳动数量，$O_X M O_Y$ 是对角线，M 点是对角线的中点。$O_X V O_Y$ 是契约曲线——有效率的产出组合，XX 是 X 的一条等产量线，YY 和 $Y_1 Y_1$ 是 Y 的两条等产量线。V 是 XX 和 $Y_1 Y_1$ 的切点，表示 V 是要素最优配置的一个点。在 O_X 处，表明所有的资源都被用于生产 Y，对应图中（b）部的生产可能性边界上就是 Y 轴的 O'_X。在 O_Y 处，表明所有的资源都被用于生产 X，对应图中（b）部的生产可能性边界上就是 X 轴的 O'_Y。

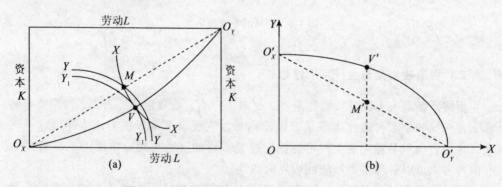

图 4-4　由埃奇沃思方框图到凹性生产可能性边界

　　根据 X 和 Y 的规模报酬不变的假设，如果将 K 和 L 一分为二，即图 4-4（a）中的 M 点，一半用于生产 X，得到 XX 等产量线代表的产量，另一半用于生产 Y，得到 YY 等产量线代表的产量，这一点的产量组合应该是 $O'_X O'_Y$ 直线连线的中间点，即（b）中的 M'。原因是在（a）中对角线 $O_X M O_Y$ 上的各点代表的是资源 K 和

L 的同比变动，如果规模报酬不变，从一点到另一点的变动比例与产出的变动比例应相同，所以，在 K、L 组合的中点，也就是两种商品产出组合的中点。由于 M 并非有效率的生产点，因为如果改变 K、L 的组合，可以在 X 产量不变的前提下增加 Y 的产量，例如，将 K、L 组合移动到 V 点，在同样的 X 产量水平上可以生产 Y_1Y_1 的产量，显然，Y_1Y_1 高于 YY，① 因而比 YY 的产出更多。所以，实际的资源配置应在 V 点，② 而不是在 M 点。这一点是在与 M 点相同的 X 产出水平上有一个更高的 Y，因此它对应于（b）中的 V'：在 X 产量不变时，Y 的产量比 M' 点的产量更高。

将（a）中所有的契约曲线上的产量组合点对应到（b）中，就得到一条高于 $O'_xM'O'_y$ 的生产可能性边界 $O'_xV'O'_y$。

三、要素禀赋与生产可能性边界

尽管两国技术相同，是不是两国的生产可能性边界（PPF）形状也完全相同呢？事实并非如此。一国的生产可能性边界会凸向密集使用该国丰裕资源的产品。原因在于，当某种资源（如资本 K）是一国（如 A）的丰裕资源时，在给定的技术和给定的资源总量下，A 国可以生产相对较多的丰裕资源密集度高的产品。于是，如果 A 国是资本丰裕的，B 国是劳动丰裕的，且 X 是资本密集型产品，Y 是劳动密集型产品，那么两国的生产可能性边界将具有如图 4-5 所示的形状。这是为什么呢？它可由第五节的 Rybczynski 定理来证明（这里只是利用这一定理的结论）。根据 Rybczynski 定理，如果一种资源禀赋的数量增加，这种资源密集度高的产量将增加，而另一种（资源密集度低的）产品产量则下降。假设 A 国最初的资源与 B 国完全相同，因此，它的生产可能性边界应与 B 国重合：都是 BB。现在假定 A 国资本多于 B 国——两国的禀赋差异，并且资本是 X 生产密集使用的要素，则由 Rybczynski 定理可知，A 国将生产更多的 X，Y 的产出则下降，也就是说，它的生产可能性边界更多地凸向 X 轴。

四、H-O 定理（H-O Theorem）

有了不同国家生产可能性边界的差别，我们就可以在相同偏好假设下来分析贸易的发生和结构。由于 H-O 定理取决于要素的丰裕程度和产品生产的要素密集度，据此可以给出 H-O 定理。

H-O 定理：一国应出口那些生产上密集地使用本国丰裕资源的产品，进口那些生产上密集地使用本国稀缺资源的产品。

直观上来看，如果一种产品更多地使用了本国相对丰富的资源，本国的生产成

---

① 注意这里的高于是相对于 O_y 点而言的，而不是它在图中的绝对位置。

② 因为我们总是假定完全竞争的市场总是能将资源的配置达到帕累托最优状态。

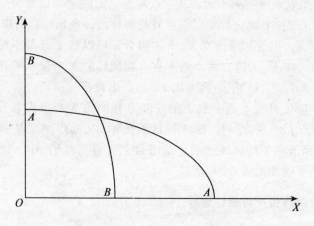

图 4-5   要素丰裕与生产可能性边界

本相对而言应该较低，因而本国在生产该产品上具有比较优势；反之，在更多的使用本国稀缺资源的产品的生产上，本国生产的成本相对而言较高，因而本国在生产该产品上不具有比较优势。正如俄林在其《跨地区贸易和跨国贸易》一书中所言①：

> 相对于大不列颠而言，澳大利亚土地资源更丰富，但劳动力、资本和煤炭却较缺乏；因此，澳大利亚更适合生产那些依赖于大量资源的产品，而大不列颠则更适合生产那些依赖于劳动力、资本和煤炭等非土地资源的产品。如果两国生产产品仅供本国消费，澳大利亚的农产品价格会很低，而生产的工业制成品会很昂贵；而对于大不列颠而言，情况则恰恰相反，由于耕地的产出很低，因此，为了能够提供足够的农产品以供本国消费，每亩土地的劳动力和资本必须要更多更密集。所以，即使是大国，也会面临"巧妇难为无米之炊"的尴尬。由于边际报酬递减，像稻子等农产品的最后一单位资本和劳动力报酬将会很小；而在澳大利亚，由于土地资源富足，往往会以许多方式开发土地来增加其产量，而不必在每亩土地上投入很多资本和劳动力要素来增加土地的产品产量。因此，每一单位的资本和劳动力报酬将会相当可观。

总之，H-O 定理的基本思想就是，使用了本国丰裕资源生产的该丰裕资源使用密集度高的产品，其相对成本也较低，反之，成本则较高。由此决定了贸易的方

① 俄林. 跨地区贸易和跨国贸易 [M] // 马芮威耶克. 中级国际贸易学. 夏俊, 等, 译. 上海：上海财经大学出版社，2006：128.

向——出口自己生产成本较低的产品，进口自己生产成本较高的产品。这一思想可以用图 4-6 说明：图中的生产可能性边界与上图相同，A 国的 PPF 向 X 轴突出，B 国的 PPF 向 Y 轴突出，表示在给定的产品密集度下各自的资源丰裕特征。两条形状相同的社会无差异曲线——形状相同是因为假设两国的偏好相同——分别与 A 国和 B 国的 PPF 相切于 E^A 和 E^B，根据微观经济学原理可知，E^A 和 E^B 是封闭经济条件下 A 国和 B 国各自的最优生产和消费点。但是，由于 A 国的 PPF 向 X 轴方向突出，它与无差异曲线的切点的切线较平缓（倾角 α 较小）；相反，B 国的 PPF 因向 Y 轴突出，它与无差异曲线的切点的切线较陡峭（倾角 β 较大）。我们又知道，切线倾角的斜率正是两商品 X、Y 的相对交换价格：$\Delta Y/\Delta X$，也就是用 Y 表示的 X 的价格。A 国的切线倾角 α 小于 B 国的 β，意味着在封闭经济状态下，用 Y 表示的 X 的价格（即 X 的相对价格）在 A 国比在 B 国更低。①

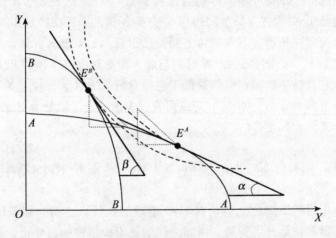

图 4-6　国内均衡价格与贸易利益

　　如果允许两国进行贸易，并且贸易的价格在 A 国与 B 国封闭状态下的相对价格之间，会给双方都带来利益。所谓贸易价格在两国封闭状态下的相对价格之间，就是贸易价格——用 Y 表示的 X 的价格——高于 A 国的国内价格，但低于 B 国的国内价格。于是，A 国向 B 国出售 1 个单位的商品 X 可以比在国内换取更多的 Y；而 B 国从 A 国进口一个单位的 X 所支付的 Y 比本国自己生产时必须牺牲的 Y 更少

---

①　"用 Y 表示的 X 的价格"也就是多少单位的商品 Y 才能交换 1 个单位的 X。如果你认为这样的表述有些费解的话，不妨把 Y 看成货币，这一表述就成为"用货币表示的 X 的价格"，也就是用多少钱（货币）才能买 1 个单位的 X。这样的表述则与日常的用法完全相同。在前一种表述中，交换 1 单位的 X 所用的 Y 越多，说明 X（相对于 Y）越昂贵；在后一表述中，购买 1 单位 X 所用的货币越多，说明 X 越昂贵。

（成本更低），于是双方都从交易中获益。在两国的 X、Y 相对价格存在差异的情况下，这一交易过程的基本原理非常简单：贱买贵卖。A 国以比国内更高的价格出售 X（用以换取 Y），B 国则以比本国更低的价格用 Y 购买 X。

在上图中，以 E^A 和 E^B 为顶点，用点画线所作的直角三角形的斜边的斜率就是两国贸易的价格。两个直角三角形的斜边是平行的，表示两国用相同价格进行交易。在没有关税等贸易障碍的前提下，双方交易使用的价格总是相等的，买方的买价就是卖方的卖价。A 国从 E^A 开始，在给定的国际贸易价格上用 X 交换 Y 以后，国内可消费的商品组合在此三角形的上面的顶点上；如果没有贸易，此顶点上的 X 只能够与 A 国 PPF 上的点相对应，显然，与上述顶点 X 对应的 PPF 上的 Y 低于顶点上的 Y，说明对 A 国而言，在给定的贸易条件下，与 B 国贸易比自己生产更有利。

B 国得自贸易的好处可用同样的方法得到解释。从 E^B 开始，B 国在给定的贸易价格下沿着始于 E^B 的三角形的斜边用 Y 交换 A 国的 X，交换后 B 国国内消费可得的商品组合为此三角形右下方顶角上的商品组合。如果没有贸易，B 国要消费此三角形顶角上的 Y，只能自己生产并得到与此 Y 水平对应的 B 国的 PPF 上的 X 的商品量，显然，它自己生产的这一数量低于它得自贸易的数量。对于 X 商品而言，A 国的出口就是 B 国的进口，对于 Y 商品而言，A 国的进口就是 B 国的出口，所以，贸易后的两个三角形是全等的。

第三节　H-O 定理的扩展（1）：要素价格均等化定理

包括本节在内的下面的三节是对 H-O 定理的扩展，它们分别说明，按照 H-O 定理所揭示的贸易格局开展贸易，两国之间的要素价格将如何变化，这些变化对哪些要素所有者有利，以及要素禀赋的变化对贸易和要素价格会产生什么样的影响。本节首先分析要素价格均等化定理。

由于 A、B 两国资源禀赋不同，两国资源的相对价格也不同，并进一步导致两国商品价格的差异。两国开展贸易以后，在没有任何贸易障碍的前提下，贸易均衡将使得两国商品价格趋于一致。于是就会进一步产生下面的问题：两国商品价格一致会不会导致两国要素的价格也趋于一致呢？要素价格均等化定理将给出这一问题的答案。

要素价格均等化定理：在 H-O 模型假设下，国际间的自由贸易将导致要素价格在贸易国之间的均等化，即用同种货币衡量的要素价格（如工资、租金、利息等）在两国相等。

根据要素价格均等化定理，如果一国的工资水平在贸易前相对较高，那么在两国开展贸易以后，该国的相对工资水平将会下降；反之，如果一国的工资水平在贸易前较低，可以预测，开展贸易后该国的工资水平将上升。为什么会出现这样的结果呢？按照 H-O 理论的假定，一国将出口密集地使用本国丰裕资源的产品。如果 A 国是资本丰裕的，那么资本的相对价格在 A 国就较便宜。当 A 国生产并出口资本密集的产品（如 X）时，对资本的需求随之增加；尽管对劳动的需求也会增加，由于出口的 X 是资本密集的，对资本需求的增加要大于劳动需求的增加。这些要素需求的增加只能从减少 Y 的生产中得到，但是 Y 是劳动密集型产品，每减少 1 单位的 Y 只释放出少量的资本和大量的劳动。于是因出口增加 X 的生产所产生的对资本 K 的需求量的上升会导致资本相对短缺，并进一步导致其相对价格的上升。

在另一国（B 国），情况则恰好相反。由于 B 国是劳动丰裕的，贸易前 B 国的劳动价格相对低廉。贸易后它将出口劳动密集型产品 Y，对劳动的需求相对增加；增加的劳动需求只能从减少 X 的生产中获得，而 X 是资本密集型产品，X 生产的下降只能释放少量的劳动和大量的资本，所以，劳动相对价格必然上升。

显然，两国要素价格的变动过程是由于贸易引起的，而贸易是由于商品相对价格引起的。当贸易达到均衡时，两国的商品相对价格相等，没有进一步的贸易要求，也就没有进一步的要素价格需求压力，于是，要素价格的均等也将在相对价格相等时实现。所以要素价格均等化也可以视为商品价格与要素价格的一一对应关系。这一关系可由图 4-7（勒那图）说明。该图由两部分组成，一部分是单位价值等成本线，另一部分是单位价值等产量线。单位价值等成本线是在给定的要素价格下，花费 1 单位成本所能购买的两种要素的所有可能的组合。单位价值等成本线在图中是向右下方倾斜的直线，其 K 轴和 L 轴的截距分别是 $1/r$ 和 $1/w$，解析式为：

$$rK + wL = 1$$

此式意味着，在资本价格和劳动价格给定时，1 货币单位价值的成本可由不同的资本和劳动组合来实现。例如，如果 $r = 0.1$，$w = 100$，$(K, L) = (1, 0.009)$ 和 $(K, L) = (0.1, 0.009\,9)$ 的成本都是 1。当资本的价格 r 和劳动的价格 w 发生变动时，单位价值成本线在 K 轴和 L 轴的截距（$1/r$ 和 $1/w$）随之发生变化。它的斜率是 w/r，表示劳动的相对价格。

单位价值等产量线是生产 1 货币单位价值的产品所需的资本和劳动的组合。也就是说，生产的产品按给定的市场价格卖出后恰好得到 1 个货币单位（例如 1 元）的收入。由于产品的出售价值等于产品的价格乘以产品出售量，所以 X 和 Y 的单位价值等产量线的表达式分别是：

$$P_X X = 1, \ P_Y Y = 1$$

或者 $$X = 1/P_X, \ Y = 1/P_Y$$

当 X、Y 的价格 P_X 和 P_Y 由市场给定时，$1/P_X$ 和 $1/P_Y$ 也是给定值，分别表示 X 和 Y 的单位价值产出水平。实际上，上述表达式应该写成：

$$X(K, L) = 1/P_X, \ Y(K, L) = 1/P_Y$$

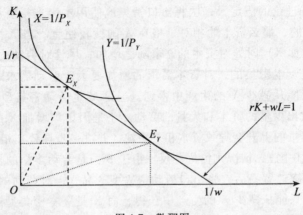

图 4-7　勒那图

　　其中 X（K, L）和 Y（K, L）代表 X、Y 的生产函数，上面的公式可以清楚地表示在给定的产量水平上（指单位价值的产量），X、Y 的生产所用的 K、L 的所有可能的组合点——等产量线。X、Y 的单位价值等产量线在图中分别由两条位置不同的曲线来描述。与普通的等产量线一样，它们的形状和位置是由生产函数的技术特征决定的。X、Y 在生产上采用不同的技术（不同的生产函数形式），它们的单位价值等产量线的形状也不同。在给定的技术下，对于一个给定的产品价格 P，就会由 $1/P$ 确定唯一的一条 X（或 Y）的等产量线。

　　此外，勒那图还给我们另一个有用的信息，那就是 X、Y 的要素密集形式。从图中可以看到，Y 的单位价值等产量线与单位价值等成本线相切于 E_Y 点，X 的单位价值等产量线与单位价值等成本线相切于 E_X 点，由于 OE_X 更靠近 K 轴（或者说此射线的斜率更大），所以 X 是资本密集型产品；OE_Y 更靠近 L 轴（或者说该射线的斜率更小），所以 Y 是劳动密集型产品。

　　在完全竞争下，厂商的利润水平为 0，对于每一个产品的生产，它都会在单位价值等产量线与单位价值等成本线的切点处安排生产：低于 1 单位的成本所购买的 K、L 组合无法生产单位价值的产量；高于 1 单位成本购买的某些 K、L 组合可以生产高于 1 单位价值的产量水平。当价格确定后（$1/P_X$ 和 $1/P_Y$ 确定后），两个产品单位价值等产量线的位置也就确定。在均衡时，由于每一种产品的利润水平都是 0，每一个产品的要素组合点都是单位价值等产量线与单位价值等成本线的切点；又由于要素在国内是自由流动的，两种产品生产使用的要素的价格也必然是相同的，所以对于 1 单位价值的产量，它们必然面临斜率相同的单位价值等成本线，也就是说，面临与之相切的共同的等成本线，这一切线确定了唯一的单位价值等成本线，从而确定了唯一的要素相对价格 w/r。

在贸易均衡时，两国的相对价格是相同的，即 $[P_X/P_Y]^A = [P_X/P_Y]^B$，根据 P_X/P_Y 与 w/r 的一一对应关系可知，$[w/r]^A = [w/r]^B$。具体而言，由于假设 A 国是资本丰裕，当资本密集型产品 X 的相对价格提高时，作为丰裕资源的资本 K 的相对价格在 A 国也随之提高，于是，在 A 国有 $[r/w]^A$ 和 $[P_X/P_Y]^A$ 的正向变动关系；同理，B 国是劳动丰裕的国家，当劳动密集型产品 Y 价格提高时，B 国的丰裕要素 L 的相对价格会随之上升，于是，在 B 国有 $[w/r]^B$ 和 $[P_Y/P_X]^B$ 的正向变动关系，这种关系可由从图 4-8 中得到说明：图 4-8 中的纵坐标是 Y 的相对价格，横坐标是劳动要素的相对价格，往右上方倾斜的 EE 线表示劳动密集型产品 X 的相对价格与劳动相对价格的增函数关系：

$$w/r = f[P_X/P_Y]$$

并且有 $f' > 0$。

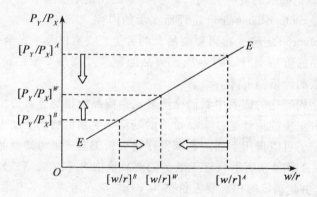

图 4-8　要素价格与产品价格的对应关系

两国实行自由贸易以后，B 国出口劳动密集型商品 Y，Y 的相对价格沿箭头方向不断上升，其丰裕要素——劳动的相对价格也沿着 EE 线与 X 的相对价格对应的点不断上升；相反，A 国出口资本密集型商品 X，X 的相对价格不断上升（这等价于 Y 的相对价格沿箭头方向不断下降），由此导致资本的相对价格不断上升（这等价于劳动的相对价格不断下降）。当两国商品的相对价格趋向一致并等于国际价格 $[P_X/P_Y]^W$ 时，两国要素的相对价格也趋向一致，并且等于 $[w/r]^W$。

对于贸易商品，两国的价格趋同是很容易理解的，在没有任何贸易障碍的假设下，追求自身利益最大化的经济主体在利益驱动下，会使两国的商品价格趋向一致。而在 H-O 理论中，要素在国际间是不能贸易的，不能贸易的要素其价格是如何达到一致的呢？原来，当商品进行贸易的时候，实际上也是在间接地进行要素的贸易。例如，作为资本丰裕的 A 国，它的资本价格相对较低，如果能将资本直接输往资本价格相对较高的那些国家，自然能够获取更高的收益。由于假定了要素不能进行跨国流动，它就会在所在国用于生产最适合于它的那些商品，当这些商品通过国际贸易输往国外时，就间接地将包含它的生产要素也输往国外。H-O 定理告诉我们，一国出口的是密集地使用了本国丰裕资源的产品，这等价于更多的本国丰裕资源随着商品出口被用于满足国外需求的商品生产，在国内供给量一定时，它在国内的相对价格就会变得越来越高，直到与国外的相对价格相等为止。

第四节　H-O 定理的扩展（2）：Stolper-Samuelson 定理

要素价格均等化不仅说明了两国要素价格随商品价格在贸易双方趋同时也会趋同，而且还说明要素价格的变动方向。这种变动方向直接影响要素所有者的利益：要素价格上升使要素的所有者受益，反之，要素价格下降使要素的所有者受损。那么，按照 H-O 理论揭示的贸易方向，哪些要素的所有者受益，哪些要素的所有者受损呢？这就是 Stolper-Samuelson 定理所揭示的内容。

Stolper-Samuelson 定理：在两种商品、两种生产要素以及不完全专业化假定下，如果某一种商品的价格上升，则生产该商品的密集度高的要素的价格也会随之上升，另一种要素的价格则下降。

在要素价格均等化的证明中我们已经看到，商品价格与要素价格具有一一对应关系。由此的进一步推论就是，商品价格的变动与要素价格的变动也会产生一一对应的关系。我们仍可以借用上面的勒那图作为分析工具，来考察商品价格变化对要素价格的影响。如图 4-9 所示，对于最初的商品价格 P_X 和 P_Y，X、Y 的均衡点分别位于 E_X 和 E_Y，由此确定的相对要素价格为 w/r。现在考虑资本密集型产品 X 的价格由 P_X 上升到 P_{X1}，单位货币价值包含的商品量（$1/P$）由 $1/P_X$ 下降到 $1/P_{X1}$，X 产品的单位价值等产量线由 $X = 1/P_X$ 向下移动到新的位置 $X = 1/P_{X1}$。根据商品价格与要素价格的对应关系，在（P_Y，P_{X1}）的价格上，将对应一组新的要素价格（w_1，r_1），使得 $r_1K + w_1L = 1$ 成立。显然，新的单位价值等成本线比原来更平缓，并且有 $1/r_1 < 1/r$ 和 $1/w_1 > 1/w$，这表明由于资本密集型产品价格上升，资本的价格上升了，劳动的价格却下降了。这是因为，当资本密集型产品 X 的价格上升时，生产 X 变得更有利可图，X 的产出就会增加；相对于劳动使用的增加量而言，X 产品产出的增加会使用更多的资本，资本价格由此上升；同时由 Y 减少释放的劳动要素比资本要素更多，于是会导致劳动要素的相对过剩，劳动要素的价格反而下降。

Stolper-Samuelson 定理表明了价格变动的分配效应：一种商品的价格上升将有利于密集地投入该商品生产的那些要素的所有者，而不利于其他要素的所有者。再将这一结果与 H-O 定理所描绘的贸易格局联系起来，我们就会得到这样的结论：相对于封闭经济而言，开放贸易将有利于本国丰裕资源的所有者，不利于本国稀缺

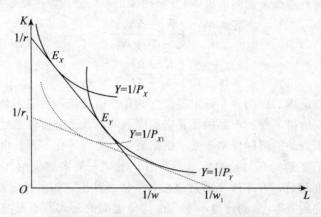

图 4-9　商品价格与要素价格的变动关系

资源的所有者。因为开放贸易以后，本国生产的丰裕资源密集度高的商品价格提高，由此带动该丰裕要素的价格上升，同时稀缺要素的价格则下降；同理，开放贸易后，进口的是本国稀缺要素密集度高的商品，并且导致该商品国内价格的下降，商品价格下降进一步引起该商品生产使用的密集要素——本国的稀缺要素——价格下降。故自由贸易是本国丰裕资源所有者的"朋友"，稀缺资源所有者的"敌人"。

第五节　H-O 定理的扩展(3)：雷布津斯基(Rybczynski)定理

在 H-O 理论的假设中，资源总量是给定的，贸易导致商品需求的变化，并通过此变化导致要素需求和要素价格的变化。如果资源发生变化会对产出有什么影响呢？例如人口的增加、新矿藏的发现的确在改变一国的资源总量。一国资源供给量变化对该国产出的影响由雷布津斯基定理（Rybczynski Theorem）给出。

雷布津斯基定理：给定世界价格水平，如果一个国家某种资源供给量增加，则该国将会增加该要素密集度高的产品的生产，减少另一种产品的生产。

当某一种资源的供给增加时，应该会被分配到两种产品的生产中去，为什么还会导致另一种产出的下降呢？以劳动增加为例，假设劳动力出现一个增量 ΔL，于是，这些增加的劳动将会被用到它的密集度高的 Y 产品的生产上，因为这样才是最有效率的；但是，当增加的劳动被用于生产 Y 时，必须有相应的资本 K 与之相匹配。因为资本的资源总量并没有增加，因劳动增加而多生产 Y 所需的资本只能从减少 X 产品的生产中得到。于是，在 Y 产量增加的同时，X 的产量反而下降了。当然，在减少 X 的产量时不仅释放出资本，而且还同时释放出劳动资源。由于 X 是资本密集型产品，它释放的资本量较多，释放的劳动量则较少。这一过程直到使两部门调整到具有与原来相同的资本/劳动比为止。用公式表示就是：

$$\frac{K_Y}{L_Y} = \frac{K_Y + \Delta K_X}{L_X + \Delta L + \Delta L_X}$$

$$\frac{K_X}{L_X} = \frac{K_X - \Delta K_X}{L_X - \Delta L_X}$$

雷布津斯基定理的证明涉及该定理成立的几个前提条件，它们是：商品的国际价格不变，要素价格不变，产品的要素密集度不变以及所有要素都处于充分就业状态。首先，由于商品的国际价格不变，根据要素价格均等化定理，由商品的相对价格唯一地确定了要素的相对价格。这意味着，当某一要素的供给（如上述例子中的劳动）发生变动后，并不改变要素的相对价格。其次，如果要素相对价格不变，两种商品的最优的资本/劳动比也不变，也就是上面的公式所显示的，在劳动增加后，K_X/L_X 和 K_Y/L_Y 仍然保持原来的比值不变。根据要素密集度不变这一特征，再考虑到增加的劳动连同原来的所有要素都必须得到利用（即充分就业）这一前提，就可以判断两部门的产量变化。如图 4-10 所示，它是一个简化的埃奇沃思方框图，

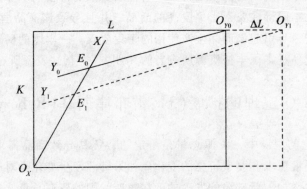

图 4-10　资源变化对产出的影响

图的左下角 O_X 是产出 X 的起点，右上角 O_{Y0} 是产出 Y 在劳动资源未变动时的起点；纵向长度是一国资本的总量（用 K 表示），横向长度是该国劳动的总量（用 L 表示）。图中的任意一点表示现有的资源 K、L 用于生产 X、Y 两种商品的各种可能的组合。但是，有效率的组合应该是成本最小化的组合点——单位价值等产量线和单位价值等成本线切点的轨迹。由于要素的相对价格以及由此决定的产品生产的资本/劳动比不变，所以这一轨迹是一条直线：对于 Y 产品，是 $O_{Y0}Y_0$，对于 X 产品，是 $O_X X$。因为 X 是资本密集型的，所以 $O_X X$ 更靠近 K 轴；而 Y 是劳动密集型的，$O_{Y0}Y_0$ 更靠近 L 轴，两线的交点 E_0 不仅确定了 K、L 在 X、Y 之间的最优配置，同时，在给定的生产函数下，也确定了 X、Y 的产量水平（产量水平由通过该点的等产量线确定，图中没有画出）。下面分析资源变动的结果。假设劳动增加了 ΔL，现

在的劳动资源总量就是 $L+\Delta L$，由于所有资源都要被生产性地利用，于是，表示劳动量的横轴就向右延伸，Y 产品生产的起点则由 O_{Y0} 移动到 O_{Y1}，反映 Y 产品最优要素需求轨迹的连线也由原来的 $O_{Y0}Y_0$ 平移为现在的 $O_{Y1}Y_1$，之所以平移，是因为资本/劳动比没有改变。与 X 产品最优要素需求轨迹的连线交于新的一点 E_1。显然，与 E_0 相比，E_1 更靠近 Y 产品的起点，意味着在 E_1 点，X 的产出增加了，而 Y 的产出下降了。

　　当然，我们还可以用生产可能性边界工具解释雷布津斯基定理，并且可以更直接地显示产量的变化。如图 4-11 所示，图中的点画线表示最初的 X、Y 两种产品的生产可能性边界。当劳动要素增加后，资源的增加将使原来的 PPF 向外推移，表示更多的资源能生产出比原来更多的 X、Y 的产出组合。但是，PPF 的外移不是平行的，而是凸向所增加资源的密集度高的产品生产方向，在这里是 Y 轴方向，因为 Y 是密集使用增加的劳动资源的。于是，新的 PPF 就移动到外面实线所处的位置。一国生产的最优选择点是相对价格线与 PPF 的切点。相对价格即 P_X/P_Y，即图中的 p（$p=P_X/P_Y$）。由于假定世界价格不变，于是有 $p=p_0=p_1$。在原来的资源总量下，最优产出组合点出现在 E_0，劳动资源增加后，最优产出组合点出现在 E_1。从图中可以看出，与 E_0 对应的最优产出相比，E_1 处劳动密集产品 Y 的产量沿箭头方向增加了，而资本密集产品 X 的产量则沿箭头所指方向下降了。

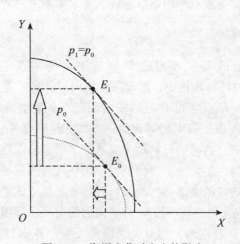

图 4-11　资源变化对产出的影响

第六节　列昂惕夫悖论及其他贸易理论解释

　　要素禀赋理论具有极大的吸引力，然而实证检验给人们的结果并没有像该理论显示的那样完美。如果一个理论缺乏数据支持，人们就不得不对它进行重新思考。所以，自从列昂惕夫悖论提出后，H-O 理论从很多方面得到了扩展。

一、列昂惕夫悖论

赫克歇尔-俄林理论是最有说服力的贸易理论之一。再有力的理论也需要有事实的支持。在所有对 H-O 理论的实证中，最有名的莫过于列昂惕夫用美国的数据所作的检验。由于他的结果并不支持 H-O 理论，故被后来的经济学家称为"列昂惕夫悖论"（Leontief Paradox）。列昂惕夫计算了美国 1951 年生产价值分别为 100万美元的美国进口商品和出口商品中所包含的资本数量和劳动力数量。根据美国是资本丰裕国家的前提假设，他希望在数据检验中得到 H-O 理论的结论，即相对于进口商品，美国出口商品的资本密集度更高；但他的计算结果却恰恰相反，因为在出口部门，资本/劳动比为 13 000 美元/人，进口部门的资本/劳动比却高达 13 700美元/人。于是，美国出口的商品是劳动密集型的，进口的商品则成了资本密集型的。

列昂惕夫悖论提出后，许多经济学家试图给予满意的理论解释。有人认为是列昂惕夫的数据存在问题，也有人认为美国出口的商品中有不少是农产品，而农产品的技术进步很快，技术含量（甚至资本含量）很高，从这一点来看，H-O 理论仍然是成立的。下面我们将重点介绍需求逆转、要素密集度逆转等理论解释。

二、要素密集度逆转

对列昂惕夫悖论的第一种理论解释是要素密集度逆转（Factor Intensity Reversal，或 FIR）。在 H-O 理论中，假设两国用同样的技术进行生产，一种产品在 A 国是资本密集型的，那么它在 B 国同样也是资本密集型的，不会发生变化。但是，如果一种商品在 A 国以资本相对密集的方式被生产出来，而在 B 国却以劳动密集的方式被生产出来，这种情形被称为要素密集度逆转。这时，我们就无法判断该产品是劳动密集型的，还是资本密集型的，H-O 对两国贸易格局的论断也就会失灵。例如，虽然美国进口的商品在国外是以劳动密集的方式生产出来的，但在美国却又是以资本密集的方式生产出来的，对于美国的贸易伙伴国而言，出口这些劳动密集型产品是符合 H-O 理论的，但对美国而言，生产并出口劳动密集型商品就不符合 H-O 理论。

如图 4-12 所示，对于 X、Y 两产品等产量线，在一组要素价格下（短画线），最优的选择点为 E_X 和 E_Y，由于 OE_X 的斜率高于 OE_Y，所以 X 是资本密集的，Y 是劳动密集的。但是，在另一组价格下（点画线），最优选择点为 E'_Y 和 E'_X，这时 OE'_Y 的斜率大于 OE'_X，也就是说，这时 Y 是资本密集的，X 反而成为劳动密集的。这种情形现实中是否存在呢？以鞋子生产为例，中国和美国都生产鞋子。但是，在中国的鞋子生产中，由于劳动力比资本相对便宜，生产者更愿意用劳动替代昂贵的机器设备，因此，用的是较少的资本和较多的劳动，鞋子属于劳动密集型的；而在美国的鞋子生产中，由于劳动比资本更昂贵，它们则使用较少的劳动和较多的资本，鞋子又成为资本密集型的。这时我们就会发现，中国既向美国出口鞋子，也从美国进口鞋子。由于要素密集度逆转使同一产品在不同的国家会以不同的密集度型式生产出来，用同一国家的要素密集度来检验 H-O 理论就会出现不符现象，这就可以解释列昂惕夫悖论：在美国看来是劳动密集的产品（例如农产品），其实在美国是资本密集的，而如果用该产品包含的出口方的资本劳动比来衡量，才会是劳动密集型的。

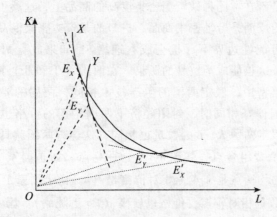

图 4-12　要素密集度逆转

三、由需求决定的贸易理论

在前面的贸易理论中都是假定两国有着共同的偏好，围绕供给因素分析贸易的基础。如果反过来假定，两国供给因素相同，只是需求差异不同，两国会不会因此而发生贸易呢？决定需求的因素有以下几个方面：一是实际需要，指由于客观环境差别造成的需求的差别，如俄罗斯人比印度尼西亚人更需要羽绒服，日本比哈萨克斯坦更需要轮船。二是偏好，指由不同的历史文化、宗教信仰和风俗习惯形成的对商品的不同的嗜好程度。三是收入水平，不同的收入水平将导致对不同商品的需求程度。低收入水平的国家对基本生活品的需求量大，对奢侈品的需求量少，高收入国家则相反。下面我们考察基于偏好不同和收入水平不同产生的贸易理论。

（一）基于偏好不同的贸易

根据 H-O 理论的假定，两国的需求（即偏好）是相同的，如果放宽这一假设，不同的国家对两种产品的偏好不同，那么就有可能出现与 H-O 理论预言相反的贸易模式。假如一国是资本丰裕的国家，按照 H-O 理论，该国应出口资本密集的产品；但如果本国消费者更偏好资本密集型产品的消费，也许本国不仅不会出口，反而会进口资本密集型产品，这就出现了和 H-O 理论预言相反的贸易模式。作为资本丰裕国家，资本密集型产品的相对价格较低，所以才会形成该国的出口价格优势；而一旦国内对此商品的需求非常强劲，就会导致该国资本密集型商品的价格上升，直到这种需求力量造成的价格上升超过了资源优势产生的价格优势，两国的价格优势就使 H-O 理论的结果发生逆转：相对价格优势不是落在资源丰裕度高的要素密集商品上，而是落在本国稀缺资源密集度高的商品上，这就可能会出现作为资本丰裕的美国出口的反而是劳动密集商品，进口的是资本密集商品的结果。

在凹性的生产可能性边界下（机会成本递增），如果放宽两国偏好相同的假定，我们就会发现，这也能成为贸易的源泉。在两国（Ⅰ和Ⅱ）两产品（X 和 Y）两要素（K 和 L）模型中，假定两国的生产技术相同，两国的要素禀赋（K/L 比例）也相同，在两国偏好相同时，封闭经济下两国均衡的价格也相同。为便于说明，我们再进一步假定两国 K、L 的数量也相同，这样，两国就具有相同的生产可能性边界和相同的消费组合点，如图 4-13 中的 C 点。如果国家Ⅰ具有 $CIC^{Ⅰ}$ 的偏好，在封闭经济下的均衡点是 A 点，相对价格是 $P_{Ⅰ}$。由于国家Ⅰ更偏好于商品 X，所以，均衡时 X 的数量相对较多，价格也较高（$P_{Ⅰ}$ 更陡峭）。国家Ⅱ具有 $CIC^{Ⅱ}$ 的偏好，封闭经济下的均衡点是 B 点，相对价格为 $P_{Ⅱ}$。由于国家Ⅱ更偏好于商品 Y，它的封闭经济下均衡点 Y 的数量更多，商品 Y 的相对价格更高（X 相对便宜），$P_{Ⅱ}$ 更平坦。由于封闭经济下两国相对价格不同，（X 的相对价格）国家Ⅰ高于国家Ⅱ，两国就存在交易的动机：国家Ⅱ生产更多的 X 可以从国家Ⅰ交换到高于自己机会成本的 Y（因为国家Ⅰ的 Y 相对便宜），同样，国家Ⅰ生产更多的 Y 也可能从国家Ⅱ交换到高于自己机会成本的 X（因为国家Ⅱ的 X 相对便宜）。假定国际均衡价格是 P^{W}，它低于国家Ⅰ封闭经济下的价格，高于国家Ⅱ封闭经济下的价格，于是国家Ⅰ便从 A 点开始沿 PPF 减少 X 的产量，增加 Y 的产量；国家Ⅱ则从 B 点开始沿 PPF 增加 X 的产量，减少 Y 的产量，最后都在 C 点生产。

但是，两国从 C 点的产出组合上沿 P^{W} 交换各自的产品，使得国家Ⅰ得以在 A' 点消费，国家Ⅱ得以在 B' 点消费：每个国家的福利都比贸易前提高了——都在其生产可能性边界之外。同理均衡处还要求两国的贸易三角是全等的：国家Ⅰ出口的 Y 的数量等于国家Ⅱ进口的 Y 的数量，而国家Ⅰ进口的 X 的数量等于国家Ⅱ出口的 X 的数量，否则，世界价格就会调整，一直到满足上述条件为止。

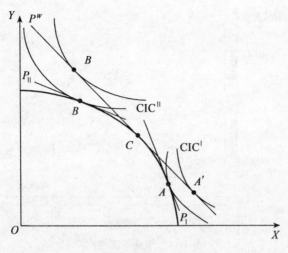

图 4-13 偏好差异与贸易

（二）重叠需求理论

瑞典经济学家 Staffan Bruenstam Linder 在 1961 年提出了一个完全以需求为导向解释贸易发生的理论，即重叠需求理论（Overlapping Demand Theory）。这种理论认为，不同国家具有不同的收入水平，不同的收入水平则具有不同的消费层次。如果将消费品按照它们的质量或复杂性由低到高进行排列，不同收入国家的消费就会对应这个排列中的特定的区域：收入高的对应高质量区域，收入低的对应低质量区域。不同国家在这些商品区域之间是有重叠的（如图 4-14），贸易就发生在这些具有重叠需求的商品上。图中Ⅰ、Ⅱ、Ⅲ分别表示三个国家，横轴是三个国家对应的收入水平，纵轴是三个国家对应的不同质量水平的商品的消费区间：更高的收入对应更高质量的商品区间。每个国家都根据自己国家的收入水平生产自己消费区间的商品。但是，收入区间的重叠意味着需求的重叠，如图中纵轴两个柱状线条分别描绘了国家Ⅰ、Ⅱ之间和Ⅱ、Ⅲ之间的重叠需求部分。一旦一国发现自己生产的商品在别国也有消费需求，它就会扩大产量，并向与自己具有重叠需求的国家出口自己的产品，于是这一范围内的商品贸易就发生了。

四、模仿滞后理论

模仿滞后理论由美国经济学家 Posner 于 1961 年首先提出，经 Hufbauer 等进一步得到完善。该理论的基本思想是，技术领先国家研发出新技术后，凭着与其他国家的技术领先差距，生产并向其他国家出口这种新技术产品。之后，国外随着消费对这种产品逐渐熟悉，并通过技术合作、跨国公司的对外直接投资等途径掌握了这

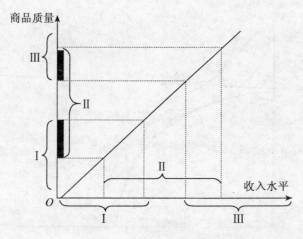

图 4-14　重叠需求理论

些高新技术，便开始模仿生产这种产品，进口也随之减少。最后，模仿国凭借其劳动成本优势反过来向技术领先国出口该产品，这时，创新国的技术领先优势在该产品上完全消失，进而转入其他新产品的开发生产和出口的循环。

模仿滞后理论放宽了 H-O 理论中各国采用相同技术的假设，假定各国并不能总是获得相同技术，这主要是由于技术从一国到另一国的传递与扩散需要一定的时滞。假设有两个国家（Ⅰ和Ⅱ），国家Ⅰ是新产品发明国，从国家Ⅰ发明并生产到国家Ⅱ能复制生产该产品的时间就是模仿时滞。模仿时滞体现了模仿国的学习期。在此期间内，它必须掌握一定的技术诀窍，同时还需要生产与销售准备时间（如购买投入品、安装设备、市场宣传等）。除了模仿时滞，还存在另一种滞后现象，这就是需求时滞。需求时滞指的是新产品从创新国Ⅰ研发出来到国家Ⅱ的消费者接受并作为目前消费品的替代所需要的时间。这是因为消费本身所具有的惯性，人们熟悉并认可新产品有一个过程。

模仿滞后模型能较好地解释实践中常见的技术先进国家与技术落后国家之间技术密集型产品的贸易周期，但该模型只解释了技术差距会随着时间推移而消失，却没有解释这种消失的原因，产品周期模型则弥补了这方面的不足，进一步发展了模仿滞后理论。

五、产品周期理论

产品周期理论（Product Cycle Theory）由 Raymond Vernon 于 1966 年提出，该理论在利用模仿滞后假说的同时，放宽了传统贸易理论中几个其他方面的假设前提。其主要思想如下：当新产品被引入时，需要大量的研究与开发（R&D）费用和高度熟练（人力资本含量高）的劳动力；当这一产品的生产技术日臻成熟并走向大规模生产时，标准化的技术可以与非熟练劳动力相结合，产品的比较优势由最初的技术创新国转移到劳动力成本相对低廉的国家，并伴随着创新国向模仿国的直接投资。

产品周期理论将产品的生命周期划分为三个阶段。

第一个阶段是新产品阶段（New Product Stage），在这个阶段，新产品只在创新国生产和消费，因为也只有创新国具有消费支付能力，同时，厂商还需要针对消费者的反映，对产品不断进行改进。在这个阶段是没有贸易发生的。

第二个阶段是产品成熟阶段（Maturing Product Stage），在这个阶段，反映产品主要特征的技术标准开始出现，生产规模越来越大，出现规模经济效应。同时，其他国家的高收入者也出现对新产品的消费，于是创新国开始向其他国家出口商品。在这个过程中，出口商也在考虑在国外生产的可能性，如果在国外生产的成本低于国内生产成本与运输费用之和，创新国就倾向于在国外投资建厂，因为这里的生产成本更低，这里生产的产品出口也比在创新国国内生产的产品更具竞争力。所以，它将替代创新国的出口，成为向世界其他国家出口商品的主要供应地，创新国的出口则逐渐下降。不仅如此，这个阶段还可能出现贸易的反向流动——其他国家生产的产品流向创新国。这是因为资本比之于劳动力，在世界各国之间更具流动性，各国之间资本价格的差异比劳动价格的差异要小，所以，商品的相对价格主要受劳动成本的影响。由于接受投资的国家劳动成本要低于新产品创新国，所以前者生产的产品会以更低的价格向创新国出售。

第三个阶段是产品标准化阶段（Standardized Product Stage）。在这个阶段，产品的消费特征和生产的技术特征已经广为人知，发展中国家的消费日益增加，标准化的生产技术与成本优势相结合使发展中国家在生产上获得比较优势，在大量生产的同时并大量向创新国出口，以至于取代创新国的生产地位；而创新国则减少这种产品的生产，消费主要靠进口，同时研发其他新产品或新技术。

产品周期理论的三个阶段与贸易格局的对应关系如图4-15所示。图中新产品阶段创新的生产与消费是相同的，因此这个阶段没有贸易；在第二个阶段（产品成熟阶段），创新国产出大于国内消费，因而是净出口国；到了标准化阶段，由于创新国的比较优势逐渐消失，生产开始下降（转移到发展中国家），创新国国内消费大于国内生产，成为净进口国。

产品周期模型对模仿时滞模型的拓展体现在两个方面：一是解释了技术差距产生的原因。Vernon指出高新技术和技术创新往往首先被发达国家开发，因为它们需要很高的研发费用，只有发达国家才有这种资本实力，才有大量人力资本，才有新产品所需的市场，所以发达国家在新产品研发和生产上具有比较优势。二是将技术变化与比较优势相结合来说明贸易格局，将比较优势动态化。根据产品周期理

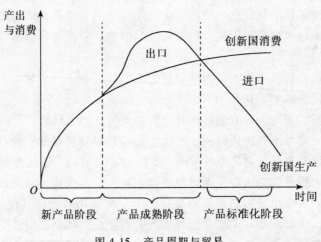

图 4-15　产品周期与贸易

论，在技术创新和新产品开发期，两国生产函数不同，如果用技术差距解释这种情形下的贸易格局，比较优势就成了对知识与技术的丰裕与贫乏的划分，而发达国家在创新期拥有知识与技术的比较优势。当新产品进入标准化生产阶段以后，两国技术差距消失，生产函数趋同，于是比较优势就转化为劳动丰裕还是劳动贫乏的划分。发展中国家的劳动成本优势使它们在这个阶段拥有比较优势。所以，产品周期模型并没有推翻要素禀赋理论，而是将其动态化。

小　　结

　　要素禀赋理论由赫克歇尔和俄林提出后，经过勒那、萨缪尔森、雷布津斯基等经济学家的不断完善，成为理论上最为成熟并被广为认可的贸易理论。该理论以 2×2×2 为分析框架，在技术、偏好相同等一系列假设下，分析了贸易流向与产品的要素密集度之间的关系。在自给自足经济中，相对丰裕的要素的价格也相对较低，由此决定了该国使用自己丰裕资源的要素密集产品的价格也相对较低。一旦两国开展贸易，一国必然出口自己生产时价格相对较低的产品，进口自己生产时价格相对较高的产品，也就是说，出口密集地使用本国丰裕资源的产品，进口密集地使用本国稀缺资源的产品。均衡的世界价格应介于两国相对价格之间。这一理论尽管很有说服力，在实证方面却受到挑战，列昂惕夫用美国进出口商品包含的资本/劳动比数据显示，美国进口的资本密集型产品，出口的则是劳动密集型产品，这就是有名的列昂惕夫悖论。对列昂惕夫悖论的理论解释包括需求逆转、要素密集度逆转等。

思考与练习

1. 有 A、B 两个国家，它们的要素拥有状况如下：

要　　素 ＼ 国　家	A	B
劳动力	45	20
资本存量	15	10

（1）哪个国家是劳动丰裕的？哪个国家是资本丰裕的？

（2）如果 X 相对于 Y 是资本密集的，哪个国家在 X 的生产上具有比较优势？

2. 在边际机会成本递增的情况下，运用 PPF 和社会无差异曲线表示自给自足经济下的生产与消费的均衡，并解释其原因。

3. 如果一国生产并消费轿车 C 和食品 F 两种商品，并且在封闭经济条件下，两种商品的价格分别为 P_C 和 P_F。如果轿车和食品的世界价格分别为 P_C^W、P_F^W，且 $\dfrac{P_C}{P_F} > \dfrac{P_C^W}{P_F^W}$，试判断该国是否参与世界贸易。如果参与，贸易的方向如何（即该国应进口什么产品，出口什么产品）？

4. 如何根据雷布津斯基定理来解释要素禀赋不同的两个国家生产可能性边界之间的差别？

5. 假设世界上只有两个国家：印度和美国。相比之下，印度的劳动力资源比美国更丰富，美国的资本则比印度更丰富。两国都生产两种产品——服装和计算机，服装是劳动密集型产品，计算机是资本密集型产品。

（1）请在同一张图中画出印度和美国的生产可能性曲线（PPF）。

（2）画出自给自足经济下两国国内的均衡价格。

（3）两国开展贸易后如何确定各自在服装和计算机产品的生产与消费水平？

第五章　新贸易理论

根据古典和新古典贸易理论，贸易产生于相对价格差异，而相对价格差异产生于技术和资源差异。不同国家之间存在的差异越大，相对价格差异也越大，两国之间的贸易量也应该越多。然而，第二次世界大战后的贸易数据统计则显示，世界的贸易流量并不是发生在技术、资源或偏好差异较大的国家之间；相反，有超过 2/3 的贸易发生在技术、资源与偏好相似的发达国家之间，发展中国家与发达国家之间的贸易比重不足 1/3。另外一个重要的事实是，大量贸易不是发生在不同产业之间，而是发生在产业内部，即一个国家同时进口和出口同一种类的商品，这也是传统贸易理论无法解释的现象。为此，贸易理论需要进一步地发展和完善。20 世纪 70 年代末，保罗·克鲁格曼（Paul R. Krugman）提出了用规模经济解释贸易的思想，后来，这一研究方法被越来越多的经济学家用于解释各种贸易现象，形成了所谓的新贸易理论。但是，新贸易理论还没有像新古典贸易理论那样有统一、完美的模型，理论上还没有形成统一的分析框架。本章主要介绍新贸易理论的主要模型。

第一节　规模经济与贸易

在古典贸易理论与 H-O 理论中，生产函数一直被假定为规模报酬不变。如果放宽这一条件，例如规模报酬出现递增，于是，就产生了规模经济，它成为解释贸易发生的另一个源泉。要理解用规模经济解释贸易发生的各种模型，第一个任务是要了解规模经济以及规模经济产生贸易的基本思想。

一、规模经济

（一）规模经济·

规模经济（Scale of Economy）指的是随着生产规模扩张，平均成本不断下降这一经济现象。描述规模经济有两种方法，一种是用生产函数，另一种是用成本函数。① 如果一个经济中用资本和劳动两种生产要素生产商品 Y，生产函数具有如下

---

① 用生产函数的规模报酬递增性质说明规模经济仅仅是技术方面的，并不是规模经济的必要条件。

形式：$Y = F(K, L)$，那么，对于大于零的 λ，如果：

$$F(\lambda K, \lambda L) > \lambda F(K, L) \tag{5-1}$$

那么生产函数 F 对要素 K、L 就是规模报酬递增的，也就是说，存在规模经济。另外两种情形分别是：$F(\lambda K, \lambda L) = \lambda F(K, L)$ 表示规模报酬不变，而 $F(\lambda K, \lambda L) < \lambda F(K, L)$ 则反映了规模报酬递减。

第二种描述规模经济的方法是成本函数。生产函数规模报酬递增的性质意味着，对所有的要素同比扩大（缩小）某个倍数，产出扩大（缩小）的倍数要大于要素变动的倍数。在要素价格不变时，这同时也意味着一定比例的成本增量所带来的产出增量比例比前者大。由于所有要素都作变动的分析是长期分析，所以，从成本函数来看，长期平均成本是下降的。生产函数规模报酬递增与长期平均成本下降的对应关系说明如下：如果生产只有两种要素 K 和 L，它们的价格分别为 r 和 w，则长期总成本为 $rK + wL$，于是长期平均成本具有如下形式：

$$LAC = \frac{rK + wL}{F(K, L)}$$

假设 K、L 扩大 λ 倍（只考虑 $\lambda > 1$ 的情形，$\lambda < 1$ 的适用性读者可自行证明），于是新的长期平均成本为 $LAC' = \dfrac{\lambda(rK + wL)}{F(\lambda K, \lambda L)} = \dfrac{\lambda(rK + wL)}{\gamma F(K, L)} = \dfrac{\lambda}{\gamma} LAC$，其中 $\gamma > 1$。

根据生产函数规模报酬递增的性质可知，$\gamma > \lambda$，所以 $\dfrac{\lambda}{\gamma} < 1$，这就得到我们所要的结论：

$$LAC' = \frac{\lambda}{\gamma} LAC < LAC \tag{5-2}$$

（5-2）式向我们说明了，如果生产函数具有（5-1）式的性质（规模报酬递增），那么，长期生产函数必然具有递减的性质。[①] 平均成本下降可用图 5-1 表示。

图 5-1 显示了长期平均成本不断下降的过程，根据经济学基本原理可知，在长期平均成本下降的区间内，长期边际成本 LMC 必定位于长期平均成本之下。

（二）内部规模经济与外部规模经济

经济学中常常把规模经济划分为两种类型：内部规模经济与外部规模经济。内

---

① 长期平均成本递减还可以用成本对产量的弹性关系来度量。根据平均成本与边际成本的关系，当边际成本低于平均成本时，平均成本处于下降过程中，这一条件就是：$LMC < LAC$，或者 $\dfrac{LAC}{LMC} > 1$。对于产量 Q 和总成本 TC，我们有 $LAC = TC/Q$，$LMC = dTC/dQ$，于是，有 $\dfrac{LAC}{LMC} = \dfrac{LTC/Q}{dLTC/dQ} = \dfrac{1}{\varepsilon_Q^{TC}} > 1$，其中 ε_Q^{TC} 是成本函数对产量的弹性，平均成本下降的这一条件等价于 $\varepsilon_Q^{TC} < 1$。这一条件意味着，总成本的增长率低于产量的增长率。该条件也很容易理解：总成本以低于总产量的增长率在增长——成本增长慢于产量增长，平均成本必然下降。

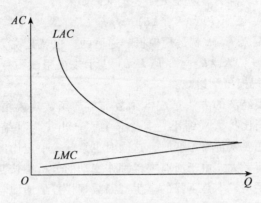

图 5-1　长期平均成本下降的情形

部规模经济（Internal Economies of Scale）反映的是某个企业的平均成本与自身规模之间的关系，也就是说，当它的平均成本随着该企业自身的规模扩大而下降时，我们就说存在内部规模经济。内部规模经济仅取决于自身规模的扩大，使大企业比小企业更具有成本优势，因而在市场上具有比小企业更强的竞争力，并最终将小企业挤出市场，形成不完全竞争的市场结构。

外部规模经济（External Economies of Scale）反映的是某个企业的平均成本与它所在的行业规模之间的关系，也就是说，当它的平均成本随着该行业规模扩大而下降时，我们就说存在外部规模经济。外部规模经济的原因之一是"聚集效应"。随着行业地理位置的集中，相应的基础设施与配套服务也逐渐完善，这对该行业内的每个企业都有利，能使它们更有效地节约成本。同时，生产中的一些技能和知识往往来自于经验积累，单个企业的经验积累是非常有限的；而行业规模的扩大对知识和技能的经验积累则比较显著，所以，每个企业都可以从行业规模扩张中获取更多的积累，因为知识和技能具有外部性。行业内企业数目越多，竞争越激烈，整个行业的生产规模越大，单个企业就越能在信息交流与知识分享中获得便利，提高劳动生产率，降低成本，所以外部规模经济将导致完全竞争的市场结构。

二、规模经济与贸易：基本思想

（一）规模扩大与成本节约

由于规模经济的存在能产生降低平均成本的作用，继续扩大规模就是有利的。但是，在一国范围内，受市场容量的制约，具有规模经济效应的厂商不可能进一步扩大自己的生产规模。这一点可从图 5-2 中得到说明。图中的 D 和 MR^D 分别表示本国的需求和边际收益，$D+F$ 和 MR^{D+F} 分别是加入国外需求以后的需求和边际收益。由于两国的需求肯定比本国需求大，所以需求曲线向外移动。两个边际收益与边际成本的交点分别确定了垄断厂商在国内外两个市场的均衡产量 Q^D 和 Q^{D+F}，对应国内需求的均衡产量在国内需求曲线上决定的厂商面临国内需求时的垄断定价 P^D，而对应两国需求的均衡产量在两国需求曲线上决定了垄断厂商面临两国需求时的垄断定价 P^{D+F}。如果本国厂商取代国外厂商在国外的供给地位，它的产量将由 Q^D 增加到 Q^{D+F}。价格由 P^D 下降到 P^{D+F}，价格的下降对消费者是有利的；同时，如果平均成本比价格下降得更快，垄断厂商的利润也会增加。它面对国内市场的利润为 $Q^D \times (P^D - AC^D)$，它面对国内外两个市场的利润为 $Q^{D+F} \times (P^{D+F} - AC^{D+F})$。

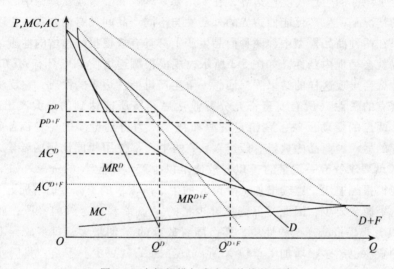

图 5-2　市场规模与成本和价格的下降

下面以一个例子说明存在规模经济时专业化分工和贸易对贸易国的好处。设甲、乙两国都生产轿车，每个国家的生产规模和国内需求都是 50 万辆。如果两国的生产技术相同，轿车生产具有规模经济效应，产出与投入的关系如下：

规模（万辆）	平均成本（万元）
50	80 000
100	60 000

如果两国的厂商各自为本国市场生产，总成本为（50 + 50）×80 000 = 8 000 000（万元）；如果由一个厂商为两个国家提供轿车供给，总成本为（50 + 50）×60 000 = 6 000 000（万元）。共节约成本 2 000 000 万元，这 2 000 000 万元通

过市场机制，或者转化为厂商利润，或者（通过价格下降）转化为两国的消费者剩余，总之，如果不考虑这个利益如何分配，专业化生产总能够为两国带来更大的福利。同理，如果两国都制造轮船，并且轮船的生产也具有规模经济效应，一国以专业化生产两国市场需求的轮船，也会比两国各自为自己的市场生产成本更低。这样，规模经济产生的成本下降使分工和交换为两国带来更大的福利。

（二）规模经济与生产可能性边界

我们已经分析了古典贸易理论、专用要素理论以及要素禀赋理论中在规模报酬不变假设下的生产可能性边界。在古典贸易理论中，单一要素投入的规模报酬不变性质决定了线性的生产可能性边界；在专用要素理论和要素禀赋理论中，在规模报酬不变的情况下，生产可能性边界的外凸性与不同产品间具有的要素密集度不同有关。如果在两种商品模型中，两种商品生产上都具有规模报酬递增的性质，生产可能性边界就会呈现内凸性。如图 5-3 所示，规模报酬递增使 PPF 具有 $MGEHN$ 的形状。为什么会出现这样的结果呢？回想一下生产可能性边界的性质，它反映的是充分利用现有的资源（所有要素都充分就业）后经济所能达到的最大产出组合点，而曲线上两点的变动反映了在给定资源和技术，为得到更多的一种商品（如 X）必须放弃的另一种商品的数量。假定 X、Y 的生产都使用相同比例的要素，增加 1 单位的 X 就要求放弃一定量的 Y 以释放出足以生产 1 单位 X 的资源。如果生产函数呈现规模报酬递增，继续增加 1 单位 X 的生产所需求的资源量比增加上 1 单位 X 所使用的资源量要少，因此，只需放弃少量的 Y 就能释放足够的资源；如果考虑到 Y 也具有规模报酬递增的性质，那么随着放弃的 Y 的增多，每多放弃 1 单位 Y 所释放的资源也越多，增加 1 单位 X 所需放弃的 Y 就更少。于是，我们就得到诸如 $MGEHN$ 的形状的内凸的 PPF。

内凸的生产可能性边界对国内均衡有什么影响呢？如果该国的无差异曲线 CIC 与 $MGEHN$ 相切于 E 点，并且由此点切线形成国内均衡价格，则 E 点的均衡是不稳定的，一旦产生对该点的偏离，经济就无法再回到原来的均衡点。例如，因为某种因素使经济移动到 H 点，在 H 点，PPF 与相对价格线相交，并且国内相对价格 (P_X/P_Y) 大于 H 点上 PPF 的斜率，表明价格高于机会成本，继续增加 X 的生产是有利的。于是，H 点将沿着 PPF 继续向下移动，一直到所有的资源都用于生产 X，即生产可能性边界上 X 一端的端点 N。反之，如果这种扰动在原来的价格上使经济移动到 G 点，而在该点上 PPF 与相对价格线相交，且 PPF 的斜率大于相对价格，表明在 G 点 X 生产的机会成本高于相对价格，继续减少 X 的产量更有利，所以，在 G 点，经济将继续沿 PPF 往上移动，一直到 PPF 在 Y 轴的端点 M 处。均衡的不稳定性意味着，如果有一个与初始均衡不同的价格（如开放经济下的世界价格），专业生产就可能发生。当然，在封闭经济中，考虑到需求的限制，经济可能稳定在生产可能性边界与相对价格的交点处。

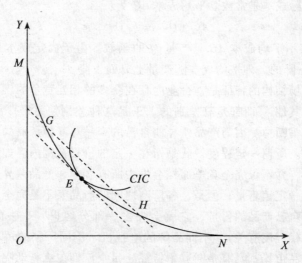

图 5-3　规模经济与凸向原点的生产可能性边界

第二节　内部经济与贸易

本节考察由于内部经济所产生的贸易。内部经济产生于单个厂商规模扩大的好处，如上所述，单个厂商规模的扩大会导致垄断。垄断有不同的市场结构，本节将考察两种市场结构及其对贸易的含义，这就是垄断竞争和寡头垄断。

一、垄断竞争模型

垄断竞争模型由克鲁格曼最早提出，也被称为克鲁格曼模型。该模型与其他贸易理论相比有两个特点，即规模经济和垄断竞争。前者意味着平均成本随规模的扩大而下降，后者则意味着行业内有数量众多的生产相似产品的竞争者，并且竞争使得垄断厂商的长期利润水平为 0。要分析垄断厂商的均衡，就要找出它们的边际收益和边际成本，必须知道它们面临的市场需求和自己的成本函数。

假定单个垄断厂商面临的是形如 $D = a - bP$ 的线性需求曲线，那么它的总收益 $TR = PD = D\ (a/b - D/b)$，边际收益 MR 就是：$MR = \mathrm{d}TR/\mathrm{d}D = a/b - 2D/b$，用需求曲线中得到的参数 a/b 代入到 MR，可以得到：

$$MR = \mathrm{d}TR/\mathrm{d}D = P - D/b \tag{5-3}$$

厂商的成本函数具有什么样的形式？由于规模经济假定，它必须具有平均成本递减的性质，而线性成本函数恰好具有这样的性质。设成本函数为 $TC = F + cQ$，其中 F 是固定成本，Q 是产量，则边际成本为 c，因为边际成本不随产量的变化而变化，这说明边际成本是常数。平均成本 AC 为：

$$AC\ (Q)\ = F/Q + c \tag{5-4}$$

其中 $AC\ (Q)$ 表示平均成本 AC 是产量 Q 的函数。由于固定成本是不变的，当 Q 上升时，AC 是下降的，即平均成本随产量上升而下降。①

　　垄断竞争市场结构的特征是，行业内存在众多的相互竞争的厂商，而每一个厂商生产的商品与其他厂商都是有差别的，正是这种差别使每个厂商对自己的产品都有一定程度的垄断力。因为产品差异使自己的产品与其他厂商的产品产生一定程度的不可替代性。所谓一定程度，就是指在一定的价格范围内。如果一个厂商提高自己的产品价格，并不像完全竞争那样会失去所有客户，产品差异使得它在较高的价格上仍能拥有一定销售量；但是，各厂商之间的产品又不是完全不可替代的，如果一个厂商提高自己产品的售价，它就会失去一部分客户（失去的数量与各厂商产品之间的可替代程度有关）。不同品牌的电视机、不同厂家的轿车、不同品牌的笔记本电脑等商品市场都具有垄断竞争特征。每个厂商怎么行动呢？假定每个厂商都是在其他厂商价格给定的前提下决定自己的价格和产量，这与古诺竞争的假设是一致的。同时，我们假定一个行业内所有厂商面对市场需求具有对称性：如果它们的定价相同，则行业内所有企业将平分市场容量；如果一个厂商在其他厂商保持价格不变时提高自己产品的价格，它将失去一部分市场份额，产品差异及不完全替代使它又不会失去全部市场（至少在一定价格范围内是如此）；反之，如果一个厂商在其他厂商价格不变时降低自己产品的价格，它将从其他厂商那里得到更大的市场份额。在这个过程中，我们假定市场总的销售量是不变的。在此假定下，一个代表性厂商的市场份额可以用下式表示：

$$Q = S/n - S\beta(P - \bar{P})$$
$$= \underbrace{(S/n + S\beta\bar{P})}_{a} - \underbrace{S\beta P}_{b} \tag{5-5}$$

　　（5-5）式中的 S 是市场总销售量，n 是行业内厂商的数目，$\bar{P}$ 是行业内垄断竞争厂商的平均价格水平，β 是市场需求份额对代表性垄断厂商价格变化的反应程度。所以，（5-5）式表明，当一个厂商的定价与行业平均价格相等时，它恰好得到平均水平的市场份额 S/n；当它的定价高于行业平均价格水平时，$P > \bar{P}$，该厂商只能得到低于平均市场份额的销售量，因为它会因此失掉自己的一部分客户。$-\beta$ $(P - \bar{P})$ 反映的是代表性厂商价格变化对它的市场份额产生的影响，它恰恰符合前面对垄断市场结构和行为的假定：自己提高价格将失掉市场份额，而降低价格则获得市场份额。

――――――――――

　　① 用导数表示就是：$dAC\ (Q)\ /dQ = -F/Q^2 < 0$，导数小于 0 说明平均成本 AC 随 Q 的增加而下降。

　　为了分析垄断竞争市场的均衡，我们对厂商的对称性再加以扩展：每个厂商的成本函数也是相同的。这样我们就不必分析每个垄断厂商的行为特征，只需分析每个厂商的定价和行业内厂商的数目（在总销售量一定时）。长期均衡时每个厂商会在什么水平上定价呢？在长期，厂商进入和退出该行业是自由的，如果行业内存在正的垄断利润，就会诱使新厂商不断加入，供给也不断增加，行业的平均价格水平就会下降；反之，如果利润水平为负，现有的厂商就会从该行业退出，供给下降，行业的平均价格水平就会上升。所以每个厂商的长期均衡的价格必定等于行业平均价格：$P = \overline{P}$。一旦 $P = \overline{P}$，每个厂商（假定行业内有 n 个厂商）都只会得到市场总量的平均水平：$Q = S/n$。根据（5-4）式，代表性厂商的平均成本是产量的函数，长期均衡确定了每个厂商的产量水平，也就确定了代表性厂商的平均成本水平：

$$AC(n) = nF/S + c \tag{5-6}$$

　　（5-6）式给出了垄断竞争市场长期均衡时代表性厂商的平均成本与行业内厂商数目之间的关系：在其他条件相同时，行业内厂商数量越多，每个厂商的平均成本越高。这种关系也很容易理解，在给定的市场销售总量水平 S 下，厂商数目越多，每个厂商的销售份额越低；由于平均成本是递减的，较低的市场份额（从而较低的销售量）必定对应较高的平均成本。

　　每个厂商的定价与厂商数目之间有什么关系呢？我们知道，厂商均衡时的数量是根据边际收益等于边际成本确定的，而定价则是由该点产量对应的该厂商需求曲线上的点确定。当 $MR = MC$ 时，由于 $MC = c$，再将（5-3）式代入有 $P - Q/b = c$，式中的 Q 与（5-3）式中的 D 是同一个量（只不过前者是从需求的观点、后者是从供给的观点来看的）。据（5-5）式可知，$b = \beta S$，于是有 $P - Q/(\beta S) = c$。又由于均衡时每个厂商都得到相同的市场份额，即 $Q = S/n$，边际成本等于边际收益的条件就变为 $P - 1/(n\beta) = c$，即：

$$P(n) = c + \frac{1}{n\beta} \tag{5-7}$$

　　（5-7）式说明，每个厂商的定价也与行业内厂商的数目有关，且与之成反比：厂商数目越多，每个垄断厂商的定价越低。因为在给定的市场容量下，厂商数目越多，厂商之间的竞争越激烈，每个厂商的定价也就越低。

　　根据垄断竞争厂商长期均衡的特征，稳定的厂商数目要求的条件是价格等于平均成本（零利润水平），由（5-6）式和（5-7）式可得均衡的厂商数目：

$$n^* = \sqrt{\frac{S}{\beta F}} \tag{5-8}$$

　　（5-8）式反映了一个垄断竞争行业的均衡厂商数目是行业销售量与每个厂商的固定成本水平的函数。固定成本水平之所以影响均衡的厂商数目是因为它影响每个厂商的平均成本，并且固定成本越高，厂商的平均成本水平越高，在给定的价格水平上，每个厂商只有更多的产出才能使平均成本下降到与价格水平相等的水平上，在市场容量 S 一定时，均衡的厂商数目就必须下降。

在这里我们更为关注的是市场容量对均衡厂商数目的影响。由（5-8）式可以看出，n^* 是 S 的增函数，当 S 增加时，厂商数目更多了。我们知道，垄断竞争市场上每个厂商的产品是有差别的，当厂商数目增加时，市场上供给的商品种类也随之增加。与较少的品种相比，更多的商品种类扩大了消费者的选择空间，从而增加了消费者的福利（或者我们直接假定消费者效用是他可获得的商品种类的增函数）。

不仅如此，市场容量的扩大还会降低每个厂商在均衡时的定价。由（5-6）式可知，当 S 上升时，代表性厂商的平均成本下降；平均成本下降后，由平均成本与（5-7）式中价格相等处的均衡价格同样也将下降；或者说，更多的厂商数目使（5-7）式中厂商的定价变得更低。因此，在市场容量扩大过程中，消费者不仅可以从更多的商品种类上获益，而且还可以从价格下降中受益。

市场容量扩大对均衡厂商数目和均衡价格的影响可由图 5-4 说明。图中纵轴表示平均成本 AC 和价格 P，横轴表示行业内厂商数量 n。AC 线描述的是（5-6）式平均成本关于厂商数目函数的曲线，并且是 n 的线性函数，斜率为正（S/F）。PP 线描述的是（5-7）式厂商定价关于厂商数目的函数，斜率为负。AC 与 PP 的交点决定了行业的均衡厂商数目 n^* 与均衡价格水平 P^*。

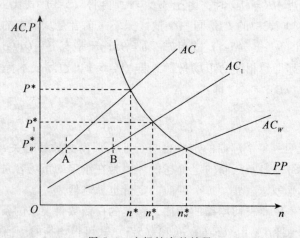

图 5-4　市场扩大的效果

当市场规模 S 扩大时，S 影响 AC 线，并且 S 的增加使 AC 下降，也就是说，使 AC 向下方移动，例如，移动到图中的 AC_1。注意 S 的变动在这里不是沿 AC 线变化，因为图 5-4 是在 $P-n$ 空间内描述 AC 线，所以 S 是这个方程的外生变量。而市

场规模 S 并非（5-7）式的变量，所以，S 的变化对 PP 线不发生影响。因此，S 变化后新的均衡点是由 PP 与 AC_1 的交点决定的，表现为图中的 n_1^* 和 P_1^*。与最初的均衡 n^* 和 P^* 相比，新的均衡点上的 n_1^* 更大了，即均衡的厂商数目更多了；而 P_1^* 则更低了。

上述分析对解释贸易的发生有什么意义呢？一旦开放贸易，市场扩大带来价格下降和各国面临的商品种类的增加。仍以图 5-4 为例，按照前面的解释，AC_1 是封闭经济下一国市场扩大后得到的另一条平均成本曲线，现在我们对 AC 和 AC_1 作如下的规定：AC 和 AC_1 分别代表两个国家封闭经济状态下的平均成本曲线。除了市场规模，我们假定两国的其他方面都是相同的，因此，两国具有相同位置的 PP 线（注意 PP 线与规模 S 无关）。按照现在的规定，n^* 和 n_1^* 分别代表两国封闭经济下的均衡厂商数目，而 P^* 和 P_1^* 则成为两国封闭经济下的均衡价格水平。两国开放市场后，会不会像古典贸易理论或 H-O 理论中所显示的，价格会趋向于两国价格之间呢？答案是否定的。对此分析如下：两国互相开放市场后，世界市场规模（S_W）应是两国市场规模之和，即 $S_W = S + S_1$。在世界市场新的规模下，这个市场里的厂商的平均成本曲线 AC_W 是由 $S_W = S + S_1$ 决定的。由于世界市场规模肯定大于任何一个国家的市场规模，所以世界市场中的平均成本曲线 AC_W 比 AC 和 AC_1 都要低，如图 5-4 中的 AC_W 所示。因为根据（5-6）式，有 $AC_W = nF/（S + S_1）+c$。AC_W 与 PP 线的交点决定了世界市场中的均衡厂商数目 n_W^* 与均衡价格 P_W^*。现在，均衡价格比每一个国家封闭经济下的价格水平都要低，而不是在两国封闭经济下的价格水平之间的某一水平。价格下降的原因仍然是由于平均成本下降引起的。消费者必定从价格下降中受益。

市场一体化以后，世界市场上均衡的厂商数目高于任何一国封闭经济下的均衡厂商数目（$n_W^* > n^*$，$n_W^* > n_1^*$），由于每一个厂商都同时面临两国的消费者，所以现在每个国家消费者的消费选择空间都比原来更大了。市场一体化以后各国厂商数量会不会保持它们各自在封闭经济状态下原有的数量呢？不会。因为现在由市场决定的价格比各国封闭经济下的价格更低，这要求每个厂商在国内市场均衡时（零利润状态），平均成本也应该更低，于是每个国家的厂商数目必须下降，以使它们的产量更高，平均成本更低。图 5-4 中的 A 点——P_W^* 与 AC 的交点——决定了开放贸易后在 P_W^* 下平均成本为 CA 的国家的厂商数量，而 B 点——P_W^* 与 AC_1 的交点——决定了开放贸易后在 P_W^* 下平均成本为 AC_1 的国家的厂商数量。贸易后的 n_W^* 应等于 A 点与 B 点两个国家的厂商数目之和。

规模经济向我们展示的贸易格局与古典贸易理论、要素禀赋理论所揭示的贸易格局有明显的不同，这就是规模经济产生的贸易发生在同一产业内部，这种形式的贸易称为产业内贸易（Intraindustry Trade）；与此相对应，不同产业产品之间的贸易称为产业间贸易（Interindustry Trade）。产业内贸易在比较利益之外提供了贸易利得的新源泉，它使一国在减少生产种类的同时，增加了消费种类。两国的生产与消费结构越相似，产业内贸易水平就会越高。产业内贸易作为新的贸易源泉，并不排斥比较利益产生的产业间贸易。例如，世界上有甲、乙两国，甲国是资本丰裕的国家，而乙国是劳动丰裕国家；两国都生产轿车和服装，其中轿车是资本密集型商品，服装属于劳动密集型商品。根据 H-O 理论，甲国应专业化生产并出口轿车，而乙国则应专业化生产服装并向甲国出口。这就是图 5-5 中两国间的产业间贸易。但是，如果轿车生产存在规模经济，轿车的贸易不仅存在产业间贸易，还会存在产业内贸易：每个国家既向对方出口轿车，同时又从对方进口轿车。于是，乙国的进口轿车中，贸易的均衡由两部分来平衡：一部分是因比较利益优势产生的服装出口，另一部分是规模经济产生的轿车出口。

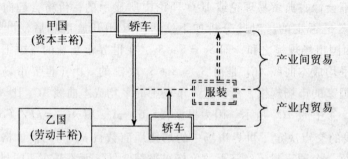

图 5-5　产业间贸易与产业内贸易

二、寡头垄断与贸易

我们已经分析了垄断竞争市场结构下贸易的发生，现在再来考察另一种垄断市场结构——寡头垄断。寡头垄断指的是在一个行业内只有少数生产相同产品的厂商，如果只有两个厂商，就称为双寡头垄断，为了不使分析复杂化，这里只分析双寡头垄断情形。

假设在封闭经济中，甲、乙两国在某个行业（如汽车行业）各存在一个厂商，也就是说，在封闭经济中，每个国家的汽车市场都是完全垄断的。每个厂商都在本国汽车的需求曲线约束下，根据边际收益等于边际成本的原则决定国内汽车的产量和定价，并且它的定价高于它的边际成本。这一点是由完全垄断厂商的定价方式决定的。我们知道，由于垄断厂商的定价是其销售量（即市场需求量）的函数，所以，它的总收益为 $TR = P(Q) \cdot Q$，其中 $P(Q)$ 是反需求函数。据此可得到完全垄断厂商的边际收益：$MR = \mathrm{d}TR/\mathrm{d}Q = P\left[1 + \dfrac{1}{\varepsilon_P^D}\right]$，其中 ε_P^D 是需求的价格弹性。垄断厂

商的最优选择满足 $MR = MC$，即 $P\left[1 + \dfrac{1}{\varepsilon_P^D}\right] = MC$，由于需求价格弹性总是负值，所以有 $1 + 1/\varepsilon_P^D < 1$，因此我们得到 $P > MC$。如果市场上再增加一个厂商，从完全垄断变为双寡头垄断，这时便引入了市场竞争，市场价格（即使仍存在垄断因素）应该比完全垄断下变得更低，而市场总的销售量也会更大。

我们假定在双寡头垄断中，每个厂商都以假定对方产量不变来确定自己的产量，这样分析得到的均衡称为古诺-纳什均衡。① 设两国开放贸易后，甲国市场上既有本国厂商，也有国外的厂商，每个厂商的产量分别为 Q_1 和 Q_2，反需求函数现在就变为 $P(Q_1 + Q_2)$。国内厂商的边际收益为 $MR = \dfrac{\mathrm{d}P}{\mathrm{d}Q_1}Q_1 + P(Q_1 + Q_2)$，边际收益等于边际成本的条件现在就具有下述形式：$\dfrac{\mathrm{d}P}{\mathrm{d}Q_1}Q_1 + P(Q_1 + Q_2) = MC(Q_1)$，由于 $\mathrm{d}P/\mathrm{d}Q_1$ 也是 Q_1 和 Q_2 的函数，所以，通过这一最优选择条件可以得到一个 Q_1 关于 Q_2 的函数，即反应函数：

$$Q_1 = f(Q_2) \tag{5-9}$$

反应函数表明，国内厂商的最优产量选择取决于国外厂商的选择，即给定国外厂商在国内市场的一个产量，国内厂商就有一个对应的最优的产量。关于 f 的性质，(5-9) 式还无法显性地给出，这里只能说，Q_1 随 Q_2 的增加而下降。国外厂商在国内市场也以同样的方式确定自己的产量选择，它的最优产量的选择条件也会得到一个它的产量关于国内厂商产量的反应函数：

$$Q_2 = g(Q_1) \tag{5-9'}$$

函数 g 也与 f 具有相似的性质，即减函数。将 (5-9) 式和 (5-9') 式联立可以解出 Q_1^* 和 Q_2^*，即古诺-纳什均衡的产量解。甲国市场上国内外垄断厂商的反应函数与古诺-纳什均衡解可由图 5-6 进一步说明：图中的纵轴表示国外厂商在国内市场的产量，横轴表示国内厂商在国内市场的产量，$R_1 R_1$ 是国内厂商的反应函数，它对自己的产量（Q_1）反应较为敏感，所以它较为陡峭；$R_2 R_2$ 是国外厂商的反应函数，它也是对自己的产量（Q_2）反应较为敏感，所以它较为平缓。两个垄断厂商反应函数的交点 A 决定了市场均衡的产量选择：Q_1^* 和 Q_2^*。

现在设想在乙国汽车市场上，也是甲、乙两国的厂商以双寡头形式进行竞争。两个寡头也以与国内市场同样的方式（各自的反应函数上）决定各自的产量分配，于是，每个国家垄断厂商都与对方在两个市场上瓜分市场，每个国家的垄断厂商在国外市场上分得的市场份额就是该国的汽车出口；而本国市场上被对方占领的份额

①　寡头垄断根据不同的行为假设有不同的分析方法，如斯塔克尔伯格模型、共谋模型等。有兴趣的读者可参考微观经济学关于垄断市场相关模型的介绍。

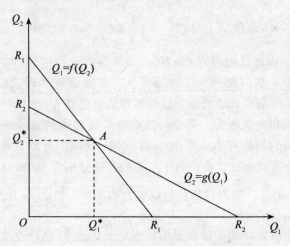

图 5-6　双寡头垄断：反应函数与古诺均衡

就是从对方的进口。也就是说，每个国家都向对方出口汽车，同时每个国家同时又从对方进口汽车。

　　双寡头垄断模型所显示的双向贸易也是产业内贸易，并且不依赖于产品差异，因此，在同质产品下也会发生两国间的贸易。如何解释这种同一种商品（如汽车）既进口又出口的贸易行为呢？这是垄断厂商的相互反应（战略行动）造成的。在封闭经济下，完全垄断的厂商根据边际成本等于边际收益的原则确定最优产量，并且其产量不会超过这一产量水平，否则只会导致更低的利润（因为超过这一水平后边际成本就会大于边际收益）。但在开放经济中，增加的产量可以在国外出售而不影响国内的利润水平；不仅如此，因为国外最初是完全垄断的，具有垄断利润，所以在国外市场多出售 1 单位产品也可以获得利润。每个垄断厂商将市场扩大到对方的地盘都是以牺牲对方的市场份额为代价的，当然，每个垄断厂商原来的市场份额也只好让给对方一部分，竞争打破了原先的完全垄断，也会使价格变得更低，使消费者从中受益，这就是竞争促进效应。

　　尽管双寡头垄断取代完全垄断的市场结构可能促使价格下降，但通过反应函数描述的双寡头垄断竞争模型并没有向我们展示作为竞争结果的价格特征。下面我们用另一种理论来描述寡头垄断厂商的价格行为——倾销。倾销（Dumping）指的是一国厂商以低于本国市场的价格向目的地国家销售自己的商品。[1] 它是一种价格歧视（Price Discrimination），与一般的价格歧视一样，只有在下述条件得到满足才可能发生，即垄断和市场分割。前者使厂商有定价能力，后者使购买人无法在不同市

---

　　① 倾销的另一种定义是以低于其生产成本的价格水平在目的地国家销售，在反倾销政策中对倾销的认定可能使用这一定义，而本章模型中则使用价格标准的倾销定义。

场之间转售。倾销就是垄断厂商在国内外两个市场上的歧视性定价，这种歧视性定价可用图 5-7 说明。图中纵轴是价格和成本，横轴是数量（产量或需求量），DD 线是国内需求曲线，它是向右下倾斜的，表示厂商在国内有垄断力；MR 是对应国内需求的边际收益曲线。FF 线是外国市场上的需求曲线，假定它是平行的，表示厂商面临的国外市场的需求弹性无穷大，因为没有垄断力（此模型与前述的双寡头垄断模型中的假设是有区别的），所以厂商在国外市场上的边际收益等于平均收益，等于价格 P^F。如果按照国内市场上 $MC = MR$ 来确定产量，则应选择在 A 点，但是 A 点的边际成本低于国外市场上的边际收益，因此，继续扩大生产并将产量销售到国外是有利可图的。这一过程一直持续到边际成本等于国外市场上的边际收益为止，即 MC 与 FF 的交点 E。在 E 点，决定了国内厂商为国内外两个市场提供的总产量 Q^T，同时也决定了它在国外市场上的定价 P^F。国内市场的定价与销售量是多少呢？国内市场上产量的分配应满足边际收益等于边际成本原则，而产量为 Q^T 时，边际成本为 P^F，所以国内市场上边际收益等于边际成本的点应在 $MR = P^F$ 处（B 点）。B 点对应的国内销售量是 Q^D，定价是 P^D。也就是说，它在国内市场上的定价高于国外市场上的定价。在国外市场上以 P^F 的价格出售，销量为（$Q^T - Q^D$）。

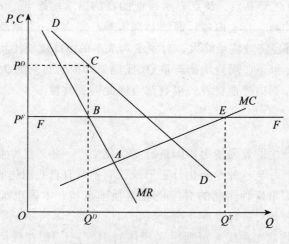

图 5-7　倾销（歧视性定价）

第三节　外部经济与贸易

外部经济是随着厂商所在的行业规模的扩张产生的单个厂商平均成本下降的现象，如前所述，产生外部经济的主要原因是公共物品更有效的供给，供应商的专业化，劳动市场聚集的好处，以及知识溢出效应等。如果因外部经济使每一个厂商的平均成本随行业规模扩张而下降，那么，行业的平均成本同样也会随行业规模扩张而下降，这就产生向右下倾斜（而不是像一般厂商的供给曲线那样向右上倾斜）的行业供给曲线，行业供给量越大，价格水平就会越低，正是外部经济的这一特征造成了它对贸易的特殊影响。

一、外部经济与贸易的发生

图 5-8 反映了外部经济与贸易的关系。图中 AC 是行业的平均成本，S_1 则是没有贸易时加总的厂商供给曲线，它与需求曲线的交点 A 决定了国内价格水平 P_1 和产量水平 Q_1。因为行业均衡时所有厂商的利润为 0，因此，P_1 也是每个厂商和行业的平均成本。开放贸易后，整个行业面临的市场规模扩大，需求由 D_1 向外推进到 D_2，每个厂商都将在原来的边际成本曲线上生产更多的产量，行业的总产量将沿着 S_1 一直增加到满足新的需求 D_2 为止，即 S_1 与 D_2 的交点 C。然而由于外部经济效应，行业规模的扩张产生的技术外溢、成本节约、生产率的提高等使整个行业在同一个价格水平上的供给量比 S_1 更大，这等价于供给曲线向外移动，例如移动到图 5-8 中的 S_2。外部经济效应越强，供给曲线向外部移动的距离越大。① S_2 与增加后的需求 D_2 相交于 B 点，B 点表示行业的新的供求均衡点，Q_1Q_2 就是出口量。同理，作为长期均衡，行业内各厂商的利润水平必须为 0，否则就会诱使新厂商的加入。② 只要外部经济效应足够大，行业平均成本的下降就能使新的交点 B 对应的价格 P_2 下降到 P_1 以下，而且均衡产量 Q_2 比原来均衡处的产量 Q_1 要大。由于价格下降和数量上升，国内外消费者的福利都会因此得到改善。

二、先发优势

由外部经济产生的贸易使出口国进行专业化生产，并通过专业化和规模经济从成本下降中受益。一旦这种专业化分工形成，它就具有自我固化的特点：即使本国具有比较优势，如果这种商品的分工已经由他国承担，本国也难以取代他国的地位，以自己的比较优势进行专业化生产并出口。如图 5-8 所示，如果一国（不妨称之为本国）的平均成本曲线为短画线（粗体）AC'，且 AC' 在任何产量水平上都低于 AC，有理由认为这种较低的平均成本来源于本国的比较优势。一个经典的例子是，钟表是劳动密集的，中国比瑞士具有劳动优势，因此，对应于任何一个产量水

---

① 由外部经济产生的平均成本下降还有另一种表达方式，也就是将 AC 视为行业累积产量的函数，随累积产量的增加而下降。累积产量（Cumulative Output）代表知识、经验、技能的积累，故以此形式表示的平均成本曲线也称为学习曲线（Learning Curve）。

② 在微观经济学关于行业均衡的描述中，由 S_1 到 S_2 的变化是厂商数目的变化引起的，而不是由外部经济引起的，但两者的最终结果及在图中的表现形式是一样的。

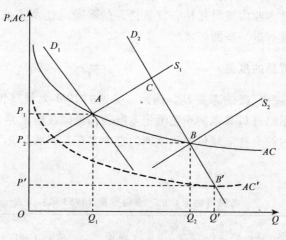

图 5-8　外部经济与贸易

平，钟表生产的平均成本在中国应该比在瑞士更低。按照比较优势，中国应取代瑞士的专业化生产地位，并且将价格从 P_2 下降到 P'，而产量则从 Q_2 上升到 Q'。事实上，这种按比较利益取向的贸易格局并没有发生，这是为什么呢？

从图 5-8 中 AC 的变化可知，较低的行业规模对应的是较高的平均成本，较大的行业规模对应较低的平均成本。如果瑞士最先发展钟表业，并在国内外市场上将平均成本降低到 P_2 的水平，那么留给后来者的选择是什么呢？当中国开始进入这一行业时，起步时较低的规模使中国的钟表业面临一个远高于 P_2 的成本水平，在这个水平上，它根本无法与现有的瑞士钟表厂商进行竞争。所以，尽管在 Q' 这一产量水平上，比较优势可能使中国的钟表业将钟表价格下降到远低于瑞士钟表生产商的价格，但瑞士钟表业的存在却不允许中国的钟表业将自己的产量推进到更高的水平（这里所谓的"不允许"是指市场力量，而不是指政策限制）。较高的行业初始成本使中国的钟表商一开始就处于不利的竞争地位。

有没有可能打破这种贸易格局，使中国的厂商取代瑞士厂商的分工地位，恢复其比较优势确定的贸易格局？这要引入政府的力量。如果具有比较优势的国家政府给予本国厂商生产补贴，使其初始成本下降到 P_2 以下，它就可以在发挥自己比较优势的基础上与先入国家的厂商进行竞争，并最终以自己的比较优势取代先入者的市场地位，这也是保护幼稚产业理论的论据之所在。

第四节　产业内贸易

由规模经济和垄断产生的贸易有两个重要特征。一是贸易发生在同一行业的内部，即产业内贸易；二是这种贸易格局具有不可预测性。现在我们对产业内贸易专门予以分析，通过产业内贸易指标、贸易格局的不确定性及其他理论解释的介绍，以便对产业内贸易有进一步的了解。

一、产业内贸易的度量

产业内贸易具有广泛的存在性。例如，美国的 IBM 大量向世界各国出口笔记本电脑，同时美国也进口日本的东芝笔记本电脑；美国在向世界各国出口波音客机的同时，美国国内的有些航线也使用欧洲的空中客车。表 5-1 说明了有关国家产业内贸易的程度。

表 5-1　　　　　　　　　各国（地区）的产业内贸易（1983 年）

排序	国家（地区）	产业内贸易度（IIT）	排序	国家（地区）	产业内贸易度（IIT）
1	英国	68.5	16	（前）南斯拉夫	44.5
2	比利时-卢森堡	67.2	17	中国香港	43
3	法国	63.9	18	菲律宾	41.3
4	奥地利	63.4	19	西班牙	39.4
5	荷兰	61.4	20	芬兰	39.2
6	新加坡	59.5	21	以色列	39.1
7	加拿大	55.2	22	韩国	37.3
8	爱尔兰	54.4	23	阿根廷	36.5
9	瑞典	54.1	24	挪威	36.2
10	丹麦	53	25	葡萄牙	33.4
11	瑞士	52.7	26	塞浦路斯	33.3
12	意大利	47.9	27	马来西亚	30.7
13	美国	47.5	28	萨尔瓦多	29.5
14	德国	46.7	29	也门	28.2
15	哥斯达黎加	46.2	30	突尼斯	26.4

续表

排序	国家（地区）	产业内贸易度（IIT）	排序	国家（地区）	产业内贸易度（IIT）
31	希腊	24.4	43	巴基斯坦	12.8
32	澳大利亚	22.4	44	斯里兰卡	12.8
33	约旦	21.8	45	埃及	11.5
34	土耳其	20.6	46	秘鲁	10.3
35	日本	19.4	47	肯尼亚	10.1
36	巴西	19.3	48	埃塞俄比亚	10
37	特里尼达	19.2	49	摩洛哥	8.4
38	象牙海岸	18.6	50	喀麦隆	8.2
39	新西兰	18.1	51	苏丹	5.9
40	泰国	17.6	52	孟加拉国	5.5
41	哥伦比亚	16.4	53	加蓬	5.4
42	印度尼西亚	14.4	54	阿尔及尔	2

资料来源：F. Hassan. Intraindustry Trade：Theory and Evidence ［D］. // Steven Husted, Michael Melvin. 国际经济学 . 5th ed. 北京：高等教育出版社，2002：137.

表中数据反映了产业内贸易普遍存在的事实。而且还有一个明显的特征就是，发达国家的产业内贸易程度要比欠发达国家的产业内贸易程度低。产业内贸易度指标（IIT）是如何衡量的？一般用格鲁贝尔-劳埃德指数，简称 GL 指数。GL 指数的公式是：

$$GL_i = 1 - \frac{|EX_i - IM_i|}{EX_i + IM_i}$$

其中 GL_i 是产业 i 的 GL 指数，EX_i 表示 i 产业的出口，IM_i 表示 i 产业的进口。当产业 i 只有进口或者只有出口时，也就是不存在产业内贸易，等式右边第二项等于 1（或者是 $EX_i/EX_i = 1$，或者是 $IM_i/IM_i = 1$），GL 等于 0。如果一个行业内的进出口量相等，即 $EX_i - IM_i = 0$，等式右边第二项就等于 0，GL 则等于 1。所以，GL 应在 0、1 区间变动，等于 0 时表示不存在产业内贸易，等于 1 时表示产业内完全贸易。GL_i 只反映产业 i 的产业内贸易程度，如果要衡量一国的产业内贸易程度，则必须对各产业进行加总处理。一个可行的指标是：

$$I = 1 - \frac{\sum |EX_i/EX - IM_i/IM|}{\sum (EX_i/EX + IM_i/IM)}$$

其中 EX_i/EX 和 IM_i/IM 分别表示产业 i 的出口和进口占本国总出口和总进口的比重，$|EX_i/EX - IM_i/IM|$ 表示该国的产业 i 出口份额与进口份额之差的绝对值，$(EX_i/EX + IM_i/IM)$ 则表示该国的产业 i 出口份额与进口份额之和。如果每一类商品的出口份额都等于进口份额的话，指数值等于 1；如果每一个产业只有进口或只有出口，指数值等于 0。所以，衡量一国产业内贸易的总体指数 I 也在 0、1 之间。

二、产业内贸易格局的不确定性

产业内贸易与产业间贸易不同，产业内贸易理论所揭示的贸易方向具有明显的不确定性，也就是说，不能确定是出口还是进口，也不能确定出口哪些种类或进口哪些种类。以图 5-9 为例，图 5-9 是对图 5-3 的进一步说明，在图 5-3 的解释中我们已经说明，经济一旦偏离 E 点，既可能向下推进到 N 点——专业化生产 X，也可能向上推进到 M 点——专业化生产 Y。如果世界贸易价格不是过 E 点的切线所代表的价格，而是如图 5-9 所标示的 $(P_X/P_Y)^W$，由于 $(P_X/P_Y)^W$ 高于国内封闭经济下初始均衡点 E 处的价格，按照比较利益原则，就应该专业化生产 X，事实上，在规模经济条件下，$(P_X/P_Y)^W$ 这一价格也可以使该国专业化生产 Y。至于这两种情况会出现哪一种，没有进一步的信息，我们就无法进行推断。

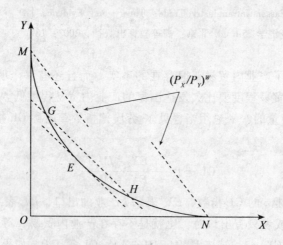

图 5-9　凸性 PPF 与贸易方向的不确定性

由外部经济产生的贸易格局也具有不确定性。以图 5-8 为例，一旦某个国家先行进入某个产业，并取得规模经济优势，使价格降到一个较低的水平，即使这个国家不存在比较优势，规模经济优势也会将它的先入地位加以固化，使具有比较优势的国家难以取代先入国家专业化生产的地位。而先入地位又是如何形成的呢？这是模型中无法回答的问题。

三、各种理论解释

（一）产品差异

在同一产业内，不同厂商生产的产品是有差异的，并且这种差异使每个厂商都在一定程度上获得一定程度的垄断力（如垄断竞争模型所示）。同时，每个厂商的产品都吸引一定的消费者，也就是说，消费者的偏好分布在各种不同类型的商品上。于是，本国消费者对自己国家不生产的那些类型的产品就需要从另一国进口。例如，美国生产的是大排气量轿车，而日本生产的则是小排气量轿车。但美国的消费者不只是喜欢大排气量轿车，也有消费者喜欢小排气量轿车的，这时，美国要满足这些消费者的需求，就必须从日本进口；而日本的消费者不只是喜欢小排气量轿车，也有人喜欢大排气量轿车，日本的大排气量轿车也要从美国进口。

（二）运输成本

由于地理位置的差异，在某个地方来自国内外的商品价格可能产生很大的差别。例如，在 A 地，来自国外的进口商品更便宜；而在 B 地，国内的商品更便宜。于是就会产生一国在 A 地进口一种商品，而同时在 B 地出口同一种商品。例如，中国广西的木材如果运到新疆的成本远远高于运到越南河内的成本，那么，中国广西的木材就不会运到新疆以满足这个地方的需求，而是出口到越南；而新疆所需木材从哈萨克斯坦进口更便宜，于是，中国一个地方在出口木材的同时，另一个地方又在进口木材。

（三）收入分配与产业内贸易

不同的国家有着不同的收入分配特征，有的较为均匀，有的则不均衡，例如在图 5-10 中，国家 I 的家庭数量主要分布在 I 的收入范围，国家 I 生产的产品品种主要用于满足范围 I 内的家庭需要，位于 I′部分的国家 I 的家庭所需要的商品就要通过进口来满足。而国家 II 的家庭数量主要分布在 II 的收入范围，它生产的产品种类也主要是用于满足这部分家庭的需要，而 II′部分的家庭所需则要通过进口来满足。

（四）产品加总程度

不同的产业总是根据一定标准划分的，如果将产业目录定得较粗，产业内贸易就会很多；而当产业目录划分得较细时，产业内贸易就会变少。例如，"饮料与烟草"是联合国标准国际贸易分类体系中使用的一个目录，但是，饮料和烟草在生产与消费上具有很大的区别，那些不适用于生产烟草的国家仍可以制造饮料并出口，而它的烟草消费只能通过进口满足。于是按照这个目录，该国就出现产业内贸易。反之，如果将二者分列为两个平行的目录"饮料"与"烟草"，该国的产业内

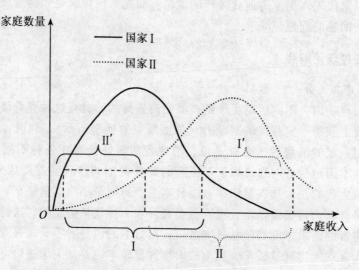

图 5-10　收入分配与产业内贸易

贸易就消失了。再如，在"书桌"这一产品目录中，可能存在产业内贸易，但是，这些书桌虽然最终用途是相同的，但它们的生产却可能迥然不同，例如有的是用木材制造的，而有的可能是铁或其他金属材料制造的。如果一国具有丰富的木材资源，另一国具有丰富的矿石资源，那么前者就可生产木制书桌并向后者出口，后者则生产铁制书桌并向前者出口，两国就出现了产业内贸易，而这种"产业内贸易"显然是由于比较优势产生的，之所以发生在产业内，是因为统计归类方法所致。

按相似的用途归类也会产生同样的问题。例如棉纺汗衫与毛纺汗衫都被归类于汗衫，而汗衫与 T 恤、礼服、套装等又被归类于服装，所以，有些产业内贸易纯粹是由于统计原因产生的。

小　结

规模经济（Returns to Scale）指的是随着规模扩张，一定比例的要素投入增加会导致更大比例的产出增加这一经济现象。经济学中常常把规模经济划分为两种类型：内部规模经济与外部规模经济。内部规模经济（Internal Economies of Scale）反映的是某个企业的平均成本与自身规模之间的关系，也就是说，当它的平均成本随着该企业自身的规模扩大而下降时，我们就说存在内部规模经济。外部规模经济（External Economies of Scale）反映的是某个企业的平均成本与它所在的行业规模之间的关系，也就是说，当它的平均成本随着该行业规模扩大而下降时，我们就说存在外部规模经济。如果存在规模经济，专业化生产可以扩大规模，降低成本，专业化生产然后交换比一个国家自己同时生产并消费两种产品更好。规模经济分析还可以解释另一种重要的贸易现象：产业内贸易。产业内贸易在比较利益之外提供了贸易利得的新源泉，它使一国在减少生产种类的同时，增加了消费种类。

外部经济使行业平均成本下降，并形成竞争优势。由外部经济产生的贸易使出口国进行专业化生产，并通过专业化和规模经济从成本下降中受益。一旦这种专业化分工形成，即使本国具有比较优势，如果这种商品的分工已经由他国承担，本国也难以取代他国的地位。

思考与练习

1. 什么是规模经济、内部规模经济和外部规模经济？

2. 为什么规模经济会产生凸向原点的生产可能性边界？它对解释国际贸易有何意义？

3. 垄断竞争模型是如何说明国际贸易发生机制的？

4. 请解释为什么会发生倾销。

5. 什么是先发优势？它是怎样产生的？

6. 产业内贸易有什么特征？产业内贸易有哪些理论解释？

第六章　要素跨国流动、经济增长与贸易

在本章,我们将考察生产要素(资本与劳动力)的国际间移动。前面的贸易理论都假定生产要素在国家内部是可移动的,在国家之间则无法移动,这与现实是有差距的。早在 19 世纪,国际资本的流动就已经相当普遍;在美国、加拿大及其他美洲国家和澳大利亚的早期经济增长中都有移民的功劳。资本与劳动力移动的原因是什么?会产生什么后果? 经济增长与贸易是什么关系? 这是本章将要考察的问题。

第一节　资本跨国流动

一、国际投资的形成原因与影响

国际投资,或称国际资本移动,是资本在不同国家之间的转移。为什么会产生资本的跨国流动呢? 根据要素禀赋理论,在要素不能流动的情况下, 一国将进口生产上密集地使用本国资源相对贫乏的产品, 也就是以商品的贸易取代要素贸易的功能。如果要素可能进行跨国流动,那么该国也可以直接与国外进行要素的贸易, 以要素贸易替代商品贸易。资本流动的基本原理与商品交易的基本原理是相同的, 资本将从价格低的国家流向价格高的国家,以获得比在国内更高的收益;从流入国(即资本的借入国或使用国)来看, 它可以以比国内更低的成本获得资源。如果资本在两国的收益率相等,则不存在资本流动的激励。问题是两国资本的收益率是如何决定的? 也就是说, 是什么因素决定了两国资本价格的差异? 这又是一个复杂的理论问题, 也有不同理论解释, 在此我们首先给出几个一般性的原因, 然后再用一个静态模型进行理论化的说明。

导致资本跨国流动的可能的原因包括:

(1) 厂商为拓展市场而到国外进行生产, 于是产生了海外投资。

(2) 通过海外投资获得原料、能源或其他矿产资源。

(3) 东道国对商品贸易有较高的关税或非关税壁垒, 厂商为了使自己的商品打入这个国家, 只能以在东道国投资设厂的方式, 绕过已有的贸易壁垒。

(4) 利用东道国劳动力成本低的优势。

(5) 防御竞争对手的需要。如果其他厂商在自己的国外市场领地投资建厂,

为了竞争的需要，自己也必须在这个国家进行投资。

（6）分散风险的需要。"不要把鸡蛋放在一个篮子里"是分散风险的经典名言，投资者为了分散风险，有可能将生产分布在两个或两个以上的国家，在一个国家不景气时，不会对处于另一个国家的企业产生重大影响。

从静态角度来看，资本价格（利率）是资本供求均衡的结果。资本供给的来源是一国的国民储蓄，我们在此假定储蓄是既定的，因此，资本的供给也是一个给定的量。资本的需求是厂商对投资的需求，厂商的投资需求决策也是边际决策的结果：使用资本的边际收益等于边际成本。在资本市场为完全竞争市场假设下，厂商使用资本的边际成本就是资本的市场价格——利率①。使用资本的边际收益是什么呢？因为厂商的收益只有从出售产品（或服务）中得到，使用资本并不能直接给使用者带来收益，给厂商带来的只是产出，厂商出售产出后才能获得收益。所以，厂商使用资本的边际收益也就是它使用资本的边际产出所产生的收益，这一收益等于资本的边际产出乘以商品的市场价格，即 $P \times MPK$（P 是产品价格，MPK 是资本边际产出）。令 i 表示名义利率，则均衡时资本的名义收益 $P \times MPK$ 应与其名义成本 i 相等，于是有 $i = P \times MPK$。名义利率用商品的实物量表示就成为实际利率，如果实际利率用 r 表示②，则 $r = i/P$，把它代入资本最优需求条件，可得

$$r = MPK \tag{6-1}$$

式中资本的边际产出 MPK 是资本需求量的函数，即 $MPK = MPK(K)$，根据边际报酬递减规律，资本使用量越大，资本的边际产出就越低，即 MPK 随 K 的增加而下降。结合（6-1）式，就可以得到实际利率与资本需求量的关系：实际利率越高，资本需求量就越低；实际利率越低，资本需求量就越高。如何理解实际利率与资本需求量的这种反向变动关系呢？实际利率是厂商使用资本的成本，在产品的市场价格不变时，资本成本越高，厂商的利润就越低，供给商品的意愿也越低，当减少商品供给时，也就减少了对资本的需求；同时，资本的价格高会促使厂商进行要素替代，用更便宜的要素（如劳动）来替代昂贵的资本。这种反向变化关系可用图 6-1 中的 MPK 线来说明。纵轴表示实际利率，横轴表示资本量，从资本需求的角度来看，实际利率越高，资本需求均衡时对应的资本边际产出也应该越高，资本需求量就越低。③

图中的 $\overline{K}$ 表示一个国家在一定时期内给定的资本供给量，假定这个经济中资

---

① 这里所使用的利率都是实际利率概念。

② 实际利率的另一种表达是名义利率剔除价格变化的影响，即名义利率减去通货膨胀率，这是宏观经济学经常使用的表达式。

③ 也许你认为这很奇怪，为什么资本的边际产出高，需求反而少了？理解这一问题的关键是 MPK 线表示的是厂商对资本需求的均衡条件：较高的边际产出在均衡时对应的是较高的实际利率，即较高的资本使用成本。在较高的资本边际产出均衡点上，如果厂商在边际上增加资本使用量，在边际报酬递减规律作用下，资本的边际产出下降，而使用资本的成本实际利率则没有变化，必然使厂商利润水平下降，所以它不会增加资本的需求。

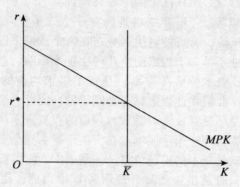

图 6-1　资本市场均衡与利率的确定

本始终处于充分就业状态，没有未被利用的闲置资本（因为在资本市场是完全竞争的市场假设下，利率的变化会将资本的需求量调整到既定的供给量水平上），则 MPK 与 $\bar{K}$ 的交点就是资本市场的均衡点，均衡的实际利率水平为 r^*。

　　假定世界上有两个国家，国家 I 和国家 II，那么每个国家在资本不流动的情形下都有一个国内均衡的实际利率水平，并且都以图 6-1 中所示的方式确定自己的均衡利率水平。但是两国国内均衡确定的利率水平未必是一致的，如果不一致，在没有资本流动政策限制的情况下，就会产生资本流动的动机。

　　假定两国资本的供给量都是既定的，两国的资本量之和就是世界总的资本供给量，这一供给量也是确定的。假定国家 I 拥有 $\bar{K}^{I}$ 的资本，并以图 6-1 形式确定了自己的均衡利率 r_{I}^{*}；根据假定，国家 II 拥有 $\bar{K}^{II}$ 的资本，也以同样的方式确定自己国内均衡的利率 r_{II}^{*}，图 6-2（a）中的右象限就是与图 6-1 形式完全相同的国家 II 的均衡利率的决定。如果将图 6-2（a）的右象限以纵轴为轴心旋转，形成与右象限对称的左象限，再将表示国家 II 资本均衡的左象限与国家 I 的资本均衡，以各自国内的资本量为界叠加在一起，就是图 6-2 中的（b）。图 6-2（b）中 $O^{I}K^{F}$ 是国家 I 的资本量 $\bar{K}^{I}$，$O^{II}K^{F}$ 是国家 II 的资本量 $\bar{K}^{II}$。$O^{I}O^{II}$ 是世界资本总量，也是两国资本量之和：$O^{I}O^{II} = \bar{K}^{I} + \bar{K}^{II}$。在 K^{F} 处，国家 I 的均衡利率为 r_{I}^{*}，高于国家 II 的均衡利率 r_{II}^{*}，对于国家 I 而言，如果它能以国家 II 的利率得到国家 II 的资本，它就可以用更低的边际成本获得资本，并扩大资本的使用量；对于国家 II 而言，它的资本供给者发现如果将资本以国家 I 的利率提供给国家 I，它能得到比在国内更高的资本收益，于是国家 II 的资本所有者将减少在国家 II 的资本供给，将减少的资本提供给国家 I。又因为两国资本总量是给定的，所以，这一资本转移过程将使国家 I 的资本量不断增加，而国家 II 的资本量则以与前者同样的数量不断下降，表现为图中 K^{F} 沿箭头所指的方向移动。

　　在资本不断由国家 I 向国家 II 转移的过程中，国家 I 随着资本使用量的增加，

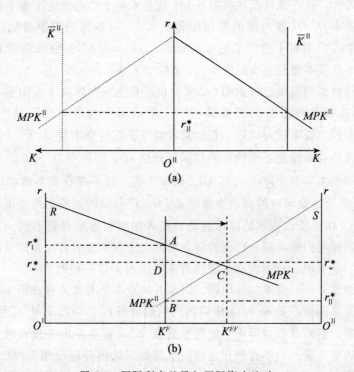

图 6-2 国际利率差异与国际资本流动

资本的边际产出 MPK^I 逐渐下降，与此相等的国内均衡利率 r_I^* 也变得越来越低。国家 II 随着资本使用量的下降，资本的边际产出 MPK^{II} 逐渐上升，与此相等的国内均衡利率 r_{II}^* 也变得越来越高。显然，资本从利率较低的国家向利率较高的国家转移，使利率低的国家（这里是国家 II）利率上升，利率高的国家（这里是国家 I）利率下降。只要两国还存在利率差额，这一过程就会持续下去，两国利率水平就会不断接近，一直到两国利率水平相等为止，资本的跨国流动才会停止，资本在两国的配置达到新的均衡。

使两国资本流动达到均衡的条件是什么呢？因为资本流动实现国际均衡时，两国的实际利率应相等，否则，低利率国家的资本就会向高利率国家流动，因此这一条件为：$r_I^* = r_{II}^*$。同时，国际间的均衡也必须满足各国国内的均衡，而国内均衡的条件是（6-1）式，具体到两国情形，可以分别记为：

$$r_I^* = MPK^I \ , \ r_{II}^* = MPK^{II} \tag{6-1$'$}$$

将国内均衡条件（6-1$'$）式与国际均衡条件 $r_I^* = r_{II}^*$ 结合在一起，我们就得到：

$$MPK^I = MPK^{II} \tag{6-2}$$

（6-2）式告诉我们，两国资本的边际产出相等是实现两国国内均衡与资本国际流动均衡的条件。这一条件反映在图 6-2 中就是 C 点，C 点决定了资本国际流动均衡时世界总资本 O^1O^{II} 在两国的重新配置点 K^{FF}。与各国的资本禀赋点 K^F 相比，原来资本利率高的国家 I 使用了更多的资本：$\Delta K^1 = K^F K^{FF}$；原来资本利率低的国家 II 则使用了比资本禀赋更少的资本：$-\Delta K^1 = K^F K^{FF}$。

资本流动的福利效果也可由图 6-2 来分析。首先来看国家 I，国家 I 的资本供给者原来的总收益等于它的资本量 O^1K^F 乘以国内均衡时的价格 r_I^*，即图中 $O^1r_I^*AK^F$ 的面积。资本流入以后，它的总收益等于它的资本量 O^1K^F（注意国家 I 的资本所有者的资本量是不变的）乘以国际价格 r_W^*，即图中 $O^1r_W^*DK^F$ 的面积。两者对比，它的资本收益下降了 $r_W^*r_I^*AD$。国家 I 的厂商不存在资本流动时的剩余为面积 Rr_I^*A，有资本流动时的剩余为面积 Rr_W^*C，厂商因增加资本的使用量而增加的剩余量为 $r_W^*r_I^*AC$。所以资本的国际流动对流入国的资本所有者不利，对资本的使用者有利。同时我们还看到，厂商的剩余增加大于资本所有者收益的下降，多出的部分为 ADC，这表明，资本流动从整体看来对国家 I 是有利的。

再来看国家 II——资本的流出国，国家 II 的资本所有者不存在资本流动时，总收益等于国家 II 的资本量 K^FO^{II}，乘以国内均衡价格 r_{II}^*，即图中 $O^{II}r_{II}^*BK^F$ 的面积。资本流出以后，它的总收益等于它的资本量 $O^{II}K^F$（资本流出并没有减少国家 II 的资本所有者的资本量，只不过现在这些资本是提供给国外的使用者而已），乘以资本的国际价格 r_W^*，即图中 $O^{II}r_W^*DK^F$ 的面积。前后相对比，国家 II 的资本所有者收益增加了 $r_{II}^*r_W^*DB$。国家 II 的厂商不存在资本流动时的剩余为面积 Sr_{II}^*B，有资本流动时的剩余为面积 Sr_W^*C，厂商因减少资本的使用量而减少的剩余量为 $r_{II}^*r_W^*CB$。所以资本的国际流动对资本流出国的资本所有者是有利的，而对资本的使用者则不利。而且资本所有者收益的增加大于厂商的剩余下降，多出的部分为 BDC，这表明，资本流动从整体看来对国家 II 也是有利的。

因为实现资本跨国流动后，两国都出现了福利净增量，所以资本流动对两国都是有利的，尽管在流出国和流入国都有受益者和受损者。同时，从世界整体来看，资本流动的结果产生了 ABC 的剩余增量，如果一国（或两国）实行资本流动管制，限制资本流动，则世界将因此而损失 ABC 的剩余。

二、外国直接投资（FDI）

国际资本移动有两种类型：一种是国际证券投资（Portfolio Investment），另一种是外国直接投资（Foreign Direct Investment）。证券投资基本上对应的是国际短期资本流动，它是投机性资本，根据对汇率变化的预期、两国利率差异等因素，以短期逐利为目的在各国之间进行转移。外国证券投资不涉及所有权或者控制权，它只包括经济学家们所说的"金融资本"的移动，没有"实物资本"的移动。

外国直接投资是以控制企业，获取企业经营利润为目的的投资，我们主要考察这种资本转移形式。例如，当美国的居民购买了中国上市公司的普通股时，他们就成为中国企业的股东，如果这个美国居民拥有的中国某公司的股权比例特别高（如超过30%），他就可能拥有这个中国企业的控制权。① 外国直接投资是通过跨国公司实现的，所以，解释外国直接投资就是解释跨国公司的跨国投资行为。对跨国公司的解释要说明两个问题：一是生产为什么要在不同的国家进行，二是为什么不同国家的生产要在同一个企业内部（跨国公司）进行而不是由两个不同的公司进行。

（一）外国直接投资理论

20 世纪 50 年代以前，大量的欧洲资本流向海外。1870 年到 1914 年间，英国向海外的平均投资额超过其国民生产总值的 5%。以伦敦为中心的国际资本市场发展迅速。在此背景下，一些经济学家把注意力从国际贸易扩大至国际投资。早期研究投资问题的经济学家，一般都继承了古典贸易理论，由此出发研究投资问题。1906 年，美国经济学家欧文·费雪（I. Fisher）以李嘉图的比较优势理论为理论基础，提出了资本流动与利息关系的理论，认为利率的差异引起资本的流动，包括资本的国际流动。1929 年，威廉斯（John H. Williams）也将国际贸易理论运用于对国际投资的分析，并从政治经济学的角度研究了国际投资。

20 世纪 60 年代以后，国际投资理论有了较大的发展。随着第二次世界大战后国际直接投资和跨国公司的日益活跃，经济学家开始从不同角度进行了阐述和分析，形成了众多流派。其中有代表性的理论有：

1. 垄断优势理论。1960 年，美国学者海默（S. H. Hymer），在其《企业的国际经营：关于对外直接投资的研究》一文中，首次提出了垄断优势理论。垄断优势理论是一种以不完全竞争为前提，依据企业特定垄断优势开展对外直接投资的理论，是基于产业组织理论的一种分析。后经其导师金德尔伯格（Charles P. Kindleberger）以及约翰逊（H. G. Johnson）等学者的补充，发展成为专门研究国际直接投资最早的、最有影响的理论。海默认为，传统的国际资本流动理论都假定市场是完全竞争的，这种纯粹情况在现实中并不常见，较多存在的市场条件是不完全竞争。这里说的不完全竞争，是指由于规模经济、技术垄断、商标和产品差别等引起的偏离完全竞争的市场结构。由于不完全竞争的存在，美国企业在境外直接投资中才能拥有和维持各种垄断优势，取得高于当地企业的垄断利润。

所谓垄断优势是指大企业特有的优势，例如专有技术、管理经验、资金实力、

---

① 拥有多大的股权比例才能具有控制企业的能力？它与这个企业的股权控股结构有关，同时也与有关国家股份公司法律及外资控股的法律规定有关。如果没有法律限制，而且企业的股权非常分散，也许拥有 10% 或者更低的份额就可以控制一个企业了。

规模经济和销售技能等。跨国企业的垄断优势主要有以下三类：一是来自产品市场不完全的优势，如产品差别、商标特异、营销技能、操纵价格等，这些造成了跨国企业在所生产产品上的垄断力量。二是来自生产要素市场不完全的优势，包括专利和工业秘诀、管理和组织技能、获得资金的便利和优惠条件等，这些造成了跨国企业对要素市场的垄断地位。三是企业拥有的内部和外部的规模经济优势。通过境外直接投资，跨国企业可以实现水平的或垂直的一体化经营，使企业生产达到适度的经济规模，以最大限度地降低生产成本，从而使其在与东道国企业的竞争中占据有利地位。海默通过研究美国企业境外直接投资的行业构成，发现直接投资与垄断的工业部门结构有密切联系，美国从事境外直接投资的企业主要集中在具有独特优势的一些制造业部门。美国企业跨国投资的主要动机就是为了充分利用自己独占性的生产要素优势，以牟取高额利润。

2. 内部化理论。这一理论亦称市场内部化理论，由英国学者巴克利（P. J. Buckley）和卡森（M. C. Casson）在1976年合作出版的《跨国公司的未来》一书中提出，加拿大学者拉格曼（A. M. Rugman）在1981年出版的《跨国公司的内幕》一书中进一步发展了该理论。巴克利和卡森认为，市场内部化形成主要有以下原因：（1）由于中间产品交易困难而产生内部化。这里讲的中间产品不仅指半成品和原材料，而且包括具有专利权的技术和人力资本中的各种知识、信息。前者依靠外部市场供应不仅来源渠道不稳定、质量不可靠，而且价格变动大，交易成本高。后者的实际价值和效果难以确定，从而使买方难以接受其报价；即使成交，买卖双方也都存在泄密的可能，使技术为社会所共享。面对这些中间产品交易的困难，企业将力求使中间产品在其体系内实行内部化转移。（2）由于外部市场失效而产生内部化。外部市场往往是不完全的，存在着种种不确定的因素，导致外部市场失效，使企业难以充分利用外部市场有效地协调其生产经营活动。于是，企业需要用内部市场取代外部市场，使资源和产品在企业内部得到合理配置和充分利用。（3）外部市场交易成本过高而导致内部化。外部市场的交易成本一般包括：发现中间产品相应价格的成本，确定合约双方责权的成本，接受合约的有关风险，有关市场交易应付税款等。此外，政府对汇率、关税的干预也构成成本。如果这些成本大于内部市场交易成本，企业就必然采取内部化。当这种内部化过程跨越了国界，就形成了跨国公司。从这个意义上说，在国际间实行市场内部化的过程就是发展境外直接投资的过程，正是市场内部化的动机促成了企业对外直接投资。

3. 国际生产折中理论。英国学者约翰·邓宁（John H. Dunning）于1976年发表了其代表作《贸易经济活动的区位与跨国企业：折中理论探索》，提出用折中主义方法来解释境外直接投资活动的理论。1981年邓宁又出版了《国际生产与多国企业》一书，对折中理论作了更为系统化、理论化的阐述。由于该理论运用折中主义方法对以往各种境外直接投资理论进行了概括性和综合性分析，因此亦称国际生产综合理论。在这一理论模型中，邓宁给出了导致境外直接投资行为的三组基本变量，即企业资产所有权优势 O，内部化优势 I 及区位优势 L。只有当企业同时具有 O、I、L 这三种优势时，才会从事境外直接投资。根据邓宁的 OIL 理论，资产所有权优势是指一国企业拥有或能够获得的别国企业所没有或无法获得的特定优势，主要包括技术优势、企业规模优势、组织管理优势、金融和货币优势等。内部化优势是指企业将拥有的所有权优势在内部使用而带来的优势，也就是说，企业为避开外部市场机制的不完全性，通过境外直接投资方式，把所有权优势经过内部市场转移给国外子公司，从而取得更多收益。区位优势是指跨国企业在投资区位上所具有的选择优势。它主要包括：东道国丰富的自然资源、广阔的商品销售市场、低廉的生产要素成本、吸引外资的各种优惠政策等。

在邓宁的理论中，决定境外直接投资的三个因素之间是相互关联的，其中所有权优势和内部化优势是企业开展境外直接投资的必要条件，区位优势是境外直接投资的充分条件。这三个因素的不同组合，不仅可以确定各种类型的直接投资，而且可以解释企业关于直接投资、商品出口、非股权转让三种经济活动的选择行为，如表 6-1 所示。

表 6-1　　　　　　　　　　企业参与国际经济活动的方式选择

经济活动方式	所有权优势	内部化优势	区位优势
境外直接投资	Y	Y	Y
商品出口	Y	Y	N
非股权转让	Y	N	N

表 6-1 中"Y"表示具备该项优势，"N"表示没有该项优势。一般而言，如果企业只具备所有权优势，而没有能力使之内部化，或将其内部化使用的成本偏高，同时缺乏有利的境外投资场所，则只能选择非股权转让的方式；如果只具备所有权优势和内部化优势而无区位优势时，则出口贸易是参与国际经济活动的一种较好形式；当三个条件同时具备时，企业则应进行境外直接投资，这样做有利于提高投资效益。

4. 边际产业扩张理论。日本教授小岛清（Kiyoshi Kojima）在其 1977 年出版的《对外直接投资论》中提出了边际产业扩张理论（又称为比较优势投资理论）。这是一种利用国际分工的比较优势原理，分析和解释日本对外直接投资的理论模型。小岛清认为，国际直接投资不能仅仅依靠从微观经济因素出发的跨国公司垄断优势，还要考虑从宏观经济因素出发的国际分工原则。美国的对外直接投资主要集中在制造业，从事对外直接投资的企业是美国具有比较优势的产业部门，这些部门的大量对外投资导致美国出口减少，贸易逆差增加。相反，日本的对外直接投资，除了资源开发型之外，制造业的投资一般为在日本已经丧失了比较优势的部门，这些投资在成本较低的东道国仍然具有比较优势，日本则集中发展比较优势更大的产业。在图 6-3 中，线 I 是投资国日本的商品成本线，其中 $a \sim z$ 分别表示不同种类的商品；线 II 为东道国商品成本线，其中 $a' \sim z'$ 分别表示与日本同类商品的相同产出量所需耗费的美元成本。两线相交于 G 点，表示第 G 种商品的两国成本相等。在这种情况下，G 点左侧的 a、b、c 产业是日本的边际产业，由这些产业开始境外直接投资，可使东道国相应产业的成本降至 a'、b'、c'，这对双方均有利。反之，如果日本从 x、y、z 产业开始境外直接投资，其成本虽然会低于 x'、y'、z'，但是高于本国的 x、y、z。其结果是用国外的生产替代了本国的出口贸易，而且不能达到节约生产成本之目的，成为一种逆贸易倾向的投资。

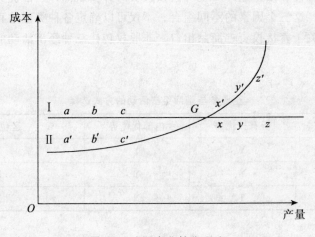

图 6-3　边际产业扩张理论

边际产业扩张理论较好地解释了 20 世纪 60、70 年代日本的对外直接投资的特点，这一时期以资源导向型、劳动力成本导向型和市场导向型直接投资占主导，也说明了在亚洲出现的以日本—亚洲"四小"—东盟—中国—越南等为顺序的直接投资与产业结构调整，即所谓的"雁行模式"。

（二）外国直接投资对东道国的影响

每个外国直接投资的接受国对投资都有两种不同的相互矛盾的心态。一方面，东道国希望从国外直接投资中获得技术，增加本国的就业和 GDP，改善本国的国际收支等；另一方面，东道国又害怕跨国公司垄断本国的技术和市场，损害本国民族企业的发展。所以，我们经常看到一些发展中国家一方面采取一系列鼓励措施以吸引跨国公司的投资，另一方面又对跨国公司在东道国的经济活动进行各种限制。

那么跨国公司对东道国有哪些有利和不利的影响呢？

跨国公司对东道国有利的影响包括：

（1）增加东道国的GDP。因为一国的GDP是按地域原则统计的，跨国公司投资增加了东道国最终产品的产出，所以能为其GDP增加做贡献。

（2）增加就业和提高工资水平。跨国公司投资于东道国，必定要在东道国增雇工人，提高就业量，对劳动需求的增加也会带动工资水平的上升。

（3）增加出口，改善东道国的贸易逆差。

（4）为东道国政府提供更多的税收收入。

（5）向东道国提供技术和管理技能，促进东道国本地企业的发展

（6）打破东道国国内的垄断势力，促进竞争和市场化，这对像中国这样的经济转型国家是极其重要的。

跨国公司对东道国不利的影响包括：

（1）恶化东道国的贸易条件。如果跨国公司的出口规模较大，会导致出口的世界价格下降，于是就会恶化本国的贸易条件；跨国公司的转移定价也是恶化贸易条件的因素。所谓转移定价就是跨国公司以较低的账面价格向它在其他国家的分公司、子公司或母公司出售产品，而以较高的账面价格向它在其他国家的分公司、子公司或母公司购进原料或投资品。通过转移定价，跨国公司可以转移利润，规避税收，客观上恶化了东道国的贸易条件。

（2）储蓄的动机下降。跨国公司投资增加了东道国的资本供给，降低了资本的价格，从而降低了人们的储蓄意愿。

（3）抑制国内投资。如果跨国公司在东道国进行融资，就可能抬高东道国的利率，对国内投资具有"挤出"作用。

（4）垄断国内市场。跨国公司可能利用自己的规模经济优势垄断东道国的市场，不利于东道国民族企业的成长。

第二节　劳动力跨国流动

劳动力要素的跨国流动可能比资本要素的流动更为困难，因为它不是简单的经济问题，而是与政治问题、民族问题、历史问题、文化宗教等问题有着密切的关系。尽管如此，劳动力的跨国流动仍然存在，而且会在不同的历史阶段对一国的经济发展产生重要的影响。美国的早期开发移民的贡献是有目共睹的；现在一些发达国家因出现劳动力短缺也需要从国外获得劳动力。劳动力的跨国流动也称移民，移民（不论是永久的还是暂时的）将改变劳动要素在劳动力移出国与移入国的配置，劳动的供求变化会影响两国的工资水平；同时，与资本的跨国流动一样，移民也会改变两个国家的生产可能性边界。下面将对移民的经济效应进行分析。

一、移民的经济效应

如果移民是纯粹的经济现象，在没有移出和移入政策限制的前提下，移民就与移出国与移入国的工资差异有关：劳动力将从工资水平较低的国家流入工资水平比较高的国家；同时，移民过程改变了两国的劳动力供求，使移出国的劳动供给下降，工资水平上升，移入国的劳动供给上升，工资水平下降，从而导致两国工资率趋于一致。这一过程可用图 6-4 来说明。图 6-4 与图 6-2（b）的原理是相同的，前者分析的要素是资本，而这里分析的要素是劳动。图中的 MPL_I 是国家 I 劳动的边际产出线，它往右下方倾斜意味着劳动的边际报酬是递减的，根据经济学基本原理可知，劳动边际报酬曲线就是劳动需求曲线，所以，MPL_I 就是国家 I 的劳动需求。$O_I L^F$ 是国家 I 的劳动供给，在这里也假定它是给定的量。因此，L^F 与 MPL_I 的交点 A 代表着国家 I 劳动市场的均衡，均衡的实际工资为 $(w/P)_I$。MPL_{II} 是国家 II 劳动的边际报酬曲线，也就是国家 II 的劳动需求曲线，它向左下方倾斜也意味着国家 II 的劳动的边际报酬递减，这是因为，国家 II 在这个图中是以 O_{II} 为原点，它的劳动数量是用 $O_{II} L^F$ 方向来表示的（即越往左表示劳动数量越多）。$O_{II} L^F$ 代表国家 II 的劳动数量，它也是给定的。所以，世界的劳动总量也是给定的，并且有 $O_I O_{II} = O_I L^F + O_{II} L^F$。国家 II 的劳动供给与它的劳动需求曲线（即它的 MPL 曲线）相交于 B，决定了国家 II 的均衡工资水平 $(w/P)_{II}$。在此图中，$(w/P)_I >$ $(w/P)_{II}$，说明国家 I 国内的劳动均衡工资高于国家 II 国内的劳动均衡工资。

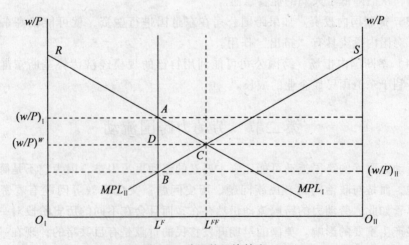

图 6-4 移民的经济效应

因为我们不考虑非经济因素形成的劳动力跨国流动的障碍，所以，当国家 I 的工资水平高于国家 II 的工资水平时，国家 II 的劳动力就会向国家 I 转移（在纯粹的情形下，假定劳动的跨国转移是没有成本的），以获得高于本国以上的报酬；同时，国家Ⅰ如果能以低于国内的工资水平从国家Ⅱ获得劳动，国家Ⅰ的厂商就愿意使用更多的劳动以增加产出。于是，世界的劳动 O_1O_{II} 就会在最初的禀赋点 L^F 处进行重新配置：国家Ⅰ将得到更多的劳动，而国家Ⅱ的劳动量则下降。在世界劳动总量不变的前提下，这种重新配置意味着 L^F 点向右移动，例如，一直移动到 L^{FF} 点。L^{FF} 对应的是两国劳动的边际报酬相等的点 C，在 C 点，两国国内的工资水平是相等的，因此，劳动力不存在进一步流动的动机，对应的 L^{FF} 也就成为劳动力在两国配置的均衡点。

这种流动对两国劳动收益、资本收益以及总收益意味着什么呢？

首先，移民降低了移民接受国国内的工资水平，所以，移入国的劳动力是反对移民的；同时移民提高了移出国国内的工资水平，因此，移出国的劳动力不会反对国内向外移民。

其次，移民的接受国由于劳动供给的增加，提高了资本的边际生产力——同量的资本与更多的劳动相结合使资本具有更高的效率，在资本量不变时，会增加资本收益率。所以，移民接受国的资本所有者将赞成移民。相反，移出国因国内劳动供给下降，资本的边际生产力也随之降低；在移出国国内资本量给定的前提下，资本收益将下降，因此，移出国资本的所有者是不愿意让本国劳动力移出的。

最后是两国总福利的变化。我们知道，如果 MPL 是劳动的边际产出，并将每一个单位产量水平下劳动的边际产出进行加总的话，得到的就是劳动的总产出。从图形上看，这种加总就是在给定的产量水平上，MPL 曲线以下的面积。① 所以，在移民发生之前，国家Ⅰ的劳动总产出是 O_1RAL^F，移民之后，国家Ⅰ的劳动总产出增加到 O_1RCL^{FF}，增量部分为 $ACL^{FF}L^F$。国家Ⅱ在移民发生前劳动的总产出为 $O_{II}SBL^F$，移民后，它的劳动总产出为 $O_{II}SCL^{FF}$，下降了 $BCL^{FF}L^F$，两个国家劳动总产出的净增量为 ABC。为什么会出现这个净增量呢？因为从 L^F 开始，国家Ⅰ的劳动边际产出大于国家Ⅱ的劳动边际产出，在边际上从国家Ⅱ转移出一个单位的劳动到国家Ⅰ，在国家Ⅰ增加的产出大于国家Ⅱ减少1单位劳动引起的产量的下降，也就是说，只要国家Ⅰ劳动边际产出大于国家Ⅱ的边际产出，从国家Ⅱ移民到国家Ⅰ就会有总产出的净增量。正是因为这个净增量，说明移民从总体来看是有效率的。

二、移民的工资歧视

只要移民的结果降低了移民接受国的工资水平，接受国现有的劳动者就会对移民持反对态度。但是并不是所有的移民都降低移民接受国的工资水平，例如，如果

---

① 根据微观经济学原理，对边际产出进行积分就得到总产出。

对移民实行歧视性工资待遇，接受国就可以在原有的劳动力报酬不变的情形下增加劳动力的使用量。这就像对商品市场的价格歧视一样，同质的商品面对不同的消费者执行不同的价格。但是，移入国要对所有的移民实行差别定价同样会遇到困难：那些长期移入的劳动者如果总是面对与原来劳动者不同的待遇，他们就会反抗。近来发生在美国的墨西哥移民举行的游行示威就说明了这一点，他们抗议在美国就业、工资方面受到的不公正待遇。

对此我们将移民分为两类，一类是长期移民，他们（不论在政治上是否为移入国国家的公民）会得到与原来的劳动力相同的工资水平；另一类是暂时性移民，他们则容易受到与当地其他劳动者不同的、低于当地其他劳动者的报酬。

例如在图6-4中，如果国家Ⅰ对于原来的劳动力仍按 $(w/P)_1$ 支付工资，而对于暂时性移民则按照新的边际产出 $(w/P)^W$ 支付工资，这就相当于国家Ⅰ的厂商给予原来的移民以补贴，使之保持较高的收入水平；国家Ⅰ的厂商为暂时性移民支付工资 CDL^FL^{FF}，得到的剩余为 ADC。这时，对于移入国而言，工资水平没有下降；而对于厂商而言，增加了剩余，就没有人会反对移民。

三、移民的素质：熟练移民与非熟练移民

在上面的分析中，我们把所有的劳动（包括移民）都视为同质的。正如一国国内劳动的质量存在差别一样，移民质量也是有差别的，这种差别体现在熟练移民与非熟练移民上。熟练移民指高素质移民，他们受教育程度较高，掌握更多的技术、劳动或管理技能，主要从事脑力劳动。用经济学术语来说，熟练移民具有较高的边际产出。非熟练移民则与此相反，他们受教育的程度较低，知识和技能较少，主要从事体力劳动，与前者相比，他们的边际产出较低。由于这两种移民具有不同的边际产出，两国对这两种移民的态度也是有差别的：移入国更喜欢熟练移民，而移出国则不愿让熟练劳动力移出。

与熟练移民相比，非熟练移民不仅边际产出低，而且还会给移入国带来其他的社会成本。例如，非熟练移民比熟练移民更容易受到失业的冲击，移民接受国为此要增加社会保障的支出，从而增加了社会成本，这可能使政府对非熟练移民采取某种限制。

移出国则相反，他们一般不鼓励，甚至会限制熟练移民。尤其在发展中国家，由于国内报酬较低，工作环境相对较差，很容易出现熟练劳动力的流失，这种现象被称为人才流失（Brain Drain）。人才流失给流失国造成的损失不仅有边际产出的更大下降，而且还包括这些国家为人才培养所支付的较高的成本。一个人在国内受过高等教育再移民发达国家，相当于发展中国家在为发达国家培养人才，这也是为什么有的发展中国家对人才流失采取限制的原因之一。

第三节　经济增长与贸易

一、经济增长

（一）经济增长

一国经济增长定义为该国实际产出的增加。经济增长是用增长率指标衡量的。如果用 Y 表示产出，经济增长率可以表示为 $(Y_2 - Y_1) / Y_1$（下标表示时间）。经济增长在这里是总量的增长，如果一国的人口不变①，总量增长同时也表示人均产出的增长；如果人口也在增长，并且人口增长速度低于总产出的增长速度，人均产出仍是增加的；如果人口增长速度超过了总产出的增长速度，人均产出就会下降。

如果一国的实际总产出是用不同产品表示的，它就是该国的生产可能性边界（PPF），一国实际产出的增加表现为生产可能性边界的向外移动。如图 6-5 所示，图中 AA 是该国没有经济增长时的生产可能性边界，而 BB 是发生经济增长后的生产可能性边界，与 AA 相比，它表示在其中一个产品产出不变时可以生产出更多的另一种产品的产出。例如，与 R 点相比，S 点表示在 X 产出不变的情况下生产更多的 Y，而 T 点则表示在 Y 产出不变时生产更多的 X；同时也可以表示两种产品的产出同时增加，如 V 点；也可以表示一种产出增加而另一种产出下降，如 N 点表示 Y 的下降与 X 的增加同时发生。当一种产出的增加与另一种产出的下降同时发生时，如何理解 N 点也是增长呢？其实理由很简单，在原来生产可能性边界 AA 上，将 Y 的产出减少 RR'，可以增加 $R'N'$，如果没有经济增长，这是该国能增加的最大的 X 产出，而在增长的生产可能性边界 BB 上，它能使 X 的产出增加到 $R'N$，其中的 NN' 就是对增长的解释。

（二）经济增长的原因

经济增长是怎么发生的呢？如果将增长看做实际产出的增长，经济增长就是生产能力的增长。从生产函数来看，生产能力的增长不外乎两种渠道：一是要素投入增加，二是技术进步。如果一个经济中使用两种要素 K、L，生产两种产品 X、Y，并且两种产品的生产函数相同，分别为：

$$X = f(K, L), \quad Y = f(K, L)$$

对于 f，经济学常用的假设是 K 和 L 的增函数，即 $f_K > 0$，$f_L > 0$（f_K 和 f_L 分别是 f 对 X 和 L 的导数），这就是说，当要素增加时，X（或 Y）的产出也会增加。在前两节中，我们介绍了资本（实际资本）和劳动的跨国流动，并指出这种跨国流动造成资源在两国的重新配置，也就是说，在世界总的资源给定时，流入国资源增

---

① 这里人口也指劳动力数量。

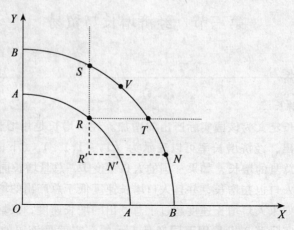

图6-5　经济增长与生产可能性边界

长，而流出国资源减少。要素流入国就会发生因要素增加产生的经济增长。①

　　第二个导致经济增长的因素是技术进步，从生产函数上来看，就是 f 的变化，它体现为每一单位的要素投入能生产出更多的产出。技术进步可能改变要素的使用比例，即 K/L。如果出现技术进步后，生产中的资本劳动比 K/L 不变，这种技术进步称为要素中性的；如果技术进步使 K/L 上升了，说明技术进步使生产过程使用了较多的资本和较少的劳动，因此称为劳动节约型技术进步；如果技术进步使 K/L 下降了，说明技术进步使生产过程使用了较多的劳动和较少的资本，因此称为资本节约型技术进步。

　　技术进步不仅对生产的要素比例产生影响，还会对产出结构产生影响。一种经济毕竟不会只生产一种商品，如果它生产两种商品，如上例的 X、Y，那么，有些技术进步对两种商品的生产影响是不同的。例如，X 是计算机，Y 是小麦，很难想象一项技术对两者产生相同的影响。② 如果一项技术发生在计算机生产上，它会增加计算机的产量，小麦的产量则保持不变，生产可能性曲线就会沿计算机方向外凸。

----

　　① 这里有一个产出增长归属的问题。如果每一种投入都按边际贡献分得属于自己的产出份额，那么，当产出的增长使用的是国外流入的资本要素时，增长的产出中归于外资的份额就不属于本国的国民生产总值，但属于本国的国内生产总值。

　　② 当然也不能说没有共同的影响。例如计算机的技术进步可能有助于生物技术的研究、节水灌溉技术的控制等，从而产生小麦生产的技术进步。

二、增长与贸易

增长不仅是产出的增加，同时也是收入的增加。收入的增加会影响消费，正如我们在分析贸易的原因时所看到的，贸易产生于在给定的国际价格下，一国生产意愿与消费意愿的差别，如果前者大于后者就是出口，前者小于后者就是进口，相等则不会有贸易。所以，要考察增长对贸易的影响，就要从增长对生产和消费两者所带来的变化来考察。这就是增长对贸易影响的消费效应和生产效应。

（一）增长对贸易的影响：消费效应

假定国家 Ⅰ 与国家 Ⅱ 都生产 X 和 Y，并且国家 Ⅰ 出口 X 进口 Y，国家 Ⅱ 进口 X 出口 Y，两国处在某个贸易均衡状态，而且国际相对价格不变。一旦其中一国（例如国家 Ⅰ）出现经济增长，它的 PPF 就会向外移动，新的消费和生产均衡点都会随之发生变化，不过我们现在只考察消费的变化。如图 6-6 所示，AA 是国家 Ⅰ 没有发生经济增长时的 PPF，$A'A'$ 是增长后的 PPF（假定技术进步对两种产品的影响是相同的，即新的 PPF 是原来的平行外移）。B 点是国家 Ⅰ 最初的消费均衡点，根据假定，它现在是出口 X，进口 Y（图中没有标出贸易三角）。发生增长后，它的 PPF 外移到 $A'A'$，在国际交换价格不变的前提下，国家 Ⅰ 的消费点应在国家价格 $p = P_X/P_Y$ 与 $A'A'$ 的切点处生产，在它的社会无差异曲线与 p 的切点处进行消费。但是，增长后社会无差异曲线与 p 的切点位置与国家 Ⅰ 的社会无差异曲线的形状有关：如果该国消费上比较偏好于商品 Y，切点就会在 p 的较高位置，而如果该国消费上较偏好于 X，切点就会在 p 的较低位置上。在图中围绕 B 点画三条线，其一是经过 B 连接原点 O 的直线 OR，其二是以 B 为起点的平行线 BT，其三是过 B 的垂线 BS。

先来看 BR。如果经济增长使国家 Ⅰ 的均衡消费沿 BR 扩张，意味着增长的同时，该国消费两种商品 X、Y 的增长比率与原来消费两种商品的比率是相同的，如果两种生产增长的比率是相同的（在没有考虑生产效应之前，我们一直使用这个假设），这种消费对贸易的影响就是贸易中性的。在贸易中性效应中，两种商品的消费增长与收入增长的幅度相同，既不会推动贸易的增加，也不会使贸易下降。

如果国家 Ⅰ 的最优消费在经济增长过程中是沿 BT 扩张的，那么，增长使它对出口商品的需求不断增加，而对进口商品的需求则始终保持不变，于是，它的贸易量就不会增长，这种情况称为逆贸易消费效应。

如果国家 Ⅰ 的最优消费在经济增长过程中沿 BS 扩张，表示它对进口需求增加，而对出口商品的需求则没有变动，经济增长将使该国的贸易比此前更多，这种情形称为顺贸易消费效应。

上述的分析只是描述了三个具有代表性的方向，为了使分析更具一般化，我们可以以 p 与 BT、BR 和 BS 的交点为界，在 p 上划分为四个区域：即图中的 Ⅰ、Ⅱ、

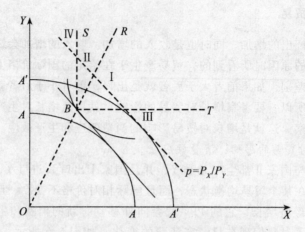

图 6-6　增长对贸易影响的消费效应（国家Ⅰ）

Ⅲ和Ⅳ。区域Ⅰ是表示进口商品消费需求比例上升较低，出口商品需求比例消费增长高，是逆贸易的①；如果进一步往下进入区域Ⅲ，进口需求不仅没有增加，而且还出现下降，这时会出现贸易额的绝对下降，称为超逆贸易的（Ultra-antitrade）。

区域Ⅱ表示进口商品消费需求比例上升较高，出口商品需求比例消费增长较低，贸易增长就快于收入增长，增长的消费效应是顺贸易的；如果进一步往上进入区域Ⅳ，增长产生的消费增加全部为进口商品，国内对出口商品的需求反而下降，该国的贸易增长更快，称为超顺贸易的（Ultra-protrade）。

（二）增长对贸易的影响：生产效应

如果增长不影响世界价格，一国的生产变动对贸易会产生什么影响呢？与消费对贸易的影响分析不同的是，生产点变动不是取决于社会无差异曲线的形状，而是取决于生产可能性边界的形状。如图 6-7 所示，AA 是国家Ⅰ的初始 PPF，B 是最初的最优生产组合点。如果世界交换价格不变，新的生产可能性边界（图中没有画出）可能与 p 切于不同的点：切点的具体位置取决于增长后的 PPF 的形状。如果切点在 BR（BR 是 OR 连线的一部分）与 p 的交点上，说明两种产出的增长比例与 B 点的组合比例是相同的，这种情况称为中性贸易生产效应。

如果增长后的切点处于 BS 与 p 的交点上，说明增长后的最优产出组合中，出口商品 X 的产出没有增加，进口商品 Y 的生产则增加了，也就是说，在增长的产出部分，它的出口意愿较以前下降，进口意愿也下降。在给定的消费组合下，该国的贸易增长就没有产出增长快，因此称为逆贸易生产效应。

---

① 逆贸易并不是贸易额的绝对下降，而是贸易增长没有收入增长快。

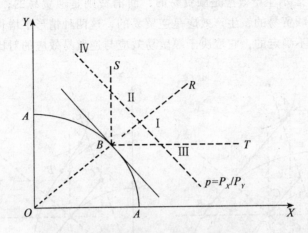

图 6-7 增长对贸易影响的生产效应（国家Ⅰ）

相似地，如果增长后的切点处于 *BT* 与 *p* 的交点上，说明增长后的最优产出组合中，出口商品 X 的产出增加，而进口商品 Y 的生产则保持不变，也就是说，在增长的产出部分，它的出口意愿比以前上升，进口意愿也上升。在给定的消费组合下，该国的贸易增长就快于产出增长，因此称为顺贸易生产效应。

p 与 *BS*、*BR* 和 *BT* 的三个交点将 *p* 划分为四个部分：区域Ⅰ表示增长的产出中出口商品增长快于进口商品增长，增长是顺贸易的；而再往下的部分（区域Ⅲ）表示进口商品的生产绝对下降，若增长后使生产点进入这个区域，则称超顺贸易；在区域Ⅱ，增长的产出中进口商品生产增长快于出口商品生产的增长，称为逆贸易的；再往上进入区域Ⅳ，表示出口商品的生产绝对下降，称为超逆贸易。

（三）增长对贸易的影响：消费效应与生产效应的结合

增长影响贸易的消费效应与生产效应都是在假定另一种效应中性情况下说明自己对贸易的影响，如果两者都是中性的，我们可以说增长的贸易效应也是中性的。如果生产效应和消费效应都是顺贸易的，那么最终的增长对贸易的影响也是顺贸易的。如果生产效应和消费效应都是逆贸易的，那么最终的增长对贸易的影响也将是逆贸易的。但是，如果生产效应是顺贸易的，而消费效应是逆贸易的，增长的贸易效应就无法确定，它将取决于二者强弱的对比。类似地，如果消费效应是顺贸易的，而生产效应是逆贸易的，增长的贸易效应也无法确定。图 6-8 综合反映了上述几种情形。每一个图中的 *ABC* 表示原来的贸易三角，*A'B'C'* 表示新的贸易三角；*A* 和 *A'* 分别表示增长前和增长后的消费点，而 *B* 和 *B'* 则分别表示增长前后的生产点。图 6-8（a）是消费效应与生产效应都是顺贸易的情形，从图中可以看出，增长后新的贸易三角 *A'B'C'* 与原来的贸易三角 *ABC* 相比扩大了。图 6-8（b）是消费效应与生产效应都是逆贸易的，增长后的贸易三角 *A'B'C'* 比原来的贸易三角 *ABC* 更小了。图6-8（c）表示生产效应是顺贸易的，而消费则是逆贸易的；图6-8（d）则表示消费效应是顺贸易的，生产效应是逆贸易的，这两种情形下增长导致的贸易的扩大或缩小则是不确定的，它取决于顺贸易效应与逆贸易效应的对比。

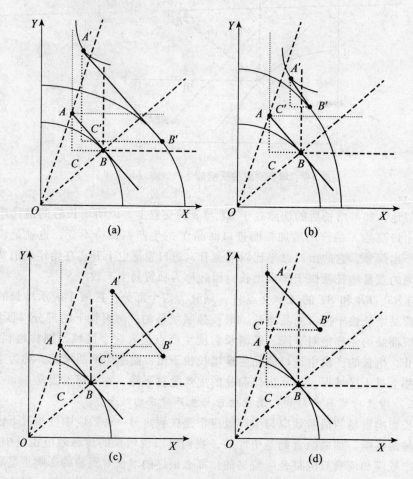

图6-8　消费效应与生产效应的综合影响（国家Ⅰ）

三、增长、贸易与福利效应

增长对贸易的影响受诸多因素的影响，如生产效应与消费效应，而生产效应与消费效应又受偏好、增长产生原因的影响。增长的福利效应与贸易条件有关，即增长是不是改变了贸易条件。并不是所有国家的经济增长都会影响贸易条件。在贸易理论中，根据一国的经济行为是否具有影响贸易条件的能力分为大国与小国。大国指的是有能力影响贸易条件的国家，小国则是指不能影响或改变贸易条件的国家。

大国与小国之区分是一个经济学上的概念，而不是政治或地理的概念。某些国家尽管从国土面积上算不上大国，但它在某些商品的供给上可能对该商品的世界价格具有重大影响，如泰国（大米）、某些中美洲国家（可可豆）等。既然小国的经济增长对贸易的影响不会改变贸易条件，只要出现增长，在人口给定的前提下，就能增加人均收入水平，提高国民福利。当然，增长的收入还有分配问题，只要分配因素不至于导致福利下降，上述结论就不会改变。

在大国情形下，由于增长产生的贸易效用足以改变贸易条件，所以贸易条件的变化有可能部分地抵消增长带来的福利增加。为了说明贸易条件变化，我们这里引入提供曲线的分析工具。提供曲线反映的是一国在不同的贸易条件下愿意出口和进口的商品数量组合。贸易条件是国际市场商品交易的相对价格，即一国出口 1 单位商品可以换回的进口商品数量，或者，换一种表达方式，是为得到 1 单位进口商品所需的出口商品的数量。在下面的分析中，我们用前一种表达来理解贸易条件，因为这种表达意味着一国贸易条件越高，贸易对该国越有利，因为出口 1 单位商品可以换取更多的进口商品。同时，贸易条件越有利——等价于进口商品越便宜，对进口的需求也会越多。对于某个给定的贸易条件，一国意愿的出口量和进口量是多少呢？这取决于在此贸易条件下该国最优生产点和消费点的具体位置。

例如在图 6-9（a）中，如果 X 是国家 I 的出口商品，当贸易条件（或相对价格）为 p_1 时（这里的 $p = P_X/P_Y$，即用 Y 表示的 X 的相对价格），由国家 I 的 PPF 和 CIC 决定的最优生产点和消费点便确定了贸易三角：小的黑色三角形。而贸易三角的底边就是国家 I 愿意出口的 X 的数量，垂边则是它愿意进口的 Y 的数量。当国家 I 的贸易条件提高到 p_2 时（之所以是提高，是因为 p_2 比 p_1 更陡峭，一单位出口商品换到的进口商品更多），它的贸易三角为中度灰色的三角形，与黑色三角形相比，它的底边与垂边都更大了，表示随着贸易条件更有利时，它愿意出口的数量和进口数量都增加了。当国家 I 的贸易条件进一步提高到 p_3 时，它的贸易三角为浅灰色的三角形，与黑色三角形和中度灰色三角形相比，它的底边与垂边都更大。

对于每一个贸易条件及其对应的贸易三角，将其在新的坐标系中重新描述，就得到如图 6-9（b）中国家 I 的提供曲线 OC_1。图 6-9（b）中的横坐标表示国家 I 的 X 的出口量（同时也是国家 II 的 X 的进口量），纵坐标代表国家 I 的 Y 的进口量（同时也是国家 II 的 Y 的出口量）。从原点 O 出发引出的射线是贸易条件，越是平缓的贸易条件，表示单位 X 商品交换到的 Y 商品越少，即 X 越便宜。我们知道，在图 6-9（a）中，贸易三角形斜边的斜率（或倾角的大小）表示贸易条件，底边和垂边分别代表在这个贸易条件下（国家 I）的意愿出口量和进口量。现在将这些贸易三角形水平翻转后，移动到图 6-9（b）中，并将其底部顶端与坐标原点对齐，这时，每个贸易三角形的底边仍为出口量，垂边仍为进口量，而斜边的斜率仍然为贸易条件。这三个量都可集中在图 6-9（b）中贸易三角形中的上顶点。

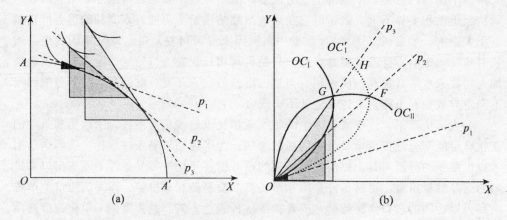

图 6-9　提供曲线的推导及贸易条件的变化

以浅灰度贸易三角为例，它的顶点 G 与原点的连线就是这个贸易三角的贸易条件 p_3，它的横坐标是出口量，而纵坐标是进口量。所以，G 点反映的就是在贸易条件为 p_3 时，国家 I 愿意出口和进口的数量组合点。把所有的这些点连成一线，就得到国家 I 的贸易提供曲线（OC_1）。以类似的方式可以得到国家 II 的提供曲线（OC_{II}）。

　　国家 I 的提供曲线有两个变化阶段。在变化的第一个阶段是随贸易条件上升而上升的，它说明国家 I 随着贸易条件对自己越来越有利，出口和进口的意愿越来越高。到了第二阶段，开始向后弯曲，说明当贸易条件高到一定程度时，出口意愿下降，进口意愿仍在提高。这是因为当贸易条件提高到一定程度后，它可以用少量的出口换取更多的进口。

　　我们知道，世界贸易均衡时的贸易条件是由两国进出口供求因素共同决定的，国家 I 的提供曲线只反映了国家 I 在不同的贸易条件下对 X 的出口意愿和对 Y 的进口意愿；要知道均衡的贸易条件，还必须知道不同贸易条件下国家 II 对 X 的进口意愿与对 Y 的出口意愿，即国家 II 的提供曲线；图中已经给出了国家 II 的提供曲线 OC_{II}。在两国提供曲线的交点 G，国家 I 对 X 的出口意愿恰好与国家 II 对 X 的进口意愿相同；同时，国家 II 对 Y 的进口意愿恰好与国家 II 对 Y 的出口意愿相等，也就是说，在 OG 代表的贸易条件 p_3 下，贸易是均衡的（请回顾经济学对供求均衡的定义）。

　　增长会对贸易条件产生什么样的影响呢？根据图 6-8 中的分析可知，在给定的贸易条件下，经济增长对贸易量的影响取决于生产效应与消费效应的作用方向。以生产效应和消费效应同为顺贸易为例（即图 6-8 中的（a）），增长使进口需求与出口供给同时增加，体现在图 6-9 中，就是在某个给定的贸易条件下，如 p_3，贸易意愿比原来更大，如从 G 向上移动到 H。也就是说，如果增长的最终结果是顺贸易的，增长将使国家 I 的提供曲线向外推移，表示在任何一个给定的贸易条件下，贸易意愿都比原来更高，例如，新的提供曲线向外推进到 OC_1' 所示的位置。

一旦经济增长引起提供曲线的移动，两国提供曲线的交点也会随之改变。例如，国家 I 的提供曲线移动到 OC_1' 后，它与国家 II 的提供曲线 OC_{II} 相交于 F 点，新的均衡贸易价格变为 p_2。与 p_3 相比，p_2 更平缓，也就是说，X 的相对价格变得更低。由于 X 是国家 I 的出口商品，X 相对价格下降意味着它的贸易条件恶化，国家 I 出口 1 单位 X 只能换取比原来更少的 Y（或者说它要得到同样数量的 Y，必须出口更多的 X），贸易条件恶化是导致贸易国福利下降的因素。为什么会出现贸易条件恶化呢？因为我们假定国家 I 的增长在生产效应与消费效应两方面都是顺贸易的，增长使国家 I 在原来的贸易条件下对 X 的出口意愿增加，同时对 Y 的进口意愿也增加。而在原来的贸易条件下，国家 II 的贸易意愿没有变动，这时，国际贸易市场上就会出现 X 的超额供给和 Y 的超额需求，用 Y 表示的 X 的相对价格必然要下降才能使得贸易达到出清状态，这就是贸易条件下降的原因（记住这里的贸易条件始终是用 Y 表示的 X 的价格）。

并非所有的增长都导致贸易条件恶化。如果增长对贸易的影响最终是逆贸易的（如图 6-8 中的（b）），它会导致提供曲线的内移，结果会与 OC_{II} 交于一个更高的点（图中没有画出），结果使国家 I 的贸易条件变得对自己更有利。即使出现贸易条件恶化，也不意味着增长的结果使增长国的福利比增长之前变得更差，因为增长本身就是增加福利的因素。然而，如果贸易条件恶化程度如此之大，以至于它使增长国福利的下降程度比因增长（PPF 的外移）带来的福利增加还要大，那么，这种增长就会使增长国福利比没有增长时变得更糟，这种情形被称为"贫困的增长"（Immiserizing Growth）。

小　　结

本章考察了资本与劳动的跨国流动。导致资本跨国流动的可能的原因有拓展海外市场，获取原料、能源或其他矿产资源，绕过已有的贸易壁垒，利用东道国劳动力成本低的优势，以及与其他跨国投资者进行竞争。如果资本流动不存在障碍，资本流动均衡时应满足两国资本的边际产出相等。尽管在流出国和流入国都有受益者和受损者，总体而言，资本跨国流动使流入国和流出国的福利都增加了，所以资本流动对两国都是有利的。毫无疑问，从世界整体来看，资本流动也是有利的，因为世界总福利增加了。对直接投资的主要理论解释包括垄断优势理论、内部化理论、国际生产折中理论及边际产业扩张理论。直接投资既可能给东道国带来有利影响，也会给东道国带来不利影响。

　　劳动力要素的跨国流动可能比资本要素的流动更为困难，因为它不是简单的经济问题，而是与政治问题、民族问题、历史问题、文化宗教等问题有着密切的关系。移民降低了移民接受国国内的工资水平，所以，移入国的劳动力是反对移民的；同时移民提高了移出国国内的工资水平，因此，移出国的劳动力不会反对国内向外移民。移民的接受国由于劳动供给的增加，提高了资本的边际生产力——同量的资本与更多的劳动相结合使资本具有更高的效率，在资本量不变时，会增加资本收益率。所以，移民接受国的资本所有者将赞成移民。相反，移出国因国内劳动供给下降，资本的边际生产力也随之降低；在移出国国内资本量给定的前提下，资本收益将下降，因此，移出国资本的所有者是不愿意让本国劳动力移出的。

　　经济增长表现为一国生产可能性边界的向外移动。要素跨国流动中，接受国增加了本国的要素可供量，并产生经济增长。增长对贸易的影响可分为消费效应和生产效应。如果两者都是中性的，我们可以说增长的贸易效应也是中性的。如果生产效应和消费效应都是顺贸易的，那么最终的增长对贸易的影响也是顺贸易的。如果生产效应和消费效应都是逆贸易的，那么最终的增长对贸易的影响也将是逆贸易的。但是，如果生产效应是顺贸易的，而消费效应是逆贸易的，增长的贸易效应就无法确定，它将取决于二者强弱的对比。

思考与练习

　　1. 引起资本跨国流动的因素有哪些？

　　2. 实际利率是如何调节国际资本流动的？

　　3. 分析国际资本流动的福利效果。

　　4. 跨国公司的直接投资对东道国有利有弊，中国是世界上接受对外直接投资最多的发展中国家，结合中国的情况，谈谈你对这种利弊的看法。

　　5. 试分析移民（即劳动力的跨国流动）对移出国和移入国福利产生的影响。

　　6. 产生经济增长的原因有哪些？

　　7. 如何分析经济增长对贸易的影响？

第七章　国际贸易政策

国际贸易政策指一国政府通过政策措施影响本国的贸易行为。从影响的效果来看，有的是促进贸易的，如各种补贴或税收减免；有的则是限制贸易的，如关税或非关税贸易限制措施。这些贸易政策会产生什么经济影响，一国为什么会采取各种政策措施限制或鼓励贸易，是本章要分析的内容。

第一节　关　　税

关税是一国对进口商品征收的税收。① 对进口商品征税提高了进口商品的国内价格，从而对国内消费、生产及社会福利带来一系列影响。关税征收有从价税和从量税两种方式，② 从价税是按进口商品的价值确定的关税税额，从量税则是按进口商品的物理数量单位征收的关税。如果是从价税，征税的程度是用关税税率来衡量，税率是 1 单位进口商品价值的关税额。

一、关税的经济效应——局部均衡分析

对关税的经济影响进行分析有两种方法，一种是局部分析，一种是一般均衡分析，我们先考察关税在局部均衡分析的特征。同时，国家大小不同，征税对国际和国内价格的影响程度也不同，所以，在考察关税的经济影响时，有必要区分大国和小国情形。③

（一）小国情形

小国指的是那些征收关税后对世界价格没有影响的国家。如果以 P^W 表示进口商品的世界价格，以 t 表示从价税税率，则对进口商品征税后国内价格为：

---

① 理论上讲，一国既可对进口商品征税，也可以对进口商品补贴。在现实世界中，通常看到的则是对进口商品征税，对出口商品补贴，本章的贸易政策主要介绍后面这种情况。

② 除此之外，还有选择税和混合税，它们是从量税与从价税的混合物：选择税是先确定一种进口商品的从量和从价税收标准，然后再从中选取一种进行课税。混合税则是对进口商品按一定比例同时征收这两种税。

③ 和前文一样，这里的大国与小国是经济学意义的概念。

$$P^t = P^W (1 + t) \qquad\qquad (7\text{-}1)$$

如果是从量税，且对每单位进口商品征收的关税为 t，那么进口商品的国内价格则为：

$$P^t = P^W + t \qquad\qquad (7\text{-}1')$$

这两种税收的表示方面并不会影响关税分析的结论，我们在分析时根据方便来选择其中一种。根据（7-1'）式，只要税率大于 0（$t > 0$），则有进口商品的国内价格大于该商品的国际价格：$P^t > P^W$。由于国内供给和消费都是由商品国内价格决定的，与世界价格相比发生的国内价格变化也相应地会影响国内供求的变化；同时，价格变化和数量变化又会对应福利的变化。这些变化我们将以图 7-1 来分析。图 7-1 中的纵轴表示价格，横轴表示数量，S 和 D 分别代表国内的供给与需求曲线。P^W 是世界价格水平，它低于国内封闭经济下由供求均衡决定的价格水平 P^a，所以，自由贸易下本国是进口国。在 P^W 水平上，国内的供给量为 S_1，国内的需求量为 D_1，国内需求大于国内供给，不足的部分靠进口来满足，进口量为 $m_1 = D_1 - S_1$。

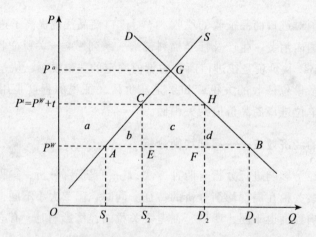

图 7-1　关税的经济效应（局部均衡的小国情形）

如果该国对每单位进口商品征收 t 的从量关税，国内价格就由 P^W 上升到 $P^t = P^W + t$。在 P^t 上，国内供给量为 S_2，需求量为 D_2，进口量下降为 $m_2 = D_2 - S_2$。征收关税后的影响可以归结为如下几个方面：

1. 关税的价格效应

由（7-1'）式可知，在小国情形下，对进口商品征收 t 单位的从量税，将使进口商品的国内价格上升 t 单位。在图 7-1 中，征税后的 P^t 与世界价格 P^W 的差额就是从量税的水平 t。在这里，小国假设是至关重要的，因为小国没有能力影响世界价格，所以有了关税后，关税造成的国内价格与国际价格之间的差额就只能表现为国内价格的上升（大国情形则不同，我们将在下面展开讨论）。

　　2. 关税的生产效应

　　如图 7-1 所示，关税的增加提高了国内价格，如果国内生产的边际成本是递增的，则国内的供给曲线如 S_1 所示就是向上倾斜的。国内价格上升会使国内厂商在均衡时愿意供给更多的数量：由 S_1 增加到 S_2。这对国内厂商意味着什么呢？答案是生产者剩余的增加。

　　根据供给曲线的含义，供给曲线上的各点代表在对应的价格水平上厂商愿意供给的数量；或者，在某个供给数量上厂商为供给 1 单位商品愿意接受的最低价格，或为使厂商在边际上增加 1 单位商品的供给必须给它的最低价格补偿。供给曲线的各点是完全竞争厂商的边际成本，所以，在某个产量水平上，供给曲线以下的面积就是厂商提供这个产量水平的总成本，同时也是使厂商供给这个数量必须给它的最低补偿（否则它就因无法弥补成本而停止供给这个数量的商品）。如果它在某个市场价格 P 上出售这些它在这个价格上愿意生产的数量，那么这个数量内的所有商品都会按同一个市场价格出售（完全竞争市场假设），也就是说它愿意供给的数量 Q 都按价格 P 出售，总收益为 PQ。例如在供给曲线上的 A 点，$P = P^W$、$Q = S_1$，国内厂商的总收益为 OS_1AP^W。由于它的总成本是 S_1 以内、S 以下的面积，总收益与这个总成本之间的差额就是价格以下、供给曲线以上的面积，这个面积经济学上称为生产者剩余。为什么是它的"剩余"呢？我们知道，在某一个数量上，出售价格是它在边际上出售这 1 个单位的商品实际得到的收入，而这个数量对应的供给曲线上的纵轴水平是它边际上生产这 1 个单位商品的成本，也是它生产这个单位的商品必须得到的最低补偿（否则它不会在边际上提供这个商品）。如果它的每一个商品在边际上恰好得到边际成本补偿，自然不存在任何"剩余"；然而，如果不存在歧视性定价，一定的供给量总是按同一价格出售的，并且是按与最后 1 单位边际产量的边际成本相等的价格出售的。由于边际成本递增，在这之前的边际成本都低于最后一单位的边际成本，因而也低于它出售的价格水平，也就是说，除了最后一个单位的出售量以外，每个单位售出的产量实际得到的价格都高于生产它的成本，高出的部分就是厂商的生产者剩余。厂商出售所有产量的剩余总和就是价格以下、供给曲线以上的面积。

　　现在可以解释关税对国内厂商生产者剩余的影响。关税 t 使国内的价格从自由贸易时的 P^W 上升到 P'，与 P^W 相比，这一变化使生产者剩余增加了 a，它的产量由 S_1 增加到 S_2。所以，关税对应税产品的国内生产者是有利的。

　　3. 关税的消费效应

　　分析关税对消费者福利的影响也需要对需求曲线进行必要的回顾。我们知道，需求曲线上的每一个点对应的是消费者在某个消费数量上愿意支付的最高价格，或者说在某个价格水平上它愿意消费的最大数量。对于某个数量水平，它愿意支付的最高价格是消费这个数量的最后 1 单位为他带来的效用。由于边际效用递减规律的作用，这个数量水平以内的其他各单位的效用都高于最后这一单位的边际效用，而他为其他各单位消费所支付的价格则与最后一单位消费支付的价格是相同的，这表明，在边际以内的各消费品给他带来的效用——他的支付意愿——高于消费者为这些消费品支付的价格，高出的部分就是消费者剩余。消费者剩余在图形上就是价格以上、需求曲线以下的面积。

当一国对进口商品征收关税后，使国内消费品价格从 P^W 上升到 P'，消费者的消费量从 D_1 下降到 D_2。这一价格变化使消费者剩余下降了 $a+b+c+d$，所以，对进口商品征收关税对消费者是不利的，会导致消费者福利下降。

4. 关税的税收效应

关税是政府财政收入的一项来源。如果政府将这部分收入用于公共事务，它可以提高一国的公共产品供给，有利于社会福利的提高。对于一些经济不发达的国家，国内经济发展水平低，政府来自国内经济活动的税收较少，关税对它们可能更为重要，而对于经济水平较为发达的国家而言，关税在其政府收入中所占比重很低，不是其收入的主要来源。尤其是现代社会中，各 WTO 的成员国在关税方面受到严格的制约，也不可能将关税作为政府收入的主要来源。

如果税率为 t（从量税税率），政府得到的关税 T 为多少呢？政府的关税收入应等于税率 t 乘以进口数量 m；进口数量应是征收关税以后，在新的国内价格水平上对应于新的国内供求产生的进口数量，即 $m = m_2 = D_2 - S_2$。所以，政府得自关税的收入为：$T = tm_2$。在图 7-1 中，这一数量为 c。

5. 关税的净福利效应

把关税给生产者、消费者、政府带来的福利变化合并在一起，就是关税给一国经济带来的净福利效应。根据图 7-1，在 P^W 这一世界价格上，对于（从量税）税率 t，使生产者剩余增加了 a，使消费者剩余减少了 $a+b+c+d$，使政府收入增加了 c，故总的福利效应为：

$$a - (a+b+c+d) + c = -b - d$$

这表明由于征收关税，社会总福利下降了 $b+d$。从图形上看，就是供给曲线下边的小三角形（b）和需求曲线下面的小三角形（d）。其中的 b 也称为生产扭曲，因这征税引起的价格提高使国内生产者取代了具有更低成本的国外生产者的供给，导致生产成本的上升——这与我们前面介绍过的供给曲线下面的面积表示的成本是一致的。d 则是由于价格变化导致的消费扭曲，价格上升使消费者消费了更少的数量并支付更高的价格。由于消费量的下降使消费者的剩余下降了 HBD_1D_2，其中 FBD_1D_2 是他在原来的价格消费并支付的，现在不消费了，当然也就不用为之支付了，剩余的部分 HBF（$HBF = d$）就是因消费量下降产生的净剩余损失。

（二）大国情形

在大国情形下，一国征税不仅改变本国价格，也会改变世界价格。因为当该国在经济上规模足够大时，因关税变化导致的价格变化所产生的进口量的变化，相对于国内供求是微不足道的，而这一变化相对于国际市场上的供求则是巨大的，所以，大国在征收关税后并不改变国内的价格，或者国内价格变化较小，改变的是征税商品的世界价格，或者世界价格变化较大。我们第一步先分析纯粹的情形：大国征税的结果只改变世界价格，国内价格不发生任何变化。这时，对于等式（7-1′）就有如下形式：

$$P^{Wt} = P - t \tag{7-2}$$

其中 P 是国内价格，P^{Wt} 是征收关税后的世界价格。（7-2）式与（7-1′）式相比，不仅仅是简单的形式变化。在（7-1′）式中，世界价格 P^{W} 是不变的，t 的变化全部传递给国内价格 P；在（7-2）式中，国内价格 P 是不变的，t 的变化全部传递给世界价格 P^{W}。

如图 7-2 所示，$P = P^{W}$ 表示大国最初的（征收关税前的）价格水平，这时国内价格等于世界价格，在此价格水平上，该国生产 S_2，消费 D_2，进口量为 $m_2 = D_2 - S_2$。大国征税后，国内价格仍然为 P，而世界价格由 P^{W} 下降到 P^{Wt}。由于国内价格没有变化，国内的生产点 C 和消费点 H 也没有变化，生产者剩余和消费者剩余也没有变化，所以唯一变化的只有政府的关税收入。由于关税收入等于进口数量 m_2 乘以税率 t，所以有：$T = tm_2 = t(D_2 - S_2) = CEFH = c$。也就是说，政府的关税收入增加了 c；由于不存在其他的福利变动事项，所以 c 也是该国社会总福利的变化：大国因征税而增加了本国的福利。

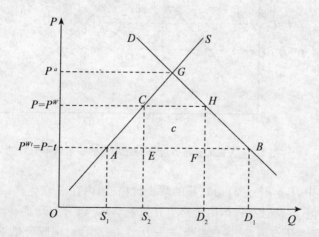

图 7-2　关税的经济效应（局部均衡的大国情形）

为什么大国对进口商品征税能增加本国的福利呢？这是因为征税后尽管国内价格没有变化，它所进口商品的世界价格则下降了，这时，进口国得以以更低的世界价格购买进口商品，进口关税降低进口商品的世界价格并增加本国福利的现象称为贸易条件效应。

当然，并不是大国一旦对进口商品征税就会将关税全部转化为世界价格的下降，也就是说，并不是所有的进口国都如此"巨大"。如果将国家的大小看做是连续的，那么，那些并不十分大的国家征收关税后是如何影响国内和国际价格的呢？只要一国对进口商品征税，从量税率为 t，那么一定有 $t = P^t - P^{Wt}$，如果自由贸易时的国内、国际价格分别为 P 和 P^W，而自由贸易意味着关税税率为 0（$t = 0$），所以有 $0 = P - P^W$，由前一个式子两边分别减去后一个式子的两边，得到：

$$t = (P^t - P) + (P^W - P^{Wt}) = t^D + t^W \qquad (7\text{-}2')$$

（7-2'）式表示一国进口关税 t 总是分解为两部分：一部分国内价格的上升：$t^D = P^t - P$，另一部分是：$t^W = P^W - P^{Wt}$。如果一国是小国，则 $t^W = 0$，（7-2'）式就还原为小国情形下的（7-1'）式。而当 $t^D = 0$，（7-2'）式就是绝对大国的情形（7-2）式。更为一般的情形应是（7-2'）式所代表的情形：关税 t 一部分转化为国内价格的上升，另一部分转化为国际价格的下降。这种情形可用图7-3说明。

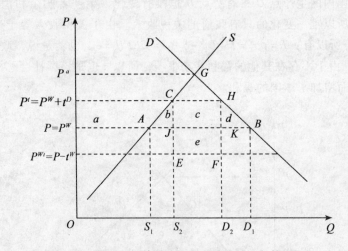

图 7-3　关税的经济效应（局部均衡的一般情形）

在图 7-3 中，$P = P^W$ 是自由贸易的均衡价格，国内在 A 点生产，在 B 点消费，进口量为 $m_1 = D_1 - S_1$；征税后，国内价格上升到 $P^t = P^W + t^D$，上升了 t^D。在价格 P^t 上，国内在 C 点生产，H 点消费，进口量为 $m_2 = D_2 - S_2$。同时，国际价格下降到 $P^{Wt} = P - t^W$，下降了 t^W。根据已有的分析可知，如果国内价格由 P 上升到 P^t，那么现在国内生产者剩余增加了，增加的量为 a；生产者剩余的量下降了，下降的量为 $a + b + c + d$；现

在的政府税收量为 $tm_2 = t(D_2 - S_2) = c + e$,其中 $t = t^D + t^W$。再来看总福利的变化。总福利变化是上述生产厂商、消费者和政府三方面福利变化的和,即:

$$a - (a + b + c + d) + e + c = -b - d + e$$

其中的 $-b$、$-d$ 分别是由于关税造成的价格扭曲形成的生产者剩余损失和消费者剩余损失,e 是政府关税收入的一部分,这部分收入来自于国际价格的下降——贸易条件的改善。征收关税是增加还是减少本国的总福利,现在无法确定,它取决于国内因价格扭曲造成的剩余损失(效率损失)和由于国际价格下降导致贸易条件改善而增加的福利两者的对比。前者与国内生产和消费的价格弹性有关:生产和消费越是富有弹性,生产者和消费者越容易对价格变化做出反应,剩余的损失也就越少;反之,生产者和消费者的价格弹性越低,供给与需求对价格变化的反应越不灵敏,剩余损失越大。e 的大小则取决于贸易条件变化的程度,关税对世界价格影响程度越大,在 t 中体现为世界价格下降的部分 (t^D) 越大。

二、关税的经济效应——一般均衡分析

在局部均衡考察中,所分析的只是关税对应征进口商品本身的数量与价格的影响以及这种影响的福利特征。事实上,一种商品价格与均衡量的变化还会影响其他商品的供求与价格变化,这就是一般均衡的思想。下面我们在一般均衡框架下考察关税的作用。与局部分析一样,一般均衡下的关税效应分析也要区分为小国和大国情形,理由也与前面的分析相同,因为它们对国内和国际价格的影响程度不同。

(一) 小国情形

一般均衡是在更多的商品市场中,从它们之间的相互影响关系来考察的,为便于分析,一般是以两种商品市场为例。根据前面的分析我们知道,如果其中一种商品的价格发生变化,两种商品之间的相对价格也随之发生变化,这样,两种商品市场上的供给与需求都要发生改变,而不仅仅是改变价格的那一种商品。下面我们仍然用生产可能性边界作为分析工具考察关税对一般均衡的影响。

图 7-4 中的 TT 是生产可能性边界,纵轴是商品 Y,横轴是商品 X。假定所分析的国家根据其分工地位出口 X,进口 Y。自由贸易下均衡价格为 $p^f = P_X/P_Y$,该国在这一价格线与生产可能性边界的切点 P 处生产,在 C 处消费,因为 C 在它的生产可能性边界之外,所以自由贸易给该国带来比封闭经济下更高的福利。当该国对它的进口商品 Y 征收税率 t 的关税(从量税)后,在小国假设下,因为关税全部转化为 Y 商品国内价格的上升,所以新的国内相对价格为 $p' = P_X/(P_Y + t)$,这表明征税后 X 的相对价格下降,而 Y 的相对价格提高——进口商品在国内市场变得更贵了。

在新的国内相对价格 p' 下,国内的最优生产点将发生调整,由 P 点移动到 p' 点(p' 点是新的国内相对价格下与 PPF 相切的点)。现在的消费点在何处呢?这取决于该国在新的生产点 p' 上是否以及如何进行国际交换的。由于在新的生产点上,

国内生产 X 的机会成本更低（等价于 Y 的机会成本更高），所以，在世界价格不变时，该国仍可在出口 X 进口 Y 的贸易中获取利益，因此，国际贸易仍会进行。又由于关税并没有改变世界价格，所以，国际交换仍将用 p^f。也就是说，现在的交换是从生产点 p' 出发，沿 p^f 进行出口 X 并进口 Y 的交换。但是，交换后的均衡点不是发生在通过 p' 的 p^f 线与该国社会无差异曲线 CIC 的切点上，因为国内消费者面对的不是国际相对价格 p^f，而是国内相对价格 p'，也就是说，消费者均衡时应该使 CIC 与 p' 相切而达到最大福利水平。将上述两点综合在一起，消费者的均衡条件就是：均衡点应在通过生产点 p' 的国际价格线（p^f）的某一点上，该点应同时满足是 CIC 与国内相对价格线（p'）的切点。这一点就是图中的 C' 点。

　　由于我们已经找到了征税后国内的生产点和消费点，现在就可以通过对比征税前后两个消费点无差异曲线的位置来判断征税给该国带来的福利变化。显然，征收关税后经过消费点 C' 的社会无差异曲线要低于不征关税时经过消费点 C 的无差异曲线，这表明征税后使本国的福利水平下降了。进口关税使小国福利下降这一结论与局部均衡分析的结论是一致的。福利下降的原因也与局部均衡分析中一样，一部分来自于生产扭曲，另一部分来自于消费扭曲。生产扭曲产生于由 P 点到 p' 点的移动，这种移动使该国生产了更多的机会成本更高的商品 Y。消费扭曲则表现在 C' 点不是社会无差异曲线与国际交换价格线的切点，而是二者的交点。如果没有关税的价格扭曲，消费者本来应在社会无差异曲线与经过 p' 的交换价格线的某个切点上进行消费，如图中的 C'，经过 C' 的无差异曲线比经过 C' 的无差异曲线具有更高的位置。

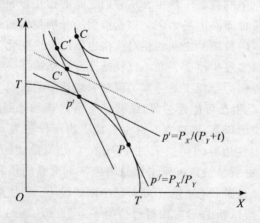

图 7-4　关税的一般均衡分析（小国情形）

（二）大国情形

如同局部分析中的假设一样，我们在此只考虑征税后完全影响世界价格的大国情形（而不是同时影响国内和国际价格）。如果作为大国的进口国对进口商品 Y 征收关税，Y 的世界价格将下降，且与关税税率下降程度相同。这时，X、Y 的国内相对价格不变，而国际交换的相对价格则发生变化：X 相对价格上升，Y 的相对价格下降。这一结果对该国的福利影响可通过图 7-5 来分析。

在图 7-5 中，自由贸易下的均衡价格为 $p^f = P_X/P_Y$，国内生产的均衡点为 P，消费均衡点为 C。政府对该国进口商品 Y 征收关税后，Y 的国际相对价格下降为 $p^{Wt} = P_X/(P_Y - t)$。由于国内相对价格不变，国内的最优生产点仍然是 P，而国际相对价格的变化使该国沿新的国际价格线 p^{Wt} 进行交换，例如该线上的 C' 点。C' 点也不是本国社会无差异曲线与 p^{Wt} 的切点，因为消费者面临的国内相对价格不是 p^{Wt}，而是 p^f，消费者要使自己消费的边际替代率等于 p^f 而不是 p^{Wt}。所以 C' 点应该是 CIC 与 p^f 的切点，也是 CIC 与 p^{Wt} 的交点。

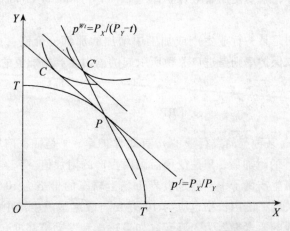

图 7-5 关税的一般均衡分析（大国情形）

由于通过 C' 的社会无差异曲线高于通过 C 的社会无差异曲线，所以征收关税后的福利水平要高于自由贸易时的福利水平。这主要是得益于贸易条件的改善，因为贸易条件的改善使该国用同样数量的 X 可以交换到比自由贸易下更多的 Y。

三、名义保护率与有效保护率

关税可能降低消费者的福利，所以对进口商品征收关税绝不是出于保护消费者的目的。对进口商品征收关税对谁有利呢？从福利分析中可以看出，对生产者有利：关税增加了生产者剩余。对于小国来说，税率越高，增加的国内价格水平越高，对生产者就越有利。所以，关税税率可以看做是对生产者的保护率。当我们孤立地来看单一商品的保护，这是没有问题的，但是，如果将所有的贸易商品放在一起综合考虑，可能就有问题。例如，一个国家既生产又进口轿车，但是它自己生产所用的发动机要依赖进口。如果这个国家对轿车征收 50% 的进口关税，发动机的关税为 0，这将使轿车的国内价格提高 50%（这里以小国为例），国内轿车生产者的收益增加了 50%。如果在轿车征税的同时，发动机的进口关税也征收 50% 的关税，结果又如何？因为发动机是国内轿车厂商的投入品，进口关税提高了国内轿车厂商的生产成本，如果轿车生产的所有投入要素部分只有发动机，那么轿车的生产成本也会上升 50%；如果发动机只是生产轿车投入品中的一部分，它就会部分地抬高（以低于 50% 的幅度）轿车的生产成本。显然，对轿车的保护不仅取决于轿车本身的关税水平，还取决于生产轿车所依赖的进口投入品的关税水平，也就是说，与各种进口商品的关税结构（Tariff Structure）有关。对于单个商品所征的关税水平，是这种商品的名义保护率（Nominal Rate of Protection，NRP）；要反映不同关税结构下的保护，就要使用有效保护率（Effective Rate of Protection，ERP）的概念。

有效保护指的是某一行业生产或加工中增加的那部分价值（或称附加值）受保护的情况，有效保护率则是进口关税所引起的国内生产附加值的变动率，其计算公式为：

$$ERP = \frac{V' - V}{V}$$

其中 ERP 指（某种产品或行业的）有效保护率，V 是征税前所分析产品（或行业）的国内生产的附加值，V' 是征税后国内生产的附加值。

在上面的轿车生产例子中，假定世界市场上轿车的价格为 10 万元，在小国情形下，如果没有关税，国内价格也应为 10 万元。假定国内生产中使用的进口发动机为 4 万元，其他的要素投入为 3 万元。如果轿车和发动机都没有关税，那么，国内生产轿车的增值为：

$$V = 10 - 4 - 3 = 3 （万元）$$

如果政府对轿车征收 50% 的关税，现在国内轿车的价格就变为 10 × (1 + 50%) = 15（万元），由于生产厂商生产每辆轿车的投入没有变化，所以，现在国内生产轿车的增值为：

$$V' = 15 - 4 - 3 = 8 （万元）$$

与征税前相比，轿车生产的国内附加值增加了 5 万元（8 - 3 = 5），有效保护率为：

$$ERP = \frac{V' - V}{V} = \frac{8 - 3}{3} \approx 166.67\%$$

而它的名义保护率仅为 50%，所以，只对最终产品征税，不对进口的中间投入品征税，有效保护率将高于名义保护率。

如果在对轿车征收 50% 关税的同时，也对进口发动机征收 50% 的关税，发动机的国内价格现在变为 6 万元（$4 \times (1 + 50\%) = 6$）。假定生产轿车的国内投入的 3 万元没有变化，发动机国内价格的上升并不能转嫁给消费者，也就是说，国内生产厂商不能将进口成本的增加等价地转化为产品价格的上升，于是生产轿车现在的国内增值为：

$$V' = 15 - 6 - 3 = 6 （万元）$$

根据有效保护率可知，$\text{ERP} = \dfrac{V' - V}{V} = \dfrac{6 - 3}{3} = 100\%$。与中间投入品不征关税相比，有效保护率下降了。这说明有效保护与中间投入品的关税水平是相关的，并且降低中间投入品的关税水平可以提高有效保护率。

四、最优关税

有效保护率解释了不同的关税结构对某种进口商品生产厂商的保护程度，从厂商角度来看，有效保护率越高越好。但是，如果政府是代表全民的，它就不能只考虑贸易保护对厂商的影响，要考虑的是关税对整个社会福利的影响。在前面关税影响的局部均衡分析中，我们已经了解到，因为大国具有影响国际价格、改善贸易条件的能力，所以大国对进口商品征税可以提高国内福利水平；但是，如果这个国家不是足够大，关税就不能全部转化为世界价格的下降，有一部分将转化为国内价格的上升。根据对图 7-3 的分析可知，世界价格的上升使本国福利增加了 e，这种福利的上升来源于征税国有能力将税收负担转移（或部分地转移）给国外的供给者。而国内价格的上升则使国民福利下降了 $b + d$。净福利的增加量为 $e - (b + d)$。如果要问这样一个问题，什么水平的关税最好？那么答案应该是能够使 $e - (b + d)$ 最大的税率。

如果税率为 0，它不可能通过进口关税改善贸易条件，因此也不可能从关税中改善国民福利，因为在我们目前的考察中，贸易条件效应是关税唯一增进国民福利的渠道。但是，如果它的关税足够高，以至于将国内价格抬高到国内供给足以满足国内需求的水平，进口量就是 0，这种关税水平称之为禁止性关税（Prohibitive Tariff）。在禁止性关税下，由于不存在进口，经济状态与封闭经济相同，也不存在关税增进福利的情况。因此，在这两种极端情况下，不存在最优的关税水平问题。在这两种极端情形之间是否存在呢？这取决于一国福利是如何随关税的变动而变动的。

如果征税结果产生国内和国际两种价格变化，征税就会产生因贸易条件改善产生的收益以及因价格扭曲而产生的消费者和生产者剩余损失。在某个关税水平上，每增加 1 个百分点的税率（在从量税情况下是每单位进口商品增加 1 货币单位的关税额），就会产生一个因贸易条件改善而产生的额外收益，称之为关税的边际收益；同时，也会产生国内价格扭曲的额外福利损失，称之为关税的边际损失。从零关税开始，如果关税的边际收益大于关税的边际损失，征税就能改善本国的福利状态；当关税的边际收益等于关税的边际损失时，这个关税水平就是使国民福利最大的税率。如果超过这一关税水平，关税的边际收益低于关税的边际损失，进一步增加税率就会使国民福利下降。也就是说，如果关税对福利的影响具有一个先递增后递减的过程，就存在一个最优关税水平，在这个水平上的税率使国民福利达到最大，这个税率就是最优税率。如图 7-6 所示，$W(t)$ 是国民福利线，它是关税的函数：关税为 0 时，社会福利水平为 W^A，之后，随着税率的上升，福利水平越来越高，到达 M 点以后便开始下降，所以，M 点对应的关税税率 t^* 就是最优税率。超过最优税率，福利水平将随税率的提高而下降，一直到禁止性关税水平 t^P，在这之后，税率就变得无关了，因为已经不存在贸易。

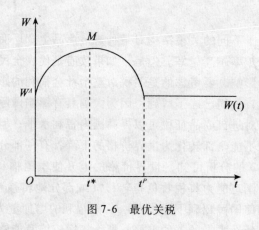

图 7-6   最优关税

要使社会福利函数具有像图 7-6 中 $W(t)$ 那样的性质，对 $W(t)$ 肯定要作很多的限定。关税影响社会总福利的渠道主要是两个方面：一是国内的供求价格弹性，二是国际市场上的供给弹性。如果国内市场上供给和需求的价格弹性较大，而在国际市场上的供给相对缺乏弹性，这时，关税负担就会更多地落在国际供给者身上，征收关税的结果主要表现为世界价格的下降。这时，征税的边际收益大于边际成本，$W(t)$ 是上升的。为什么国内市场供求价格弹性大、国际供给价格弹性低时，关税负担会更多地落在供给者身上呢？因弹性大的一方可能通过数量调整规避不利价格变动的损失，而弹性低的一方则做不到这一点。如果国内供给与需求弹性都较大，征税后国内价格的微小上升都会造成对进口需求的大幅下降；由于国际供给厂商是缺乏价格弹性的，它要维持原来的出口数量，只有降低供给价格。所以，此时的关税主要由国际供给商消化。反之，如果国内市场供求缺乏价格弹性，国际供给价格则是富有弹性的，关税负担则会更多地落在国内消费者身上，因为国内消费者为了消费原有的数量，只能接受更高的价格，否则它就得不到供给。

五、GATT/WTO 与关税减让

关税与贸易总协定（GATT）于 1947 年成立，它的宗旨是通过谈判不断削减关税和其他贸易壁垒，促进各国贸易与发展，实现充分就业，提高收入水平。它成立时主要是为拟成立的国际贸易组织（ITO）奠定基础，因而只是一个临时性机构。由于 ITO 因最主要的国家美国的议会没有批准而流产，这个临时性的机构持续了 47 年，直到它为 WTO 所取代。GATT 不仅通过关税，而且还以其他种种方式推动世界贸易的自由化，例如宣布一般进口配额的使用是非法的，确立最惠国待遇原则等。GATT 原协议已经由 1995 年 1 月 1 日成立的世界贸易组织（WTO）所继承，与 GATT 相比，WTO 使争端解决体系更为完善，内容也比 GATT 更宽广，除了 GATT 所涉及的商品贸易外，还包括服务贸易及与贸易相关的知识产权。

关贸总协定签署后，在关税减让和消除非关税壁垒方面取得了举世瞩目的成就。1947 年 4 月至 10 月，包括中国在内的 23 个国家在瑞士举行首轮谈判，谈判涉及的关税减让产品达 45 000 多项，使占进口值 54% 的应税商品平均税率下降 35%。这是当时有史以来首次最大规模的多边关税减让谈判，也为今后的关税减让谈判提供了新模式。第二轮谈判于 1949 年 4 月至 10 月在法国安纳西举行，并有 10 个新成员国加入此轮谈判，使应税值 5.6% 的商品平均降低关税 35%。关贸总协定第三轮谈判于 1950 年 9 月至 1951 年 4 月在英国的托尔基举行，谈判共达成关税减让 150 项，同时增加关税减让商品 8 700 项，使应税进口商品值 11.7% 的商品平均降低关税 6%。

第四轮多边贸易谈判于 1956 年 1 月至 5 月在瑞士日内瓦举行，参加谈判的国家 28 个，日本在此次谈判中加入关贸总协定。因美国代表团得到的授权有限，在用足授权的情况下才给予价值 9 亿美元的减让，而它所接受的减让为 4 亿美元。此轮谈判关税减让项目达 3 000 个，但仅涉及 25 亿美元的贸易额，最终使应税进口值 16% 的商品平均降低税率 15%。

第五轮谈判于 1960 年 9 月至 1962 年 7 月在瑞士日内瓦举行，有 45 个国家参加了谈判。由于欧共体的成立，此轮谈判中就欧共体创立引发的关税同盟和共同体农业政策进行了协商，根据关贸总协定第 24 条第 6 款，① 欧共体的统一关税约束

---

① 关贸总协定第 24 条是关于"适用的领土范围、边境贸易、关税联盟和自由贸易区"的规定，其中第 4 款规定："缔约各国认为，通过自愿签订协定发展各国之间经济一体化，以扩大贸易的自由化是有好处的"；第 5 款规定"本协定的各项规定不得阻止缔约各国在其领土之间建立关税联盟或自由贸易区，或为建立关税联盟或自由贸易区的需要采取某种临时协定"。第 6 款则规定"在实施本条第 5 款（甲）项要求的时候，一缔约国所拟增加的税率如与本协定第 2 条不符，则本协定第 28 条的程序应予适用。在提供补偿性调整时，应适当考虑联盟的其他成员在减抵相应的关税方面已提供的补偿"。

取代了欧共体国别关税约束，并且由此导致的任何单一国家的收支失衡，欧共体都要予以补偿。第五轮谈判就 4 400 项商品达成关税减让，共涉及 49 亿美元的贸易额，使应税进口值 20% 的商品平均降低税率 20%；欧共体 6 国统一对外关税减让使它们的平均税率降低 7.5%。

第六轮关税减让谈判于 1964 年 5 月至 1967 年 6 月在瑞士日内瓦举行，成员国多达 54 个。根据 1963 年 5 月的部长会议要求，此次谈判应就所有商品（包括农产品）和所有关税壁垒（包括非关税壁垒）进行谈判。谈判使关税减让商品多达 60 000 项，工业品进口关税率按减让表约束，从 1968 年 1 月 1 日起每年降低 1/5，5 年完成，工业品进口关税率下降 35%，涉及贸易金额 400 多亿美元。此次谈判的成果还增加了反倾销协议，以及与发展中国家有关的贸易与发展，明确提出了发达国家与发展中国家的"非互惠原则"。

第七轮谈判于 1973 年 9 月至 1979 年 4 月举行，因谈判开始于日本东京，也称东京回合。有 99 个国家参与了此次谈判，关税减让和关税约束涉及 3 000 亿美元贸易额，世界上 9 个主要工业市场制成品的加权平均关税率由 7% 下降为 4.7%，减让值相当于进口关税水平下降了 35%。另一项重大成就是在限制非关税壁垒方面的突破，在进出品许可程序、海关估价、补贴与反补贴、政府采购、贸易技术壁垒等方面达成协议。

第八轮谈判也称为乌拉圭回合谈判，于 1986 年 9 月至 1993 年进行了 12 个月，谈判的议题包括关税、非关税措施、热带产品、自然资源产品、纺织品和服装、农产品、争端解决、与贸易有关的知识产权、与贸易有关的投资措施、服务贸易等等。通过此轮谈判，为国际贸易制定了明确的法律框架，关税全面降低 40%，关税减让和承诺幅度更大，并且将关贸总协定发展成为世界贸易组织（WTO）。在世贸组织成立后，中国在启动多哈发展议程的 2001 世贸组织第四次部长级会议期间（2001 年 11 月 10 日）被接纳为世贸组织的正式成员国。

第二节 非关税壁垒

关税并不是唯一限制贸易的政策措施，在现代社会中，甚至已经不再是主要的政策措施，因为所有的 WTO 成员国都要受关税减让的约束。除关税措施外的其他限制贸易的政策工具统称为非关税壁垒。非关税壁垒（Non-tariff Barriers，NTBs），泛指一国政府为了调节、管理和控制本国的对外贸易活动，从而影响贸易格局和利益分配而采取的除关税以外的各种行政性、法规性措施和手段的总和。非关税措施五花八门，种类繁多，而且还在不断地有新的非关税措施出现。常见的非关税措施有：数量限制、自愿出口限制、出口补贴、技术性贸易壁垒、海关估价、原产地规则等。

一、数量限制

数量限制指的是对来自国外的进口不得超过政府规定的数量界限，即进口量不允许超过规定数量的上限。数量限制主要是形式是配额。进口配额是政府对国际贸易的直接管制，也是国际上经常使用的进口限制措施，一些国家会以种种理由以配额方式直接限制来自贸易伙伴国的进口，例如中国的纺织品出口就深受发达国家配额限制之害。

数量限制也受 WTO/GATT 的控制，不难想象，如果没有对进口配额等非关税措施的限制，关税减让产生的贸易促进效果可能会被这些非关税措施抵消殆尽。GATT 条款中第 11 条第 1 款规定："任何缔约国除征收税捐或其他费用以外，不得设立或维持配额、进出口许可证或其他措施以限制或禁止其他缔约国领土输出或销售出口产品。"而且，即使在一国必须实施数量限制时，也不能有国别歧视。正如第 13 条中所规定的："除非对所有第三国的相同产品的输入或对相同产品向所有第三国的输出同样予以禁止或限制以外，任何缔约国不得限制或禁止另一缔约国领土的产品的输入，也不得禁止或限制产品向另一缔约国输出。缔约各国对任何产品实施进口限制时，应旨在使这种产品的贸易的分配尽可能与如果没有这种限制时其他缔约各国预期可能得到的份额相接近……"当然，WTO/GATT 中的条款只是对关税减让谈判涉及的商品才适用，其他商品的贸易则不受限制，正如以前长期游离于 GATT 之外的"多边纤维协定"一样。

如果配额完全消除了两国之间的贸易，这种配额称之为贸易禁运（Embargo）。贸易禁运一般发生在一国对政治上敌对的国家的经济制裁，例如美国自 1960 年起开始对古巴进行出口禁运，而自 1962 起开始对来自古巴的进口商品实行贸易禁运。现在，美国仍对它的一些敌对国家（如伊朗、利比亚、朝鲜）进行贸易禁运。

（一）数量限制的经济效应

进口配额会产生什么样的经济效应呢？以小国为例，如图 7-7 所示，在初始的世界价格水平 P^W 上，国内需求量是 D_1，供给量是 S_1，进口需求额为 $D_1 - S_1$，这也是没有贸易管制的实际进口额。假定现在该国对进口商品实施数量限制，只允许进口 $\overline{M} = D_2 - S_2$ 的数量。同时假定该国是小国，因此世界市场价格 P^W 是不变的，因此在数量限制下，在 P^W 价格水平上，国内市场就产生超额需求，这部分超额需求数量等于进口需求量与进口配额之间的差额：$S_1D_1 - S_2D_2 = S_1S_2 + D_2D_1 = CA$。这一差额是由于在世界价格水平上，在进口量被限定的前提下，国内供给意愿较低的结果。$S_1S_2 + D_2D_1$ 也可以视为国内需求中扣除进口需求 AB 后的剩余，即国内厂商面临的是剩余需求，大于零的剩余需求不能实现市场出清，于是产生价格上升的压力。国内价格的上升使国内供给越来越多，需求越来越少，于是，国内厂商的剩余需求越来越少；当国内价格上升到 P^d 时，在给定的进口限额下，国内厂商的剩余需求为 0，国内的供给与进口配额（即 P^d 对应的 $A'B'$，且 $A'B' = S_2D_2$）之和恰好与国内需求相等，国内价格不再有上升压力，国内市场实现了均衡。

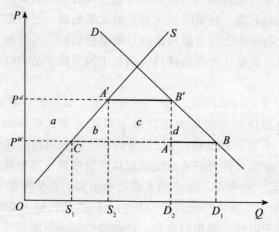

图 7-7　进口配额（以小国为例）

与原来的均衡相比，P^d 价格上的国内均衡使消费者剩余下降了 $a + b + c + d$，而生产者剩余则增加了 a，所以，a 是由于进口数量限制在国内造成的福利的重新分配——由消费者转移给生产者；b 和 d 分别表示由于国内价格变化造成的生产扭曲和消费扭曲导致的净福利损失即经济学上所谓的纯损失（Deadweight Loss）。c 属于谁呢？对照图 7-7 和图 7-1 的内容可知，在关税制度下，c 是政府的关税收入；在数量限制措施下，显然不能断言这是政府的收入，更不能说是关税收入。在数量限制下，它是因数量限制产生的租金。至于这部分租金最终归属于谁，则取决于数量限制的具体实施方式。

1. 政府公开拍卖进口许可证

如果政府将进口配额以许可方式公开向社会拍卖，由于进口的世界价格低于国内价格，获得进口许可具有获利的空间，于是进口商就会竞买，竞买的结果将推动进口许可证的价格上升，一直到进口许可证的价格等于商品的国内市场价格 P^d 与国际市场价格 P^w 的差额为止。由于进口许可证付出的成本恰好抵消了国内外市场的商品差价，进口商没有获得任何租金收益，所有的租金收益都成为拍卖许可证的收入，全部为政府所得。这时，小国情形下的数量限制与征收关税的效果是完全相同的。

2. 将进口许可赋予国内进口厂商

政府可以将进口权利赋予国内指定的进口商或生产商，使这些厂商得以按世界价格 P^w 购进商品，以较高的价格 P^d 在国内市场销售，这时，c 就成为具有进口特权的进口商的收益。这时，国内的福利变化如何呢？从形式上看，由于 c 仍归国内居民所有，所以，福利净损失仍为 $b+d$；但是，由于租金 c 给享有进口权利者带来收益，所以，国内厂商都存在获取这种进口特权的激励，于是，它们就可能通过种种贿赂方式得到这种特权，只要这种贿赂的成本低于得到进口许可为它们带来的收益，它们就有动机支付这种贿赂成本，这就是寻租。因寻租产生的成本是非生产性的，是社会损失，因此，如果政府以无成本方式将这种进口特权赋予国内厂商，并由此诱发寻租行为，那么，在 $b+d$ 之外还会存在一个因寻租行为产生的福利损失。

还有一种进口数量限制方式，就是将这种限制权转移给贸易伙伴国政府（或厂商），我们将在本节第二个问题中分析。

（二）数量限制与关税比较

从数量限制的分析中可知，在完全竞争的市场环境中，数量限制与关税对进口量、国内生产者和消费者的福利影响是没有区别的，唯一不同的是，关税制度下的关税收入在数量限制下成为租金，而租金的收益归属则取决于数量限制的具体实施方式。也就是说，在完全竞争下，数量限制与关税是等价的。下面给出这种等价性的证明。

图 7-8（a）中 D 表示国内需求，S 表示国内供给，进口需求用国内某一价格水平上对应的需求与供给的差额 $m=d-s$ 表示。Ω 是世界价格，t 是关税税率。图 7-8（b）中的 M 是进口需求函数，它对应于图 7-8（a）中同一价格水平下国内需求与国内供给的差额；X 是小国假设下国外的供给函数，X 是一条平行直线，对应的国内价格为 p_0；也就是说，在给出的世界价格 $p_0=O$ 下，世界市场上可以提供任意数量的供给（供给弹性无穷大）。在自由贸易下（$p_0=O$），国内的进口量为 $m_0=d_0-s_0$。如果该国将进口限制在某个数量水平 $\overline{m}$ 上，超过该数量便不允许进口，这时出口方的供给曲线是对应于图 7-8（b）的一条垂线 $\overline{X}$，它与国内进口需求曲线 M 在图 7-8（b）中交于 H 点，对应的进口量为 $\overline{m}$。由于进口量 $\overline{m}$ 在国内价格为 p_0 时，不能满足进口需求，国内市场的供不应求将导致国内价格水平上升，直到价格水平上升到（如 p_1）使国内进口需求与给定的出口供给（也就是进口限额 $\overline{m}$）恰好相一致时为止。较高的国内价格水平 p_1 使国内供给从 s_0 上升到 s_1，需求从 d_0 下降到 d_1。这时的进口水平 d_1-s_1 恰等于 $\overline{m}$。显然，对应于该进口水平下的价格 p_1，一定存在一个关税 t，使得 $p_1-p_0=t$，满足对应的国内价格水平下的进口量恰好等于国内的进口数量限制。这就说明，关税与数量限制是等价的。

若该国为大国，该国的关税政策将影响世界价格，这时，国际市场的供给曲线不再像图 7-8(b)那样是平行的，而是像图 7-8(d)中那样向右上方倾斜，国际市场的供给不再是弹性无穷大，国内较大的进口量会导致国际市场价格上升，反之，较低的进口量将使国际市场价格下跌。在自由贸易环境下，世界价格为 $p_0=\Omega$，国

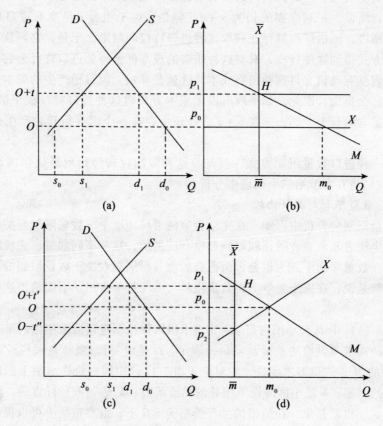

图 7-8　关税与数量限制的等价性

内进口量仍为 $m_0 = d_0 - s_0$。如果进口国实施数量限制 $\overline{m}$，国外对该国的出口量也必然等于这个进口量：$\overline{m} = \overline{X}$。由图 7-8(d)可知，此进口量对应的国内均衡价格由 p_0 上升到 p_1；而国际供给价格则由 p_0 下降到 p_2。对应于图 7-8(c)，国内价格将从 O 上升 t' 的数量，而世界价格则从 O 下降 t'' 的数量。这时，在图 7-8(c)中总能找到一个关税 t，使得 $t = t' + t''$，并且在关税 t 水平上，使得 $\overline{m} = d_1 - s_1$。

　　但是，上述结论在垄断情形下可能不成立。如果考虑到国内垄断，关税措施（价格措施）与数量限制措施就不完全等价。在关税措施下，假如国际市场供给弹性无穷大，国内垄断厂商面对来自国际市场的竞争，不可能将自己在国内市场的定价高于世界价格加关税的水平之上。否则，垄断厂商在国内市场就无法卖出自己的商品。如果是数量限制，情况就会发生变化。国内垄断厂商面临的是国内需求扣除进口配额以后的余额。垄断厂商根据边际收益等于边际成本的原则选择自己的产量，而在与此数量对应的需求曲线上确定价格，这个价格就可能高于对应的关税制度下的价格。如图 7-9 所示，p_0 是自由贸易下的价格水平，在自由贸易下，国内垄断企业的边际收益曲线是 p_0（小国情形），国内的垄断厂商只能在边际成本等于其边际收益的那一点决定其产量水平 s_0，在此价格下，国内需求为 d_0，因此，国内的进口需求量为 $m_0 = d_0 - s_0$。在关税制度下，设关税为 t，则国内价格提高到 $p_0 + t$，这时，国内垄断厂商的边际收益为 $p_0 + t$，该厂商仍然会在边际收益与边际成本相等的那一点确定其产量水平 s_1，由于这时的国内需求为 d_1，所以，在关税 t 水平下，对应于一个国内进口量 $m_1 = d_1 - s_1$，相应的国内价格为 $p_0 + t$。现在假设政府不采用关税措施，而是针对进口量 m_1 规定一个同量的数量限制 $\overline{m}$，即 $m_1 = \overline{m}$，这时，国内垄断厂商面临的需求曲线为 $D' = D - M$（即原来的需求曲线 D 向内平行移动 m_1）。面对新的需求曲线，该垄断厂商的边际收益曲线不再是平行的，而是相应于需求 D' 的一个向下倾斜的曲线 MR，它与 MC 交于点 M，它的产量为 s_2；对应于产量 s_2，它会在它面临的需求曲线 D' 上决定垄断价格 p_2。由于垄断厂商操纵国内价格的能力依然存在，对应于进口限额 m_1，它的垄断价格 p_2 高于对该进口量对应的关税措施价格水平 $p_0 + t$。这说明两者是不等价的，进口限额能给国内垄断厂商带来比关税措施更高的垄断收益。因此，在垄断情形下，不存在一个关税 t，在征收关税后的进口量与数量限制相等的水平上，使两种制度下的国内价格相等；换一种表述就是，不存在一个关税 t，在两种制度下具有相同的国内价格时，它们的进口量也相等。

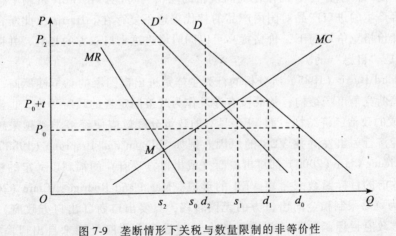

图 7-9　垄断情形下关税与数量限制的非等价性

二、自愿出口限制

自愿出口限制（Voluntary Export Restraint，VER）是第二次世界大战后在关贸总协定制度下催生的、表现为出口方自愿限制形式的贸易管制措施。作为战后第一大经济强国的美国，为了给本国商品在世界开辟市场，曾极力倡导自由贸易。但是当它面对来自战后复兴的工业国或新兴工业国的低成本商品竞争威胁时，国内利益集团的压力使美国政府在自由贸易政策与贸易管制面前陷入尴尬境地：如果自己为进口设置壁垒，那么它也就无理由要求别国对来自美国的进口商品设置壁垒。如果能使贸易伙伴"自愿"限制其出口，此困境可迎刃而解，因此，VER便应运而生。美国在1952～1953年美日之间的金枪鱼贸易谈判中首次使用VER，迫使日本渔业将出口到美国的金枪鱼进行自我限制；1955年，在美国压力下日本宣布了对输往美国的棉绒制品、棉纺织品等产品的出口限额；20世纪60年代和70年代，美国对来自世界各国的众多进口品（如纺织品、钢铁、轿车、电子等）采取了VER（William McClenahan, 1991）；到1986年，美国在MFA框架下与发展中国家签订的双边纺织品出口限制协定多达40项以上，受VER约束的碳钢出口国家扩展到日本以外的欧盟和加拿大（Kreinin and Dinopoulos, 1992）。与此同时，其他工业国也纷纷仿效，大量使用VER措施对来自于别国的强竞争力商品进行贸易限制。

　　作为贸易限制措施，VER的"自愿"形式给研究带来不少困惑，经济学家围绕"自愿"这个核心对VER的成因进行了探讨。Richard Harris（1985）以自由贸易作为初始点，通过考察引入VER措施后产生的变化，发现一旦VER被选为贸易政策工具，并且国外的出口商有义务维持给定的数量限额，它将改变市场竞争结构：国内厂商知道其国外竞争对手只能在本国市场出售由VER确定的商品数量，因而在一定的需求弹性下就存在提高价格的动机与可能。在VER机制下，因国内产品提价产生的进口产品对国内产品的替代渠道不复存在。Harris由此断言，在初始的纳什价格竞争均衡下，价格提高可以同时增进进出口双方的福利，并以此来说明VER是"自愿"的。

　　Richard Harris（1985）所分析的行为主体是进出口国家的竞争性厂商，考察的背景是垄断竞争市场结构，他既没有涉及作为政策制定者的政府行为，也没有考虑VER形成的政治经济结构，而VER具有的政策分配效应使经济学家越来越倾向于从政治经济行为出发寻找VER的原因。例如Hillman and Ursprung（1988）、Maggi and Rodriguez-Clare（2000）都将出口商（或出口方政府）的福利以一定的权重列入进口国政府的目标函数来考察VER的形成。Maggi and Rodriguez-Clare（2000）将VER视为贸易限制租金向出口方的无偿转移，只要出口商（出口方政府）的福利在进口方政府目标函数中的权重足够大（如进口方政府受到来自出口商的游说，或者欲寻求伙伴国政府的支持等），VER就成为出口方贸易限制措施的优先选择；出口方之所以愿意接受，是因为能得到租金补偿，因此VER体现了双赢。

　　Rosendorff（1996）直接将出口商作为进口国政府贸易政策形成的博弈参与者，在反倾销机制下考察了VER形成的政治经济过程。对这一博弈的行动顺序，Rosendorff假设出口商首先行动，以减少出口量（VER）为让步条件，向进口方政府提出降低关税的要求。关税的下降促进了出口，只要这种下降足够大，在边际上总是能够抵消因出口量下降的损失，使得出口商的利润比关税政策下的利润水平要高。对于进口方政府而言，关税的下降和进口额的减少将使政府的关税收入减少，但可以使国内进口竞争厂商的利润上升。只要政府目标函数中进口竞争厂商利润的权重足够大，利润增加产生的政府福利的改善就会高于因关税下降导致的政府福利的下降。若上述条件得到满足，则 VER 对双方来说都是"自愿"的。

当然，上述关于 VER 的理论解释也有不令人满意之处：首先，各种 VER 理论都把"自愿"性视为出口方福利增进的结果，并论证出口方的确是出于"自愿"。这与事实有明显的出入，因为 VER 对出口方来说总是一种无奈的选择。其次，这些理论没有产业背景的限定，将其泛化为一般的贸易保护理论，并不符合发达国家向发展中国家"倡导"自由贸易这一事实。再次，现有的 VER 理论没有解释为什么采用数量限制形式，而是把数量选择视为前提条件。最后，将租金补偿视为 VER 的成因高估了租金（或关税）在政府福利中的作用，因为租金转移不论在政府的福利中还是在贸易额中所占比例都不大。

要回答上述问题，首先必须对进出口国家的政治经济背景进行限定。VER 的政策实践表明，它所涉及的商品有一个共同的特点，即该产业因受到来自发展中国家的强力竞争，在发达国家的竞争力不断衰退，以至于该产业在发达国家的生存不得不依赖于政府的保护。与上述事实相吻合，受 VER 保护的产业国别特征一般为：出口国存在剩余劳动，进口国存在政治压力。

出口国剩余劳动假设意味着出口国经济的下述特征：（1）国内厂商处于完全竞争状态（一个密集地使用剩余劳动的行业是难以想象会出现垄断的）；（2）出口商品是密集地使用劳动资源的商品，因为该商品是出口国比较优势所在；（3）出口商品的国内产出对价格的弹性无穷大，因为劳动力剩余使商品市场的均衡唯一地由需求方决定；（4）在贸易国地位中，就所分析的商品而言，出口国符合大国假设，在剩余劳动力消失之前，该国出口商品在世界市场的供给弹性无穷大。根据上述规定，贸易政策及其对国内的影响体现为，贸易政策改变世界价格，通过进口需求影响本国出口量。由于国内产量由进口需求决定，进口需求变化直接构成本国产出变化，并影响就业量和劳动收入。对于一个追求国民收入最大化的政府来说，如果没有外来压力，它是不会"自愿"限制自己的出口的。

对于进口国，假定所分析的贸易商品在国际竞争中处于劣势。在国内外产品完全替代情形下，如果没有政府保护，该产业在进口国将难以生存。因为进口国面临一个供给为无穷大的世界市场，故符合小国假设。进口竞争厂商为图生存总是力图游说政府采取进口限制措施，提高国内价格以便维持其国内市场份额或增加利润。进口国政府的福利由消费者剩余和厂商利润构成，但是，在进口竞争利益集团压力假设下，进口竞争厂商的利润被赋予比消费者剩余更高的权重。该权重既是利润在政府福利中相对重要性的度量，也是反映进口竞争厂商政策影响力或政治压力大小的指标。在典型的小国假设下，进口关税将全部转化为进口商品国内价格的上升。国内价格上升通过消费者剩余下降减少了政府福利，但通过进口厂商的市场份额和利润上升增加了政府福利。如果没有政治压力（这等价于进口竞争厂商的利润和消费者剩余在政府目标函数中具有相同的地位），由于国内消费大于国内产出，进口关税引起的消费者剩余损失将高于厂商利润的增加，进口限制劣于自由贸易。一旦存在政治压力，厂商利润就会被政府赋予比消费者剩余更大的权重，只要政治压力足够大，贸易限制产生的利润增量带给政府的福利增加就会超过消费者剩余损失造成的政府福利下降，这时，进口限制优于自由贸易。所以，发达国家进口限制的解释是国内政治压力。

如果进口方迫于国内政治压力而进行贸易限制，就可能遭到出口方的报复措施，这就是贸易战。贸易战使双方陷入囚徒困境，同时也表明存在帕累托改进的可能，实现途径就是 VER。进口国寻求出口国自动限制以缓解政治压力，同时消除单边限制的报复成本；出口国以一定程度的自动限制消除贸易报复给自己造成的损失。只要报复成本足够大，双方都会存在回避摩擦成本的动机。

出口限制自愿性的另一种解释是政治经济因素的不确定性和双方政府厌恶风险的特征。进口国政府面临的不确定性因素是，一旦自己进行贸易限制，出口方是否进行报复，在多大程度上进行报复（即贸易限制的报复成本多大）。如果进口国政府确信对方不会有任何报复措施，那么它可以根据国内的政治压力大小放心地实施自己的单边贸易限制政策，不必寻求对方的合作；或者它能确知自己遭受的报复成本，因而也就能预先确定是单边限制还是寻求对方合作。但是如果进口国不能确定对方是否报复以及报复程度，就会担心在对方报复下自己的限制不起作用，它一开始就会寻求对方的合作。正如前面对出口国所作的假定，在初始点报复总是能在边际上给出口国带来收益增量，所以，出口国针对进口国的贸易限制进行报复的威胁是可信的，这对进口国来说意味着合作优于单边措施。出口国面临的不确定性因素是：进口国政治压力有多大，进口国将在多大程度上实施进口限制。由于出口国政府不能确知这些因素，对它来说如果以一定的自我限制换取对方可能更高的限制就是值得的。

政治经济因素的不确定性不仅能解释出口限制的自愿性，而且还可以解释 VER 的数量形式。在完全竞争条件下，数量限制与关税（税收）措施是等价的，对应于进口方希望的进口量，出口方总可以找到一个对应的出口税水平将出口限制在双方商定的水平上。既然如此，VER 为什么采取数量限制形式而不是关税措施？如果考虑的是确定性条件，VER 的确可以采用税收措施。但是，如果考虑到各种因素的不确定性，那么二者的差别就产生了。数量限制在任何情形下都是确定的，税收限制则具有不确定性：如果出口征税的贸易条件效应不确定，对于给定的

（正）税率双方都不知道有多少转化为出口国国内价格的下降，有多少转化为进口国国内价格的上升；即使贸易条件效应可以确定，由于没有需求和供给价格弹性的准确信息，本国的价格变化导致的消费者和厂商的福利变化也无法准确把握；出口商品在进口国国内市场的低价销售是由于劳动剩余形成的成本优势还是出口方的恶意倾销，进口国没有准确的信息；而进口国是否有意夸张或在多大程度上夸张国内政治压力，出口国政府也难以把握。最后，对自己承担的贸易战成本到底有多高，任何一方都难以准确知道，更无法准确知道给对方造成的摩擦成本。大量不确定因素的存在不仅促使厌恶风险的两国政府进行合作，而且进口国还会要求将合作结果尽可能确定化。与税收等政策措施相比较，数量限制能更好地满足双方的确定性要求，因为它能给双方提供便于操作的共同标准，易于双方进行鉴别和认可；同时也在最大程度上消除了厂商或政府在此数量之外操纵贸易的可能性。关税（税收）就没有这样的特征，当税率确定后，厂商仍然具有通过变动价格而改变贸易量的能力。

三、出口补贴

除了对进口商品征收关税外，保护措施还包括对出口商品进行补贴。对出口商品补贴等于使出口（生产）商的边际成本下降了与补贴额相同的量，出口商可以在更低的价格水平上在国际市场上销售自己的产品，因此，出口补贴增强了出口商的国际竞争力。在小国情形下，出口补贴导致的出口量的增加不会改变世界价格，因此也就不会恶化自己的贸易条件；在大国情形下，出口补贴会导致出口商品的世界价格下跌，恶化补贴国的贸易条件。下面以大国为例分析出口补贴的经济效应，并将所分析的情形对前提条件修改后应用于小国。

图 7-10 中，D 和 S 分别为本国的需求曲线和供给曲线。自由贸易时的价格水平为 P_0，出口额为 $s_0 - d_0$；当政府对出口商给予出口补贴时，由于出口商会将更多的供给用于出口，这时，国际市场供给增加，由于本国是大国，会导致国际市场价格下跌到 P^W。同时，由于国内市场供给减少，国内价格会上升 P_1。如果 u 是单位出口商品的补贴量，则 $u = P_1 - P^W$。

从图中可以看出，由于出口补贴使国内价格上升，消费者剩余减少了 $a + b$，生产者剩余则增加了 $a + b + c$，因此，出口补贴使补贴国的生产者受益，消费者受损。二者相对比，生产者剩余的净增量为 c。但是，c 并非整个经济中的剩余增加量，因为这一增加量是以政府补贴的支出为代价的，这一代价是多大呢？因为实施补贴后的进口量为 $m_1 = s_1 - d_1$，每一单位出口的补贴为 $u = P_1 - P^W$，所以，政府补贴为 $um_1 = (P_1 - P^W)(s_1 - d_1)$，体现在图形中就是阴影部分面积 e 再加上 b、c、d，即 $b + c + d + e$。由于这一补贴带来的福利增量仅为 c，所以，政府补贴给本国福利带来的净损失为：$(b + c + d + e) - c = b + d + e$。其中的 b 是由于消费价格扭曲

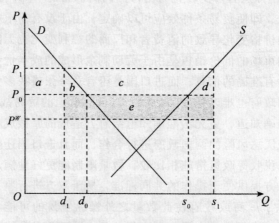

图 7-10   出口补贴的经济效应

造成的福利损失；d 是由于生产者价格扭曲造成的福利损失。e 是出口补贴导致出口商品的世界价格下降给本国带来的福利损失，因为出口价格下降恶化了本国的贸易条件，使本国居民必须以更多的出口商品才能换来同样多的进口商品。国际价格下降使国外消费者受益，国外消费者带来的剩余（如果国外政府没有进口关税的话），使国外消费者受益。这表明，对于大国而言，补贴出口导致本国福利的绝对下降，其中一部分以世界价格下降的形式转移给了国外消费者。

利用图 7-10 还可以说明两种极端的情况：

1. 出口补贴完全转化为世界价格的下降

如果一国足够大，以至于世界的商品数量与国内供求量相比微不足道，补贴就不会对国内价格产生影响；当国内价格不变时，出口补贴就全部转化为世界价格的下降。从图 7-10 来看，就是 $P_1 = P_0$；一旦 $P_1 = P_0$，出口量不会发生变化，仍然是 $s_0 - d_0$。于是国内消费者和生产者的福利没有任何改变，政府的补贴全部转化为国外消费者福利的增加。

2. 出口补贴完全转化为国内价格的上升

与第 1 种情形相反，如果本国是小国，出口补贴不会对国际价格产生任何影响，那么出口补贴就全部转化为国内价格的上升，这时就有 $P^W = P_0$；当 $P^W = P_0$ 时，补贴后的国内价格就等于补贴前的国内价格加上补贴：$P_1 = P_0 + u$，这时的补贴量为 $b + c + d$。由于不存在出口补贴对国外的福利转移（$e = 0$），政府补贴减去生产者和消费者福利净增量 c，所以国内福利净损失为 $b + d$。

总结上述两种情形可以得出如下结论：出口补贴会减少补贴国的净福利；补贴对世界价格的影响越大，对国内价格影响越小，出口补贴引起的国内福利损失越多。

四、技术性贸易壁垒

技术性贸易壁垒是指一国政府以维护国家安全、保护人类与动植物的安全和健康、保护环境、防止欺诈行为以及保证食品安全与生产质量等为由采取的强制性或非强制性技术性限制措施或法规，这些措施或法规主观或客观地成为外国商品自由进入的障碍。技术性贸易壁垒产生于20世纪70年代，此后成为各国竞相运用的贸易保护手段。近年来，国际范围内的技术性贸易壁垒通报数量不断增加。根据WTO统计，当今的世界贸易壁垒已有80%来自于技术性贸易壁垒，相关的贸易纠纷也不断增加。在20世纪70年代，国际贸易中的技术性贸易壁垒约占非关税壁垒的10%~30%，到90年代末，这个比例已达到45%左右。进入21世纪后，技术性贸易壁垒更是迅猛发展。如今，与《技术性贸易壁垒协议》（TBT协议）或《动植物卫生检疫措施协议》（SPS协议）有关的争端已经成为继反倾销之后的第二大争端来源。

技术性贸易壁垒有各种各样的表现形式。狭义的技术性贸易壁垒包括：

1. 名目繁多的技术法规

技术法规是指必须强制执行的有关产品特性或其相关工艺和生产方法，包括：法律和法规，政府部门颁布的命令、决定、条例，技术规范、指南、准则、指示，专门术语、符号、包装、标志或标签要求。它们在内容上涉及劳动安全、环境保护、节约能源与原材料、交通规则、无线电干扰、卫生与健康以及消费者安全保护法规等方面。

2. 技术标准

技术标准是指经公认机构批准的、非强制执行的、供通用或重复使用的产品或相关工艺和生产方法的规则、指南或特性的文件。有关专门术语、符号、包装、标志或标签要求也是标准的组成部分。其内容有卫生标准、安全标准及环境保护标准等，按制定者的不同可分为国际标准、国家标准、行业标准及企业标准。截至2003年初，欧盟拥有的技术标准就有10万多个，仅德国正在应用的国际标准就有约1.5万多种，日本则有8 184个工业标准和397个农产品标准。美国的技术标准更是数不胜数。

3. 合格评定程序

"合格评定"指的是任何直接或间接用以确定是否满足技术法规或标准中的相关要求的程序，诸如抽样、检验和检查评估、验证和合格保证、注册、认可和批准等。

广义的技术性贸易壁垒包括：

1. 绿色壁垒

绿色壁垒是指以保护人类和动植物生命、健康或安全，保护生态环境为由而采取直接或间接限制甚至禁止贸易的法律、法规、政策与措施，如绿色技术标准、绿色标志、绿色包装和标签要求、绿色补贴等。

2. 信息技术壁垒

信息技术壁垒，是指进口国利用信息技术优势，对国际贸易的信息传递手段提出要求，从而造成贸易上的障碍，如以商品条码为代表的物品编码系统、电子数据交换系统、电子商务计量单位制式以及标签和标志制度等。电子商务的主导技术是信息技术，发展中国家的信息技术劣势在电子商务活动开展的滞后上表现出来，阻碍其对外贸易的发展，而成为一种贸易壁垒——信息技术壁垒。

3. 劳工标准

劳工标准是一种以保护劳动环境和条件、劳工权利等为主要内容的管理标准体系。它以加强社会责任管理为名，通过管理体系认证，把人权问题与贸易结合起来，最后达到贸易保护主义的目的。

4. 产品检疫、检验制度

这些制度与措施具体包括：检疫和检验的法规法律（如动植物检疫法和进出口商品检验法）、法令、规定、要求、程序，特别包括最终的产品标准；有关的加工和生产方法；所有检测、检验、出证和批准程序：检疫处理，包括与动植物有关或与运输途中为维持动植物生存所需物质有关的要求在内的检疫处理；有关统计方法、抽样程序和风险评估方法的规定。受此影响最大的产品是食品和药品。食品方面主要是农药、兽药残留量的规定，如加工过程添加剂的规定，对动植物病虫害的规定，其他污染物的规定：生产、加工卫生、安全的规定等。基于保护环境和生态资源，确保人类和动植物的健康，许多国家，特别是发达国家制定了严格的产品检疫、检验制度。2000 年 1 月 12 日，欧委会发表了《食品安全白皮书》，推行了内含 80 多项具体措施的保证食品安全计划；从 2000 年 7 月 1 日至今，欧盟对进口的茶叶制订了新的农药最高允许残留标准，部分产品农残的最高允许残留量仅为原来的 1/100 ~ 1/200。美国食品和药物管理局（FDA）依据食品、药品、化妆品法、公共卫生服务法、茶叶进口法等对各种进口物品的认证、包装、标志及检测、检验方法都作了详细的规定。

技术性贸易壁垒的最大特征是它的隐蔽性。因为它本身可能完全以纯粹国内政策出现，而目的也不是出于贸易保护，但事实上则造成贸易障碍。例如，欧盟及美国等发达国家对轿车尾气的排放标准，是出于环境保护的需要，它们自己的轿车厂商能够达到其排放标准，但后起的发展中国家生产的轿车由于技术落后于发达国家，无法达到它们的标准，因此，它们会发现，无论它们生产的轿车价格多么低，也难以将自己的轿车出口到发达国家。只要发展中国家无法突破这一技术壁垒，它的价格优势就无法发挥作用。

第三节　贸易保护的理由

一、自由贸易的利得

根据古典和新古典贸易理论，与封闭经济相比，开放经济更有助于提高贸易国的国民福利。这就是自由贸易的好处。现在我们对自由贸易的好处加以总结，以便与贸易保护的经济效应相对比，并由此引申出贸易保护理由。自由贸易利得可以从下述两方面来解释，即静态利益和动态利益。

（一）贸易的静态利益

为了说明来自于自由贸易的好处，我们仍用一般均衡来分析。在图 7-11 中，PP 是该国的生产可能性边界，封闭经济条件下国内的相对价格为 pa，在这个相对价格下，国内在 A 点生产和消费（A 点是生产可能性边界与社会无差异曲线的切点）。对于一个小国，贸易时并不改变国际市场价格，如果世界价格为 pw，并且 $pa < pw$，该国在自由贸易中就会出口 X，进口 Y。开放贸易后，与封闭经济相比，国内的消费和生产状态都发生了变化。最终的消费点由 A 移动到 C，而生产点则由 A 移动到 D。与 A 相比，C 点的福利肯定高于 A 点（因为过 C 点的社会无差异曲线 CIC_2 比过 A 点的 CIC_0 更高。社会福利的这一变化（增进）又可分解为两部分：一部分来自于价格变化和交换产生的利益，它体现为由 A 点到 B 点的移动。开放贸易后，假定国内仍在 A 点生产，面对新的相对价格 pw，消费者将在 B 点消费而不是在 A 点消费，支持这一消费点的行为是贸易——用国内相对便宜的 X 交换国内相对昂贵的 Y，在 A 点的国内产出通过贸易使得国内福利达到 CIC_1 的水平。福利增进的第二部分来自于更有效率的生产，即生产点由 A 点沿 PPF 移动到 D 点。从 D 点出发，沿世界价格线进行贸易，可以将国内的福利推进到 CIC_2 代表的水平上，由于 CIC_2 比 CIC_1 更高，因此 C 点比 B 点具有更高的福利水平。这一福利增进来源于更有效率的生产：生产了更多的本国机会成本较低的产品 X 和较少的机会成本较高的产品 Y。总之，上述贸易的好处来源于给定资源下国内生产的重新安排以及国际交换，这种利得是静态的，因为贸易并没有改变国内的生产能力。

（二）贸易的动态利益

事实上，贸易可能会以直接的或间接的方式改变一国的生产可能性边界，增加国内的生产能力和商品供给能力，从而给本国带来更大的福利，由此产生的贸易利益则是动态利益。下述几方面可以产生动态利益：

1. 要素及中间投入品的贸易

要素和中间投入品的贸易改变了本国的资源状况，影响本国的生产可能性边界和生产能力。例如，一国资本流入增加了本国的资本供给，移民（移入）增加了

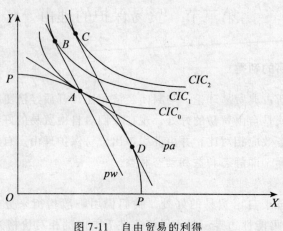

图 7-11 自由贸易的利得

本国的劳动力，所有这些因素都使本国的生产可能性边界向外移动，反映了国内生产能力的提高。

2. 知识与技术的扩散

商品贸易本身尽管不是技术贸易，但体现商品的设计、制造等方面的技术也会在这种商品进行贸易同时得到扩散，使商品进口国产生仿制或自行研制的激励，促进进口国的技术进步。

3. 竞争促进效应

国际贸易可以打破国内垄断，使国内市场更有效率。如果国内存在市场垄断，参与国际贸易就等于引入国际竞争，迫使国内厂商按国际市场价格在国内市场定价，从而提高产量和资源的整体配置效率。

4. 规模经济效应

如果一个行业存在规模经济，开放贸易后可以通过拓展国际市场来扩大规模，降低成本和价格，提高社会福利。同时，市场规模的扩大还有利于企业增加用于技术进步的投入，有利于技术创新，因为较大的市场规模可以摊薄用于技术的投入成本。

二、贸易保护的理由

既然自由贸易能够为贸易国带来更大的福利，我们为什么没有看到世界各国实行无贸易管制的自由贸易政策呢？相反，我们看到的是各国（除极少数国家和地区外）采用种种贸易限制措施，给贸易带来的种种障碍。经济学家对贸易保护的解释很多，我们选择以下几种解释：

（一）增加政府税收

进口关税可以给政府带来收入。在发达国家，关税收入在政府收入中所占比例一般很低，因此并不是政府收入的主要来源；而在一些欠发达国家，由于国内经济活动水平较低，政府在国内经济活动中取得收入来源的能力也有限，对关税收入就有一定的依赖性，关税收入在这些欠发达国家政府收入中占的比例也比发达国家高得多。

关税收入通常要比国内税收的征集更方便，只须在口岸设立海关即可。而且，关税的实际负担有可能不是国内居民，而是出口方国家的居民。因为在大国情形下，关税改变的不是（或基本不是）国内价格，而是国际价格（或主要是国际价格），这样，实际税负就落在出口方，国内居民的福利水平并不会因此而下降。

（二）收入再分配

贸易管制有较强的收入再分配效应。在小国情形下，无论是关税还是数量限制措施，都将提高进口商品的国内价格。这相当于将一部分国内消费者福利转移给国内生产者。而生产者又要将收益分配给它所使用的要素所有者。如果一项贸易政策改变了国内要素的市场价格，也就改变了国内的利益分配格局。根据 Samuelson-Stolper 定理，如果进口限制措施提高了进口商品的国内价格，意味着进口商品国内生产中密集度高的要素相对价格也将随之提高，于是，这种要素的收益将因贸易限制而增加；同时，进口商品国内生产中密集度低的要素价格将下降，从而降低了这些要素的收益。

（三）改善贸易条件

如果一国在某种商品的进口上有大国效应，它限制进口的结果就不完全表现为进口商品国内价格的上升，而且还表现为进口商品的国际价格的下跌。从进口商品的局部效应来看，它可以用较少的钱买到更多的进口商品；从一国贸易整体来看，它改善了贸易条件，有能力以较少的出口商品换得同样数量的进口商品，无论从哪个角度看，进口商品的国际价格下降都有利于国民福利的增进。既然如此，追求国民福利最大化的政府就有操纵贸易条件改善本国福利的动机。

（四）保护幼稚产业

在一个国家的工业化发展进程中，一个新兴的产业在其成长的初期，往往因为技术水平、管理水平所限，生产成本高于国外同类厂商，因而无法与发达国家竞争。如果没有国家的保护，这些企业一开始就会因面临来自国外的强有力的竞争而无法成长起来；如果政府对这类企业在发展的初期进行保护，使之免受来自国外的竞争，它们在国内就有一个更好的成长环境，随着企业技术不断进步，生产规模不断扩大，这类企业的成本也会逐渐下降，具有与国外企业竞争的能力。一旦这些弱小企业具备了国际竞争力，政府可以放弃对这些企业的保护。上述思想就是保护幼稚产业理论，这种理论思想最早是由德国经济学家李斯特提出的。李斯特提出保护幼稚产业，是与他所处的时代密切相关的。当时的德国处在发展的初期，欧洲其他的强国如英国、法国都因工业化而先发展起来；而德国尚没有建立自己的工业化生产体系，它的工业品无法与英国和法国竞争。如果按照李嘉图的比较优势理论，德国只能在国际分工中生产并出口农产品，自己的工业生产能力在国外的强大竞争中永远无法形成，这是德国难以容忍的，在此背景下，就产生了保护幼稚产业理论。

保护幼稚产业理论体现的是边际成本动态变化的思想。在产业发展之初，即使本国在这种产业上具有比较优势，但因国内厂商产量水平较低，面临较高的生产成本，仍然无法与国外企业相竞争，它的比较优势也就无法发挥。随着产业规模扩张，它的平均成本会不断下降（规模经济效应），只有它在初期阶段克服了产业规模扩张的障碍——这里指的是来自国外的竞争，它才能有效地降低平均成本，发挥本国的比较优势。

保护幼稚产业理论对正在力图实现自己工业化的发展中国家有着强大的吸引力，因为它恰好符合这些国家保护自己的工业以免在发达国家的竞争中夭折的要求。但是，这一理论也遇到不少的批评。其中最主要的指责是，保护使受保护者失去发展的动力，这些企业可能会因为有保护而安于现状，不思进取，因而它的平均成本也不能有效地下降，使得受保护的产业永远无法获得足够的国际竞争力。更有甚者，一旦保护成为预期，任何没有竞争力的产业都要求政府给予保护，这将导致一个封闭型的经济，不利于本国经济的发展。

（五）创造更多的就业机会与国内生产总值

如果一国经济处于衰退时期，失业率上升，产值下降，政府就会通过刺激需求的政策措施改善本国的经济状况。根据宏观经济学中的基本理论，总需求中包括净出口，即出口减去进口。如果能增加出口量或减少进口数量，都能增加净出口。对于追求 GDP 最大化的政府来说，促进出口、抑制进口的措施能够增加来自国外的需求，增加本国的 GDP，带动本国的就业增长和经济增长，将贸易作为增长的引擎。

（六）贸易保护的内生性——贸易保护的政治经济学解释

在贸易理论中，自由贸易与贸易保护始终是争论不休难有定论的问题，这种争论反映了一国福利增进与世界福利增进、一国短期福利增进与长期福利改善的矛盾。尽管自由贸易在贸易理论界一直占主导地位，但它与现实的反差不断促使贸易理论从各方面解释贸易保护的各种成因，其中新政治经济学的解释备受关注，因为这种解释与贸易政策形成的现实过程更贴近。由于政策形成总是一定政治程序的结果，将政治过程对政策形成的影响纳入政策形成的分析中，就形成了所谓的新政治经济学方法。新政治经济学对贸易政策形成的解释有如下几种观点：

1. 贸易保护是国内利益集团压力均衡下的结果

由于贸易政策具有极强的分配效应，无论是政策的受益方还是受损方都会从自己的利益最大化出发，通过一定的行为影响政府的贸易政策选择，以期获得有利于自己的贸易政策。假定政府是中性的，那么贸易政策将成为各利益集团角逐均衡的结果，较强力量的利益集团能获得较有利于自己的贸易政策，于是，贸易政策对这些利益集团来说不再是外生的，而是他们自己行为的结果。例如，当政府提高关税时，相当于政府为关税增加的受益者提供政策补贴，基于这种预期，潜在的受益者会通过行动促成有利于自己的贸易政策。同理，贸易保护的受害者也会为自己的利益影响政府的决策，政府的关税水平就是在利益集团压力下的均衡结果。各利益集团就是这样相互竞争，将用于政治压力的支出在一定规则下转换为政治影响和获取政治资源的手段。

2. 贸易保护是多数选民政策偏好的体现

如果将贸易政策看做是选民投票的结果，由于每个人的政策偏好也不同，不同选民的最优政策之间就存在着冲突。贸易保护政策的制定便成为在个人政策偏好基础上如何将政治行动变成均衡政策的问题。根据阿罗不可能性定理，在一定条件下，纯粹多数投票规则无法将不同的个人偏好加总为政策选择。要得到问题的解，只能对个人偏好或加总方法方面施加各种约束。通过个人偏好约束得到问题的解就是中间投票人理论。个人偏好约束的常用形式是单峰偏好。单峰偏好指的是每个选民的效用在一维政策空间中都存在一个且只存在一个最大值，随着政策变量水平远离该最大值，该选民的效用水平单调递减。如果每个选民都具有单峰偏好，且选民数量是单数，稳定的均衡政策总是存在的，该均衡政策恰恰是中间选民的最优政策选择（故有中间投票人理论之称）。

3. 贸易保护是政府政治支持最大化的结果

在贸易保护政策形成过程中，只要具有一定的自利性，不仅选民或利益集团为获得有利于自己的贸易政策而相互竞争，政府也会利用贸易政策来满足自己的偏好。政府的自利性有各种各样的体现，但一般主要体现在两点，一是谋取自身的物质利益，如较高的货币收益、优裕的在职消费、丰厚的福利待遇等，由于政府僚属并不能直接从贸易政策中获取自己所需的经济利益，实现上述利益的渠道就是合法的政治捐资及非法的贿金，至于二者哪一个处于主导地位则取决于这个国家的政治体制和法律制度及法律制度的健全程度。二是谋取执政地位（执政党则是保住现有的地位），以实现本党的政治纲领或本届政府的政治目标。

假定政府是寻求某种自利目标的社会团体，那么，得到全社会的政治支持就是其首要目标。对进口竞争部门而言，保护关税提高了国内价格水平，如果存在专用要素，价格的提高将提高进口竞争部门专用要素的收入，从而增加该部门专用要素所有者对政府的支持程度；对出口部门而言，在两部门专用要素贸易模型假设下，进口关税在提高进口竞争部门产品国内价格的同时，降低了出口部门产品国内的相对价格，从而降低了出口部门专用要素的收益，该部门专用要素所有者就会降低对政府支持程度。事实上，不仅是专用要素所有者，就是这些部门的劳动者也会受到不同程度的影响，例如，贸易保护受益部门的劳动者的就业和收入状况都可能有所改善，受害部门则可能出现恶化。考虑到这种情形，政府从贸易保护受益者得到的支持增加和从受损者得到的支持减少程度比上面所说的情形要来得更大。以寻求政治支持为目标的政府，将选定一个最优贸易政策水平，以实现政治支持的最大化。由于进口部门的政府支持是进口竞争商品贸易保护价格水平的增函数，而出口部门的政府支持则是进口竞争商品贸易保护价格的减函数，所以，政府为增加一个部门的政治支持，就会减少另一个部门的政治支持，并且均衡贸易保护政策（也是其最优保护水平）总是存在的。这说明，一国关税的存在并不依赖于该国政府追求本国国民福利最大化目标的假设，而是政府实现自身目标（这里指的是政治支持）的行为结果。

三、贸易政策还是国内政策——贸易限制与国内补贴的效率比较

如果说贸易限制目的是为了保护国内的进口竞争产业，那么，保护进口竞争产业的政策措施不一定局限在进口商品的贸易限制措施方面，可供替代的措施是国内支持政策，例如，对生产进口竞争商品的国内厂商进行补贴。关税（或数量限制）通过抬高进口商品的国内价格使国内生产厂商受益，补贴则降低了国内厂商的边际成本，所以，一定量的补贴可以起到与关税同样的保护作用。从一国总福利变动来看，两者哪一个更有效率呢？

在图 7-12 中，关税使国内价格由 P^W 上升到 $P^W + t$，国内厂商的产出增加量是 $S_2 - S_1$，福利净损失为 $b + d$；假如在厂商受到的保护相同的情形下——使厂商愿意生产与关税措施下相同的产出 S_2，不是用关税而是用国内补贴来实现这一目标，这相当于给予国内厂商一定量的补贴，使厂商的边际成本下降到足以在国际价格 P^W 上生产 S_2 的产量。显然，这一补贴量应该恰好等于关税 t，补贴后的供给曲线由 S 下降到（往右移动到）S'。与关税不同的是，国内补贴不会改变进口商品的国内价格——这是由国际市场上的，因此，国内价格仍为 P^W。既然国内价格与没有自由贸易时的国内价格相同，与自由贸易相比，消费者剩余没有发生变化。与自由贸易相比，生产者剩余则增加了数量 a。因为国内厂商仍生产同样数量的商品，在这个产量下，厂商在关税制度下享有的价格好处现在以补贴形式得到。与自由贸易相比，政府则增加了数量等于 $a + b$ 的补贴支出。因此，与自由贸易相比，国内补贴的福利变动为：$0 + a - (a + b) = -b$。这一结果说明，与自由贸易相比，国内补贴使净福利下降了 b。之所以会产生这一损失，是因为国内补贴增加了国内厂商的产出；由于国内厂商的成本高于国外的生产厂商，所以国内厂商产量的增加等价于以高成本的国内生产部分地取代了高效率的国外生产。与关税制度下的福利净损

失 $b+d$ 相比，国内补贴使福利损失下降了 d，因此，用国内税支持国内的厂商要比用关税措施更有效率，原因在于，与自由贸易相比，国内补贴不改变国内价格，因此消费者剩余不受影响，不会像关税措施那样产生一个消费者剩余的净损失 b。

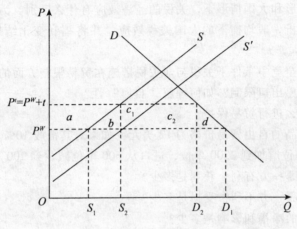

图 7-12　关税与补贴的福利比较

小　结

贸易政策措施有关税和非关税措施两种。对进口商品征收关税，提高了进口商品在进口国国内的价格，削弱了进口商品在国内市场的竞争力，于是对国内进口竞争行业起到了保护作用。关税的保护作用是有条件的。在小国情形下，对进口商品征收关税不会影响进口商品的世界价格，只影响进口商品的国内价格，可以起到保护作用；在大国情形下，对进口商品征收关税将影响进口商品的世界价格，如果这种影响足够大，国内商品价格不会变化，因此起不到对进口竞争行业的保护作用。在小国情形下，对进口商品进口关税将导致本国福利下降，在大国情形下，由于贸易条件的改善作用，可能改善征税国的福利。

通过税收措施限制贸易已经受到 GATT/WTO 的限制；从 1947 年起，GATT 的多边关税减让及非关税壁垒谈判对国际贸易的发展起到了极大的推动作用。

非关税壁垒包括数量限制、自愿出口限制、技术标准、海关估价、各种与贸易有关的程序规定等。进行贸易保护的理由可归结为增加税收、实现收入再分配、改善贸易条件、保护幼稚产业、创造更多的就业机会、增加国内生产总值等。

思考与练习

1. 什么是关税？

2. 在小国情形和大国情形下，关税的经济效应有什么区别？为什么？

3. 用图形分析一般均衡下的大国关税效应，并将福利变化结果与局部均衡分析的结果相比较。

4. 证明在完全竞争条件下关税与非关税措施在贸易限制方面的等价性。

5. 什么是自愿出口限制？如何理解"自愿"性？

6. 一国为什么进行贸易保护？

7. 假定某商品的自由贸易价格为 12 美元，如果对其征收 10% 的从价关税，国内生产从 2000 单位增加到 2300 单位，进口从 600 单位减少到 200 单位。

（1）征税对哪一方有利？获利是多少？

（2）征税对哪一方不利？受损是多少？

（3）对社会的净福利影响是多少？

（4）对进口竞争行业厂商发放等价补贴会如何影响市场？

（5）消费者喜欢关税还是补贴？

第八章　贸易政策合作

国际经贸政策合作是现代国际经贸关系的重要现象，体现全球性贸易政策合作的是世界贸易组织；区域性政策合作组织和协定更是不可胜数。这些贸易合作组织或条约都是旨在推动成员国之间的贸易自由化。这又是经济学需要进行解释的现象。如果说自由贸易可以增进贸易国的福利，我们看到的却是各国之间的贸易壁垒；如果说这些贸易壁垒有利于设置壁垒的国家，那么这些国家为什么不最初就实行自由贸易，而是要采用各种形式的区域性或世界性贸易政策合作达到这一目标？国际间经贸政策合作的解释是经贸政策理论研究的重要内容之一。本章将介绍国际贸易合作的形式、贸易政策合作理论及有较大国际或地区影响的贸易合作组织。

第一节　贸易政策合作的形式

世界上存在着各种各样的贸易合作组织和协定，有的是全球性的（如 WTO），有的是区域性的（如 EU、NAFTA）；有的贸易政策合作是地缘上的，有的则具有较强的政治背景（如美国与以色列的自由贸易协定）；有的贸易政策合作是紧密型的，有正式的组织机构协调成员国之间的贸易政策，有的则比较松散。除了世界性贸易合作组织 WTO 以外，现在影响力较大的就是层出不穷的区域性合作组织。我们已经对 WTO 专门进行了介绍，下面主要介绍的是根据合作的深度进行划分的区域性贸易合作形式。

一、特惠贸易协定

特惠贸易协定（Preferential Trade Arrangement）指成员国之间相互给予对方比非成员国更为优惠的关税待遇。这是较为松散的贸易政策合作形式，如英联邦贸易互惠安排，它是英国与英国前殖民地有关国家之间的贸易优惠协议。在特惠贸易协定中，有时优惠是单边的，如洛美协定就是欧共体国家向它们的非洲、加勒比及太平洋的前殖民地国家提供的特惠援助。

二、自由贸易区

自由贸易区（Free-Trade Area，FTA）是最普遍的区域一体化形式，在自由贸易区中，成员国之间相互取消关税，① 但每个成员国仍独立地制定它与非成员国之间的关税水平。也就是说，成员国之间内部相互取消关税并不影响各成员国对非成员国（或称第三国）贸易政策的独立性。由于 FTA 的成员国之间消除了贸易障碍，所以，它的成立会导致区内成员国之间更大的贸易流量。自由贸易区的成功运行必须能够阻止非成员国产品在成员国之间的转运（Transshipment）。例如，A、B 两国是 FTA 的成员国，它们之间在 X 的贸易上是零关税，而对非成员国 C 的进口关税分别为 5％ 和 15％。这时，假定按照 15％ 的税率，C 国的 X 无法进入 B 国，而按照 5％ 的税率，C 国的 X 可以进入 A 国。如果 A、B 之间对 C 国的 X 在 FTA 内的销售没有任何约束，C 国的 X 就得以通过 A 国进入 B 国，于是 B 国对 C 国的 15％ 高关税限制不再起作用。

三、关税同盟

如果成员国之间的所有关税都取消，并且各成员国对非成员国实行统一的对外经贸政策（共同的外部关税），这种合作组织就是关税同盟（Customs Union）。最成功的关税同盟是欧盟，它的前身是欧洲共同市场。

四、共同市场

在共同市场中，不仅成员国之间在保持共同对外贸易政策的同时取消了成员国之间的商品和服务贸易限制，而且还取消了成员国之间劳动和资本等要素的流动限制。显然，共同市场的一体化程度比前几种形式更高。欧盟在 1993 年达到了共同市场阶段。

五、经济同盟

在共同市场的基础上，如果成员国之间实现成员国制度一体化与经济政策的相互协调，则称之为经济同盟（Economic Union）。在共同市场中，成员国有自己的独立的财政和货币政策。在经济同盟中，每个成员国都要牺牲一部分自己象征国家主权的政策制度权利，以便实现区内政策协调。如果在货币政策方面进一步实行统一货币，这样的经济同盟就是货币同盟（Monetary Union）。目前，世界上唯一的货币同盟也是欧盟。

---

① 需要注意的是，自由贸易区中成员国之间相互取消关税也是有商品范围的，只能理解为 FTA 成员国之间就谈判的商品贸易范围取消关税，而不是对成员国之间所有的商品（或劳务）贸易都取消关税。

第二节　贸易政策合作的理论解释

一、贸易政策合作的原因

在传统贸易理论中，不论是李嘉图的比较优势理论还是赫克歇尔-俄林的要素禀赋学说，相对于封闭经济而言，国家之间的贸易总是能改善贸易国福利。因此，自由贸易政策作为传统贸易理论的政策结论是显而易见的。然而，世界上没有哪个国家对它的对外贸易实行完全放任的政策，这一无可争辩的事实使传统贸易理论的解释力大打折扣，于是出现了新贸易理论，试图从垄断、规模收益等方面解释贸易的存在性。但是，贸易的合理性论证往往意味着对贸易限制政策的否定，它们无法说明普遍存在的贸易保护政策这一现象。对于以国民福利最大化为目标的政府而言，如果本国的相对规模足够大，其关税措施足以产生贸易条件效应，操纵贸易条件以增加本国福利就成为关税存在的最有力的解释。但是，贸易反映着贸易伙伴国之间的经济联系，一国的关税措施不仅对本国贸易流量、贸易品价格和福利产生影响，而且对伙伴国的相关变量也产生影响；因此，对本国有利的贸易措施对伙伴国未必有利，甚至是有害的；如果各方竞相采用损人利己的贸易政策，结果只能是两败俱伤，这时，贸易政策合作对各方而言显然是明智的选择。Johnson 较早地对贸易保护的效率损失进行了研究，他指出各国政府为增进本国福利而竞相施加关税保护，操纵贸易条件，结果会造成总体效率的损失；各国政府的贸易政策合作则能纠正这种效率损失。后来，Dixit（1987）用博弈方法对 Johnson 的观点进行了论证。Viner（1950）则将贸易合作方与第三方的关系考虑在内，指出贸易政策合作（以关税同盟为例）既可能产生贸易创造，也可能产生贸易替代，而后者会给本成员国带来福利损失；沿着这条线索，从 Meade（1955）到 Panagariya（2000）多强调经福利补偿后自由贸易区或关税同盟的总体福利的变化，并以此作为贸易合作的理论依据。Grossman 和 Helpman 用新政治经济学方法考察了贸易战和贸易合作的形成，认为贸易合作是各国国内各利益集团利益斗争均衡在贸易政策上的体现。Bagwell 和 Staiger（1999，2000）则进一步将贸易政策合作的方式分为两类：规则（Rules）和权力（Power）。前者指贸易政策合作方首先谈判确立贸易政策谈判的规则，然后再根据此规则进行谈判（如 GATT/WTO 就是如此）；后者则没有预先确立的谈判规则。作者着重从消除操纵贸易条件的非效率方面论证了 WTO 的两个谈判规则（互惠原则和最惠国待遇原则）在关税减让中的重要地位。

在两种商品模型中，一种商品是本国的进口商品（伙伴国的出口商品），另一种是本国的出口商品（伙伴国的进口商品）；假设每个国家只有一个代表性消费者，国内消费者在自己的预算约束下追求效用最大化，其收入由劳动收入、关税收入和企业利润组成。其中第二项收入表明政府的关税收入（或补贴）全部返还给（或来于）消费者，政府是预算平衡者。第三项收入表明企业的利润全部分配给它的所有者（单一消费者假设在这里等同于企业单一所有者假设）。假定消费者有定义良好的间接效用函数，该效用函数就可以表示为 $v = v(p, I)$，p 是国内价格向量，I 是收入水平（外国消费者具有相同的假设）。政府的贸易政策用关税 t 表示，$t > 0$ 表示进口关税或出口补贴，$t < 0$ 表示进口补贴或出口征税。世界价格 Ω 是国际市场上商品的交易价格，关税的存在使得它与国内价格 p 不再相等，在从量税情形下，它们之间存在如下关系：$p = \Omega + t$，并且满足 $0 \leqslant dp/dt \leqslant 1$，$-1 \leqslant d\Omega/dt \leqslant 0$。这说明，一定的关税水平或者提高本国进口商品的价格，或者降低进口商品的世界价格。国民福利可以用间接效用函数来定义如下：

$$w(t) \equiv v[p(t,\Omega), I(t)] = v\{p(t,\Omega),$$
$$L + tm[p(t,\Omega)] + p(t,\Omega)y(t) - c[y(t)]\}$$

式中 L 为劳动收入，y 为国内产量，c 为成本函数，m 为进口量，它由国内消费减去国内产量来定义，即 $m = d - y$，出口则定义为负的进口：$e = -m$。根据政府追求社会福利最大化的假定和社会福利的表达方式，在伙伴国关税给定的前提下，一国政府最优关税税率由社会福利最大化的一阶条件决定，即由 $\dfrac{dw}{dt} = \dfrac{\partial w}{\partial I}\left[-m\dfrac{d\Omega}{dt} + t\dfrac{dm}{dp}\dfrac{dp}{dt} + [p - c'(y)]\dfrac{dy}{dt}\right] = 0$ 决定。该式清楚地展示了一国关税影响该国福利水平的三个渠道：一是贸易流量的变化（dm），二是世界价格的变化（$d\Omega$），三是产出的变化（dy）。就 dm 而言，根据 m 的定义和经济分析中对需求和供给的经典假设可知 $dm/dp < 0$；根据假设 $0 \leqslant dp/dt \leqslant 1$，我们知道 $t\dfrac{dm}{dp}\dfrac{dp}{dt} \leqslant 0$。也就是说，就关税对贸易流量的变化而言，由于关税扭曲了正常贸易，增加关税总会导致国民福利的下降。从关税对世界价格的影响来看，由于 $-1 \leqslant d\Omega/dt \leqslant 0$，故 $-m(d\Omega/dt)$ 总是大于 0 的，这时，征收关税可以增进本国福利水平。在其他商品价格不变的情况下，应税商品国际价格的下降等价于贸易条件的改善，故称为贸易条件效应。

在完全竞争市场下，利用国民福利最大化的一阶条件很容易得出最优关税水平 $t^* = p\dfrac{d\Omega/dt}{dp/dt}\left[\varepsilon_p^m\right]^{-1}$，其中 $\varepsilon_p^m < 0$ 为进口需求对国内价格的弹性；根据上面的规定可知，$d\Omega/dt$ 和 dp/dt 具有相反的符号，所以 $\dfrac{d\Omega/dt}{dp/dt} \leqslant 0$，由此我们得知最优关税 t^* 总是大于等于 0。$\dfrac{d\Omega/dt}{dp/dt}$ 比值越大，说明关税变化的贸易条件效应相对于价格效应越高，一定关税增量引起的福利增加相对于价格效应引起的净损失越大，相应的关

税水平自然也就越高。在小国假设下，一国的关税并不影响世界价格，关税的变化全部转化为国内价格的变化，这时的一阶条件为 $t\dfrac{\mathrm{d}m}{\mathrm{d}p}\dfrac{\mathrm{d}p}{\mathrm{d}t}=0$，也就是说，小国的最优关税等于 0。

一国福利最大化的关税政策选择不仅影响本国福利，而且还通过贸易条件和贸易流量两个渠道影响贸易伙伴国的福利。为说明这种影响，不妨把世界价格表示为本国关税和外国关税的函数，这是因为外国的贸易政策同样会影响世界价格，而且在市场出清状态下，该商品的世界价格对双方必定是相同的，因此，市场出清的贸易条件应该是 $\Omega=\Omega\,(t,\ t^f)$，其中带有上标 f 的变量是贸易伙伴国的同名变量。把这个条件代入伙伴国福利函数，并对本国关税 t 求微分，可以得到本国贸易政策的变化对伙伴国福利的影响：$\dfrac{\partial w^*}{\partial I^*}\Big[-m^f+t^f\dfrac{\partial m^f}{\partial p^f}\Big]\dfrac{\partial p^f}{\partial\Omega}\dfrac{\partial\Omega}{\partial t}$。若出口方（即这里的伙伴国）关税为 0（即 $t^f=0$，这也符合惯常的假设和现实世界的情况），本国进口商品关税对贸易伙伴国的福利影响为：$\dfrac{\partial w^*}{\partial I^*}e^f\dfrac{\partial p^f}{\partial\Omega}\dfrac{\partial\Omega}{\partial t}\leqslant 0$，显然，当伙伴国关税不变时，进口国对进口商品征收关税在改善本国贸易条件、增进本国福利的同时，却降低了伙伴国的福利，也就是说，是以牺牲伙伴国为代价来改善自己福利的。

当一国对来自于伙伴国的进口商品征收关税时，由于它损害了伙伴国的利益，伙伴国可能不会坐视。就我们所考察的该商品来看，由于 $\partial m^f/\partial p^f<0$，$-m^f>0$，大于 0 的 t^f 就能减少 $-m^f+t^f\dfrac{\partial m^f}{\partial p^f}$，即降低（甚至消除）进口方关税对出口国福利的不利影响。由于对本国出口商品出口补贴不仅受本国政府财力的限制，而且在世贸组织框架内受反补贴措施的制约，于是，伙伴国的反应往往是对来自于本国的出口商品征收关税。这样不仅可以改善自己的贸易条件和国民福利（或降低、消除对方的关税对自己的不利影响），也报复了对方的单边贸易政策行为。这样，当一方的最优选择影响对方的最优选择时，双方就产生贸易政策选择的战略互动。显然，只要有能力，任何一方都不会坐视其伙伴国采取的有害于自己的行为；只要有可能，就会不惜以牺牲对方利益为代价换取本国福利的增加。

非合作关税的纳什均衡解虽然是国别最优，但不是世界最优，互征关税的非合作结果是两败俱伤。这种非合作产生的低效结果也许是两国都不愿看到的，而降低（或消除）这种低效率的途径就是贸易国之间的政策合作，并通过合作实现（或接近）世界最优。所谓世界最优就是使所有贸易国全体福利的最大，世界最优条件下的关税可从该最大化中得到。在两国情形下，仿照一般产品市场的福利分析，在世界最优时，应满足两国等福利线处处相切，或等同地，两国关税的边际替代率处处相等。这一效率条件可以表示为：$\mathrm{d}t/\mathrm{d}t^f\Big|_{\mathrm{d}w=0}=\mathrm{d}t/\mathrm{d}t^f\Big|_{\mathrm{d}w^f=0}$，非合作纳什解是不

满足这个条件的。由于在贸易出清条件下贸易条件是两国贸易政策的函数，两国的福利函数可分别简单地表示为：

$$w(t, t^f) = w[p(t), \Omega(t, t^f)] \text{ 以及}$$
$$w^f(t, t^f) = w^f[p^f(t^f), \Omega(t, t^f)],$$

这样我们可以得到 $dt/dt^f\big|_{dw=0} = \infty$，而 $dt/dt^f\big|_{dw^f=0} = 0$，可见，非合作纳什均衡解并不满足上面定义的世界效率条件。其原因在于当一国能通过自己的关税政策增进本国福利时，效率损失的成本并不是完全由本国承担，其伙伴国要为其承担一部分成本，这就使得各国都对关税政策产生过多的供给。

由于非合作纳什均衡解产生的关税水平总会产生净损失，故双方同时降低或取消进口关税（也包括出口商品的征税——如果存在的话）就能使世界总福利增加。只要增加的福利在贸易各方的分配都大于0，双方的国民福利比之于非合作状态都会有所改善，于是双方就会存在合作的激励。在非合作纳什均衡点上，由于单方面减税虽可使世界福利上升，但上升的福利却为伙伴国所有，这时谁也没有动机去降低关税水平，故必须有一个对双方都有约束力的共同安排，这种安排使得因减税所增福利在各成员方之间的分配都能接受，或者说双方降低关税应是同步的，由这种安排产生的贸易政策组合就是合作解。

二、贸易创造与贸易转移效应

分析贸易合作利得的工具是 Viner 的贸易创造（Trade Creation）和贸易转移（Trade Diversion）概念（A. Panagariya, 2000），并成为后来贸易政策合作福利效应的分析基础。贸易创造指的是由于合作方之间相互降低或取消关税后，原来由国内生产并消费的、具有较高生产成本的商品，现在则由其他成员国生产，而本国则通过向成员国进口满足消费需求。正像其名称一样，贸易创造在合作国家内部"创造"了更多的贸易。由于贸易创造使较高成本的国内产出被来自于较低成本的合作伙伴国的较低成本的进口所替代，使资源配置更有效率。贸易转移指的是在缔结贸易条约或组织之前，有关合作方与第三方（非合作方）之间就存在着贸易，合作组织（或协定）的成立则使得伙伴国之间的贸易取代了合作方与第三方之间业已存在的贸易，也就是说，由于只是在部分国家之间实行自由贸易，一国来自于非成员国生产上具有较低成本的进口商品会被来自于成员国较高成本的进口商品所替代。

贸易转移与贸易创造的福利效应与所分析的前提条件有关，一般而言，贸易创造对伙伴国具有正的福利效应，而贸易转移则具有负的福利效应。为说明这一点，考虑一个局部均衡模型（只考虑单一商品的贸易情形），假定世界上只有三个国家：A、B 和 W，其中 W 为除 A、B 之外的所有其他国家。贸易以前各国的价格分别为 P^A、P^B 和 P^W，并且满足 $P^A > P^B > P^W$，也就是说，A 国是生产效率最低的国家，B 国次之，W 国的效率最高；再假定 W 国的供给弹性为无穷大，因此，在开放贸易以后，如果没有关税，A、B 两国都从 W 国进口商品。假设各国对出口商品都不征税，但对进口商品则征收非歧视关税，令 t^A 和 t^B 分别表示 A、B 两国的非歧视关税，并且是从量税形式，A 国对来自 W 国的进口商品征税后如果存在：$P^W + t^A < P^A < P^B + t^A$，①那么 A 国只消费来自 W 国的进口商品，与 B 国之间不存在贸易；如果 B 国的关税满足 $P^B < P^W + t^B < P^A + t^A$，则 B 国只消费国内的产出（不存在与 W 国的贸易）。

在最简单的情形下，假定 A 国的需求弹性为 0，B 国和 W 国的供给弹性为无穷大，则条件 $P^A > P^B > P^W$ 和 $P^A < P^W + t^A$ 可用图 8-1 表示：平行的价格水平线表示相应的无穷弹性的供给曲线，垂线 D 表示无弹性的需求曲线。一旦 A、B 两国之间相互取消关税，并同时保持各自的对 W 国的关税，从 A 国来看，它现在进口的价格满足 $P^B < P^W + t^A < P^A$。由于 B 国价格水平最低，A 国全部以 P^B 价格从 B 国进口，B 国则仍然消费自己的产品，于是两国的自由贸易区便产生了贸易，但这一贸易是取代 A 国与 W 国之间原先业已存在的贸易的结果，因此被称为"贸易转移"（Trade Diversion）。在自由贸易区成立之前，与封闭经济相比，A 国的福利由 $a + b + c$ 构成，其中 a 为消费者剩余，$b + c$ 为政府得自关税的收入。自由贸易区成立之后，A 国的福利（全部为消费者剩余）变为 $a + b$，因此，自由贸易区产生的净损失为 c。因为 B 国和 W 国仍按原来的价格生产和消费，它们的福利水平不变，故 c 也是自由贸易区带来的世界福利损失。产生这一损失的原因在于，自由贸易区形成后，A 与 B 的较高成本贸易取代了 A 与 W 的较低成本的贸易。

如果 A 国的初始关税水平满足 $P^A < P^W + t^A < P^B + t^A$，在成立自由贸易区之前，A 国也不存在与 W 国的贸易，只以 P^A 消费国内的产品。A 与 B 结成自由贸易区后，A 国对 B 国的关税 t^A 被取消，于是有 $P^B < P^A$，A 国便从 B 国进口商品。由于原先各国之间并不存在贸易，所以，由此产生的贸易被称为贸易创造。由贸易创造产生的福利变化体现为 A 国的福利增加了 $a + b$。由于 B 国和 W 国状态仍然未改变，所以 $a + b$ 的福利增加也是世界福利的增加。这里，贸易创造之所以产生福利的增加，是因为 A、B 相互取消关税后，A 国的消费者得以以比国内更低的价格获得消费品。

综上所述，在无穷供给弹性和零需求弹性假设下，贸易创造使福利增加，而贸易转移使福利下降。基本原因在于，贸易创造使较低成本的产品消费替代了较高成本的产品消费，而贸易转移的结果则是以较高成本的产品消费替代较低成本的产品消费。对于单一商品的考察得出的这一结论使人们无法判断因贸易政策合作而消除

---

① $P^W + t^A$ 和 $P^B + t^A$ 是 A 国对 B 国和 W 国征收无歧视关税 t^A 后的国内价格；$P^W + t^A < P^B + t^A$ 是显然的，因为有假设 $P^W < P^B$ 存在。

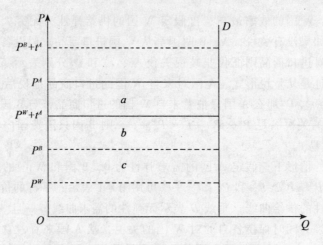

图 8-1 自由贸易区的福利效应：需求无弹性

的贸易壁垒对世界而言最终是增进福利还是减少福利，原因在于，一个国家一旦与其他国家达成贸易互惠协议，它可能在某些产品上是贸易创造效果，而在其他产品上则是贸易转移效果，贸易政策合作的最终福利结果也就取决于两者的对比。

是不是某种商品要么只产生贸易创造，要么只产生贸易转移呢？答案是否定的。因为上述贸易创造和贸易转移的福利效应是建立在供给弹性无穷大、需求弹性为 0 的前提假设下得出的结论，如果放松这两个条件，那么，同一种商品在缔结贸易协定后可能既产生贸易创造，又产生贸易转移，其福利效应也变得不确定。首先考虑向右下方倾斜的需求曲线情形，如图 8-2 所示，在 A、B 两国结成自由贸易区

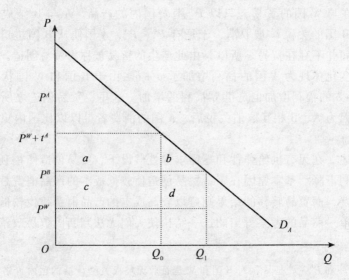

图 8-2 自由贸易区的福利效应：需求有弹性

之前，由于 $P^A > P^W + t^A$，A 国将以 $P^W + t^A$ 价格从 W 国进口商品，消费量为 Q_0，并得到 $a + c$ 的关税。一旦 A、B 缔结自由贸易协定，则 A 国将以 P^B 的价格从 B 国进口商品，消费量为 Q_1，这时，Q_1 不仅完全替代了 Q_0，产生贸易替代，由于 $Q_1 > Q_0$，还产生了贸易创造，也就是说，贸易替代与贸易创造共存。这时，A 国的关税收入减少了 $a + c$，而其消费者剩余则增加了 $a + b$，两者对比，福利的净增量为 $a + b - (a + c) = b - c$。没有理由认为 b 一定比 c 大，也就是说，不能保证 $b - c$ 大于 0，因此，也就无法判断自由贸易协定的福利效果。

如果 A 国的供给曲线向上倾斜，又会出现什么样的情形呢？正如图 8-3 所显示的，A 国的供给曲线 S^A 向右上方倾斜，并在垂直的需求曲线的左边分别与 P^B 和 $P^W + t^A$ 相交；未达成自由贸易协定之前，A 国的消费量是 OQ_3，其中 OQ_2 的消费来自于国内生产，$OQ_3 - OQ_2$ 部分来自于 W 国的进口，关税收入为 $b + c$。A 与 B 缔结自由贸易协定后，尽管 A 国仍然消费 OQ_3，但只有 OQ_1 部分的消费来自于国内生产，$OQ_3 - OQ_1$ 部分则来自于 B 国的进口。显然，$OQ_3 - OQ_2$ 部分属于贸易替代（由 A 与 W 的贸易被 A 与 B 的贸易所替代），部分则属于贸易创造。由于贸易替代，A 国的关税收入下降了；但消费者福利则增加了，福利的净增量为 $(a + b) - (b + c) = a - c$。增加的 a 是因为贸易创造使 B 国更低成本的商品取代了 A 国较高成本的商品；减少的 c 是因为较低成本的 W 国商品被 B 国较高成本所取代的结果。同样，$a - c$ 大于 0 还是小于 0 是不确定的，因而，最终的福利结果也无法判断。

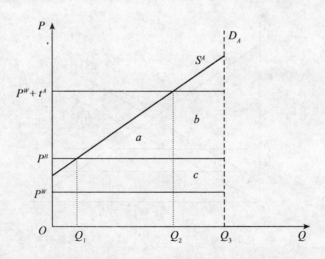

图 8-3　自由贸易区的福利效应：供给有弹性

仅仅考虑 A 国供给和需求曲线而假定其他国家的供给曲线具有无穷弹性会导

致这样的结果：A 国只从某一国进口商品，而非同时从两国进口。事实上，在很多场合下，参与贸易政策合作的成员国往往同时从成员国和非成员国进口商品，这就要放松 B 国或 W 国供给弹性无穷大的假设。假定 B 国的出口供给曲线是向右上倾斜的（出口供给曲线由出口国的供给减去该国的需求得到），W 国的出口供给弹性仍为无穷大；A 国的进口需求曲线往右下倾斜（进口需求曲线由进口国的国内需求减去该国的国内供给得到）；在缔结贸易协定以前，两国的无歧视关税水平相同（也就是说，结成自由贸易区以后对外关税仍会相同，这意味着互惠贸易协定恰恰是关税同盟）。如图 8-4 所示，M^A 是 A 国的进口需求曲线，$E^B + t^A$ 和 $P^W + t^A$ 分别为缔结自由贸易协定之前，当 A 国的关税为 t^A 时 A 国所面临的 B 与 W 的出口供给曲线。这时，在 A 国的进口总量中，OM_1 是来自于 B 国的进口，M_1M_3 是来自于 W 国的进口。$a + b + c + d + e$ 是 A 国来自贸易的税收。A 与 B 结成贸易同盟后，A 对 B 的关税取消，B 国的出口供给曲线向右移动到 E^B 的位置，W 国的出口供给曲线维持在原来 $P^W + t^A$ 的位置。在 $P^W + t^A$ 的价格下，B 国的出口供给量仍无法满足 A 国的进口需求，因此，A 国仍然维持继续在两国进口的贸易格局，但来自 B 国的进口量增加了 M_1M_2（这等价于来自 W 国的进口减少了相同的数量）。由于 A 国的进口总量没变，上述变化表现为纯粹的贸易转移。A 国的关税收入减少了 $a + b + c + d$，消费者剩余没有变化（国为消费者的进口价格没变）；B 国的生产者剩余增加了 $a + b + c$，由于这部分的增加是与 A 国的税收减少相对应的，所以被视为收入转移效应。d 是由于贸易转移导致的成本上升带来的净损失（Deadweight Loss）。

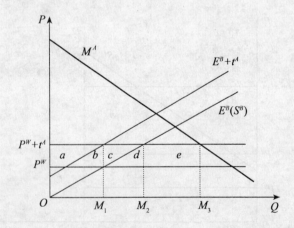

图 8-4　自由贸易区的福利效应：供给与需求都有弹性

上述的分析还需要进一步考虑 B 国的有限供给情形。如果相对于 A 国的进口需求，B 国的供给是有限的，也就是说，A 与 B 相互取消关税后，B 以其全部的生产还不足以在 $P^W + t^A$ 价格下满足 A 国的进口需求，和上一种情形一样，A 国仍将同时进口 B 和 W 两国的商品。但是上图中的 E^B 已经由 B 国的出口供给曲线变为它的总供给曲线 S^B（见图 8-5）。在与 B 缔结自由贸易协定之前，A 国以 $P^W + t^A$ 的价格从 B 国进口 M_0，从 W 国进口 $M_0 M_2$。与 B 缔结自由贸易协定之后，A 国来自 B 国的进口增加到 M_1，由于对 B 国，总供给仍不能满足 A 国需求，A 国仍然从 W 国进口 $M_1 M_2$ 的数量，并且 A 国的国内价格仍维持在 $P^W + t^A$ 水平上。这一变化的意义在于，如果 B 国一开始就在 P^W 下提供供给（或者说 B 国一开始是一个出口国并以 P^W 出口），它与 A 国结成自由贸易联盟后，可以在 $P^W + t^A$ 价格下生产并全部出口自己的商品，国内的消费需求必须通过进口来满足。缔结自由贸易协定后，A 国的消费者福利不变，税收下降了 $AEFC$。B 国的生产者剩余增加了 $ACGE$，如果 B 国一开始就没有关税，B 国的消费者仍可以以 P^W 的价格从 W 国进口并消费，则 B 国消费者福利仍不变；于是自由贸易区将导致 EFG 的净福利损失。

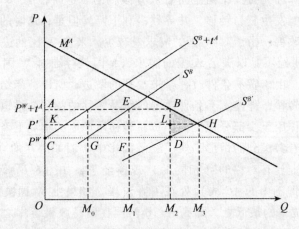

图 8-5　自由贸易区的福利效应：伙伴国有限供给情形

当然，B 国的供给也可能更大（例如在图 8-5 中的 $S^{B'}$），以至于在两国相互取消关税后，B 国的供给完全取代 W 国的供给还有剩余，使 A 国得以在低于 $P^W + t^A$ 的水平上以 P' 进口更多的商品 M_3，也就是说，产生了 $M_2 M_3$ 的贸易创造。整个自由贸易区的福利增加量为灰色三角形 BDH。从 A 国来看，S^B 与 M^A 的交点一旦越过 B 点到达 H 点，生产者剩余将增加 $ABHK$，损失 $ABDC$ 的关税收入，净变化量是 $(BHL - KLDC)$，这是一个不确定的量，因而 A 国得自自由贸易区的福利是不确定的。B 国的生产者剩余增加量为 $CDHK$，其中 $CDLK$ 是来自 A 国的福利转移，DHL 则是由于贸易创造增加的福利。

上述分析都是在局部分析框架下进行的，并没有考虑商品之间的相互影响。如果一国进出口是多样的，成立贸易同盟的福利变动分析会更复杂。例如，在三个国家、三种产品情形下，A、B 两国是小国并各自生产且出口一种自己的专业化商品，W 国是大国，同时生产三种商品，但只出口自己的一种专业化商品。A 国的进口商品价格等于 W 国的价格加上国内关税，并同时从 B 国和 W 国进口它们的专业化商品。当 A 国降低（或取消）对 B 国的关税时，由于此关税优惠并不惠及 W 国，A 国进口的 B 国商品价格下降，进口量增加。如果再假定 B 国专业化生产商品与 W 的专业化商品在消费上存在替代关系，那么，A 国来自 B 国的进口增加会导致来自 W 国进口商品的下降，也就是说，关税优惠在一种商品上产生贸易创造，但同时在另一种商品上产生贸易替代，由此产生的福利结果仍具有不确定性。

同时，上述的所有分析都假定贸易政策合作方是小国。如果 A 国是大国，则会产生贸易条件效应。这时，不仅贸易创造和贸易转移影响福利的变化，而且这些影响是与贸易条件对福利的影响是同时发生的。合作方的大国假设意味着第三国的供给曲线不再是弹性无穷大，而是向右上方倾斜的。这时，A、B 两国一旦结成自由贸易区，就可能发生贸易转移，并导致福利下降。但是，这时的贸易转移同时伴随着贸易条件的改善：由于对 W 国的需求量减少，来自 W 国的进口价格下降。只要 A、B 两国的供给不足以满足 A 国的需求，A 国就存在对 W 国的进口需求，这种情形就会发生。由于贸易条件改善带来福利的增进，所以，缔结自由贸易同盟后即使只发生贸易转移，伴随贸易条件改善的贸易转移的福利效果也难以确定，因为前者的福利改善作用至少部分地抵消了贸易转移所产生的福利下降。

还有一种没有考虑到的情形是规模经济的影响。假如潜在的合作伙伴国 A、B 在某种产品生产上具有对称的（相同的）规模经济，如图 8-6 所示，这表现为它们的平均成本（即图中的 AC 线）处在下降阶段。如果由 W 国决定的世界价格高于 A、B 的平均成本的最低点，那么 A、B 两国在贸易政策合作之前，都会根据世界价格 P^W 安排生产，并且在此价格下将超过国内需求的产出部分出口。由于假定出口不征税，两国缔结自由贸易条约前后不会产生任何变化。反之，如果由 W 国决定的世界价格低于 A、B 的平均成本的最低点，A、B 对 W 国的初始关税就发生作用（具有符号为正的 t^B）。再假定平均成本的下降是由于行业扩张所产生，即规模经济表现为外部经济，于是 A、B 两国缔结自由贸易协定后，就会产生因总需求扩大、总产出规模扩大而发生的平均成本下降（这里的总产出规模扩大表现为贸易政策合作经济体的规模大于任何一个单个成员国的规模：$DU = D^A + D^B > D^u$，$u = A, B$）。区内价格水平的下降导致区内贸易对区外贸易的替代，每一个成员国都会产生 $a + b$ 的税收损失；但由于价格下降，消费者剩余增加了 $a + c$（其中的 a 是税收向消费者的福利转移）。c 是由于存在贸易创造而产生的福利增量。这时，贸易转移的福利损失将从平均成本下降的好处中得到补偿。由于补偿的大小无法确定（b 与 c 的差额是不定的量），由此产生的自由贸易的福利效果也是不确定的。

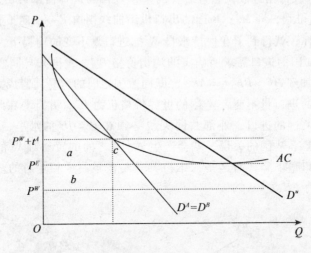

图 8-6 自由贸易区的福利效应：规模经济的影响

三、Kemp-Wan 定理

综上所述，如果将关税固定，让贸易额做内生性变动，用贸易转移和贸易创造及其相关的福利变动分析互惠的贸易协定，其结果总是不确定的，并且对贸易区整体而言，还会产生福利下降。这一结论显然无法解释互惠的自由贸易区的形成。如果采用相反的方法，固定成员国对外部（即三国模型中的第三国 W 国）的贸易流量，让成员国对外关税做内生性变化，所得结论将会发生变化：无论成员国大小如何，作为一个整体的关税同盟和同盟外国家的福利都不会下降，关税同盟的福利有可能会增加。这一分析方法首先由 Murray Kemp（1964）和 Vanek（1965）提出，后由 Kemp 和 Henry Wan（1976）予以证明，故称为 Kemp-Wan 定理。其基本思想是，一旦对外贸易额固定，外部世界（W 国）的福利也就不会因关税同盟的形成而变化；同盟国在对外贸易流量给定的情形下，A、B 通过在区内使任意两种商品的边际转换率与边际替代率相等而实现整体福利的最大化，其途径是取消区内关税壁垒让商品在同盟国内自由交易。

共同的外部关税及其对成员国的福利效应（或 Kemp-Wan 定理）可用图 8-7 来说明。图中除了没有画出 W 国的出口供给曲线以外，其他曲线的解释与前面的图形基本一致。M^A 表示 A 国进口需求曲线，E^B 表示 B 国出口供给曲线，P^A 为 A 国在关税同盟成立前的国内价格，所以有 $P^A = P^W + t$，$t = JK$。这时，A 国的进口需求总量为 AG，其中 AK 部分从 B 国进口，剩余的 KG 部分则从 W 国进口。如果贸易政策合作采取关税同盟的形式，则 A、B 之间全部取消关税壁垒，同时保持共同的外部关税，并假设这一共同的关税水平恰好使同盟来自于 W 国的进口与同盟成立前的数量相等。根据此假设条件，A 国来自 B 国的进口需求可由 M^A 平行向左移动 KG 的距离而得到，即 M_0^A；B 国的出口供给曲线则由 E^B+t 向下移动 t 的距离得到，即 E^B。这样，就得到了在保持来自 W 国进口量不变的前提下，A 国由 B 国的出口供给和对 B 国的进口需求所确定的均衡价格 P'^A，A 国来自同盟国 B 的进口从 AK（$=BE$）增加到 $BF > BE$（$=AK$），即同盟国之间的贸易同盟成立前增加了 EF。由于来自 W 国的进口量不变，W 国的世界价格仍为 P^W，并且要在此价格下维持先前给定的来自 W 国的进口，外部共同关税必须在 $t' = JE$ 的水平，比 $t = JK$ 要低。因为如果不降低对 W 国的关税，就会产生 A、B 之间的贸易对 W 的替代，并导致来自 W 国的进口量下降，而这是与维持其贸易流量不变相矛盾的。均衡时，来自 W 国的进口量为 FH（$=KG$）。

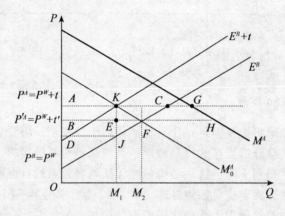

图 8-7 Kemp-Wan 定理

关税同盟成立后，A 国来自 W 国的关税收入下降，并且这部分损失因进口价格下降转移给了国内的消费者。它来自 B 国的进口关税也下降，而这部分损失则转移给了 B 国的生产商。A 国的净损失为 $BDJE-EFK$。因此，A 国的福利状况是增进还是改善取决于因贸易创造产生的福利增量 EFK 与关税净损失 $BDJE$ 的对比，是不确定的。对于 B 国，由于它的出口商品价格提高，因而福利肯定是增加的。由于整个关税同盟的福利增加了 JKF，所以，B 国的福利增加除了补偿 A 国的福利下降——如果说 A 国的确存在净福利损失的话，必然还有剩余，如果存在这样的补偿办法，说明 A、B 两国都有组成关税同盟的动力机制。

福利补偿分析包括两种情形，一种是国内有关利益集团之间的福利补偿，如果缔结自由贸易区的某成员国，国内的利益集团经福利补偿后总福利增加，该国就是该关税政策变动的受益者。然而，对一国有利的自由贸易协定未必一定对其他成员国也有利，只有在国内补偿后的净福利在各潜在的贸易政策合作伙伴国之间补偿后净福利仍有增加，这样的合作才是可行的。Kemp-Wan定理提供了一个分析关税同盟的福利补偿框架，它表明，如果两个或两个以上的国家缔结关税同盟，且共同的外部关税使得同盟内来自于同盟外的进口价格和数量与同盟成立前相同，这时每一个成员国都会接受这样一个补偿：共同的关税与由此导致的本国进（出）增量乘积的负值——它能在保证每个同盟国政府预算非负的前提下，各同盟国内每个人的福利水平都不会下降。既然存在一个不降低每个人的福利水平，同时又能使有些人的福利水平提高的机制，即帕累托改进机制，这说明，即使合作使得某些国家利益受损，但只要受损方能够得到充足的补偿（达到不低于其非合作状态的福利水平），贸易政策合作就能使全体同盟国收益，每个成员国都存在加入该同盟的动力。

Kemp-Wan定理的成立依赖于它的前提条件：共同的对外关税以及不变的对外贸易水平。在现实世界里，大量存在的不是关税同盟（共同的对外关税水平），而是自由贸易区。在自由贸易区里，各成员国相互之间虽然取消了关税，但各成员国仍保留各自的对非成员国的关税水平，而非共同的对外关税水平。这就有必要进一步证明：在自由贸易区情形下，合作方各国是否都能受益。Krishna和Panaguariya（2002）证明，在自由贸易区情形下，只要保证各成员国各自对非成员国的关税水平和贸易量不变，那么同样会存在一个福利转移，该福利转移能使得各成员国每个居民的福利不致下降，且保持政府预算的非负性。

现在对上述贸易政策合作理论总结如下：各个贸易国为最大化本国福利，相互操纵贸易条件，对来自于伙伴国的进口商品征收进口关税，结果不仅给对方国家造成福利损失，而且在本国也产生价格扭曲的福利损失。不严格地说，如果贸易条件效应造成的福利变动在贸易国范围内会相互抵消，那么，各国国内的福利损失则构成世界总福利损失。一国进口关税影响伙伴国福利的渠道有两个，一是贸易条件效应，即通过恶化伙伴国的贸易条件使伙伴国受损；二是贸易流量效应，即通过减少伙伴国的出口需求而降低其国内生产总值。显然，如果各国都不征收进口关税，那么世界总福利就会因此而提高；但是，在非合作前提下，各国相互取消进口关税并不是纳什均衡，因此，非合作均衡是低效均衡。只要这种非合作效率损失是由各相关贸易国较为均匀地分摊，那么各贸易国就可能产生合作动机，以消除非合作效率损失，并使得各合作方都能在一定程度上受益。一国参与贸易政策合作动机的强弱显然取决于该国在合作中受益的大小，这种合作收益的分配在传统贸易政策合作理论中是用各国在合作中的谈判力量表示的。当然，合作的总收益，也是合作的必要条件之一，并不取决于合作收益的分配。但合作的可行性则是由二者共同决定的。

在传统贸易政策合作理论中，基于国内福利最大化的合作收益的存在以及不使任何一国低于初始状态（非合作状态）合作收益的分配是解释贸易政策合作的必要性和可行性的两个基本方面。如果政府不追求国民福利最大化，就不会存在操纵贸易条件动机，也谈不上降低关税的收益；如果没有合作收益，也就没有合作的动机；如果不存在合作收益分配的合理机制（一般而言，这种合作机制应该能在经过福利补偿后，任何一方都不能低于该国在合作前的福利状态，否则就与追求福利最大化政府假设不符），合作就难以在实际上发生。

　　同样的分析（政府追求贸易条件改善）也可用于规模报酬递增情形（政府追求市场进入份额）。追求规模报酬是垄断条件下贸易开放的另一理由，如果一国的产业存在规模收益递增，通过出口扩大市场份额就会降低产品的生产成本。然而，当他国的产品进入本国市场时，就会引起本国产业国内市场份额的下降，本国产业出现生产萎缩，如果该产业也处于规模收益递增区域，生产的萎缩和成本的上升就会导致本国产业因缺乏足够的国际竞争力而衰落甚至消亡。不论这种产业是该国的幼稚产业还是夕阳产业，政府都可能会给予保护。如果这种逻辑成立，任何一国的政府都想在不出让本国市场份额的前提下，最大限度地获得别国的市场份额。当双方都这样做时，就禁止了贸易，结果谁也没法享受扩大市场份额和规模收益递增的好处。于是双方只能通过贸易政策合作同时相互开放市场。

第三节　贸易政策合作的实践

一、欧洲联盟（European Union）

　　欧盟的前身是欧洲共同体。1951 年 4 月 18 日，法国、联邦德国、意大利、荷兰、比利时和卢森堡 6 国在法国首都巴黎签订了建立欧洲煤钢共同体条约，该条约翌年 7 月 25 日生效。1957 年 3 月 25 日，上述 6 国又在意大利首都罗马签订了建立欧洲经济共同体条约和欧洲原子能共同体条约。1965 年 4 月 8 日，6 国签订《布鲁塞尔条约》，决定合并 3 个共同体，统称欧洲共同体。自 1958 年建立以来，在曲折中前进的欧共体在各方面都取得了重大成就。为了向更高目标迈进，经过长期酝酿，在 1985 年 6 月，以欧共体最高权力机构欧共体委员会的名义，提出了建立"共同体统一市场"的宏伟发展规划，计划从 1993 年 1 月开始启动。从当时的整体经济实力看，欧共体已经形成了可以与美国、日本相抗衡的力量，但联结各国经济的各种纽带还不牢固，特别是在建立欧洲货币联盟的问题上矛盾较大。由于面临着日本和亚太各国的经济合作和北美自由贸易协定的严峻挑战，西欧各国都感到如果欧共体仍停留在原地不动，就不能应对这种挑战，只有加快经济政治联盟的步伐才有出路。所以尽管欧共体内部还存在着这样那样的矛盾，但各国都愿意形成一个欧洲统一市场，以便在对外有关重大决策问题上取得一致的步调。于是，1992 年 2 月 7 日各成员国签订了《欧洲联盟条约》，即马约。经欧洲共同体各成员国批准，《欧洲联盟条约》于 1993 年 11 月 1 日正式生效。条约提出，到 20 世纪末实行欧洲统一货币，实行共同的外交与安全保障政策并协调各国内政与司法事务。实现这一目标之后，欧共体就不只是一个经济共同体，而成为一个政治、外交和内务等方面全面联合的"欧洲联盟"。

欧盟共经历了 6 次扩大：1973 年英国、爱尔兰和丹麦加入；1981 年希腊加入；1986 年西班牙和葡萄牙加入；1995 年奥地利、芬兰和瑞典加入；2004 年 5 月 1 日，波兰、匈牙利、捷克、斯洛伐克、爱沙尼亚、拉脱维亚、立陶宛、斯洛文尼亚、塞浦路斯和马耳他 10 国入盟；2007 年 1 月 1 日，罗马尼亚、保加利亚入盟。同时，接纳新成员国的谈判仍在进行：2005 年 10 月，欧盟启动与克罗地亚、土耳其的入盟谈判；同年 12 月，马其顿被接纳为欧盟候选国；2006 年 6 月，阿尔巴尼亚与欧盟签署了稳定与联系协议。

按照欧盟有关条约规定，欧盟主要机构如下：

1. 欧盟理事会（Council of the European Union）：是欧盟的最高决策机构，分为由各成员国外长组成的总务理事会和由农业、财经、科研、工业等部长组成的专门委员会。作为欧盟主要的决策和立宪机构，欧盟理事会自诞生之日起，就倾向于尽可能采用"一致通过"表决机制实现决策。但这一机制在实践中并不容易执行，特别是随着欧盟成员国数量的增加，"一致通过"表决机制的运用越来越困难，于是就产生了"简单多数"表决机制和"有效多数"表决机制，其中"有效多数"表决机制成为欧盟理事会的主要表决机制。在一些意义重大的问题上，欧盟理事会采用了"一致通过"表决机制，其范围主要包括：外交与安全、内政司法、税收、宪法事务、社会保障、能源、文化、工业和与发达国家签署协议等。"简单多数"表决机制主要用于对程序性决定进行投票表决。欧盟每个成员国只有一票，一项决定以赞同票的多少决定是否被通过。在涉及内部市场、某些教育事务，以及环境、消费者事务和欧盟区域发展基金等问题时一般都会采用"有效多数"表决机制。2004 年 5 月 1 日以前使用的"有效多数"表决机制为，欧盟 15 个成员国视其在欧盟中地位和影响力的不同，分别拥有 2 票到 10 票的表决权。欧盟理事会的总票数为 87 票，有效多数为 62 票。自 2004 年 5 月 1 日，使用过渡性表决机制。从 2004 年 11 月起，欧盟理事会将采用新的"有效多数"表决机制：即总票数为 321 票，有效多数为 232 票并能够代表一半以上的成员国。欧盟正在制定的"欧盟宪法"对"有效多数"表决机制又有更新，要求有效多数能够代表一半以上的成员国和 60% 以上的欧盟人口。欧盟计划从 2009 年 11 月起执行这一表决机制，但目前欧盟成员国和准成员国对该表决机制存在很大分歧。

2. 欧洲委员会（European Council）：欧盟委员会是欧盟的执行机构，负责实施欧盟条约及欧盟首脑会议和部长会议做出的决定；向欧洲理事会和部长理事会提出报告和立法动议；代表欧盟对外联系并负责经贸等方面的谈判。在欧盟共同外交和安全政策方面，只有建议权和参与权。

3. 欧洲议会（European Parliament）：是联盟的监督和咨询机构，所通过的决议一般没有法律约束力，但有部分预算决定权，可以否定委员会的预算草案并要求提出新方案，还可以以 2/3 多数弹劾委员会。

4. 欧洲法院（European Court of Auditors）：是欧盟最高仲裁机构，以欧盟规章法律为准绳，负责维护欧盟所有决议的执行，保障欧盟规章得到尊重，并对条约和规章做出终裁性解释，审理和裁决在执行欧盟条约和有关规定中与成员国同类规定相矛盾的各种争议。

5. 欧洲审计院（European Court of Auditors）：根据"马约"规定，审计院是欧盟 5 个主要机构之一，负责审查欧盟收支状况，审计欧盟各机构的财务，确保欧盟财政的正常管理。

6. 其他机构：其他重要机构还有经济社会委员会、地区委员会和欧洲投资银行等。

欧盟是世界最大区域经济一体化集团之一，拥有巨大经济实力，是当今全球经济结构中的重要一极，与美、日三足鼎立。欧盟不仅是政治、经济联盟，也是科技联盟。从 1984 年实施第一个科技发展总体规划以来，已经执行了 5 个科技发展总体规划。该计划是成员国共同参与的中期重大科技规划，具有研究国际前沿和预竞争性科技难点的特点。

欧盟经济一体化的重要特征在于它的统一货币。欧元自 1999 年 1 月 1 日正式启用。除英国、希腊、瑞典和丹麦外的 11 个国家于 1998 年首批成为欧元国。2000年 6 月，欧盟在葡萄牙北部城市费拉举行的首脑会议批准希腊加入欧元区。2002年 1 月 1 日零时，欧元正式流通。斯洛文尼亚于 2007 年开始使用欧元。欧洲中央银行负责管理欧洲单一货币——欧元。中央银行独立地管理欧洲货币政策，例如，决定利率高低。中央银行的主要目标是确保价格稳定，防止欧洲经济遭到通货膨胀破坏。货币政策同时还应支持欧盟决定的其他政治目标。欧洲中央银行位于德国法兰克福，由一名行长及一个执行理事会进行管理，并与欧盟成员国国家中央银行保持密切合作。

二、北美自由贸易协定（NAFTA）

关于建立北美自由贸易区的设想，最早出现在 1979 年美国国会关于贸易协定的法案提议中，1980 年美国前总统里根在其总统竞选的有关纲领中再次提出。但由于种种原因，该设想一直未受到很大重视，直到 1985 年才开始起步。1985 年 3月，加拿大总理马尔罗尼在与美国总统里根会晤时，首次正式提出美、加两国加强经济合作、实行自由贸易的主张。由于两国经济发展水平及文化、生活习俗相近，交通运输便利，经济上的互相依赖程度很高，所以自 1986 年 5 月开始经过一年多的协商与谈判于 1987 年 10 月达成了协议，次年 1 月 2 日，双方正式签署了《美加自由贸易协定》。经美国国会和加拿大联邦议会批准，该协定于 1989 年 1 月生效。《美加自由贸易协定》规定在 10 年内逐步取消商品进口（包括农产品）关税和非关税壁垒，取消对服务业的关税限制和汽车进出口的管制，开展公平、自由的能源贸易。在投资方面两国将提供国民待遇，并建立一套共同监督的有效程序和解决相互间贸易纠纷的机制。另外，为防止转口逃税，还确定了原产地原则。美、加自由贸易区是一种类似于共同市场的区域经济一体化组织，标志着北美自由贸易区的萌芽。

由于区域经济一体化的蓬勃发展和《美加自由贸易协定》的签署，墨西哥开始把与美国开展自由贸易区的问题列上了议事日程。1986 年 8 月两国领导人提出双边的框架协定计划，并于 1987 年 11 月签订了一项有关磋商两国间贸易和投资的框架原则和程序的协议。在此基础上，两国进行多次谈判，于 1990 年 7 月正式达成了美墨贸易与投资协定（也称"谅解"协议）。同年 9 月，加拿大宣布将参与谈判，三国于 1991 年 6 月 12 日在加拿大的多伦多举行首轮谈判，经过 14 个月的磋商，终于于 1992 年 8 月 12 日达成了《北美自由贸易协定》，即 NAFTA。该协定的总则规定，除墨西哥的石油业、加拿大的文化产业以及美国的航空与无线电通信外，取消绝大多数产业部门的投资限制。对白领工人的流动将予以放宽，但移民仍将受到限制。协定规定由执行规定而产生的争执，将交付由独立仲裁员组成的专门小组解决；如果大量进口损害一国国内的工业，将允许该国重新征收一定的关税。1993 年 5～6 月，加拿大国会通过了该协定。同年 11 月，美国、墨西哥国会通过了该协定。同年 12 月，美国总统签署该协定，使之正式成为美国法律。该协定于 1994 年 1 月 1 日正式生效，北美自由贸易区宣告成立。

北美自由贸易区是典型的南北双方为共同发展与繁荣而组建的区域经济一体化组织，南北合作和大国主导是其最显著的特征。

1. 南北合作

北美自由贸易区既有经济实力强大的发达国家（如美国），也有经济发展水平较低的发展中国家，区内成员国的综合国力和市场成熟程度差距很大，经济上的互补性较强。各成员国在发挥各自比较优势的同时，通过自由的贸易和投资，推动区内产业结构的调整，促进区内发展中国家的经济发展，从而减少与发达国家的差距。

2. 大国主导

北美自由贸易区是以美国为主导的自由贸易区，美国的经济运行在区域内占据主导和支配地位。美国在世界上经济发展水平最高，综合实力最强；加拿大虽是发达国家，但其国民生产总值仅为美国的 7.9%（1996 年数据），经济实力远不如美国；墨西哥是发展中国家，对美国经济的依赖性很强，因此，北美自由贸易区的运行方向与进程在很大程度上体现了美国的意愿。

3. 减免关税的不同步性

由于墨西哥与美国、加拿大的经济发展水平差距较大，而且在经济体制、经济结构和国家竞争力等方面存在较大的差别，因此，自《美加自由贸易协定》生效以来，美国对墨西哥的产品进口关税平均下降84%，而墨西哥对美国的产品进口关税只下降43%；墨西哥在肉、奶制品、玉米等竞争力较弱的产品方面，有较长的过渡期。同时，一些缺乏竞争力的产业部门有 10 ~ 15 年的缓冲期。

4. 战略的过渡性

美国积极倡导建立的北美自由贸易区，实际上只是美国战略构想的一个前奏，其最终目的是为了在整个美洲建立自由贸易区。美国试图通过北美自由贸易区来主导整个美洲，一来为美国提供巨大的潜在市场，促进其经济的持续增长；二来为美国扩大其在亚太地区的势力，与欧洲争夺世界的主导权。1990 年 6 月 27 日美国总统布什在国会提出了开创"美洲事业倡议"，随后美国于 1994 年 9 月正式提出"美洲自由贸易区"计划，同年 12 月，在美国迈阿密举行了由北美、南美和加勒比海等 34 个国家（古巴除外）参加的"美洲首脑会议"，会议决定于 2005 年建成美洲自由贸易区。

NAFTA 实施 10 年来取得的主要成就表现在如下几个方面：首先，NAFTA 有效地促进了区域内贸易和投资。NAFTA 具有 11.4 万亿美元的国内生产总值（GDP），超过了欧盟的 8.3 万美元，是世界上最大的自由贸易区；3 国的贸易额由 1993 年的 3060 亿美元增加到 2002 年的 6210 亿美元，增长了 2 倍多。其次，NAFTA 增强了环保意识，提升了劳工标准。NAFTA 包括劳工和环境两个附属协议。与此同时，通过 NAFTA 各国有效地实施了环境法。而通过 NAFTA 的劳动力供给协议，各贸易伙伴力图改善工人的工作环境和生活水平，并且承诺 11 项有关保护、改善和实施工人基本权利的规则，并通过北美劳工合作协定实施劳工法、建立相关的制度、执行 3 方合作计划以及成立 3 方职业安全和卫生工作组来具体实施。再次，NAFTA 深化了推进自由贸易的共识。十多年来，NAFTA 不仅客观上成为许多美洲国家签订类似自由贸易协定的范本，而且 NAFTA 通过创造更多更好的就业机会，达到了增进成员国繁荣的目的，从而显示出其获得的成功。

三、东南亚国家联盟（ASEAN）

东南亚国家联盟（简称东盟）的前身是由马来西亚、菲律宾和泰国 3 国于 1961 年 7 月 31 日在曼谷成立的东南亚联盟。1967 年 8 月，印度尼西亚、泰国、新加坡、菲律宾 4 国外长和马来西亚副总理在曼谷举行会议，发表了《东南亚国家联盟成立宣言》，即《曼谷宣言》，正式宣告东南亚国家联盟成立。1976 年 2 月在东盟第一次首脑会议上，东盟成员国签署了《东南亚友好合作条约》。20 世纪 80 年代后，文莱（1984 年）、越南（1995 年）、老挝（1997 年）、缅甸（1997 年）

和柬埔寨（1999年）5国先后加入该组织，使东盟由最初成立时的5个成员国扩大到目前的10个成员国。东盟的宗旨是以平等和协作精神，共同努力促进本地区的经济增长、社会进步和文化发展；遵循正义、国家关系准则和《联合国宪章》，促进本地区的和平与稳定；同国际和地区组织进行紧密和互利的合作。

东盟主要机构有首脑会议、外长会议、常务委员会、经济部长会议、其他部长会议、秘书处、专门委员会以及民间和半官方机构。首脑会议是东盟最高决策机构，每年举行一次，主席由成员国轮流担任。外长会议是制定东盟基本政策的机构，每年轮流在成员国举行。常务委员会主要讨论东盟外交政策，并落实具体合作项目。随着经济实力和影响的不断加强，东盟在地区事务中发挥着越来越重要的作用。20世纪90年代初，东盟率先发起东亚区域合作进程，逐步形成了以东盟为中心的一系列区域合作机制。其中，东盟与中日韩（10＋3）合作机制、东盟分别与中日韩（10＋1）合作机制已经发展成为东亚合作的主要渠道。此外，东盟还与美国、日本、澳大利亚、新西兰、加拿大、欧盟、韩国、中国、俄罗斯和印度10个国家或组织形成对话伙伴关系。2003年，中国与东盟的关系发展为战略协作伙伴关系，同年10月，中国宣布加入《东南亚友好合作条约》，从而成为东南亚地区以外第一个加入该条约的国家。①

四、亚太经合组织（APEC）

亚太经合组织（Asia-Pacific Economic Cooperation，APEC）成立之初是一个一般性地区经济论坛和磋商机构，经过十几年的发展，已逐渐演变为亚太地区最高级别的政府间经济合作机制，联系太平洋两岸的重要纽带和各成员开展合作的舞台。20世纪80年代，国际形势因冷战结束而趋向缓和，世界经济全球化、贸易投资自由化和区域经济集团化的趋势渐成潮流。在欧洲经济一体化进程加快、北美自由贸易区已显雏形和亚洲地区在世界经济中的比重明显上升等背景下，澳大利亚前总理霍克1989年1月提出召开亚太地区部长级会议，讨论加强相互间经济合作的倡议。这一倡议得到美国、加拿大、日本和东盟的积极响应。1989年11月6日至7日，亚太经合组织第一届部长级会议在澳大利亚首都堪培拉举行，这标志着亚太经合组织的成立。1991年11月，亚太经合组织第三届部长级会议在韩国汉城通过了《汉城宣言》，正式确立该组织的宗旨与目标是：相互依存，共同利益，坚持开放的多

---

① 《东南亚友好合作条约》是东盟成员国于1976年2月24日在印度尼西亚巴厘岛举行的东盟第一次首脑会议上签署的。条约的宗旨是"促进地区各国人民之间永久和平、友好和合作，以加强他们的实力、团结和密切关系"。迄今东盟10国已全部加入这个条约。除了东盟成员国外，加入该条约的还有中国、印度、日本、韩国、巴基斯坦、俄罗斯、新西兰、澳大利亚、法国、东帝汶、斯里兰卡和孟加拉等。

边贸易体制和减少区域贸易壁垒。1993 年 6 月改名为亚太经济合作组织，简称亚太经合组织或 APEC。

亚太经合组织的性质为官方论坛，秘书处对其活动起辅助作用。其议事采取协商一致的做法，合作集中于贸易投资自由化和经济技术合作等经济领域。亚太经合组织 21 个成员国的总人口达 25 亿，占世界人口的 45%；国内生产总值（GDP）之和超过 19 万亿美元，占世界的 55%；贸易额占世界总量的 47% 以上。因此，这一组织在全球经济活动中具有举足轻重的地位。1991 年 11 月，中国以主权国家身份正式加入亚太经合组织。

到目前为止，亚太经合组织共有 21 个成员：澳大利亚、文莱、加拿大、智利、中国、中国香港、印度尼西亚、日本、韩国、马来西亚、墨西哥、新西兰、巴布亚新几内亚、秘鲁、菲律宾、俄罗斯、新加坡、中国台北、泰国、美国和越南。其中，澳大利亚、文莱、加拿大、印度尼西亚、日本、韩国、马来西亚、新西兰、菲律宾、新加坡、泰国、美国等 12 个成员是于 1989 年 11 月 APEC 成立时加入的；1991 年 11 月，中国、中国台北和中国香港加入；1993 年 11 月，墨西哥、巴布亚新几内亚加入；1994 年智利加入；1998 年 11 月，秘鲁、俄罗斯、越南加入。东盟秘书处、太平洋经济合作理事会和太平洋岛国论坛为该组织观察员，可参加亚太经合组织部长级及其以下各层次的会议和活动。APEC 接纳新成员需全部成员的协商一致。1997 年温哥华领导人会议宣布 APEC 进入 10 年巩固期，暂不接纳新成员。

APEC 领导人非正式会议是亚太经合组织最高级别的会议。会议就有关经济问题发表见解，交换看法，会议形成的领导人宣言是指导亚太经合组织各项工作的重要纲领性文件。首次领导人非正式会议于 1993 年 11 月在美国西雅图召开，此后每年召开一次，在各成员间轮流举行，由各成员领导人出席（中国台北只能派出主管经济事务的代表出席）。领导人非正式会议自 1993 年以来共举行了 14 次，分别在美国西雅图、印尼茂物、日本大阪、菲律宾苏比克、加拿大温哥华、马来西亚吉隆坡、新西兰奥克兰、文莱斯里巴加湾、中国上海、墨西哥洛斯卡沃斯、泰国曼谷、智利圣地亚哥、韩国釜山、越南河内举行。2007 ~ 2010 年的领导人非正式会议将分别在澳大利亚、秘鲁、新加坡和日本举行。

APEC 部长级会议是亚太经合组织决策机制中的一个重要组成部分。会议的主要任务是为领导人非正式会议做准备，贯彻执行领导人非正式会议通过的各项指示，讨论区域内的重要经济问题和决定亚太经合组织的合作方向与内容。部长级会议实际是"双部长"会，即由各成员的外交部长（中国香港和中国台北除外）和外贸部长，或经济部长、商业部长等（中国香港和中国台北派代表）参加的会议，每年在领导人非正式会议前举行一次。首次会议于 1989 年在堪培拉召开。

APEC 高官会议是亚太经合组织的协调机构，始于 1989 年，通常由当年举办领导人非正式会议的东道国主办，每年举行 3 ~ 4 次会议，主要负责执行领导人和部长级会议的决定，审议各工作组和秘书处的活动，筹备部长级会议、领导人非正式会议及其后续行动等事宜。高官会议下设 4 个委员会和 11 个专业工作小组。4个委员会是贸易和投资委员会、经济委员会、高官会经济技术合作分委员会和预算管理委员会。11 个专业工作小组分别为产业科技、人力资源开发、能源、海洋资源保护、电信、交通、旅游、渔业、贸易促进、农业技术合作和中小企业。

APEC 秘书处于 1992 年 9 月在新加坡设立，为 APEC 各层次的活动提供支持与服务。秘书处最高职务为执行主任，任期 1 年，由每年亚太经合组织会议东道国指派。副执行主任由下届 APEC 会议东道国指派，一年之后成为执行主任。

APEC 工商咨询理事会是亚太经合组织的常设机构，1995 年 11 月在日本大阪正式成立，其前身是 1993 年成立的太平洋工商论坛。它的主要任务是对亚太经合组织贸易投资自由化、经济技术合作以及创造有利的工商环境提出设想和建议，并向领导人和部长级会议提交咨询报告。理事会的主要任务是鼓励工商界人士参与亚太经合组织合作进程。每个亚太经合组织的成员派 3 名具有代表性的工商界人士参加理事会。工商咨询理事会秘书处暂设在菲律宾马尼拉，经费由各成员缴纳。理事会主席采取轮换制的原则，即由当年亚太经合组织领导人非正式会议的东道主担任工商咨询理事会主席。工商咨询理事会每年召开 3～4 次例会，并在每年亚太经合组织领导人非正式会议期间，与各成员领导人举行一次对话会。

APEC 主要讨论与全球及区域经济有关的议题，如促进全球多边贸易体制，实施亚太地区贸易投资自由化和便利化，推动金融稳定和改革，开展经济技术合作和能力建设等。近年来，APEC 也开始介入一些与经济相关的其他议题，如人类安全（包括反恐、卫生和能源）、反腐败、备灾和文化合作等。

APEC 采取自主自愿、协商一致的合作方式。所作决定须经各成员一致同意。会议最后文件不具法律约束力，但各成员在政治上和道义上有责任尽力予以实施。

小　　结

区域贸易协定是区域贸易自由化的重要形式，在形式上有特惠贸易协定、自由贸易区、关税同盟、共同市场、经济同盟等。贸易政策合作的主要经济解释是，相互的单边贸易政策措施会造成双方的福利损失，这是贸易政策的"囚徒困境"，虽然是国别最优但不是整体最优。双方为消除相互的单边贸易政策造成的损失，就要进行贸易政策合作。分析贸易政策合作的传统工具是贸易创造和贸易转移。贸易创造会增进福利，而贸易转移则使合作者福利下降。贸易创造和贸易转移效应的大小取决于进出口供给与需求弹性大小。

Kemp-Wan 定理给出了关税同盟可行性的条件：一旦对外贸易额固定，外部世界（W 国）的福利也就不会因关税同盟的形成而变化；同盟国在对外贸易流量给定的情形下，A 国、B 国通过在区内使任意两种商品的边际转换率与边际替代率相等而实现整体福利的最大化，其途径是取消区内关税壁垒让商品在同盟内自由交易。

世界上区域贸易协定已经是非常普遍的现象，影响较大的有欧盟、北美自由贸易区、东南亚国家联盟、亚太经合组织等。

思考与练习

1. 相互的单边贸易政策为什么会导致"囚徒困境"？

2. 什么是贸易创造和贸易转移？它们对自由贸易区的福利影响如何？这些影响是如何受进出口商品供求价格弹性影响的？

3. 什么是 Kemp-Wan 定理？如何证明这一定理？

下　编
开放经济下的宏观经济学

第九章 国际收支

在一个开放经济中，一国（或地区）与其他国家（或地区）有着各种各样的政治、经济、文化等往来，所有的这些国际往来都离不开两国之间的经济交往。一国与其他国家之间发生的反映该国国际往来的经济资源的变动，构成该国的国际收支。本章将要分析的是国际收支的内容与结构，如何进行国际收支的记录，如何分析国际收支的均衡。最后，我们将对中国的国际收支状况进行分析。

第一节 国际收支的概念与基本内容

一、国际收支

无论是个人、企业还是政府，都会对每月、每季或每年的收入和支出情况进行逐次记录，目的是为了对货币的收入和支出的来龙去脉有清晰的了解，这就是所谓的"收支"。将这一概念应用到一国的对外往来；就是所谓的国际收支（Balance of Payment）。可见，国际收支描述的是一个国家或地区所有国际经济活动的收入和支出情况。

由于国际收支反映的对象是国际经济活动，而国际经济活动在内容和形式上随世界经济发展而不断发展，国际收支概念的内涵也在不断发展。16 世纪末、17 世纪初的地理大发现，17、18 世纪的三次工业革命，给国际贸易提供了基本的物质前提，使得国际贸易迅速发展。但是，在资本主义发展的初期，国际资本流动则相对贫乏，国际贸易几乎是各国所进行的国际经济活动的全部内容，贸易差额（Balance of Trade）的概念就成为当时衡量一国在一定时期内对外商品贸易的综合情况的主要指标，也就是说，那时的国际收支等同于一个国家的贸易收支。

随着世界经济的发展，资本主义国家国际经济交易的内容和范围不断扩大，尤其是 20 世纪 20 年代之后，国际资本流动在国际经济中扮演着越来越重要的角色，在这种情况下，"贸易差额"这个概念已不能全面反映各国国际经济交易的全部内容，于是就出现了"外汇收支"（Balance of Foreign Exchange）的概念。此时的国际收支概念指的是在现金收付的基础之上，一个国家在一定时期内为了结清国际债权、清偿其国际债务而发生的对外货币收支的综合情况，是一定时期内外汇收支的综合。各国经济交易只要涉及外汇收支，无论它是贸易、非贸易，还是资本借贷或单方面资金转移，都属于国际收支范畴。这也是目前许多国家仍在沿用的狭义的国际收支的含义。

第二次世界大战结束之后，国际经济活动的内涵、外延又有了新的发展，各国对外货币收支的内容不仅局限于商品、劳务和资本账户下的有价交易，而且还经常涉及单方面进行的经济援助、军事援助、战争赔款、侨民汇款及国际捐赠等各种形式的无偿转移。于是国际收支概念又有了新的发展，形成了广义的国际收支概念。它指一个国家或地区的居民在一定时期内（通常为1年）同本国非居民之间在政治、经济、文化往来中发生的各种国际经济交易货币价值的全部系统记录。目前，世界各国普遍采用广义的国际收支概念。

根据上述广义的国际收支定义，国际收支包括以下几个方面的内涵：

（1）国际收支记录的是一国与其他国家之间发生的各种交易的货币价格。这种货币价格既可用外币来计量，也可用本国货币来计量。

（2）国际收支记录了一国所有的对外往来，既有私人部门交往的内容，也有政府部门交往的内容；既包括基于经济目的发生的各种交易，也包括因非经济动机发生的交易，例如一国向另一国进行的财富的单方面转移。

（3）国际收支是一定时期内本国与外国经济往来的记录，时间一般以1年为单位。因此，国际收支反映的是流量。流量是一定时期内发生的量，与之对应的是存量，即某个时点的量。① 存量与流量是相互联系的，流量大小将改变存量，而有些流量又与存量大小有关。经济学上常用的存量与流量的概念有：投资是流量，由投资形成的资本是存量；国民收入是流量，财富是存量。在国际收支中，出口、进口、资本流入、资本流出、国际储备变动等都是流量概念，是一年内发生的数量。

（4）国际收支记录的是一国与其他国家之间发生的各种经济往来，本国与外国的区分是用居民与非居民概念来反映的。一国的居民指的是经济利益主要在本国的经济主体，而一国的非居民指经济利益不在本国的经济主体。居民与公民并不是完全一致的，一般而言，本国的公民就是本国居民，但如果本国公民长期在国外从事经济活动，他（她）就可能是本国的非居民；相反，不是本国的公民，长期在本国从事经济活动，也会成为本国的居民。同时，居民也不等同于自然人，居民既

---

① 当你从水壶往杯子中倒水时，单位时间内从水壶中流出来的水量是流量，水壶里的水和杯子里的水都是存量。流量的发生使水壶里的水变少，杯子里的水变多，也就是说，流量改变了存量的大小。如果杯子底部有漏水孔，漏出也是流量，是使存量减少的流量。当杯子漏水的速度与注入的速度（减少存量的流量与增加存量的流量）相等时，杯子里的水就处于动态平衡状态——既不增加也不减少，这就是存量的动态平衡，也是经济分析中常用的反映动态平衡的方法。

可以是自然人，也可以是法人或政府机构。具体来说，一国的居民和非居民的区分为：

①个人居民：包括长期居住在本国的自然人；移民（移入），在本国居住时间超过一年的留学生、国外旅游者；本国驻外使节、驻外军事人员。

②企业居民：在一国境内注册登记的企业。

③非营利私人团体。

④政府居民：包括各级政府。

⑤国际性机构：国际性机构是本国的非居民，这些机构包括联合国、国际货币基金组织、世界银行等。

（5）国际收支中的经济交易指的是经济价值在不同经济主体之间的转移，这种转移既包括实际转移，也包括金融转移。前者是商品和服务在居民与非居民之间的转移，后者则指的是金融资产在居民与非居民之间的转移。这种转移既可以是有偿的双边转移（Bilateral Transfer），也可以是无偿的单边转移（Unilateral Transfer）。前者指商品、服务或资产的受让者必须以一定的形式对出让方给予对等的经济补偿；后者则不需要受让者对等的补偿。

在国际收支的广义基础之上，国际货币基金组织对国际收支进行了深入而详细的探讨，并在1977年出版的《国际收支手册》中做出了统一规定，即："国际收支是一定时期内的一种统计报表，它所反映的是：（A）一个经济实体与世界上其他经济实体之间商品、劳务和收益等的交易；（B）这个经济实体所持有的货币黄金、特别提款权的变化以及其对世界其他经济实体的债权和债务关系的变化；（C）无偿转移及各种在会计上必须用来平衡上述未相互抵消的交易和变动的对应记录。"这种定义使国际收支的数据统计更具有可操作性。

国际收支与国际借贷是既有区别又有联系的两个概念。国际借贷（Balance of International Indebtedness）是指一个国家在一定时期内对外债权债务的综合情况，是一个存量概念。国际之间的债权债务在一定时期内必须进行清算和结算，此过程一定涉及国际间的货币收支问题，债权国要在收入货币后了结债权关系，而债务国要用支付货币来清偿债务，这就是国际收支问题，所以国际收支是表示一个国家在一定时期内对外货币收支的综合情况，是一个流量概念。国际借贷行为必然产生国际收支，国际借贷是国际收支的原因，国际收支是国际借贷的结果。

二、国际收支平衡表

国际收支的数据通过特定的统计方法和数据来源渠道，以一定的方式加以表现，这种方法就是国际收支平衡表。了解国际收支平衡表的内容、结构和编制原理是理解和掌握国际收支的基本途径。国际收支平衡表是一个国家对一定时期（如一年、半年或一个季度）内发生的该国与他国居民之间的经济往来进行系统记录的一种统计表。根据国际货币基金组织 1993 年出版的《国际收支手册》，国际收支平衡表包括三大账户：经常账户、资本和金融账户、错误和遗漏账户。

1. 经常账户（Current Account）

经常账户是国际收支平衡表中最基本也是最重要的部分，用于统计商品、劳务和单方面转移等实际资源变动的项目。其具体内容包括：

商品（Goods）：商品的进出口是经常账户交易最重要的一个内容，它包括所有有形商品的交易（黄金、珠宝、政府的进出口商品、直接投资企业的进出口商品、移民的随身携带财物以及走私货物等）。为了保持统计指标的一致性，IMF 规定统一用离岸价（FOB）统计。①

劳务（Services）：劳务是经常账户的第二大内容，而且地位越来越重要。传统内容主要包括：商品的运输费、保险费和其他附属费用（如港口费用，客运的车、船票及车、船上的其他劳务费用等），旅游收支，使领馆人员工资等开支，本国居民在国外的财产收入等。现在，商品进出口以外的商业销售、专业服务和技术服务，如通信和计算机服务、金融服务、版权及许可证费在劳务项目中变得越来越重要。

收益（Income）：收益中包括两类交易，第一类记录短期劳务收益，如出入境、季节性非居民工人获得的收益；第二类记录投资收益，如债息、股息等。

经常性转移（Current Transfer）：包括政府转移和民间转移，如国际无偿援助，政府缴纳给国际组织的管理费用，战争赔款，赠予和侨汇等。

2. 资本与金融账户（Capital Account and Financial Account）

该账户记录所有资产的国际间流动行为，包括资本账户和金融账户。

资本账户：主要记录资本转移和非生产、非金融资产的收买或放弃。资本转移包括固定资产所有权的转移，用固定资产收买或放弃相关的或以其为条件的资产转移，以及债权人不索取任何回报而取消的债务。非生产、非金融资产的收买或放弃指的是各种形式的无形资产的交易。资本账户包括所有单方面资本转移（资产的放弃或无偿获得，债务豁免等）。

金融账户：金融账户记录对外资产或负债所有权变更的交易，属于该项目的内容包括直接投资、证券投资、其他资产以及储备资产。直接投资指的是具有控制权或以控股为目的的投资，不同国家对直接投资的控股比例定义不同（如《国际收支手册》规定最低为 10%，中国规定最低为 25%）。证券投资是以生息为目的的

---

① 以前各国在统计习惯上对进口统计使用到岸价（CIF 价，即成本、保险险费加运费），出口则使用离岸价（FOB 价，出口国船上交货，货物成本加上装船费用）。由于进口和出口统计标准不一致，会出现世界总出口价值与总进口价值不等的现象，因为同一笔交易进口方与出口方统计的价值不一致（一个使用 FOB 价，一个使用 CIF 价）。

各种形式的金融工具投资。其他资产包括贸易信贷或其他形式的信贷。信贷的本金部分记入金融账户，而利息则记入经常账户。储备资产包括一国货币当局可以随时动用的用以偿付外债的各种资产，如外汇资产、黄金、特别提款权等。

金融账户也就是传统的资本账户，在进行国际资本流动分析时，资产的期限区分是非常重要的，通常划分为长期资本与短期资本。一般来说，原始合同有效期超过1年的投资称为长期资本；有些资本没有明确的投资期限（如股权、知识产权等），它们也属于长期资本；而一些离到期日不到1年的长期投资也归属于长期资本范畴。

储备资产是一国货币当局可用于平衡国际收支或其他用途的资产，如货币黄金、特别提款权、在国际货币基金组织中的储备头寸、外汇资产及其他债权。如果将上述所有资产全部加在一起就是官方总储备，若扣除短期负债则是官方净储备。同样，储备资产发生的利息记录在经常账户下。如果一国法律允许商业银行持有外国资产，并且这种持有在中央银行的直接且有效的控制之下，那么这些外国资产也可以视为储备资产形式。

3. 错误和遗漏账户

由于资料搜集的遗漏，统计口径的偏差，地下经济的发生（如走私、洗钱等），国际收支的统计数据与国际收支平衡原理的要求可能不符，人为地弥补这一差额的处理方法就形成所谓的"错误和遗漏账户"。地下经济是形成错误与遗漏的主要原因，也是经济上的原因（而不是统计技术的原因）。例如，如果一国实施资本流动或外汇管制，就会发生逃避管制的地下资本流动。

第二节　国际收支平衡表的记账规则

为了准确地反映一国的国际收支，就必须将上一节讨论的国际收支中的内容按照一定规则进行记录，这就是国际收支平衡表。国际收支平衡表是按照复式簿记原理编制的，即任何一笔业务的发生，都要在两个或两个以上的账户按照借方贷方发生额相等的原则入账（会计上所谓的有借必有贷、借贷必相等）。根据此原则，所有的借方发生额和贷方发生额必然相等，总差额恒等于零。在国际收支平衡表中，记录的基本原则如下：对于收入项目或负债增加、资产减少的项目都列为贷方，支出项目或资产增加、负债减少的项目都列为借方。具体地说，凡是引起外国对本国进行货币支付的项目都记入贷方，凡是引起本国对外国进行支付的项目都记入借方。具体地，记入贷方的内容有：①真实资源的出口；②本国持有外国金融资产的减少或对外负债的增加。记入借方的内容有：①真实资源的进口；②持有外国金融资产的增加或对外负债的减少。根据这一原则，基本上可以这样认为，商品或服务出口应记录在贷方，商品或服务进口应记录在借方。资本流出增加了本国持有的外国资产或减少了本国的负债，因此，应记录在账户的借方；资本流入增加了本国的负债或减少了外国资产的持有量，应记录在账户的贷方。

　　除了复式记账原则以外，还存在计价和记录时间的处理原则以及记账单位和折算原则。对于各项实际资源、金融债权和债务等各项交易，在国际收支平衡表以成交的市场价格作为交易计价的基础（如果没有市场价格，就要利用同等条件下形成的市场价格进行推算）。国际收支账户的记录时间遵循权责发生制原则，每一笔交易的两笔账目都要在同一时间记录。国际收支平衡表中的各项交易所采用的货币或价值尺度往往不同，为了便于分析和开展国际比较，必须将这些价值量折算成同一个记账单位（我国目前国际收支平衡表使用的记账单位是美元）。这个标准的记账单位应该是稳定的，也就是说，使用该单位表示的国际交易的价值不应由于参加交易的其他货币价值发生变化（相对于该记账单位）而受到较大的影响。在将各种计价的币种转换为国际收支记账单位时，最为合适的汇率是交易日期的市场汇率。

　　尽管按照复式记账方法生成的国际收支平衡表总差额为零，这并不妨碍每一个具体账户存在借方或贷方余额。如果一个账户的贷方发生额大于借方发生额，称为贷方余额，也就是顺差或盈余；反之，如果一个账户的借方发生额大于贷方发生额，称为借方余额，也就是逆差或赤字。

　　为了更直观地理解国际收支平衡表，下面给出一个国际收支平衡表编制的简单例子（该例中对记录的账户做了简化，例如涉及短期债权债务关系的变动，都使用了对外短期债权①）。假设某国在一定时期内（1 年）对外经济往来的业务如下（单位：百万美元）：

　　（1）1 月 20 日，甲公司出口 10，并将所得收入存入本国的开户行。

　　（2）2 月 20 日，乙公司进口 3，并购买外汇支付。

　　（3）3 月 20 日，丙公司在国内采购机器设备 20，在国外投资办厂。

　　（4）4 月 20 日，某投资公司收到国外投资的收益 30，其中 10 用于再投资，其余卖给央行用于兑换本币。

　　（5）5 月 20 日，某国外投资机构预期 A 国货币升值，将其资金 10 兑换为 A

---

　　① 从复式记账规则来看，将一个短期资本账户归入债权还是债务并不影响这笔记录的借贷记录方向。例如，考虑一个居民购买国外国库券的融资。如果他用已有的外币存款来购买，同时也减少了对外短期资产（外币存款）；如果他用本币兑换外币后再购买，实质上是一样的，都是一种资产形式转化为另一种资产形式。如果他先借入外国货币，然后再用借来的货币购买国外的国库券，则本国对外短期资产增加（记入借方），对外（短期）负债也同时增加，记入贷方。在这两种不同的融资形式中，与第一种情形贷方表示对外资产（即外币存款）减少相比，第二种情形贷方表示的是对外负债的增加（这与会计上负债类科目贷方表示增加是完全一致的）。再如，如果你挣的钱用于购买资产，那么你的资产增加了；如果你挣的钱用于还债，那么你的负债减少了，所记方向都是借方。所以，例中对短期资本和长期资本都没有注明是对外资产还是对外负债。

国货币并用于购买 A 国政府债券（一年期以内）。

（6）6 月 20 日，为稳定汇市，央行购入 5。

（7）7 月 1 日，本国居民 H 收到海外亲属的汇款 1。

（8）8 月 1 日，外国一居民购买本国的政府债券（一年期以内）2。

上述业务按照复式记账原理所作分录如下：

（1）借：对外短期债权　　　　　10

　　　贷：商品出口　　　　　　　　　10

（2）借：商品进口　　　　　　　3

　　　贷：对外短期债权　　　　　　　3

（3）借：对外长期投资　　　　　20

　　　贷：商品出口（机器设备）　　　20

（4）借：对外长期投资　　　　　10

　　　　储备资产　　　　　　　30

　　　贷：投资收益　　　　　　　　　40

（5）借：对外短期债权　　　　　10

　　　贷：对外短期负债　　　　　　　10

（6）借：储备资产　　　　　　　5

　　　贷：对外短期债权　　　　　　　5

（7）借：对外短期债权　　　　　1

　　　贷：单方面转移　　　　　　　　1

（8）借：对外短期债权　　　　　2

　　　贷：对外短期债权　　　　　　　2

根据上面数据编制的本期国际收支平衡表如下：

（单位：百万美元）

	借方	贷方	差额
经常账户	3	71	68
商品贸易	3（3）	30（10＋20）	27
投资收益		40（40）	40
单方面转移		1（1）	1
资本与金融账户	53	20	－33
短期资本	23（10＋10＋1＋2）	20（3＋10＋5＋2）	－3
长期资本	30（20＋10）		－30
国际储备	35（30＋5）		－35
错误与遗漏	0	0	0
总计	91	91	0

由该表数据可以看出，该国的经常账户表现为顺差，其中大部分来自于投资收益；资本账户为逆差，是资本净流出国，并以长期投资为主。同时，国际储备增加，这是央行为稳定汇率，买进外汇的结果。

第三节　国际收支平衡表的分析

一、国际收支平衡表的分析方法

国际收支平衡表是记录一国国际收支内容的统计报表，它反映了一个国家在一定时期内外汇资金的来源及运用的一般情况以及其外汇储备变化的情况。从宏观方面看，分析一国国际收支平衡表对研究一个国家的国际经济状况、预测国际经济发展趋势、制定本国国内外金融政策有重要作用；从微观方面看，通过分析国际收支平衡表可以预测其货币汇率变动的方向，从而更好地选择贸易合同的计价货币。

分析国际收支平衡表首先要区别均衡和平衡。均衡指的是影响国际收支的各种行为力量相抵消以后形成的某种稳定状态，而平衡则指的是各账户会计意义上的相等。如果某些账户不相等，不论是顺差还是逆差，都是国际收支失衡。所谓"某些"账户，也就是说国际收支失衡是针对某些特定账户而言的。区分这些账户的概念是自主性交易和调节性交易。自主性交易（或称事前交易）是个人或企业为某种自主性目的而从事的交易，如商品和劳务的输出、输入，侨汇，赠予等。由此产生的国际收支平衡称为自主平衡（Initiative Balance）。调节性交易（或称事后交易）是指为弥补国际收支不平衡而发生的交易，如官方储备变化。通过国际收支调节实现的平衡是被动平衡（Passive Balance）。

有了自主性交易和调节性交易概念，对国际收支平衡概念就可以进一步精确定义：国际收支平衡或失衡指的是自主性交易的平衡或失衡。由于它反映的是一国对外经济活动，所以也称为外部平衡或失衡。为了分析国际收支平衡（或失衡），必须先将国际收支平衡表中所有项目分成两类，划分的方法是画线：将国际收支平衡表中的项目分为线上部分和线下部分。线上部分和线下部分分别反映对应部分经济内容，它可以是盈余（净额为正）、赤字（净额为负）或平衡（净额为零）。不同的画线位置使线上部分涵盖的内容不同，因而形成不同的国际收支平衡概念。根据不同的账户范畴，国际收支平衡或失衡有下面几种情形：

（1）贸易收支差额：即商品贸易和服务贸易收支差额。这部分差额是一国国际收支的最基本的组成部分，由于它在经常账户中的地位，经常用做经常账户的近似代表。

（2）经常账户差额：如果在国际收支平衡表的经常账户下面画线并计算线上所有项目的差额，就是经常账户差额。经常账户分析在国际收支分析中最为常用。

（3）经常账户与长期资本差额：这一指标是将长期资本和经常账户一起放在线上，也称基本余额。它是一国国际收支长期趋势的指示器，其潜在的含义是，短期资本流动是暂时的、可逆转的，而长期资本流动性差，具有持久性。

（4）综合账户差额（总差额）：在资本与金融账户中扣除官方储备账户后画线，线上所有账户产生的差额就是总差额。如果经常账户通过自主交易完全得到融资，显然，总差额应该为零。如果这部分差额不为零，表明自主性交易不平衡，就会给官方储备造成压力，并反映在官方储备的反向变动上。例如，如果总差额产生贷方余额，即顺差，说明在自主性交易中，意愿的收入大于意愿支出，只有官方储备的增加才能吸收该差额，否则就会产生汇率变动的压力。这里的分析已经显示，如果私人部门的交易（自主性交易）不能平衡，要么变动国际储备，要么变动汇率。最终变化的是哪一个变量，取决于一国汇率制度的选择。习惯上将错误与遗漏也放在线上，原因是储备的使用与获得是能够准确掌握的，因此，错误与遗漏应该是由线上项目造成的。

最后，由于资本账户的重要性，像经常账户一样，资本和金融账户也可以单独拿出来进行考察，这就是资本账户差额。它反映资本的国际流动，即一国的对外债权债务发生额的变化。该账户的一个重要功能是为经常账户融资。如果经常账户失衡，无论是借方差额还是贷方差额，都会同时产生一个对应的求偿权。例如，当一国出现贸易顺差，说明该国顺差部分的商品出口收入并没有立即用于进口，这部分收入就是该国居民对外的债权（这一债权形式可以对应资本与金融账户下的任何一个具体账户）；反之如果一国出现贸易逆差，表明该国的一部分进口没有对应的支付，这部分进口只能以负债方式获得（不论债务的具体形式如何）。可见，经常账户与资本和金融账户之间存在一一对应关系。然而资本和金融账户也有自己的独立运动规律，如果说经常账户差额反映的是一国对外贸易竞争力，资本与金融账户则反映了本国长期或短期投资对国际逐利资本的吸引力。这些逐利资本流动性高，规模大，运动方式复杂，并且在很大程度上和实体经济相脱离，并对实体经济产生巨大的反作用。不利影响的典型例子就是由国际资本的独立运动（如资本逃逸）产生的国际金融危机。

尽管错误与遗漏项目一般情况下并非国际收支考察的重点，但是，如果该项目比重较大，也应该注意产生的原因，因为它毕竟也反映一定的经济内容。例如，中国是否存在资本外逃，非法贸易（走私）是否严重等都可以近似地用该账户反映。

不管使用哪一种标准评判国际收支均衡，只要没有储备创造，世界所有国家的国际收支差额的总和应为零。因为在世界储备总量不变的情况下，一国的盈余必然与另一国（或另外若干国家）的赤字相对应。这同时也意味着，如果世界有 n 个国家，那么只有 $n-1$ 个国家可以独立地决定自己的国际收支，剩下的一个国家只能被动地接受其他 $n-1$ 个国家的国际收支目标。

二、国际收支均衡的宏观经济含义

研究国际宏观经济学的目的是为了分析对外经济往来对一国经济的影响。因为国际收支全面地反映了一国的对外经济往来，这种经济往来与一国宏观经济指标如何联系在一起，是进一步分析经济的内部均衡与外部均衡的关键。下面我们将分析内外部均衡的联系渠道，为后面外部均衡调节和开放经济下的内部均衡分析奠定基础。

（一）经常账户与国民收入

在一个四部门经济中（个人、企业、政府和外国），一定时期的国民收入从支出方面分解为消费（C）、投资（I）、政府支出（G）和净出口（NX），即 $C+I+G+NX$。如果忽略单方面转移，净出口大致等于经常账户差额（Current Account, CA），这样，一国的总支出就是 $C+I+G+CA$。宏观经济均衡时一国的总收入应该与总支出相等，于是均衡条件就是：

$$Y = C + I + G + CA$$

如果政策变量可以影响 CA，在短期国民收入均衡中，这种影响经常账户的政策变量就可以通过乘数作用影响国民收入，例如，如果边际消费倾向用 MPC 表示，私人可支配收入是国民收入扣除总量税后的余额，这时的乘数为 $1/(1-MPC)$。增加 1 单位的 CA 就会导致国民收入扩大 $1/(1-MPC)$ 单位①。这就是为什么政府会推动本国经常账户顺差的解释，因为它可以带动本国国民收入和就业的增长。

根据国民储蓄的定义，它是收入扣除消费和政府支出的余额，即 $S = Y - C - G$，结合国民收入均衡等式可知：

$$S = I + CA$$

回顾封闭经济下的国民收入均衡等式可知，$S = I$，即封闭经济下本国的投资应等于本国的储蓄，如果不相等，就可能通过利率调节储蓄和投资（在多数场合下，理论上总是假定投资是利率的函数，至于储蓄是否受利率调节则有不同的假定）。在开放经济下，国民储蓄等于国内投资加上经常账户差额，说明在开放经济下，一国储蓄不仅用于国内投资，而且还用于向国外的投资——国际投资。注意一下 CA 的含义可知，这一差额意味着出口的部分没有相应的进口，也就是说，本国将商品赊销给外国居民——向外国居民提供信贷（虽然对这种信贷不能称为消费信贷，但作为信贷的性质是相同的）。如果将等式做一点简单的变换，即 $S - I = CA$，这一联系的经济意义就更为明显：国内储蓄大于国内投资的部分必须转化为对国外的

---

① 这里有两个问题需要进一步说明：第一，因为 MPC < 1，所以乘数大于 1。第二，没有考虑收入对 CA 的影响，即乘数中没有边际进口倾向的作用，这种作用将在后面的乘数调节理论中作进一步的考察。

投资。

国民储蓄可进一步分解为私人部分储蓄（S_1）和公共储蓄（S_2），于是有 $S = S_1 + S_2$。① 国民收入均衡的等式就变为 $S_1 + S_2 = I + CA$，或：

$$I - S_1 = S_2 - CA$$

左边表示国内投资大于私人部门储蓄的差额，右边是为这一差额进行融资的渠道：一是公共部门的储蓄，二是国外部门。$-CA$ 表示经常账户逆差，② 与经常账户顺差相反，逆差表示向国外取得融资——进口的商品或服务没有对应的出口，等价于向国外赊购。如果再将上述等式改变一下形式，则有：

$$CA = (S_1 - I) + S_2$$

显然，根据上式，只要经常账户不是恰好等于 0（我们假设等于 0 的情形只是偶然现象，并且是不等于 0 的一个特例），国内总储蓄与国内总投资就可以不再相等。由于经常账户盈余（或赤字）对应于一国对外的债权（或债务），或者等价地说对应于该国的资本流出（或流入），上面的等式可以解释为国内总储蓄超过总投资的差额，并作为对外投资向外国居民提供融资（或吸收外资）；从实际资源来看，表示超过国内需求的商品由国外需求得以实现。可见，在开放经济中，由于不再要求国内的储蓄等于国内投资，那么一国如果增加投资，不必单纯依靠提高国民储蓄率，它可以通过经常账户赤字，即以外债来支付投资所需原料的进口；而且本国的消费也不再受本国产出最高限的制约，本国可以通过负储蓄来进口商品满足更多的消费。或者，一国通过经常账户盈余将实际资源提供给国外居民，成为该国的对外净投资。当然这只是静态的分析，从长期看来，任何一个经济体系都不会永远为他国居民提供资源，因为投资（债权）总是要收回的；同时，任何一个经济体系也无法永久从他国获得资源，因为债务（连同利息）总要偿还。跨期均衡是动态分析的主要研究对象。

资本从经常账户盈余国家流向经常账户赤字国家，增加了后者的资本存量。决定经常账户状况的主要因素是各国储蓄、投资状况之间的差异。由上式可知，经常账户差额与私人储蓄、国内总投资、政府收支密切相关。在其他条件一定的情况下，私人储蓄和政府盈余的增加会导致经常账户余额的增加，投资的增加则导致经常账户余额的下降。

---

① 这一关系式可由下面的公式得到：$S = Y - C - G = (Y - T) - C + (T - G)$，$Y - T$ 为私人部门可支配收入，私人部门可支配收入减去消费就是私人部门储蓄 S_1；T 是税收，因此 $T - G$ 代表公共储蓄，于是得到 $S = S_1 + S_2$。

② $CA > 0$ 表示经常账户盈余，此时本国对进口商品的支出小于得自商品出口的收入；反之，$CA < 0$ 表示经常账户赤字，此时本国对进口商品的支出大于得自商品出口的收入。在现实世界中，$CA = 0$ 的情况几乎不存在，也就是说，进口与出口不平衡的情况是广泛存在的。

（二）资本账户与国民经济

根据国际收支平衡表的分析可知，资本账户的作用在于为经常账户融资。如果没有资本账户为经常账户提供融资，贸易差额就不可能发生，对外经济联系就会回到本书前面论述的状态：国际交换必须时时出清。但是，资本账户变化并不是被动地为经常账户融资，它会在利率、汇率等经济变量影响下发生变化。如果本国利率高于外国利率，并且没有资本流动管制，外国资本就会在逐利动机下将资本调往本国以获得较高的收益。同样，如果预期本国货币升值，国外资本预先将资本调往本国也能得到货币升值的好处。

同时，资本账户的变化将反过来影响利率和汇率，并通过利率和汇率影响经常账户及国内经济的运行。资本流入使国内资本供给增加，从国内资本市场均衡来看，这会导致资本的边际产出下降，反映资本价格的利率也会随之下降。如果经济最初处于均衡点上，短期资本流动就会打破原来的均衡，这种失衡促使一国的经济变量做出相应的调整：或者是数量调整，或者是价格调整。这里的数量调整指的是国际储备变化，资本流入增加储备，资本流出减少储备。数量变化的作用在于稳定货币价格——汇率，但是，货币当局必须在改变储备的同时改变国内货币供给量，因为增加储备就是用本币购买外币，货币当局支付本币就是货币扩张，它会进一步影响本国的利率水平或价格水平。相反，如果储备不变，国际资本市场上供求的压力就会促使汇率发生变化：国际市场资本供给的增加（资本流入增加）就是对本币需求的增加，会促使本币升值，本币升值使本国商品相对外国商品的价格变得更高了，因此，本国商品的国际竞争力就会下降。

如果流入的是长期资本，这些长期资本将带动国内 GDP 的增长，并且还可能出现技术溢出效应，增加本国产出效率。与短期资本流动不同的是，长期资本流动并不会对利率、汇率或储备产生短期的巨大波动，因为长期资本运动往往和实际资源的运动相匹配。例如，如果法国一公司 A 在中国投资建设一个生产轿车的工厂，于是中国就发生了长期资本流入；而这个项目使用的是 A 公司拥有的技术，它必须将体现它的技术的机器设备等投资到中国，对应的就是中国对机器设备或技术的进口，也就是说，这些进口一开始就表现为进口国（此例中为中国）的长期负债（即资本流入），进口国根本不必为这笔进口进行支付。从长期来看，长期投资（此例中为直接投资）要求投资利润的汇回，这时就要求东道国具有出口创汇能力，以满足利润汇出的需要。

第四节　中国的国际收支

作为对比，表 9-1 和表 9-2 分别给出了中国 1996 年和 2006 年的国际收支平衡表。以 2006 年为例，中国的经常账户顺差为 2 498.66 亿美元，这一数额与 10 年前的 72.42 亿美元相比，增加了 33.5 倍，年均递增约 42%，由此可见我国出口增长的势头。在经常账户顺差中，货物与服务贸易顺差达 2 089.12 亿美元；在货物与服务贸易中，顺差主要来自货物贸易，服务贸易则出现 88 亿美元的逆差，这表明我国的服务贸易竞争力是非常低的，难以与发达国家竞争。在服务账户中，除旅游、广告等少数项目外，运输、保险、金融服务等都处于逆差状态，与 10 年前相比，这一逆差状态基本未变。

资本与金融账户顺差为 100.37 亿美元，其中金融账户顺差达 60.17 亿美元，储备资产增加 2 470.25 亿美元，这一数额与当年经常账户差额基本相当。与 10 年前的近 400 亿美元相比，资本与金融账户（1996 年称"资本往来项目"），这一数量无疑下降了不少。

表 9-1　　　　　　　　　　中国国际收支平衡表（1996 年）　　　　（单位：百万美元）

名　称	差额	贷方	借方
国际收支总计	31 643	252 340	220 697
一、经常项目	7 242	181 363	174 121
（一）对外贸易	19 535	151 077	131 542
1. 出口	151 077	151 077	
2. 进口	− 131 542		131 542
（二）非贸易往来	− 14 422	27 918	42 340
1. 货运	− 7 361	2 956	10 317
其中：运费	− 7 251	2 833	10 084
保险	− 110	123	233
2. 港口供应与服务	8	236	228
3. 旅游收支	5 726	10 200	4 474
其中：国际客运			
4. 投资收支	− 12 437	7 318	19 755
（1）利润	− 11 672	7	11 679
（2）利息	− 1 071	1 871	2 942
（3）银行收支	306	5 440	5 134
5. 其他非贸易往来	− 358	7 208	7 566
（1）邮电收支	181	315	134

续表

名　　　称	差额	贷方	借方
（2）政府交往收支	−182	34	216
（3）劳务承包收支	−420	437	857
（4）其他收支	63	6 422	6 359
（三）无偿转让	2 129	2 368	239
1. 与国际组织往来	46	124	78
2. 无偿援助和捐赠	255	255	
3. 侨汇	1 672	1 672	
4. 居民及其他收支	156	317	161
二、资本往来项目	39 967	70 977	31 010
（一）长期资本往来	41 554	69 721	28 167
1. 直接投资	38 066	42 350	4 284
（1）外国和港澳台在华直接投资	40 180	42 350	2 170
（2）中国在外国和港澳台地区直接投资	−2 114		2 114
2. 证券投资	1 744	3 354	1 610
（1）外国和港澳台在华证券投资	2 372	3 354	982
（2）中国在外国和港澳台地区证券投资	−628		628
3. 国际组织贷款	2 133	2 519	386
4. 外国政府贷款	1 943	2 488	545
5. 银行借款	−4 030	1 600	5 630
6. 地方、部门借款	918	2 857	1 939
7. 延期付款	934	7 867	6 933
8. 延期收款	−24	4 655	4 679
9. 加工装配补偿贸易中应付客商作价设备款	−54	6	60
10. 租赁	1 025	1 798	773
11. 对外贷款	−366	16	382
12. 其他	−735	211	946
（二）短期资本往来	−1 587	1 256	2 843
1. 银行借款	−1 929		1 929

名　称	差额	贷方	借方
2. 地方、部门借款	1 256	1 256	
3. 延期付款			
4. 延期收款			
5. 其他	− 914		914
三、净误差与遗漏	− 15 566		15 566
四、储备资产增减额	− 31 643		31 643
1. 黄金储备			
2. 外汇储备	− 31 431		31 431
3. 特别提款权	− 32		32
4. 在基金组织的储备头寸	− 180		180
5. 对基金信贷的使用			

资料来源：中国国家外汇管理局网站（www. safe. gov. cn）。

表 9-2　　　　　　　　　中国国际收支平衡表（2006 年）　　　　（单位：百万美元）

项目	差额	贷方	借方
一、经常项目	249 865.995	1 144 498.935	894 632.94
A. 货物和服务	208 912.147	1 061 681.544	852 769.397
a. 货物	217 746.06	969 682.307	751 936.247
b. 服务	− 8 833.913	91 999.237	100 833.15
1. 运输	− 13 353.741	21 015.285	34 369.026
2. 旅游	9 627.296	33 949	24 321.704
3. 通信服务	− 26.202	737.871	764.073
4. 建筑服务	702.918	2 752.639	2 049.721
5. 保险服务	− 8 282.919	548.176	8 831.094
6. 金融服务	− 746.042	145.425	891.467
7. 计算机和信息服务	1 218.86	2 957.711	1 738.851
8. 专有权利使用费和特许费	− 6 429.577	204.504	6 634.081
9. 咨询	− 555.066	7 834.142	8 389.208

项目	差额	贷方	借方
10. 广告、宣传	490. 073	1 445. 032	954. 96
11. 电影、音像	15. 954	137. 433	121. 48
12. 其他商业服务	8 432. 227	19 693. 334	11 261. 106
13. 别处未提及的政府服务	72. 306	578. 685	506. 379
B. 收益	11 754. 607	51 239. 761	39 485. 153
1. 职工报酬	1 989. 5	4 319. 493	2 329. 993
2. 投资收益	9 765. 108	46 920. 268	37 155. 16
C. 经常转移	29 199. 241	31 577. 63	2 378. 39
1. 各级政府	− 146. 541	64. 714	211. 255
2. 其他部门	29 345. 782	31 512. 916	2 167. 135
二、资本和金融项目	10 036. 765	653 276. 252	643 239. 487
A. 资本账户	4 020. 115	4 102. 477	82. 362
B. 金融项目	6 016. 65	649 173. 775	643 157. 125
1. 直接投资	60 265. 011	87 285. 179	27 020. 168
1. 1　我国在外直接投资	− 17 829. 655	717. 771	18 547. 426
1. 2　外国在华直接投资	78 094. 666	86 567. 408	8 472. 742
2. 证券投资	− 67 557. 571	45 601. 579	113 159. 15
2. 1　资产	− 110 418. 771	2 740. 379	113 159. 15
2. 1. 1　股本证券	− 1 454	224	1 678
2. 1. 2　债务证券	− 108 964. 771	2 516. 379	111 481. 15
2. 1. 2. 1　（中）长期债券	− 106 736. 771	2 516. 379	109 253. 15
2. 1. 2. 2　货币市场工具	− 2 228	0	2 228
2. 2　负债	42 861. 2	42 861. 2	0
2. 2. 1　股本证券	42 861. 2	42 861. 2	0
2. 2. 2　债务证券	0	0	0
2. 2. 2. 1　（中）长期债券	0	0	0
2. 2. 2. 2　货币市场工具	0	0	0
3. 其他投资	13 309. 21	516 287. 017	502 977. 807

续表

项目	差额	贷方	借方
3.1　资产	−31 808.716	15 755.781	47 564.497
3.1.1　贸易信贷	−26 148.45	0	26 148.45
长期	−1 830.392	0	1 830.392
短期	−24 318.059	0	24 318.059
3.1.2　贷款	4 927.57	8 311.514	3 383.945
长期	−2 947	0	2 947
短期	7 874.57	8 311.514	436.945
3.1.3　货币和存款	−9 904.244	1 191.615	11 095.858
3.1.4　其他资产	−683.592	6 252.652	6 936.244
长期	0	0	0
短期	−683.592	6 252.652	6 936.244
3.2　负债	45 117.926	500 531.236	455 413.31
3.2.1　贸易信贷	13 227.047	13 227.047	0
长期	925.893	925.893	0
短期	12 301.154	12 301.154	0
3.2.2　贷款	11 037.86	438 447.496	427 409.636
长期	4 093.262	13 707.777	9 614.515
短期	6 944.598	424 739.72	417 795.121
3.2.3　货币和存款	10 709.837	33 998.998	23 289.161
3.2.4　其他负债	10 143.182	14 857.695	4 714.513
长期	3 862.519	4 297.088	434.568
短期	6 280.663	10 560.607	4 279.944
三、储备资产	−247 025.415	446.585	247 472
3.1　货币黄金	0	0	0
3.2　特别提款权	135.744	135.744	0
3.3　在基金组织的储备头寸	310.841	310.841	0
3.4　外汇	−247 472	0	247 472
3.5　其他债权	0	0	0
四、净误差与遗漏	−12 877.344	0	12 877.344

资料来源：中国国家外汇管理局网站（www.safe.gov.cn）。

　　中国的国际收支有着明显的自己的特征，这就是不仅贸易有顺差，而且与之融资的资本账户也出现顺差，这就是所谓的双顺差。20 世纪 90 年代以来，除个别年份外，中国一直保持着经常账户和资本账户的双顺差，特别是进入 21 世纪以来，双顺差规模出现增长趋势。按照国际收支平衡的原理，一国出现经常账户顺差应该导致资本账户逆差，只有在金融危机期间，为了积累外汇储备、稳定宏观经济才可能在一段时间内保持双顺差，但中国的情况则相反——在经常账户出现顺差的同时，资本账户也是顺差。由顺差积累的外汇到哪里去了呢？根据国际收支平衡表的基本原理可知，如果不是错误与遗漏的原因（当然，这个账户在中国的国际收支平衡表中体现得也非常大），与之平衡的账户就是外汇储备，所以中国的双顺差恰好与外汇储备的大量增加相对应。外汇储备的累积正是我国国际收支双顺差的集中体现，到 2006 年 2 月底中国外汇储备已达 8 537 亿美元，首次超过日本居世界第一。现在中国已经累积了万亿美元的外汇储备，成为世界第一外汇资产持有国。

　　中国国际收支双顺差的原因有如下几个方面：

　　一是中国经济的强劲的发展势头。中国经济长期以来一直以 7% ~ 10% 的速度增长，尤其在制造业方面有着强大的竞争优势，这一优势一方面来自于中国劳动力低成本因素，另一方面中国的技术进步、劳动力素质的不断提高也构成中国制造业较高竞争力的因素。这是中国的国际收支保持顺差的基础，正如龙永图曾说的，即使让人民币产生一定幅度的升值，中国的出口依然具有竞争力。

　　二是中国长期保持较高的国民储蓄率。一国国民储蓄和投资之间的差额形成该国国际收支经常账户的余额。如果一国储蓄率相对国内投资率较高，国内的剩余储蓄就要通过经常账目顺差的方式，把商品与劳务输出去。因此，过高的储蓄率维持了经常账户下大规模的顺差。正如美国经常账户的逆差是因为本国居民的低储蓄，而我国经常账户的顺差是因为我国居民的高储蓄，这主要是因为对于居民而言，我国社会保障体系不够完全，居民在医疗、住房、教育费用及养老方面还承担着更多的责任，所以居民对自己的收入不是积极消费而是放在手中进行预防性储蓄，导致了预防性储蓄占了很大比重。过度的储蓄挤占了消费，使得内需不足，2003 ~ 2004 年我国总消费占 GDP 的比重在 58% 左右，2003 年美国和英国的这一比例分别是 86.7% 和 84.2%，2001 年同为亚洲国家的日本、韩国和印度分别是 72.4%、78.5% 和 74.8%。为克服消费不足对经济增长的制约，推动出口就成为扩大需求的主要手段，这样使中国经济陷入一种非常不利的循环模式中：为保持经济持续增长，必须保持出口较高的增长态势，而技术上又存在着约束，那么经济增长只能有赖于我国劳动密集性产品在国际市场继续保持低廉的价格，这就意味着我国劳动力收入将维持在较低水平，居民收入水平增长过慢，收入预期降低，从而又进一步严重限制了消费水平，最终内需难以启动，所以说居民的高储蓄使得国际收支经常账户保持了顺差。更为严峻的是，过分依赖扩大出口使我国与国外的贸易摩擦不断增加，这反过来又进一步增加了扩大出口的难度。

三是我国的资本净流入国的地位没有改变。自从改革开放伊始，我国一直采取的是鼓励外商投资的政策，中国长期以来也一直是世界上吸收外资最多的少数几个国家之一。除了长期资本流入，值得注意的是短期资本也以各种方式逃过监管流入中国，或者是追逐人民币升值，或者进入中国的房地产或股票市场，加剧了中国政府对短期资本市场的监管难度，也给人民币升值带来更大的压力。

双顺差可以增加外汇储备，增强综合国力，提高我国抵抗国际经济风险的能力，有利于我国应对国际金融风险，增强了我国经济发展的信心，为我国经济的持续发展提供了一个保障。双顺差也有利于维护国际信誉，提高对外融资能力，双顺差引起的外汇储备增加也表明我国有良好的国际偿债能力，增加了对外偿债能力，提高了国际信誉，使我国在国际市场进行融资时，能够容易地以较低成本来取得各类贷款。

但国际收支双顺差也给我国经济发展带来一定的问题，除了刚才已经谈到的加剧国际贸易摩擦以外，还会产生如下的问题：（1）增加了外汇占款，加剧了通货膨胀压力。我国国际收支顺差明显加大带来了外汇储备急剧增长，而央行为了稳定汇率，被迫发行本币，这就加大了中央银行通过冲销方式维持国内货币供给稳定的成本和难度。（2）导致国际投机性资本对我国经济的冲击。伴随着我国经常账户和资本账户的顺差增大，国际储备迅速增长，人民币客观上存在升值预期。尽管制度上对于短期资本流动并没有放开，但国际游资往往通过非法或合法的渠道将资本向中国转移（如通过合法的贸易结售汇渠道转移资金），大规模投机性资本的进入，严重地制约了我国的货币政策，使我国政府在货币政策的实施方面陷入被动。

小　　结

国际收支是指一个国家或地区的居民在一定时期内（通常为一年）同本国非居民之间在政治、经济、文化往来中发生的，各种国际经济交易货币价值的全部系统记录。国际收支状况是用国际收支平衡表来记录并反映的。国际收支平衡表中分别记录货物与服务贸易、收益、单方面转移、短期资本、长期资本、国际储备等内容。对于每一笔国际交往的业务，国际收支平衡表都采用复式记账规则进行记录，因此，国际收支平衡表从记录原理上看总是平衡的，如果存在不平衡，就用"错误与遗漏"这一人为的调整账户进行平衡。

但是在每一类业务中却可能存在差额：顺差或者逆差。一般而言，经常账户的顺差应对应资本账户逆差，反之亦成立。这反映了经常账户差额必须由资本账户差额来融资这一事实。有没有可能出现经常账户和资本账户都是顺差呢？有。这时就要求该国国际储备变动。中国的双顺差就是这样一种现象，它导致中国的外汇储备资产大幅度上升。

思考与练习

1. 什么是国际收支？

2. 国际收支平衡表的基本结构是什么？

3. 国际收支平衡表的记账规则是什么？

4. 直接投资同时影响资本账户和经常账户，你是否同意这一观点？为什么？

5. 根据复式记账方法，将下述 A 国在某一时期（1 年）发生的各笔交易做出分录，并编制出国际收支平衡表。

（1）A 国向 B 国出口价格 5 000 美元的商品，对方在 60 天内付款。

（2）A 国价值 8 000 美元的商品运至 C 国加工，加工费 2 000 美元。加工后的商品在 C 国当地按 10 000 美元价格出售，A 国出口商得到货款。

（3）A 国在 F 国的留学生得到 F 国奖学金 1 000 美元，500 美元用于生活开支，其余存到当地银行。

（4）A 国从 D 国进口商品 8 000 美元，并以自己的外汇存款支付。

（5）A 国投资者获得他投资于 M 国政府债券的利息 1 000 美元，并将此收入用于购买 M 国公司的股票。

（6）A 国投资者在 C 国进行 20 000 美元直接投资，其中 15 000 美元以 C 国货币支付，5 000 美元以机器设备支付。

（7）B 国进口商向 A 国支付货款 5 000 美元，A 国出口商向本国中央银行结汇。

（8）E 国投资者以 900 美元购买了 A 国面值 1 000 美元的零息票债券，到期时本金偿还增加到 1 050 美元。

第十章　汇率、外汇市场及外汇交易

在各种商品市场上，价格是调节市场行为的基本变量；在国际市场上，汇率就成为调节一国对外经济联系的基本变量。在各种形式的国际交易中，并不像本书贸易理论所假定的那样，是以物易物的经济，而是以货币为媒介的交换。在现代信用货币制度下，不同国家有着不同的货币，这就决定了所有商品、服务及金融产品的跨国交易，都必须以货币的跨国交易为前提。两国货币的交易就是外汇市场，而它的交易价格就是汇率。理解汇率和汇率的决定是理解国际收支调节的必要条件，本章主要介绍外汇和汇率的基本概念及外汇交易的形式，接下来的两章将分析汇率是如何决定的。

第一节　外汇及汇率

一、外汇的定义

外汇是以外币表示的、能用于国际支付的各种资产。就像本国货币在国内作为支付手段一样，具有国际经济、贸易、文化、政治甚至军事往来的个人、企业或政府也必须拥有跨国支付手段。但是，世界上并不存在对所有国家都具有相同计量标准的支付手段，也就是说，不存在通用的世界货币。这样，任意两国的居民之间进行国际间的债权、债务清偿，就必然存在至少一方要涉及非本国货币的情形，也就是说，必然涉及外汇收付。例如，中国与日本进行的支付或清偿，在没有统一的世界货币前提下，或者以日元作为清偿手段，这时中国居民就涉及外汇收支；或者以人民币作为清偿手段，这时日本居民就要涉及外汇收支；或者以美元作为清偿手段，这时两国居民都要涉及外汇。在两国居民往来中，如果一方用其本币进行国际收付，则该国在国际收支中就不涉及外汇，例如当日本进口商进口中国的大米并用日元支付给中国的出口商时，对日本居民来说只涉及本国货币的收支，因而不涉及外汇。

外汇是用于国际清偿的资产。一种资产（或者说某一国家的货币）要作为外汇，必须满足以下三个方面的特征，即可自由兑换、普遍接受性和可偿性。

可自由兑换指的是作为外汇使用的资产可以很方便地转化为其他国家（如债

权人所在国）的货币，否则，这种外汇资产的可得性和可接受性都要成问题。

普遍接受性，即外汇资产形式能为大多数国家（或者说这些国家的居民）认可。

可偿性，即这种资产的购买力要有保证。现代社会各国货币都是信用货币，它的购买力是由它在国内的价格水平变化决定的。我们知道，如果一国发生通货膨胀，该国货币的购买力就下降；如果该货币被作为外汇资产使用，它的购买力的下降对它的外国居民持有者具有同样的意义——资产贬值，给持有者造成损失。由于没有人愿意接受并持有（尤其是长期持有）正在贬值或具有贬值趋势的资产，故币值不稳定或不断贬值的货币就难以成为外汇资产。

外汇资产的构成形式：（1）外国货币，包括外币存款，外币现钞和铸币；（2）外币有价证券，如政府公债、国库券、股票、公司债券、息票等。这些外币资产形式虽然不能直接作为国际清偿工具，但其流动性很高，能方便、迅速地转化为当地货币或货币存款，所以它们是外汇资产；（3）外币支付凭证，如票据、银行存款凭证、邮政储蓄凭证等；（4）其他外汇资金，如在国外的人寿保险金，得自境外的稿酬、版税、专利转让费等。

二、汇率及其标价方法

汇率是两国货币的比价，或一国货币用另一国货币表示的相对价格。外汇作为外币资产，与其他形式的资产一样也具有价格，正如我们可以说 1 台联想电脑的价格是 5 000 元人民币一样，我们也可以说 1 单位美元值 7.8 元人民币，或者表示为"1 美元 = 7.8 元人民币"，这就是汇率。如果说商品的价格是用若干货币量表示的给定单位商品的价值，那么汇率（外汇的价格）就是用若干某一种货币量表示的另一种货币的价值。

汇率标价方法：我们经常遇到商品价格的两种表示方法，如"500 克香蕉 3 元人民币"，或者"10 元人民币 1 500 克香蕉"①；事实上，汇率也面临相同的问题：用本国货币表示外国货币的价格，或者用外国货币表示本国货币的价格，这就是所谓的直接标价法和间接标价法。

直接标价法指的是用本币表示外币的价格，即将给定单位的外币折合成本国货币的数量。例如，对中国居民而言，$ 1 = RMB ￥ 7.8000 就是直接标价法，因为它是用本币（人民币）的数量表示 1 单位外币（美元）的价格。在直接标价法下，

---

① 尽管从严格意义上说，后者应该是用商品表示的货币的价格，但我们仍将其理解为是商品价格的表现形式。现实生活中也会经常遇到这种价格表现形式，如当你向一个水果摊主询问价格时，他（她）很可能给你一个如下形式香蕉的报价："10 元钱 3 斤"，当听到这种报价时，我们并不会理解为摊主在用香蕉表示货币的价格。

外国货币为基准货币，本国货币为标价货币，汇率的变化方向与外汇资产价值变动方向是一致的：汇率上升意味着外汇（币）升值，汇率下跌则意味着外汇（币）贬值。世界上大多数国家皆用直接标价法，我国也是如此。

间接标价法指的是以外币表示本币价格，即给定单位的本币折合的外国货币的数量。例如对于中国居民而言，RMB ￥1 = J ￥15.0000 就是间接标价法，因为它是用若干外国货币（日元）来表示给定单位的本币。在此标价法下，本国货币为基准货币，外币为标价货币，汇率的变动方向与外汇价值的变动方向相反：汇率上升意味着外币贬值，汇率下降则意味着外币升值。世界上有少数国家使用间接标价法，如英国、美国（除英镑外）等，这也许与其货币的国际历史地位有关（当其他国家对英镑、美元使用直接标价法时，它们使用间接标价法更方便对比）。

关于汇率的标价方法，至少有几点值得注意：一是直接与间接的区分是相对给定国家的居民而言的，当一国居民衡量其他两个国家的货币比价时，这种区分就不存在了。例如，当中国居民在判别日元与美元的汇率变化时，不论汇率如何表示（用日元表示美元还是用美元表示日元），都不存在直接与间接标价之分。二是直接标价与间接标价法下的汇率是互为倒数关系，也就是说，知道一种标价法的汇率，也就等于知道另一种标价法下的汇率。三是汇率变化与外汇价值（外币币值）变化的关系。正如上面的说明所显示的，如果上述两种标价方法都是外汇汇率，那么外汇汇率变化与外汇价格变化在两种标价法下是不同的，当我们用汇率变化来判断某一种货币币值的变化时，要特别注意这一点。

三、汇率种类

按照不同的标准或根据不同的角度，汇率可以分为不同的类别。

（一）根据汇率的制定方法划分基本汇率与套算汇率

1. 基本汇率（Basic Rate）是本国货币与关键货币的兑换比率。关键货币（Key Currency）是本国在国际交往中使用最多、外汇储备所占比重最大的可自由兑换货币。目前，大多数国家都把美元作为关键货币，本币与美元的汇率就是基本汇率。基本汇率是确定一国货币与其他各种货币汇率的基础。

2. 套算汇率（Cross Rate）是根据基本汇率套算得出的本国货币与其他国家货币之间的汇率。例如，如果人民币与美元的汇率是我国的基本汇率，则根据这一基本汇率和美元与日元的汇率，就可以套算出人民币与日元的汇率。设基本汇率为"＄1 = RMB ￥8.0000"，美元与日元的汇率为"＄1 = J ￥125.0000"，由此得到的人民币与日元的套算汇率为"J ￥10 000 = RMB ￥640.0000"。

（二）根据汇率制度划分为固定汇率与浮动汇率

1. 固定汇率（Fixed Exchange Rate）指一国货币与另一国（或另一些国家）货币的汇率基本固定，汇率波动被限制在一定范围（如上下1%）的汇率制度。

2. 浮动汇率（Floating Exchange Rate）指的是货币当局不规定汇率波动的范围，汇率由市场供求关系决定的汇率制度。

（三）根据银行外汇业务划分为买入价、卖出价、中间价、现钞价

1. 买入价（买入汇率）是银行向同业或客户买入外汇时使用的汇率。

2. 卖出价（卖出汇率）是银行向客户或同业出售外汇时使用的汇率。

一般而言，在相同的两种货币之间，一种货币的买入价总是低于卖出价，也就是说，银行总是贱买贵卖，并以此得到一个价差（Margin）作为买卖外汇业务的收益，此收益一般在1‰~5‰。另一个需注意的问题是，所谓的买卖价都是指银行买入或卖出的价格，如果客户进行外汇买卖，则客户的买卖价格与银行标价恰好相反。

3. 中间价（中间汇率）是买入价与卖出价的平均数，即"中间价 =（买入价 + 卖出价）÷2"。外汇中间价一般用于新闻报道或汇率预测。

4. 现钞价是银行买卖外币现钞时使用的价格。之所以在外汇买入/卖出价之外还有一个现钞价，是因为外汇现钞的买卖与外汇买卖略有不同。银行买入现钞后并不能立即用于支付，而必须将这些外币现钞转化为外币所在国的存款才能使用，于是，这一转化过程就会给现钞买入行带来运输费、保险费及利息损失等成本，为弥补这一损失，买卖现钞的价差大于买卖外汇的价差，在实际业务中表现为现钞买入价低于现汇买入价，但现钞卖出价与现汇卖出价相同。

此外，根据每日的成交情况，还可将汇率划分为开盘价、收盘价、最高价、最低价。

（四）根据外汇买卖交割期限划分为即期汇率和远期汇率

1. 即期汇率（Spot Rate）是即期外汇交易使用的汇率，或者在成交后的两个工作日内交割所使用的汇率。在外汇市场挂牌的汇率除特别标明远期汇率外，一般皆指即期汇率。

2. 远期汇率（Forward Rate）是远期外汇交易使用的汇率，即成交后按照约定的未来日期、约定的金额和约定的汇率进行交割所使用的汇率。

即期汇率与远期汇率既可能相同，也可能不同。如果远期汇率高于即期汇率，称为升水（At Premium）；如果远期汇率低于即期汇率，称为贴水（At Discount）；如果两者相等，则称为平价（At Par）。有了升水、贴水、平价的概念，远期汇率就有了两种报价方式：一是直接报价，即直接将不同交割期的远期外汇买卖价格表示出来，如用日元表示的3个月期美元的远期价格为 $1 = J¥120，这与即期汇率的表示形式完成相同。二是远期差价报价，即只报出远期与即期汇率的差价——升水、贴水或平价。在实际业务中，这一差价是用点数表示的，每1‰是一个基本点（即0.0001）。需要特别注意的是，由于存在两种汇率标价方法，升水、贴水就必

须严格区分是属于哪种货币的，因为外币升水就是本币贴水。这一点可由两种标价互为倒数来证明：设直接标价法下的即期汇率表示为 E^s，远期汇率为 E^F，因为在直接标价法下汇率就是外币的价值，所以，外币升水意味着它的远期价格高于它的即期价格，即升水意味着 $E^F > E^s$；由此可推知下面的关系成立：$1/E^F < 1/E^s$。而我们又知道 $1/E^F$ 和 $1/E^s$ 分别为直接标价法下的远期和即期汇率（用外币表示的本币的价格），故本币是贴水（本币的远期汇率低于即期汇率）。根据这一原理，当远期外汇汇率用点数报价时，在不同的标价法下，远期汇率、即期汇率、外币的升水/贴水的关系可以表示如下：

直接标价法：

$$远期汇率 = 即期汇率 + 升水　（-贴水）$$

间接标价法：

$$远期汇率 = 即期汇率 - 升水　（+贴水）$$

前者是显而易见的，对后者可以作如下理解：由于间接标价法下汇率是本币价格，外币的升水就是本币的贴水，故应从即期汇率中减去本币贴水，得到的就是本币的远期汇率；反之，如果外币是远期贴水，表明本币是远期升水，故应从即期汇率中加上以得到本币的远期汇率。

但是，在使用点数报价时，给出的只是两个买卖价，并没说明这是升水还是贴水，这就需要根据一定的规则判断是升水还是贴水，这一规则是：

直接标价法下，前低后高表示外币升水，反之则为贴水；

间接标价法下，前低后高表示外币贴水，反之则为升水。

以美元与港元汇率为例，在香港外汇市场上，如果即期汇率为 $ 1 = HKD7.7800 ~ 7.8000，3 个月期的美元（外汇）远期汇率为 40 ~ 60，6 个月期的美元远期汇率为 60 ~ 40，根据上面的规则可知，3 个月期美元为升水，6 个月期美元为贴水，它们的远期汇率的买卖价分别为：

3 个月期美元的价格：

$$\$ 1 = HKD(7.7800 + 0.0040) ~ (7.8000 + 0.0060)$$
$$= HKD7.7840 ~ 7.8060$$

6 个月期美元的价格：

$$\$ 1 = HKD(7.7800 - 0.0060) ~ (7.8000 - 0.0040)$$
$$= HKD7.7740 ~ 7.7960$$

如果是在芝加哥外汇市场上，上述报价就成为间接标价法下的报价，根据间接标价法的计算规则，3 个月期美元升水就是港元的贴水，应从即期汇率加上该贴水得到远期汇率相应的买卖价；6 个月期美元贴水就是港元的升水，应从即期汇率减去该升水得到远期汇率的买卖价格。显然,两种计算的结果完全相同,只不过计算过程中对货币的视角不同而已。

(五) 从经济学意义上汇率可划分为名义汇率、实际汇率与有效汇率

1. 名义汇率 (Nominal Rate) 指的是未对通货膨胀作调整的汇率,外汇交易实际使用的汇率 (在管制汇率下是由官方制定的,在市场汇率下是由市场供求决定的) 都是名义汇率。它是实际意义上的两国货币之间的交换比率。

2. 实际汇率 (Real Rate) 是剔除价格水平变化因素后的汇率,若直接标价法下的名义汇率为 E,实际汇率为 R,则

$$R = E \frac{P^f}{P}$$

其中,P 和 P^f 分别为本国和外国的价格水平 (经济分析中一般用消费者价格指数 CPI 表示),当外国价格水平上升时,实际汇率上升,因为外国价格水平上升就是外币的购买力下降,用购买力计量的 1 单位外币兑换的本币数量也应下降,但是,由于名义汇率 E 不变,1 单位外币兑换的本币数量就其购买力而言实际上是上升了。当本国价格水平上升时,实际汇率则下降。对实际汇率的另一种理解是它表示两国商品的交换比率。将实际汇率表达式稍作变化得到 $R = EP^f/P$,将 P 和 P^f 理解为给定商品的国内和国外的价格,则分子表示该商品在国外用本币表示的价格,除以本国价格则表示用本国商品数量表示的外国商品的价格。如果外国价格水平上升,实际汇率上升,在其他条件不变时,就表示外国商品变得相对更贵了,因为同样的本币购买的外币数量不变 (名义汇率不变),外国价格水平上升时,一定的外币只能购买到 (或代表) 更少的商品。

3. 有效汇率 (Effective Rate) 是一国货币对一组外币汇率的加权平均值,它反映了一国货币对外币总价值的变化情况。若 E_i 是一国与 i 国货币之间的汇率,则有效汇率为

$$E^{effective} = \sum_{i-1}^{n} E_i W_i$$

其中 $E^{effective}$ 表示有效汇率,W_i 是 i 国的权重,一般以贸易权重来确定;$i = 1, 2, \cdots, n$ 是统计范围内的国家数目。因为一个国家的货币与 A 国货币的汇率变化导致本币升值,与 B 国货币的汇率变化可能表现为本币贬值,这就有必要找到一种指标,给出一国货币与所有其他国家货币 (或与主要几个国家的货币) 发生各种方向的变动时,它的币值的总体变动情况,有效汇率就是这样的一个指标 (表 10-1 列出了世界主要国家的有效汇率变化情况)。

表 10-1　　　　　国际清算银行计算的有效汇率（部分国家和地区）

年度平均；2000＝100

年度＼国别	澳大利亚	中国	欧元区	印度	日本	新加坡	英国	美国
1994	65.72	77.38	95.78	111.91	85.68	90.70	77.35	75.32
1995	103.12	78.13	105.77	105.92	92.29	94.56	75.65	76.93
1996	113.16	82.73	108.62	100.45	80.90	99.39	77.82	81.37
1997	114.67	89.66	103.36	106.25	77.34	102.16	90.84	87.67
1998	106.97	98.91	110.27	100.99	79.38	104.18	97.47	97.19
1999	107.49	97.69	109.90	98.79	91.67	99.54	98.09	97.08
2000	100.00	100.00	100.00	100.00	100.00	100.00	100.00	100.00
2001	93.88	106.30	102.91	100.00	92.28	101.72	99.43	105.61
2002	97.65	106.19	107.87	96.12	88.68	101.12	101.20	106.09
2003	108.94	99.75	121.36	92.72	91.11	98.61	98.19	99.59
2004	117.50	95.18	126.57	90.58	94.50	98.15	103.12	95.01
2005	120.52	94.74	124.58	92.17	91.49	98.94	101.45	92.70
2006	118.74	97.10	124.70	88.79	84.84	102.70	101.96	91.17
2007	125.23	98.86	127.91	92.14	79.60	103.91	105.04	88.53

注：①2007 年数据是 1～8 月的平均数，其他各年度数据是该年度 12 个月份的平均值。②原始数据来源于国际清算银行的统计数据，http://www.bis.org/statistics。

（六）按交易支付方式划分为电汇汇率、信汇汇率和票汇汇率

电汇汇率是银行卖出后以电报方式通知其国外分行或代理行进行支付所使用的汇率。

信汇汇率是银行卖出后以信函方式通知客户付款使用的汇率。

票汇汇率则是银行卖出后向客户开出汇票并由客户自行寄交付款行所使用的汇率。

四、汇率变动的影响

（一）汇率的变动方式

汇率变动有两种类型：法定升值与法定贬值、升值与贬值。法定升值（Revaluation）指的是实行固定汇率的国家降低汇率水平的行为①；而法定贬值

---

①　如果没有特别说明，汇率都是指直接标价法下的汇率，因此汇率的变化方向与本币币值的变化方向是相反的。

（Devaluation）是实行固定汇率的国家提高汇率水平的行为。在固定汇率制度下，一国并不是绝对地维持其汇率的固定性，当遇到国内外严重的通货膨胀、国际收支的严重失衡时，该国就要对固定汇率的水平进行调整，并在调整后继续保持汇率的固定性，这种对固定汇率水平所作的调整就是法定升值或法定贬值，它是政府（货币当局）的政策行为结果。如果纸币具有法定含金量，在遇到通货膨胀或国际收支失衡时，国家也可能改变纸币的含金量，这也属于法定升值或法定贬值。

升值（Appreciation）指的是由于外汇供求的变化导致汇率的下降；贬值（Depreciation）指的是由于外汇供求的变化导致的汇率的上升。升值与贬值是市场力量作用的结果。升值或贬值的幅度可由升值率或贬值率来表示，由于升值率和贬值率都是指本国货币币值的变动，如果直接标价法下的汇率在变动前后分别为 E_0 和 E_1，那么升值/贬值率计算方法如下：

$$s = \frac{1/E_1 - 1/E_0}{1/E_0} = \frac{E_0}{E_1} - 1$$

s 为本币币值的变动率，若 $s>0$，则表示升值率；若 $s<0$，则表示贬值率。例如，人民币兑美元的汇率从 \$ 1 = RMB ￥ 8.30 变化到 \$ 1 = RMB ￥ 7.78，则 s = 8.30/7.78 − 1 = 0.0668，表示人民币对美元升值了 6.68%。

（二）汇率变动对微观经济主体的影响

汇率的变化（尤其是名义汇率的变化）会对贸易商、投资商（或跨国公司）、外汇银行及外汇投机商的经济活动收益产生影响。因为一旦从事跨国商务活动或直接从事外汇的买卖活动，这些经济活动主体就会产生外汇资产或者外币负债（用外汇交易术语来讲就是暴露外汇头寸），汇率的变化就会造成这些外汇资产或负债的价值变化，从而根据不同的变化方向给当事人带来收益或损失。外汇资产升值给资产持有者带来收益，给外币的债务人带来损失；外币贬值则产生相反的变化。由于汇率的变化是难以预测的，所以由汇率变化产生的外汇资产的收益和损失也难以预测，这说明外汇头寸的暴露是有风险的。如果不带有外汇投机因素——不是期望从汇率变动中而是从其商务活动中得到收益，从事跨国商务的经济主体总希望消除汇率变动所产生的资产损失的风险，他们总是希望利用各种可能的外汇交易工具消除外汇风险；相反，也有一些人——外汇投机商则专门利用汇率的变化希望在外汇交易中获益。

（三）汇率变动对一国经济的影响

汇率变动对国民经济的影响是非常复杂的，其影响结果在理论上也没有定论，要视一国的经济环境以及该国有关经济变量对汇率变化的反应情况而定。一般说来，汇率变动对国民经济的影响有实物经济和资本两方面。

从实物经济来看，贬值有利于促进出口，当本国存在没有就业的资源时，出口需求的增加可以动员本国闲置资源，提高国内就业水平，增加国民收入；但是，如果本国资源已达到充分就业状态，则贬值导致的出口需求就会引发通货膨胀。即使存在闲置资源，贬值是否真的能促进出口也是有争议的，例如马歇尔-勒纳条件就反映了贬值促进出口必须满足的进出口需求弹性条件（详见第十三章的论述）。

如果贬值引起收入上升，它还会进一步作用于国际收支，因为收入上升会增加需求，其中包括对进口商品的需求，于是在出口不变时有恶化贸易收支的趋势；如果贬值引起价格水平上涨，在其他条件不变的情况下，它会导致实际货币供给量的下降和利率水平的上升，利率上升将抑制投资，使国民收入水平下降。

从汇率变动对资本流动的影响来看，贬值有可能导致贬值预期，从而产生短期资本外流，升值则恰恰相反，它会形成人们的升值预期，产生短期资本流入。从理论上来说，汇率的变动对长期投资（尤其是实物资本投资）的影响不大，一方面是因为这些投资无法在短期内对汇率的变动做出反应，另一方面则是因为这些投资的收益受汇率变动的影响相对较低。

第二节　外汇市场

一、外汇市场的概念

外汇市场（Foreign Exchange Market）是指从事外汇买卖的交易行为和场所，外汇市场是国际金融市场的重要组成部分。当今世界的外汇交易都是借助于计算机和通信网络等现代手段完成的，具有高效、迅速、低成本等特点。世界上有很多外汇市场，它们分布在不同的国家和地区，从全球角度来看，外汇市场具有 24 小时全天候运作的特点。世界著名的外汇市场交易中心分别位于：伦敦、纽约、巴黎、惠灵顿、东京、中国香港、苏黎世、新加坡、法兰克福等。外汇市场上交易的货币主要是美元、欧元、日元、英镑、瑞士法郎、加拿大元、港元等，其中美元交易最为活跃。

二、外汇市场参与人及组织形式

外汇市场参与者包括外汇银行、外汇经纪人、中央银行、客户等。

（1）外汇银行是外汇市场的主体，由有权经营外汇业务的各商业银行和其他金融机构组成，其中包括外国银行设立的分行或分支机构。外汇银行业务之一是为客户办理外汇买卖并从中赚取买卖差价；业务之二是为平衡外汇头寸进行的同业间外汇交易。

（2）外汇经纪人是为各种外汇交易者提供信息，并以此活动赚取佣金的中介人，它的最大特征是自己不进行外汇交易。

（3）中央银行是国家的政策性银行，为了政策调节目的（如维持外汇市场秩序、平衡国际收支、保持汇率的稳定性等），中央银行也参与外汇市场交易。

（4）客户是除了上述几种主体之外的外汇交易人。客户大致有两类：第一类是外汇市场上最终的供给者和需求者，如进出口商、跨国投资者、跨国公司、旅游者等，他们是外汇市场上最基本的交易主体。第二类是外汇市场的投机商，出于投机目的进行各种形式的外汇买卖，他们是外汇市场上最活跃的交易者。

外汇市场组织形式有两种，即柜台交易和交易所交易。柜台交易方式称为英美体制，它没有固定的开盘和收盘时间，没有具体的交易场所，只是靠交易者之间的电传、电报、电话等通信设备进行联系和接触。英国、美国、加拿大、瑞士等国的外汇市场均采取这种组织形式。交易所交易称为大陆体制，它有固定的交易场所和固定的营业时间（包括交易日和开盘收盘时间），外汇交易只能在规定的场所和营业时间内进行。德国、法国、荷兰、意大利等国家的外汇市场采用的是这种交易形式。

三、外汇市场交易规则

正如在国际贸易业务中由惯例形成了各种贸易术语以规范贸易行为，有利于贸易的顺利进行，在外汇交易中，长期的交易行为中一些有利于外汇交易的习惯做法也逐渐演变成交易者共同遵守的交易规则。

（1）报价规则。报价是外汇交易中被交易货币的成交价格，报价应同时报出买入价（Bid Price）和卖出价（Offer Price）。以欧元兑美元的价格为例，若 EUR/USD 汇价为 1.0510/20，表示 1 欧元的买入价为 1.0510 美元，卖出价为 1.0520 美元。报价中的卖价并没有完全写出，只写了四位小数点中的最后两位，这最后两位被称为"小数"（Small Figure），小数之前的部分被称为"大数"（Big Figure）。有部分币种的报价的小数出现在小数点后的两位数，前面的为大数，如美元兑日元的汇价为 USD/JPY：125.10/40，其中 125 是大数，10/40 是小数。如果汇率变化不大，不涉及大数的变动，报价就可能只出现小数部分。

（2）标价规则。由于存在直接标价法和间接标价法之分，报价应与各大外汇市场使用的标价方法相统一。即除了少数几种货币采用间接标价法（英镑、欧元、美元、澳元）之外，其他货币的报价都采用直接标价法。

（3）交易金额。交易金额以 100 万美元为单位进行交易，如 1 美元（One Dollar）指的是 100 万美元的交易。低于这一金额应预先说明。

在外汇市场上，外汇交易有各种类型，传统的交易类型包括即期交易、远期交易、择期交易、掉期交易；衍生交易包括外汇期货交易、外汇期权交易、货币互换、远期利率协议等。本章的以下几节只介绍前几种交易类型。

第三节 即期外汇交易

一、即期外汇交易概念

即期外汇交易（Spot Exchange）指外汇买卖成交后，交易双方于当天或两个营业日内完成交割的交易方式。即期交易是最基本、最常用的外汇交易，在外汇成交额中占主导地位。即期外汇交易类似于我们日常生活中所看到或所从事的商品买卖行为，它的主要特点就是一手交钱，一手交货，钱货两讫后交易关系结束。与钱货两讫的交易不同的是，即期外汇交易允许在成交后的两个营业日内完成交割。

即期外汇交易中，双方履行资金交割的日期称为交割日（Delivery Date），交割日有三种类型：（1）当日交割，即在交易达成的当日办理货币收付。（2）翌日交割，即在成交后的第一个营业日办理交割。（3）标准日交割，即在成交后的第二个营业日办理交割。需要注意的是，这里的第一个、第二个营业日不是自然日期，而是扣除法定节假日后的营业日。例如，按照标准日交割，6月1日成交的外汇交易应于6月3日交割，但是，如果6月3日是星期六，则交割日就会延至6月5日（星期一）。

二、即期外汇交易的作用

（1）即期外汇交易可满足从事对外商务活动主体的正常经营活动的资金需要。进出口商、出口商品生产者、劳务输出或输入等经营活动需要不断地将外币收入兑换成本国货币以满足国内生产经营活动的需要；同时也需要不断地将本币兑换成外币，对进口商品或劳务进行支付。此外，有时需要支付的外币与自己持有的外币币种不同，支付时也需要在即期外汇市场上先进行货币兑换。

（2）即期外汇交易可用于调整外汇头寸、规避外汇风险。例如，如果一个外汇资产持有者（外汇银行、中央银行或者其他外汇交易人）同时拥有诸多币种的外汇资产，为防止某一种货币贬值，或者为得到某一种货币升值的收益，货币持有者可能通过即期外汇市场对这些货币进行买卖（转换），提高资产组合的收益。

（3）利用即期外汇市场进行投机交易。外汇市场汇率的频繁波动，使风险偏好者可以利用价格波动进行外汇投机买卖，以期从汇率波动中获得高额收益。如果投机者预期美元将升值，那么他可以即刻在即期外汇市场上买入美元，如果投机者预测准确，美元在以后（如一个月后）果然升值，这时他在即期外汇市场上再以高价卖出，从而获得差价收益。反之，如果他的预测不准确，美元不是升值而是贬值，投机者就会因此受损。

三、即期外汇交易报价

即期外汇交易报价采用双向报价方式，即报价者要同时报出买入价和卖出价。例如：

EUR/USD	1.0550/70
USD/JPY	125.55/85
GBP/USD	1.6675/95

由于美元的特殊地位，各国银行报价普遍采用美元标价法，即用其他货币表示美元的价格，而其他货币之间的汇率则从各自对美元的汇率套算得出。如日元、人民币都报出兑换美元的价格，日元兑人民币的价格可从前两者的汇率套算得出。

即期交易一般有询价（Asking）、报价（Quotation）、成交（Done）或放弃（Noting）、确认（Confirmation）等几个环节。询价时需要报出交易类型、交易币种及金额；接到询价后银行向对方（询价方）提出报价；询价方如果对报价满意，就可以向对方表示买入或卖出，表明已经成交；最后，交易双方就交易的内容进行证实和确认。下面是交易过程的例子：

交易过程	含义
A：GBP 5 Mio	A 银行询价：英镑兑美元，金额 500 万
B：1.6773/78	B 银行报价：£ 1 = $ 1.6773 ~ 1.6778
A：Sell PLS	A 银行：卖出 500 万英镑
My USD To A NY	将所得美元汇入我（A）的纽约账户
B：Done	B 银行：成交
At 1.6775 We Buy GBP 5Mio AGUSD	我们（B）在 1.6775 价位用美元买入 500 万英镑
Val May-20	5 月 20 日交割
GBP to MY London	请将英镑汇入我在伦敦的账户
TKS For Deal	谢谢惠顾

四、即期汇率的套算

在外汇交易过程中，给出的报价往往是美元、英镑、欧元等货币的价格，如果要进行其他货币的交易，就需要从这些货币兑美元、英镑、欧元的价格中进行套算。如何进行套算呢？

首先，我们将报价写出一个标准化的形式：

1 单位基准货币 = x_1 单位的标价货币 ~ x_2 单位的标价货币

其中 x_1 是基准货币的买价，x_2 是基准货币的卖价，且 $x_1 < x_2$，表明报价人

（银行）总是低价买进，高价卖出。由于两种货币的买卖是相互的，所以 x_1 同时也就是报价人对标价货币的卖价，x_2 则是报价人对标价货币的买价。例如对于报价"£ 1 = $ 1.6773 ~ 1.6778"，一方面表明报价人愿意按£ 1 = $ 1.6773 的价格买入英镑，同时也是报价人愿意按此价卖出美元。

如果两个报价分别用两种标价货币表示一个基准货币的价格，要知道两个标价货币之间的价格，就需要两个标价货币之间的套算。例如，已知某日香港外汇市场美元/欧元和美元/港元的报价为：$ 1 = €1.0000 ~ 1.0020；$ 1 = HK $ 7.8050 ~ 7.8070。如何求出欧元兑港元的报价呢？如果不是双向报价，即只有一个数字，将右边建立等式，很容易计算出欧元兑港元的价格。但问题是在每一个报价中都存在两个数字——买价和卖价，这就产生了问题：如何相除，得到什么价格（买价还是卖价）？答案是：欧元的买（卖）价、港元卖（买）价相对应进行除法计算（即所谓的交叉相除法）。如图 10-1 所示，应首先找出每两种货币的买卖价，即各箭头所指方框中所描述的；然后再找出所要套算的两种货币在标准形式下的买卖价，即两个指向上方的箭头对应方框中的描述。第三步是根据上指箭头对应方框中两种货币的买价和卖价，在下指箭头对应的方框中找到自己的对应（图中的短画线是一个对应，点画线是另一个对应）；最后，根据两组对应的数据，分别相除后便得到所要计算的已知的两个标价货币之间的汇率 x_1 和 x_2（下指的虚线箭头所指向的计算）。这样计算的结果仍保证在标准形式下的标价表达式中仍是前低后高（请思考这是为什么），也就是说，对基准货币的买卖仍是贱买贵卖。

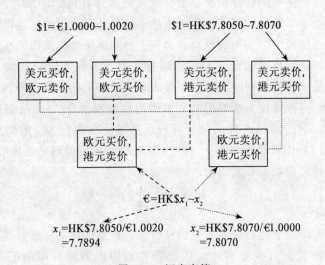

图 10-1 汇率套算

第四节　远期外汇交易

一、远期外汇交易的含义

远期外汇交易是指买卖双方预先签订合同，规定外汇交易的币种、金额、价格（使用的汇率）及交割日，届时按照合同的约定履行交割的外汇交易方式。也就是说，远期外汇交易是现在签约，在规定的未来日期进行交割的方式，它的最大特点就是成交日（签约日）与交割日（Delivery Date）不一致。正如在即期交易中看到的，在即期交易中二者也不一定一致，但已被限制在两个营业日之内；远期外汇交易中成交日与交割日的不一致则是在两个营业日之外。理论上可以是超过两个营业日之外的任何期限，但一般为30天、60天、90天、180天或者360天。如果远期合同的交割日是未来某一确定的日期，称为固定交割日的远期交易；固定交割日的远期外汇交易如果交易双方同意，也可以提前或延期交割。如果交割日不确定，交易的一方可以在合约有效期内的任何一个营业日内要求对方进行交割，这样的远期外汇合约称为择期交易（Optional Forward Transaction）。

二、远期外汇交易的标价

在介绍远期汇率概念时已经对远期汇率的标价方法进行了说明，我们知道，由于区分了直接标价法和间接标价法，由升水或贴水计算远期汇率方法上稍有烦琐。为此我们可用上一节给出的汇率标价的标准形式来计算。根据标准形式，用标价货币表示基准货币的两个数按照前低后高排列，分别表示基准货币的买价与卖价。对于远期汇率，如果用点数报价，我们面对报价时，不仅要根据升水、贴水计算汇率，更重要的是，首先要判断所给的点数表示升水还是贴水。撇开直接标价法和间接标价法不谈，将标价视为标准形式，由所给点数判断升/贴水及由升贴水计算远期汇率的方法如下：（1）点数前低后高表示基准货币的升水，前高后低则表示基准货币贴水。（2）由即期汇率加上升水（减去贴水）便得到基准货币的远期汇率。

例如东京外汇市场某日的报价为：

即期汇率　　　　　　　　＄1 = JP￥125.50 ~ 125.70
3个月远期　　　　　　　　10 ~ 20

在东京外汇市场上述报价属于直接标价法；根据标价的标准形式，远期点数前低后高表明基准货币远期是升水，因此应将远期点数加到即期汇率对应的价格上——前面的点数加到基准货币即期买价上，后面的点数加到基准货币的卖价上，就得到对应的基准货币的远期买、卖价：

远期汇率　　　　＄1 = JP￥125.50 + 0.10 ~ 125.70 + 0.20

$$= JP \yen 125.60 \sim 125.90$$

如果相同的报价不是在东京外汇市场，而是在芝加哥外汇市场，此报价就成为间接标价法。根据标准标价形式，可以不考虑间接标价法下的远期汇率计算，而根据"点数前低后高是基准货币的升水"这一判断标准，得知美元远期是升水，而美元在芝加哥外汇市场上是本币，因此，日元远期一定是贴水。

如果东京外汇市场某日的报价为：

即期汇率 $1 = JP \yen 125.50 \sim 125.70$

3 个月远期 20 ~ 10

则远期点数前高后低表示基准货币远期是贴水，所以基准货币的远期汇率为对应的买、卖价减去贴水：

远期汇率 $1 = JP \yen 125.50 - 20 \sim 125.70 - 10$

$$= JP \yen 125.30 \sim 125.60$$

如果此报价是在芝加哥外汇市场，升水、贴水的判断和计算与上面没有丝毫的改变，只不过基准货币（美元）的贴水是本币，外汇（日元）应是升水。

为什么前低后高就是基准货币的远期升水，前高后低就是其贴水呢？因为远期交易含有时间因素，意味着不确定性和风险，所以，如果买卖价差相同，银行就不会进行远期交易，只进行即期交易。要使它从事远期交易，那么远期的价差应高于即期。这一条件表示如下：

$$F_S - F_B > E_S - E_B$$

其中 E 是即期汇率，F 是远期汇率，下标 S、B 分别表示对应的即期和远期的卖价和买价。这一条件经变换后得到如下关系：

$$F_B - E_B < F_S - E_S$$

不等式的左边是远期与即期的买价价差，右边是远期与即期的卖价价差，而标价的排列总是基准货币的买价在先，卖价在后，故远期报价的点数就是（$F_B - E_B$）/（$F_S - E_S$）。如果基准货币为远期升水，那么一定有 $F_B - E_B > 0$，$F_S - E_S > 0$，满足 $F_B - E_B < F_S - E_S$ 时一定是前低后高。若基准货币为远期贴水，那么一定有 $F_B - E_B < 0$，$F_S - E_S < 0$，对不等式两边同乘以负号，不等式变为：

$$-（F_B - E_B）> -（F_S - E_S）$$

这时，不等式左右两边都表示贴水（请思考这是为什么），所以当点数按买卖价排列表现为前高后低时，基准货币为远期贴水。

三、远期汇率与利率的关系

远期汇率是由什么决定的呢？正如即期汇率的变化难以预期一样，远期汇率的确定也很难把握。从理论上来看，远期汇率与两国利率是相关的。确定远期汇率实际上就是确定升（贴）水率；根据抵补利率平价理论可知，升（贴）水率 PR 是由两国利率差额决定的，即 $PR = i - i^*$。由此可以推知，利率低的货币是远期升水，利率高的货币是远期贴水。为什么？

第一种解释如下：假定日元利率为5%，美元利率为10%，两种货币的即期汇率为 USD/JPY = 125.00。如果客户向银行购买6个月日元远期，外汇银行就会按照即期汇率用美元购买相应数量的日元，并将日元存放银行6个月后用于履行远期合约。假如6个月日元远期汇率与即期汇率完全相同，那么6个月到期交割远期时，银行会得到与当初相同的美元（不计正常的买卖差价）。但是，由于日元存款利率低于美元利率，银行卖出日元远期就等于牺牲美元的高利率，损失的是两种货币利率的差额。显然，如果这种利差损失得不到补偿，银行就不会接受这笔远期交易合约。补偿的方法就是银行提高日元的远期卖价——将日元远期价格提高到即期价格之上。所以，利率低的货币是远期升水，反之，利率高的货币则表现为远期贴水。当恰好能够完全弥补利差损失时，高出即期汇率的升水就决定了日元远期的均衡汇率水平。

第二种解释是套利行为：如果美元利率高于日元，在没有资本管制时，日元货币资产的所有者就会将其货币兑换成美元以便获得更高的利息收益。这表现为即期市场对美元的需求增加，即期市场上美元对日元升值；假定套利者将美元以远期卖出换成日元（抵补套利），远期美元供给增加，价格就会下跌，这表明利率高的货币有远期升水。

根据抵补利率平价，可以进一步计算出给定期限的远期价格（或升水、贴水数）。推导如下：如果 m 表示远期月数，F^m 表示 m 期的远期汇率，市场均衡时有：

$$1 + i \ (m/12) = \frac{1 + i^* \ (m/12)}{E} F^m$$

式子的左边是1单位本币在 m 期的本利和（不计复利）；右边的分式表示1单位本币以即期汇率 E 兑换为外币后 m 期发生的本利和，再乘以 m 期的远期汇率则是1单位本币以外币存放 m 期的本利和重新兑换为本币的价值。等式意味着1单位本币在国内的到期值与存放在国外的到期值应该相等。如若不然，m 期的远期汇率在市场压力下就会调整，一直到满足上面的等式为止。

对上式作简单的变换后就可以得到 m 期远期升水率（负数表示贴水率）PR^m：

$$PR^m = \frac{F^m - E}{E} = \frac{(i - i^*) \ (m/12)}{1 + i^* \ (m/12)}$$

以及 m 期升水数（负数表示贴水数）P^m：

$$P^m = F^m - E = E \frac{(i - i^*) \ (m/12)}{1 + i^* \ (m/12)}$$

由于利率一般小于1，如果远期的时间不超过1年，$m/12$ 也小于1，二者的乘积可以看成一个很小的数（接近于0），这样 $1/[1 + i^* \ (m/12)]$ 就是一个接近于 1 的数，化简的结果就得到 m 期远期升水率或升水数的常见形式（负数表示贴水率/数）：

$$PR^m \approx (i - i^*)(m/12)$$
$$P^m \approx E(i - i^*)(m/12)$$

上述的基准货本为外币，i^* 为基准货币的利率，所以，当 $i - i^* > 0$ 时（基准货币利率低于标价货币利率），有 $P^m > 0$，表明基准货币为远期升水；反之，如果 $i - i^* < 0$（基准货币利率高于标价货币利率），有 $P^m < 0$，表明基准货币为远期贴水。由这些公式就可以对上面的例子进行计算，即日元利率为 5%，美元利率为 10%，两种货币的即期汇率为 USD/JPY = 125.00。要计算 6 个月日元远期的价格，可以按照公式先计算出以日元标价的美元的远期价格（升水数或升水率）：

$$P^6 = E(i - i^*)(6/12) = 125(5\% - 10\%)(1/2) = -3.125$$

美元对 6 个月日元远期是贴水，贴水数为 JP￥3.125，于是美元的远期汇率为：

$$F^6_{USD} = 125.00 - 3.125 = 121.875$$

显然，6 个月日元远期汇率是同期美元远期的倒数（这与即期汇率两种标价法下的换算是一样的道理），6 个月日元远期的汇率为：

$$F^6_{JPY} = \frac{1}{121.875} = 0.008\,2$$

日元的即期汇率为 1/125 = 0.008，显然其 6 个月远期高于即期，存在远期升水，因为日元利率低于美元利率。

远期外汇交易程序[①]

交易过程	含　义
A：GBP 0.5 Mio	A 银行询价：即期英镑兑美元，金额 50 万
B：1.8920/25	B 银行报价：£1 = $1.8920 ~ 1.8925
A：Mine, PLS adjust to 1 Month	A 银行：买入英镑，并调整为 1 个月后的交割日
B：OK. Done	B 银行：成交
Spot/1 Month	即期至 1 个月的掉期率为 93/89
93/89 at 1.8836	1 个月期汇率为 1.8836
We Sell GBP 0.5 Mio	我们出售 50 万英镑
Val June/20	6 月 20 日交割
USD to My NY	请将美元汇入我行纽约账户
A：OK. All agreed	A 银行：同意
My GBP to My London. Tks. BI	英镑汇入我行伦敦银行账户，谢谢，再见
B：OK. BI and Tks	B 银行：好的，再见，谢谢。

---

① 刘玉操编著．国际金融实务 [M]．大连：东北财经大学出版社，2006：34.

四、远期外汇交易的应用

(一) 规避外汇风险

当进出口商从事进出口业务时，合约规定的交货与付款经常有一定的时间间隔。在这个时期内，如果汇率发生变化，贸易合约中的应付或应收款的价值也会随之改变，给贸易商造成预想不到的损失或者收益。如果贸易商是风险规避者，对于给定期望的预期收益，它更愿意得到与预期收益相等的确定性收益，远期外汇交易为进出口商提供了规避风险的手段。因为远期外汇买卖的实质就是现在为未来的外汇收支确定汇率，锁定外汇买卖价格，从而避开了汇率波动产生的风险。

如果出口商在未来有外汇收益，他可能担心将来外币贬值给自己造成损失。于是，他可以通过远期外汇合约将这笔未来的外汇收入卖掉，这样，即使收款日汇率已经下跌，他仍可以所收外汇按远期合约约定的汇率履行远期合约。例如，中国某出口商于 3 月 1 日与美国进口商签订一份 100 万美元的出口合同，合同约定 3 个月后（即 6 月 1 日）以美元支付。于是，该出口商就面临美元在 3 个月后可能贬值的风险——一旦美元贬值，出口商就得不到按签约时的即期汇率所能得到的人民币金额。回避风险的方法是与银行签订一份卖出相同金额的 3 个月期的美元远期合约，届时不论汇率如何变化，它的这笔美元货款的价值都是稳定的。假定 3 月 1 日的即期汇率是 \$ 1 = RMB ¥ 7.8020，3 个月美元远期汇率为 \$ 1 = RMB ¥ 7.8000。

(1) 如果 6 月 1 日的即期汇率为 \$ 1 = RMB ¥ 7.7980，则他的这笔货款因美元贬值产生的损失为：(7.8020 - 7.7980) ×100 万 = 0.4（万元人民币）；他交割美元远期合约产生的收益为：(7.8000 - 7.7980) ×100 万 = 0.2（万元人民币），所以远期合约使他少损失 0.2 万元人民币。

(2) 如果 6 月 1 日的即期汇率为 \$ 1 = RMB ¥ 7.8040，则他的这笔货款因美元升值产生的收益为：(7.8040 - 7.8020) ×100 万 = 0.2（万元人民币）；他交割美元远期合约产生的损失为：(7.8040 - 7.8000) ×100 万 = 0.4（万元人民币），远期合约冲销了他得自美元升值的净收益，并产生净损失 0.2 万元人民币。由此可见，与期初即期汇率相比，不管到期日汇率往哪个方向变化，与原货款匹配的远期交易的存在都具有在汇率变动中稳定货款价值的作用。

在上例中，如果将出口商收汇改为进口商付汇，其他条件不变，则进口商面临 3 个月后美元升值造成的进口本币成本增加的风险，为此锁定进口付汇的成本，进口商可以买入 3 个月远期美元，如果美元果然升值，则合同货款的本币（人民币）成本增加；但是他的远期美元买入合同却能给他带来收益。如果美元贬值，合同货款的本币成本下降，但是他的远期美元合同交割给他带来损失（读者可根据上例中的数据按照 3 个月后付汇情形进行计算）。也就是说，不论未来的即期汇率如何变化，针对未来的外币支付（或外币负债）签订一个同时期、同金额的远期买入合约，可以起到稳定外币支付的本币成本作用。

在上面回避风险的操作中，读者可能已经看出：（1）针对可能的损失进行的回避风险的操作同时也使自己丧失了可能的收益机会。如果交易者确信将来汇率的变化对他持有的外币头寸价值上升（或成本下降有利），那么他的确没必要利用远期合约进行回避风险的操作。但由于迄今为止人们并没有能确切地预测汇率变动的工具，所以，任何交易者都不能确知汇率的变动方向和幅度。贸易商的利润来自其产品的生产和贸易，而不是来自汇率变动，所以，利用远期外汇交易消除汇率波动造成的商品价款的价值波动应是其首选。（2）远期外汇合约并没有完全抵消即期汇率变动给贸易商造成的合同价款的价值变动，这是因为——至少在本例中是这样——远期汇率的升水（贴水）导致了远期与即期汇率的不一致，这种差额是无法消除的。读者自己可以验证，如果远期汇率是平价（远期汇率与即期汇率相等），即期汇率变动导致的合同价款的价值变化可以由远期交易完全抵消。（3）没有考虑合同价款的利息收支（即假定应收/应付外汇款都不计利息）。

（二）调整外汇头寸

进出口商利用远期外汇交易回避了汇率变动的风险，实际上是将这种风险转嫁给了银行。例如，出口商针对一笔未来外币货款进行卖出外币远期的操作，这相当于银行要买进外币远期。如果远期合约交割时汇率已经下跌到合约价以下，买入银行就要为这笔交易承担损失——它不得不高价买进（以远期合约价买进），低价卖出（以即期市场价卖出）。由于作为金融中介的银行并不愿承担汇率变化风险，它只是从交易价差中获益，所以，一个营业日结束时如果出现了远期的超买或超卖，它就要调整自己的头寸，将超买的卖出，超卖的补进。

（三）利用远期外汇交易进行投机

与套期保值者目的恰好相反，投机者希望从汇率的变动中获取利益，因而有意在不与任何未来外币资产（收入）或外币负债（支出）匹配的情形下，根据对未来汇率的判断买入或卖出外汇：如果他预期外币升值，就买入远期外汇；如果预期外币贬值，则卖出远期外汇。如果投机者对汇率走势的判断是正确的，他就能从投机交易中获利，反之则产生损失。利用远期外汇合约进行投机交易并不需要到期日进行现汇交割，只需交割汇率变动的价差，所以很少的资金就能完成较大金额的交易，具有杠杆性。

以香港外汇市场上美元兑港元为例，如果 6 个月美元远期汇率为 $ 1 = HKD7.7850/80，某外汇投机商预测美元在 6 个月后将有大幅度贬值，则他可向银行卖出 6 个月的远期美元，如 100 万。如果他的预测准确，6 个月远期交割日的即期汇率已经下跌到 $ 1 = HKD7.7250/80，则他履行远期合约（卖出远期美元）所得的港元金额为：

$$7.7850 \times 100 = 778.5 （万港元）$$

在即期外汇市场上，买进 100 万美元的成本为：

$$7.7280 \times 100 = 772.8 \text{（万港元）}$$

两者之差就是其投机收益：778.5 - 772.8 = 5.7（万港元）。此例中，如果外汇投机商预测美元升值，他就会买进远期美元，待美元升值后以高价在即期市场抛出，并得到投机收益，这里就不再用数字说明。

第五节　外汇掉期交易

一、外汇掉期交易的概念和分类

外汇掉期交易指在买进或卖出某种货币的同时，卖出或买进相同金额、不同期限的同种货币。如即期买入英镑的同时卖出相同金额的远期英镑。在掉期交易中，一买一卖属于同一笔交易，而不是同时分别做两笔方向相反、期限不同但金额相同的交易。

根据起息日的不同，掉期交易可分为以下三类：

（1）即期对即期的掉期交易。它是指买进或卖出即期外汇的同时，卖出或买进同种货币的即期。两笔即期的交割日不同，通常有"今日对明日"、"明日对后日"的掉期。

（2）即期对远期的掉期交易。即一笔即期买/卖与同一币种的远期卖/买相结合，这是掉期的最常见形式，多用于将一种货币转换成另一种货币，以固定成本，规避风险。

（3）远期对远期的掉期交易。即买进/卖出一种期限的远期的同时，卖出/买进不同期限、相同金额的同种货币远期。既可以是买进期限较短的远期与卖出期限较长的远期相结合，也可以是卖出期限较短的远期与买进期限较长的远期相结合。如在买进 3 个月期英镑的同时，卖出 6 个月期的英镑（或者相反）。

二、外汇掉期交易的报价

掉期交易的价格是掉期率（Swap Rate），它是掉期时两个不同期限的汇率差，并且小于两个期限单独交易时的汇率差。掉期率采用双向报价，用基本点（掉期率）表示买卖价格。买入价是报价方愿意卖出即期、买入远期的基准货币报价，同时也是询价方买入即期、卖出远期的基准货币价格；卖出价表示报价方愿意买入即期、卖出远期的基准货币价格，同时也是询价方卖出即期、买进远期的基准货币价格。

与远期报价一样，掉期报价中的掉期率也不指明是升水还是贴水，要根据掉期率中的买价与卖价的大小排列来判断：前低后高是基准货币的升水，前高后低是基准货币的贴水。如果英镑与美元的掉期价格为：

$$GBP/USD = 1.5560/80$$

$$Spot/6\ Month\quad 30/20$$

由于掉期率前高后低，故表示英镑的远期贴水，英镑的远期汇率应于即期汇率中减去贴水得到：

$$GBP/USD = 1.5530/60$$

掉期率实际上是两种货币交换使用的成本，掉期率也是由两种货币的利差决定，与升/贴水数 $P''' \approx E\ (i - i^*)\ (m/12)$ 有相同的形式，即：

$$掉期率 = 即期汇率 \times （标价货币利率 - 基准货币利率）$$

$$\times 掉期月数（天数）/12（360）$$

三、外汇掉期交易的应用

（一）用于轧平外汇头寸

银行经过与客户的各种买卖交易，有可能出现各种头寸情况，例如在某营业日的交易中即期美元超买 50 万，远期美元超卖 50 万美元。尽管在数量上美元头寸是平的，但却存在时间缺口。由于即期与远期的汇率（变化）很可能不一致，这就给银行带来风险。为此，银行可做一笔掉期：卖出即期美元 50 万，同时买进远期美元 50 万。

（二）货币互换

有时银行会遇到这样的情形：自己手中的某一种货币在一定时期内处于闲置状态，没有投资机会，但另一种货币有投资机会，如果要把暂时闲置的货币利用起来，就必须将其转化为另一种货币；而投资结束时再兑换成原来的货币显然会遭遇汇率风险。外汇掉期可以使投资者在利用资金的同时，避免汇率变动的风险。例如，东京某银行收到一笔美元，三个月后要用它来支付，现在该银行需要三个月的日元来投资，如果该银行将美元兑换成日元，投资到期后再兑回美元进行支付，必然有汇率风险。这时银行可以进行一笔掉期交易：买入即期日元（卖出即期美元）同时卖出远期日元（买进远期美元）。这样做的结果是：暂时不用的美元在即期外汇市场上转化为投资所需要的日元货币，到期后又可将日元换回用于支付的美元。

第六节　套汇与套利交易

一、套汇交易

套汇（Arbitrage）交易是利用两个或两个以上外汇市场上汇率差价进行贱买贵卖从中套取利润的投机性外汇买卖。在不同的外汇市场上，由于外汇供求不平衡、信息不对称等因素，这些市场上的汇率常常出现短时差异，这就给投机者以低价买进、高价卖出获得汇率差价的机会。由于套利的结果是高价市场上的供给增加，低价市场上的需求增加，因此，套利又起到平抑汇率差额的作用，尤其是当代的信息手段使信息流动和外汇资金调动极为快捷，汇率差价会由于套利迅速消失。

进行套利必须具备以下几个条件：一是发现不同市场存在的汇率差；二是足够数量的资金，否则就难以获得较大量的套利收益；三是在世界各大外汇市场上有自己的分支机构或代理行。

套汇交易分为时间套汇（Time Arbitrage）和地点套汇（Space Arbitrage）。时间套汇是利用不同交割日之间汇率的差异，买进/卖出某一交割日的外汇、同时卖出/买进另一交割日的同种货币的交易，所以时间套汇实质上就是掉期交易。地点套汇则是利用不同外汇市场上的汇率差异进行异地买卖赚取差价的交易形式。掉期已经在上一节做了介绍，本节主要介绍地点套汇。套汇又分为两种形式：直接套汇和间接套汇。

（一）直接套汇

直接套汇也叫两地套汇，是利用同一货币在同一时点上两个外汇市场上存在的价格差异，在低价市场买进、高价市场卖出的行为。例如，套汇者在芝加哥外汇市场得到的美元兑日元的报价为 USD/JPY = 125.50/80，而在东京外汇市场上得到的报价为 USD/JPY = 126.10/40，显然，东京外汇市场上美元价格高于芝加哥外汇市场，套汇者从芝加哥外汇市场上（低价市场上）买进美元而同时在东京外汇市场上（高价市场）卖出美元，就可从中获益。假设交易额是 100 万美元，则套汇的结果为：在芝加哥外汇市场购买美元需要支付的日元数量是（使用银行报价中的卖价）：

$$125.80 \times 100 = 12\ 580\ （万日元）$$

在东京外汇市场上卖出同样数量的美元得到的日元数量为（使用银行报价中的买价）：

$$126.10 \times 100 = 12\ 610\ （万日元）$$

两者的差额就是套汇者的收益（不计套汇中发生的成本）：

$$12\ 610 - 12\ 580 = 30\ （万日元）$$

如果在两个市场上报价使用的基准货币不同，就不能通过直接比较两地价格来判断是否存在套汇机会，而要先将一个市场的报价调整为与另一个市场上相同的报价形式，然后再进行比较。例如，套汇者在芝加哥外汇市场上得到的美元兑欧元的报价为 EUR/USD = 1.0150/80，而在巴黎外汇市场上得到的报价为 USD/EUR = 0.9940/80，这时就需要首先将其中一地的汇价转化为与另一地具有相同基准货币的汇价形式，如将巴黎外汇市场上的标价转化为：

$$EUR/USD = \left(\frac{1}{0.9980}\right) \Big/ \left(\frac{1}{0.9940}\right) = 1.0020/1.0060$$

于是我们可以知道，欧元在巴黎比在芝加哥更便宜，套汇时应在巴黎外汇市场上购买欧元同时在芝加哥外汇市场上出售欧元。

（二）间接套汇

间接套汇也叫三角套汇、三地套汇或多角套汇，是利用三个或三个以上外汇市场上多种货币之间的汇率差异进行买进卖出以赚取差价的套汇行为。三角套汇机会的判断方法是：将三个市场上三种货币的汇率依次作为基准货币（或者作为标价货币）进行连环表示，然后将这种表达后的三个汇率连乘，若乘积等于1，则三个市场、三种货币之间不存在套汇机会，如果乘积不等于1，则存在套汇机会。因为经过连环表示后的三地汇率如果乘积等于1，表明从1个单位的任意一种货币开始，依次在三个市场上兑换为其他两种货币后再回到初始的货币形式，恰好还是1个单位。如果连乘后乘积不等于1，则表明从任何1个单位的某种货币开始，经过其他两个市场和两种货币兑换，回到原来的货币形式后不是1个单位（或多于或少于），经过适当的买卖，就可以从中获益。如图10-2所示，S是判别标准，$S=1$意味着不存在套利机会。图中的每一个市场都有一个所有地国家的货币（也就是说不同的市场分布在不同的货币主权区域），三种货币存在三种汇率（任意两种货币之间只有一种汇率，只是标价方法不同而已），它们分别为x、y、z。x是用货币A表示的货币B的价格，y是用货币B表示的货币C的价格，而z则是用货币C表示的货币A的价格。这种轮流依次表示的汇率如果乘积等于1（即$S=1$），实际上意味着1个单位的某种货币依次经过另外两种货币兑换再回到该种货币后，数量仍为1，所以$S=1$代表了无套利条件（不考虑交易成本）。

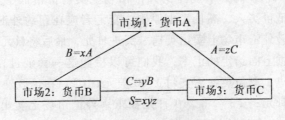

图 10-2　三角套汇的判断标准

例如，在东京、纽约和伦敦三个外汇市场上，日元、美元和英镑存在如下的汇率：东京外汇市场上 USD1 = JPY 125，纽约外汇市场上 GBP1 = USD1.60，伦敦外汇市场上 GBP1 = JPY200。要判断有无套汇机会，首先要将所给三地汇率形式用三种货币以图10-2所示的方式连环表示：

$$
\begin{array}{ccc}
\text{GBP1} = \text{USD1.60} & \text{USD1} = \text{JPY125} & \text{GBP1} = \text{JPY200} \\
\text{NY} & \text{Tokyo} & \text{London}
\end{array}
$$

$$
\Downarrow
$$

$$
\begin{array}{ccc}
\text{GBP1} = \text{USD1.60} & \text{USD1} = \text{JPY125} & \text{JPY1} = \text{GBP0.005} \\
x & y & z
\end{array}
$$

然后，判断乘积是否等于 1：$xyz = 1.60 \times 125 \times 0.005 = 1$，这说明不能在上述三个市场上就英镑、美元和日元之间进行套汇。如果将此例中的伦敦外汇市场上的汇率改为 GBP1 = JPY210，则 $z = 0.0048$，$xyz = 1.60 \times 125 \times 0.0048 = 0.96$，这就出现了套汇机会。在此基础上，还需要进一步判断买卖方向（这一点是至关重要的，买卖方向错误导致套汇损失而不是收益），方法是：如果 $S > 1$，说明 A 地的基准货币高于另外两地套算的价格；反之，如果 $S < 1$，说明 A 地的基准货币低于另外两地的套算价格。因为如果 x 是用 B 表示的 A 货币的价格，那么 yz 就是用 A 表示的 B 货币的价格，$1/(yz)$ 则又成为用 B 表示的 A 的价格，不过它是在另外两地套算出来的，于是有如下关系：

$$
S = xyz = \frac{x}{1/(yz)} \Rightarrow \frac{x}{1/(yz)} > 1 \Leftrightarrow x > \frac{1}{yz}
$$

$$
\frac{x}{1/(yz)} < 1 \Leftrightarrow x < \frac{1}{yz}
$$

上例中的 $S = 0.96 < 1$，表明纽约外汇市场上英镑价格低于其他两个市场上的英镑价格。按照低价买入、高价卖出原则，套汇者应在纽约外汇市场上买进英镑、卖出美元，在伦敦外汇市场上卖出英镑、买进日元，最后将日元在东京外汇市场卖出换成美元。根据上面给定的汇率，我们可以检验这一套汇过程的结果：（1）纽约外汇市场上买进 1 单位英镑需支付 1.60 美元；（2）在伦敦外汇市场上卖出 1 英镑可以得到 210 日元；（3）将 210 日元在东京外汇市场上卖出可得到 210/125 = 1.68（美元）。与它在纽约外汇市场上支付的 1.60 美元相比，净赚 0.08 美元。如果套汇者的资金是 160 万美元，套汇就可以赚到 8 万美元。

需要注意的是：（1）三角套汇必须依次在三个外汇市场上轮流（同时）完成三种货币的买卖，才能赚得套汇收益，并且在不同市场上同一种货币的买卖是相反的（在一地买进必须在另一地卖出）；（2）为方便说明起见，上述例子给的都是单一价格，而不是同时给出买卖价，所以上述价格可以理解为中间汇率。如果给的是买卖价，仍可由中间价进行判断套汇机会，但实际交易的所得就要比用中间价来的低，因为套汇者要损失一部分买卖价差。

二、套利交易

套利（Interest Arbitrage）是投资者将资金从低利率国家货币转化为高利率国家的货币，并于期满后再转化为原来的货币，从而从两种货币的利率差中获益的交易方式。套利一方面要求两国货币存在利率差异，另一方面要求两国货币兑换和资金转移没有政府管制。套利有两种形式，一种是抛补套利，另一种是无抛补套利。

（一）抛补套利

抛补套利（Covered Interest Arbitrage）是指套利者把资金从低利率货币兑换为高利率货币的同时，在外汇市场上卖出高利率货币的远期，以避免汇率变动对利差收益的侵蚀。因为抛补套利是即期与远期同时进行的反方向买卖操作，所以它也是外汇掉期交易。

当投资者将低利率货币转换为高利率货币后，投资一定时期并将货币重新换回原来的货币时，有可能面临高利率货币的贬值；如果贬值幅度足够大，就可能使利差收益不复存在（甚至为负）。但是，如果有一笔金额相同、方向相反的远期与之相匹配，就可以起到固定未来汇率的作用，消除汇率变动对投资带来的风险。由于利率高的货币有远期贴水，所以抛补套利要求远期贴水不能太大（抛补利率平价告诉我们，贴水率与利率差相等时不存在套利机会，因为这时用同种货币表示的两种货币的投资收益率完全相等）。假定 i^* 是高利率货币，抛补套利可行的条件是：

$$\frac{F}{E}(1+i^*) > 1+i$$

这一条件表示用低利率货币表示的高利率货币投资收益率高于低利率货币收益率。由于这一条件还可以改写为：$\frac{F}{E}-1 > \frac{1-i^*}{1+i^*} \approx i-i^*$，经简单变化可得：

$$-\left(\frac{F}{E}-1\right) < i^*-i$$

不等式的左边是高利率货币的贴水率，右边是利率差，所以套利可行条件就是贴水率要小于利率差。考虑到投资的时间结构，上述条件就变为（读者自己应能根据前面使用过的公式推导出来）：

$$-\left(\frac{F^m}{E}-1\right) < (i^*-i)(m/12)$$

它表示 m 个月份的远期贴水率应低于利率差与投资月数之积再除以 12（如果用天作为投资期间就除以 360）。

假设美元的存款利率为 10%，英镑存款利率为 5%；伦敦外汇市场即期汇率报价为 GBP/USD ≑ 1.6550/80，3 个月远期为 10/20，即 3 个月远期汇率为 GBP/USD

= 1. 6560/1. 6600。英镑的升水率（也就是高利率美元的贴水率①）为 0. 0030：

$$-\left(\frac{F^m}{E}-1\right) = -\left(\frac{1/1.6600}{1/1.6550}-1\right) = 0.0030$$

3 个月期的利率差为 $(i^* - i)(m/12) = 0.05 \times 0.25 = 0.0125$，所以满足上面的不等式条件，套利是可行的。假设套利者有 100 万英镑，他在即期市场上可以兑换的美元数量为 165. 50 万美元。100 万英镑 3 个月的净利息收益为：1 000 000 × 0. 05 × 3 ÷ 12 = 12500（英镑），本利和为 101. 25 万英镑；兑换成美元后 3 个月美元存款的本利为：165. 50 ×（1 + 0.1 × 0.25）= 169. 6375（万美元），这些美元按 3 个月远期可兑换的英镑数量为 169. 6375 ÷ 1. 6600 = 102. 1913（万英镑），套利净收益为 102. 1913 – 101. 25 = 0. 9413（万英镑）。

（二）非抛补套利

非抛补套利（Covered Interest Arbitrage）指的是套利者将资金从低利率货币转移到高利率货币时，没有对应的反向远期交易，所以非抛补套利要承担汇率变动的风险，如果投资到期日的即期汇率为 E^t，则非抛补套利到期盈利的条件为：

$$\frac{E^t}{E}(i + i^*) > 1 + i$$

设 1 单位低利率货币在套利中所得净额为 N，则 $N = N(E^t) = \frac{E^t}{E}(1 + i^*) - (1 + i)$，也就是说，非抛补套利净收益是投资到期日即期汇率的增函数，由于非抛补套利能为套利者带来正收益的条件为 $N > 0$，所以 E^t 越大，该条件越能得到满足。假定即期汇率、两国利率都是确定的，唯一不能确定的就是到期日即期汇率。套利者是否进行套利的决策取决于他对投资到期日汇率的预期，设 1 单位低利率货币在套利中预期所得净额 N^e，则：

$$N^e = N(E^e) = \frac{E^e}{E}(1 + i^*) - (1 + i)$$

只有 $N^e > 0$ 时，套利者才会进行无抛补套利。如果本金为 A，则预期套利所得为 $A\left[\frac{E^e}{E}(1 + i^*) - (1 + i)\right]$。要注意预期所得不是实际所得，实际所得仍然由到期日的即期汇率 E^t 决定。如果套利者预期准确，到期日的即期汇率与预期相同，套利者的预期获利就能实现；否则，套利者就会遭受损失。

例如，美元的存款利率为 10%，英镑存款利率为 5%；伦敦外汇市场即期汇率为 GBP/USD = 1. 6550，如果投资者预期 1 年后的汇率为 GBP/USD = 1. 6590。则 1

---

① 两者有微小的出入，可以忽略不计。在这个意义上我们经常说一种货币（基准货币）的远期升水就是另一种货币（标价货币）的远期贴水。

年期套利的预期净收益为 $N^e = \dfrac{1/1.6590}{1/1.6550}$ （1 + 0.1） － （1 + 0.05） = 0.0473 > 0，

投资者就会进行套利。如果 1 年后美元价格果然是 1/1.6550 或者更高，该套利者有大于 0 的净收益是确定无疑的；反之，如果 1 年后美元有较大幅度的贬值，如 $E^t = 1/1.7500$，实际套利净收益则为：

$$N = \frac{1/1.7500}{1/1.6550}（1 + 0.1） － （1 + 0.05） = -0.0097 < 0$$

套利者的预期没有实现，反而遭受损失。

小　　结

本章主要介绍了外汇的基本概念、外汇的传统交易方式及其应用，这些交易方式包括即期外汇交易、远期外汇交易、掉期交易。即期与远期的划分标准是交割期的规定，即期外汇交易规定要在成交后的两个营业日内完成交割，而远期外汇交易则是成交后在两个以上的营业日完成交割。掉期交易则是短期与短期、短期与远期、远期与远期的组合，即一个组合作为一笔而不是两笔交易。即期外汇交易对不同的主体有不同的用途，如对进出口商而言，即期外汇市场是他从事进出口贸易的基本条件之一，对于外汇投机者而言，他希望在持有外汇资产期间通过汇率的有利变动而获益；对于外汇银行而言，则是作为金融中介赚取买卖价差；中央银行则希望通过外汇买卖影响汇率水平。远期或掉期交易则有两种基本功能，被用于资产保值或投机。

思考与练习

1. 什么是外汇？外汇与外币有什么异同？

2. 什么是汇率？汇率有哪些种类？

3. 区分不同汇率标价方法的意义是什么？

4. 在某一时期，美国金融市场上美元定期存款利率为 10%，英国金融市场利率为 12%。设当前即期汇率 GBP1 = USD2.0000 ~ 2.0500，3 个月期的美元远期汇率为 GBP1 = USD1.9900 ~ 1.9950。市场上是否存在无风险套利机会？如果存在，一个投资者用100 000英镑投资应如何操作？获利多少？

5. 2000 年 3 月 8 日的华尔街日报对上一日的外汇市场信息报道如下：

利率　　　　美国　　　瑞士　　　日本
　　　　　　8.75%　　3.25%　　1.375%

即期汇率　　1 瑞士法郎 = $ 0.5970
　　　　　　　　$ 1 = 106.17 日元

3 个月远期汇率　1 瑞士法郎 = $ 0.6027
　　　　　　　　　$ 1 = 105.62 日元

（1）用美元表示的瑞士法郎是升水还是贴水？升/贴水率是多少？它与抛补利率平价是否相符？

（2）用日元表示的美元是升水还是贴水？升/贴水率是多少？它与抛补利率平价是否相符？

第十一章　汇率理论（上）

在国际宏观经济理论中，有两个最基本的理论领域，一个是如何解释汇率的决定，另一个是国际收支是如何调节的，这两个问题又有密切联系：汇率变动调节国际收支，国际收支状况也影响汇率。在本章和下一章，我们将介绍汇率决定的理论，接下来的两章将介绍国际收支的调节。本章主要介绍汇率决定的最基本的两个平价：购买力平价和利率平价，了解两个平价的基本思想，同时还将探讨偏离平价的各种原因和理论解释。

第一节　汇率理论概述

一、汇率理论的演变

汇率作为两国货币的价格，人们对它的认识是随着世界经济联系的发展而发展的。在资本主义发展的早期，世界之间的经贸交往是以贵金属作为货币媒介的，早期的汇率理论也是以此为基础形成的。最早的汇率理论是英国经济学家大卫·休谟（David Hume）在其《论贸易差额》中提出的价格铸币流动机制，该学说把贸易差额、黄金输出入、商品价格以及汇率联系在一起。金本位期间的另一个有影响的汇率理论是英国经济学家戈逊（G. L. Goschen）提出的国际借贷说，他认为汇率取决于外汇的市场供求，而市场供求又由国际借贷决定。不仅如此，他还进一步把国际借贷分为固定的国际借贷和流动的国际借贷，并且只有流动借贷才影响汇率。他的国际借贷学说把国际债权债务关系考虑进去，比较接近形成汇率的直接市场力量。在现代汇率研究中这一思想开始恢复。

在第一次世界大战和第二次世界大战期间，金本位制处于不稳定阶段，黄金的自由兑换受到限制，各国货币纷纷与黄金脱钩，于是以铸币平价为基础的具有内在稳定性的汇率体制走到尽头，竞争性贬值成为各国的汇率政策手段。这期间的汇率理论基本反映了纸币本位下的汇率决定。其中最具影响力的就是瑞典经济学家卡塞尔（Cassel）提出的购买力平价说与凯恩斯（John Maynard Keynes）提出的利率平价理论。前者以商品交易为基础，将汇率视为商品交易的媒介，后者则以套利资本流动产生的交易为基础，将汇率视为资本流动需求的结果。这两种理论在后来的汇率研究中几乎平分秋色，一直是汇率理论的主线。在现代的开放经济学研究中，到处可以看到购买力平价和利率平价的身影。同一时期法国学者阿夫塔里昂（A. Aftalion）提出汇兑心理说，成为后来引入汇率预期进行理论分析的先驱。他根据边际效用理论来解释汇率的形成，认为人们持有外汇就像人们持有其他资产一样，是为了满足诸如购买、投资、投机等欲望，所以，外汇的价格是由外汇持有者的边际效用决定的。

第二次世界大战以后，由于布雷顿森林体制的建立，固定汇率制度再次居于主导地位。在布雷顿森林体制下，黄金—美元—其他成员国货币之间的"双挂钩"机制决定了此制度下主要的问题已不是汇率的决定，而是中心汇率的调整对国际收支的影响以及经济政策对内外均衡的影响。所以，这一阶段主要是国际收支调节理论（如米德冲突、丁伯根法则、斯旺和蒙德尔的政策指派等）。由于布雷顿森林体制在国际收支调节方面缺乏灵活性以及调节的不对称性等固有缺陷，引起经济学家对固定汇率与浮动汇率制度的争论，实际上就是支持还是反对布雷顿森林体制问题。其中最有影响的就是蒙德尔（Mundell）提出的"最适度货币区"理论，欧洲货币的一体化使得这一理论研究再次活跃。

20世纪70年代以后，以布雷顿森林体制为代表的固定汇率制度走向崩溃，各发达国家纷纷实行浮动汇率制度，汇率开始出现大幅波动，各种汇率理论也纷纷涌现。最有影响的汇率模型莫过于多恩布什（Rueiger Dornbusch）提出的汇率超调理论，它最大的特点就是将价格粘性和预期引入模型分析中，从而得出了外生性货币冲击导致汇率超调的结论（详见本书对该模型的介绍）。与汇率超调理论几乎同时提出的还有 Branson 的汇率资产组合理论，该理论把本币资产与外币资产看做不完全替代物，风险因素的存在使非抛补套利平价不成立，于是本币资产与外币资产的平衡就要在两个独立的市场上考察。

20世纪90年代之前，汇率理论主要以宏观模型为主。第一种是货币理论，该理论是在货币市场均衡条件下对 PPP 的扩展，它假定价格可以随时调整，国内外资产完全替代，绝对购买力平价和无抛补利率平价总是成立。价格快速调整在 Dornbusch 那里得到放松，形成所谓的超调理论。第二种是资产组合理论，该理论放松了资产的完全替代假设，由于货币风险溢价的存在，无抛补利率平价不再成立，汇率不再仅仅由货币市场均衡决定，而且还由资产市场的均衡决定。第三种汇率决定理论是开放的宏观经济一般均衡动态模型，通过跨期分析，并引入微观行为基础，但是，由于对微观行为假设不一致，得出的汇率与宏观变量的关系也不同，例如是否存在出口的市场定价。第四种是实际汇率模型：通过放松 PPP 假设，使实际汇率建立在非贸易商品的相对价格上，后者则是由相对生产率决定的。

进入20世纪90年代以后，汇率理论的微观基础分析开始受到重视，该方法以居民、厂商、政府等经济主体的最优选择为分析的出发点，以跨期的动态分析方法为工具，成为现代开放宏观经济学的主流分析方法。同时，该方法的综合性使得该分析可以把汇率决定、经常账户、内部均衡和外部均衡等国际宏观经济问题联系在一起。

对汇率理论模型实证检验的出现和增加是伴随着汇率理论发展的另一个趋向，现代汇率研究文献有相当一部分是进行实证检验的。实证检验用数据说明某一汇率理论的正确性和适用性，同时也进一步推动汇率理论的发展。不幸的是，很多著名的汇率理论模型都难以得到实证的支持，如购买力平价之谜（PPP Puzzle）说明购买力平价理论无论长期还是短期都无法得到实证支持；再如资产市场的本国倾向之谜（Home Bias Puzzle）现象与汇率理论也不符，根据利率平价，本币资产与外币资产可以自由替代，那么有理由相信一国居民将把他的财富分散在各国货币上，事实上并非如此，一国居民主要持有本币资产。这些实证结果进一步促进了汇率理论的繁荣和发展。

二、汇率决定的基本思想

作为两国货币之间的比价，汇率决定受各种复杂因素的影响。总的说来，汇率是两国货币的相对价格，既然是价格，决定它的水平和变动的基本原理与一般商品价格也有共同之处，这就是它受供求因素的影响。如果将汇率视为外币的价格，那么价格水平及价格的变动就是由外汇供给和外汇需求决定的；假定外汇供给曲线具有正的斜率，即外币相对于本币越贵，愿意提供的数量越多；外汇需求曲线具有负的斜率，即外币相对于本币越贵，愿意购买它的数量越少，那么汇率水平就可由外汇供求的均衡点来确定。如图 11-1 所示，图中的 E^* 就是由供求力量共同决定的均衡汇率。该图是一个标准的均衡价格决定的图解，图中的纵坐标表示价格——在外汇供求分析中价格就是汇率 E；横坐标表示数量——此处的内容是所分析的外币的供给或需求量。二者的交点处是外汇市场上供给意愿与需求意愿相等的状态，并由此确定了均衡的外汇交易量和交易价格——汇率（E^*）。

但是，这种供求均衡分析得到的均衡汇率并不是严格意义上的汇率理论，因为它并没有说明供给曲线和需求曲线的决定因素。从市场角度来看，外汇的供给者是出口商，需求者是进口商，此外还有市场套利者买卖外汇形成的外汇供求；从政策制定者来看，货币当局不仅可以通过外汇的买卖影响汇率，它还可以规定官方价格（如固定汇率制度），进行外汇管制（像商品价格管制一样）。一般而言，外汇的供求可通过以下几个方面来解释：一是贸易因素，出口商是外汇市场的供给者，进口商是需求者。二是投资行为，分短期投资和长期投资。短期投资一般是基于利率差异、汇率预期变化进行的资本转移，长期投资主要是基于生产性、经营性盈利机会进行的资本跨国转移。三是基于经济主体的资产组合行为产生的外汇供给与需求。由于分散风险的需要，一国居民可能会将其财富以一定比例分布在本币资产与外币

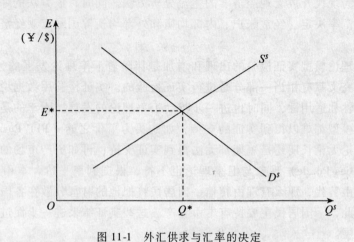

图 11-1　外汇供求与汇率的决定

资产之间，从而形成外汇的供给。不同的解释分别形成不同的汇率理论，它们分别是购买力平价理论、利率平价理论以及汇率的资产组合理论。

第二节　汇率决定的购买力平价理论

一、购买力平价的理论背景和基本思想

购买力平价理论（The Theory of Purchasing Power Parity）的思想起源于 16 世纪中叶西班牙的萨拉蒙卡（Salamanca）学派，瑞典的经济学家卡塞尔（K. G. Cassel）于 1918 年首次提出了购买力平价的概念，并于 1922 年在其出版的《1914年以后的货币与外汇》中奠定了购买力平价的基础。购买力平价理论的形成有其特定的历史背景。第一次世界大战后，金本位制陷入了瘫痪状态，浮动汇率制度取代了固定汇率制度。在战争时期世界范围广泛的通货膨胀使得各国迫切地寻求货币汇率的稳定，于是如何确定新的均衡汇率体系成为恢复固定汇率制的难题。

购买力平价理论认为按照一定的汇率购进外国货币，就是购进外国货币购买力，因为该货币在外国具有对一般商品的购买力；反过来，外国按照一定的汇率购进本国货币，就是购进本国一般商品的购买力。因此，一国货币的对内价值和一定时期内两种货币的汇率是由两种货币在本国国内所能购买的商品与劳务的数量来决定的。购买力平价有两种表现形式，绝对购买力平价（Absolute Purchasing Power Parity）和相对购买力平价（Relative Purchasing Power Parity）。

二、绝对购买力平价

绝对购买力平价理论认为，一种货币的价值，是由单位货币在发行国所能买到的商品和劳务量决定的，即由它的内在购买力所决定。以一般商品和劳务的物价倒数来表示各自货币购买力，则两国货币汇率决定于两国一般物价水平之比，因此，如果本国和外国商品价格水平分别为 P 和 P^*，绝对购买力平价可以写为：

$$E = \frac{P}{P^*}$$

绝对购买力平价理论建立在"一价定律"（Law of One Price，LOP）的基础之上，即国际间进行的套购活动（Commodity Arbitrage）能使同类、同质的商品具有等值的价格。开放经济下的一价定律有三个假设前提：

（1）国际交易中不存在贸易壁垒以及歧视性待遇，如贸易禁令、关税、配额和外汇管制等，也不存在交易成本；

（2）不考虑国际资本流动对汇率的影响，外汇市场上仅存在经常账户的交易，且价格能够灵活调整，不存在价格粘性；

（3）不同国家的商品是同质的可贸易商品，并且市场是完全竞争的。

但是，一价定律（LOP）并不等于购买力平价，因为一价定律只是针对各单个商品而言，而购买力平价则是用两国的价格水平表示的。但是，在一定条件下（包括上面已给出的条件），我们可以从一价定律推导出绝对购买力平价。如果不存在套利成本，两国的可贸商品（Tradable Goods）用同一种货币表示的价格必然相等。对于商品 i，如果它的国内外价格分别为 P_i 和 P_i^*，根据一价定律必然有下式成立：

$$P_i = EP_i^*$$

其中 E 是名义汇率。如果不相等，商品 i 的国内与国外两个市场之间就会产生套利。例如，如果 $P_i < EP_i^*$，投机商就会以 P_i 的价格从国内购买商品 i，以 P_i^* 的价格在国外出售，然后将外币以 E 的价格换成本币，得到 EP_i^*，由于 $P_i < EP_i^*$，于是套利者得到一笔正的收益：$EP_i^* - P_i > 0$。只要 $P_i < EP_i^*$，这一过程就会持续下去，商品 i 在国内的可供量越来越少，国内价格 P_i 必然上升，而国外的可供量则不断增加，国外价格 P_i^* 就会下跌，价格变化直到使 $P_i = EP_i^*$ 成立为止。

对于一定量的名义收入，它的购买力是什么？如果消费者只消费一种商品，问题就非常简单，只需用名义收入除以这个商品的价格就可以得到此收入可以购买的商品数量。但是，消费者不可能只消费一种产品，于是，经济学家就构造一个价格指数（Price Index），用名义收入除以价格指数便得出收入的购买力。可以将价格指数视为一篮子商品的成本，给定收入的购买力就是它能购买的"篮子"的数量。那么1单位的"篮子"商品值多少钱？也就是说1个"篮子"的价格是多少？这就是价格水平。价格水平一般用消费者价格指数（CPI）来表示，也就是购买力。假定消费者价格指数以下述方法来构造：

$$CPI = f(p_1, p_2, \cdots, p_n)$$

那么，函数 f 必须满足以下性质：一是 p_i 的增函数，即当"篮子"里任意一种商品价格 p_i 上升时，CPI 也上升（很明显，当"篮子"里的其他商品价格不变时，一种商品的价格上升导致"篮子"价格下降是不可思议的）。二是它的一次齐次性，即当所有商品的价格扩大一倍，价格指数也扩大一倍；同理，一次齐次性也意味着当所有商品的价格缩小一倍时，价格指数也缩小一倍。根据 f 的这一特性，我们可以得出如下关系：

$$\frac{1}{E} \times CPI = \frac{1}{E} \times f(p_1, p_2, \cdots, p_n) = f\left(\frac{1}{E} \times p_1, \frac{1}{E} \times p_2, \cdots, \frac{1}{E} \times p_n\right)$$

根据商品一价定律 $P_i = EP_i^*$，将其代入上式有：

$$f\left(\frac{1}{E} \times p_1, \frac{1}{E} \times p_2, \cdots, \frac{1}{E} \times p_n\right) = f(p_1^*, p_2^*, \cdots, p_n^*) = CPI^*,$$

于是我们得到：

$$\frac{1}{E} \times CPI = CPI^*,$$

或者：

$$E = \frac{CPI}{CPI^*}$$

这就得到了绝对购买力平价的一般形式。第一个等式表明，对于两国相同"篮子"的商品（即进入两国购买力指数中的商品组合应该是相同的），用同种货币表示的 1 个"篮子"的价格是相同的（请与一价定律相比较）。第二个等式表明，两种货币的汇率是由两国价格水平（价格指数）决定的，与本国价格水平呈正比，与外国价格水平呈反比。据此我们可以推知，如果国内价格水平上升，本国货币的购买力下降，本国货币对外币就要贬值，表现为汇率上升（注意间接标价法的含义）；同理，如果外国价格水平上升，外国货币的购买力下降，外币就要对本币贬值（直接标价法下的汇率下降）。

可见，从绝对购买力平价的推导过程来看，它的成立是有条件的，如果这些条件不能满足，绝对购买力平价就可能不成立。这些条件包括：（1）所有贸易商品的一价定律要成立；（2）"篮子"里的所有商品都是贸易商品；（3）两国"篮子"商品的组合完全相同；（4）两国"篮子"商品中进入价格指数的方式是完全相同的，即 f 和 f^* 代表完全相同的函数关系。

三、相对购买力平价

如果交易成本不是价格或汇率的内生变量，即使绝对购买力平价不成立，也不妨碍汇率变化与价格变化之间的关系，即不妨碍相对购买力平价的成立。相对购买力平价认为，一国的物价水平不是恒定不变的，随着时间的推移，各国的经济状况发生变化，物价水平（即购买力水平）也会发生相应的变化。因此，两国的汇率水平将根据两国通货膨胀的差异而进行相应的调整。

假如贸易中存在套利成本，我们可将绝对购买力平价表示为 $P = \alpha EP^*$，其中 $\alpha \neq 1$ 是表示贸易中存在的成本（或贸易障碍）。对绝对购买力平价两边取（自然）对数，然后对时间 t 求微分（把汇率、两国价格水平视为时间的函数），即得到如下形式：

$$P = \alpha EP^* \Rightarrow \ln P\ (t)\ = \ln\alpha + \ln E\ (t)\ + \ln P^*\ (t)$$

$$\frac{dP}{P} = \frac{d\alpha}{\alpha} + \frac{dE}{E} + \frac{dP^*}{P^*} \xrightarrow{d\alpha = 0} \dot{E} = \pi - \pi^*$$

其中 $\frac{dP}{P} = \pi$，$\frac{dP^*}{P^*} = \pi^*$，$\frac{dE}{E} = \dot{E}$，π 是本国通货膨胀率，π^* 是外国通货膨胀率，E 则是汇率的变动率（外币的升值率）。可见，汇率的变动率是两国通货膨胀率之差。这一结果也可在 $\alpha = 1$ 的条件下（即绝对购买力平价成立时）推导出来，这说明，汇率的变化与两国价格之间的变化关系不受贸易成本的影响。

四、购买力平价之谜

购买力平价理论的主要吸引力在于其内在的简单性，从货币具有购买力的角度分析货币的交换问题，非常符合逻辑，易于理解；同时，它的表达形式也较其他汇率决定理论更为直观。所以，购买力平价被广泛运用于对汇率水平的分析和政策研究。但其是否成立一直存在很大的争议。

汇率是一国对外经济联系的价格变量，汇率理论是在两国货币、利率、价格、产出等宏观经济变量关系的基础上建立的。然而大量汇率理论的实证检验表明，汇率与上述经济变量之间的关系并不显著，这一现象被称为汇率脱离之谜（Exchange Rate Disconnect Puzzle）。解释汇率脱离之谜具有重要的理论和政策意义。就理论上看，它关系着传统汇率理论是否正确，是否需要修正以及如何修正；从政策方面看，它关系着汇率调节手段的有效性。

（一）汇率脱离之谜及其一般表达方法

汇率理论是以两国宏观经济变量之间的关系构筑的，这些经济变量（如价格、货币、利率、产出等）被称为基本变量（Fundamentals）。大量有关汇率的实证研究显示，汇率相对于基本变量具有更大的波动性，汇率变化并没有按照汇率理论预言的程度和速度传递给基本变量。在早期的实证研究中，Meese and Rogoff（1983）就发现用标准的宏观经济汇率模型对汇率的短期和中期预测得出的结果，并不比最简单的随机游走模型更好；Baxter and Stockman（1989）通过研究固定汇率到浮动汇率的转变，也发现名义汇率或实际汇率的剧烈变动并没有伴随着诸如产出、消费、贸易量以及政府支出等宏观基本变量的同等程度的变动。随后的大量实证研究几乎无一例外地证实了上述结论（如 Frankel and Rose，1995；Taylor，1995；Bacchetta and Wincoop，2000 等）。如果用 x（x^*）表示本国（外国）的某一宏观经济变量，由基本变量确定的汇率 e 通常可以表示为 $e = x - x^*$。对 $x - x^*$ 的不同解释对应着不同的汇率理论：在购买力平价理论中，它表示两国价格水平差额（对数形式的价格和汇率）；在利率平价中，它表示两国利率差额（汇率则表示预期或远期变动率）。该表达式一方面说明，两国经济变量的相对变化将等价地转化为汇率的变化（反之亦成立）；另一方面也表明，当汇率标价法给定时，两国同一经济变量对汇率的影响方向是相反的。如果此式不成立，则表明存在一个不等于零的 q，使得 $e = q + (x - x^*)$ 成立，则 q 表示无法用基本变量变化解释的汇率脱离，这是表示汇率脱离的一般形式。根据此式，脱离之谜的现有理论解释可以分解为以下几个方面：一是 q 代表特定的经济含义，具有独立的存在性，如交易成本、实际汇率都可归结为这种解释；二是对基本变量 x 行为的解释，即由于它的变化不能完全反映到汇率变化上，或者不能完全反映汇率的变化，必然在二者之间产生一个差额 q。垄断厂商的市场定价、非贸易商品价格变化的作用以及新开放宏观经济学建立的汇率与各种基本变量之间的关系都属于这种解释。第三种解释是考虑非基本变量（如信息、预期）的影响，汇率的微观结构理论正是这方面的最新成果。

（二）购买力平价中的交易成本与实际汇率

将 x 解释为（对数形式的）价格水平 p，$e = x - x^*$ 反映的就是购买力平价关系，汇率脱离之谜就转化为购买力平价之谜①：$e = q + p - p^*$。在购买力平价关系中，q 独立存在的第一种解释是交易成本。广义的交易成本包括运输成本、威胁使用或正在使用的关税或非关税措施、信息成本、要素缺乏流动性以及不同的产品使用标准、习惯、安全要求等。交易成本最直接的影响是产生两国商品价格的隔离，使绝对购买力平价不成立。如果交易成本不是由价格或汇率内生地决定，它并不影响相对购买力平价的成立，但交易成本的存在仍可能影响外生性冲击发生后汇率恢复均衡的调节速度。各种交易成本在名义汇率与相对价格之间形成缓冲，使得汇率的变动不能立即全部传递给相对价格。

交易成本的另一种影响是产生汇率的非线性调整。由于交易成本限制了套利空间，围绕购买力平价存在一个不动带（Band of Inaction）。例如，如果一件衬衣在中国是 60 元人民币，在美国为 8 美元，如果没有交易成本，两种货币汇率应为 1 美元兑换 7.5 元人民币。如果每件衬衣存在 4 元（人民币）的交易成本，当汇率为 1 美元等于 8.0 元人民币时才会产生贸易，7.5 ~ 8.0 这个范围就是不动带。在不动带以内，交易成本完全限制了商品套利的可能；在不动带以外，套利仍将发

---

① 式中的汇率和价格既可以是对数形式，也可以是变化率，后者就是相对购买力平价。

生。这两种情形的区分使汇率调节产生非线性：超出不动带的较高的购买力平价偏离，套利作用将驱使购买力平价作快速调节；反之，购买力平价的偏离如果发生在不动带之内，套利不起作用，汇率则呈现随机游走。如果套利是瞬时的，汇率的变动在套利作用下会限制在不动带之内。

最后，交易成本使消费更具本地倾向，它与生产的专业化结合在一起可以解释购买力平价偏离。在生产专业化情形下，一国的价格水平是国内外商品价格的加权平均，汇率变化对本国价格水平的影响取决于进口商品在消费中的比重和进口的来源结构：本国商品消费比重越大，汇率变化对 CPI 的影响越小。交易成本增加本国商品消费倾向，从而减弱了汇率变化对本国消费价格水平的影响。

在购买力平价关系中，q 独立存在的第二种解释是实际汇率的变动。实际汇率反映的是两国商品的交换比率，如果两国相对价格水平的变动不能完全转化为名义汇率的变动或者是名义汇率的变化不是传递给价格，其剩余部分都反映为实际汇率的变化。事实上，所有对购买力平价的偏离都表现为实际汇率的变化。但是，实际汇率的变化有其独立的真实因素，如生产率的变化、消费偏好的变化等。如果实际汇率的变动与名义汇率变动相关，必然破坏购买力平价关系。经常账户差额的变化是反映实际汇率变化的一个指标，因为经常账户差额反映了两国商品的相对需求强度，由偏好、收入等因素变化产生的需求变化会产生经常账户差额的变化，并促使实际汇率进行调整。由于两国消费模式不同，短期冲击如果改善一国经常账户，实际汇率就必须发生变化以平衡贸易差额。

（三）购买力平价中的价格行为：市场定价与非贸易商品价格

在购买力平价中，如果 q 不具有独立的经济含义，那么它只能是名义汇率与两国相对价格变化差额的结果，即相对价格的变化不能完全反映汇率的变化。有两种理论可以在此意义上解释购买力平价的偏离，一是价格指数的构造因素，二是市场定价行为（Pricing to Market）。

购买力平价不是用单一商品价格而是用"篮子"商品价格生成的价格指数构造的。这意味着购买力平价的成立必须符合以下几个条件：第一，两国价格指数构造的结构相同；第二，所有贸易商品价格均符合一价定律。就第一个条件而言，任何一个国家构造本国价格指数的目的都不是基于满足购买力平价的目的，因此，各国价格指数中商品价格的构成、基期的选择各不相同，从而导致购买力平价关系难以成立。

第二个条件要求所有贸易商品价格均符合一价定律——这实际上隐含了价格指数中不存在非贸易商品价格的前提条件。非贸易商品套利成本无穷大，因此不存在一价定律。但是，各国的价格指数中都存在着各种非贸易商品价格，这些商品价格的变化将导致购买力平价失效。非贸易商品价格变动导致购买力平价偏离可由 Balassa-Samuelson 效应解释。Balassa（1964）和 Samuelson（1964）根据富裕国家在贸易商品上具有更高的相对生产率假设，得出如下结论：两国价格水平经现行名义汇率折算为同一货币后，富裕国家较之于贫困国家的价格水平更高。原因在于，在完全竞争市场上，较高的相对生产率意味着较高的实际工资水平；但是，贸易商品部门的价格是由国际市场决定的，较高的实际工资水平只能体现在本国较高的名义工资水平上；假定劳动市场也是完全竞争的，非贸易部门的名义工资水平也会相应提高。由于非贸易部门的劳动生产率不变，该部门的均衡要求实际工资率也不变，较高的名义工资只能对应于较高的价格水平。CPI 是由贸易商品和非贸易商品价格水平组成的，在贸易商品价格水平不变的前提下，非贸易商品的价格水平上升，CPI 必然上升。

贸易商品的垄断定价是造成一价定律进而购买力平价不成立的又一因素。国际市场垄断将产生三级价格歧视，不同国家的消费者要为同种商品支付用同种货币表示的不同的价格。市场定价（Pricing to Market；或当地货币定价，Local Currency Pricing）是具有垄断力的出口商根据进口国的需求弹性用进口国货币确定出口商品的销售价格，其直接结果是汇率变化的不完全传递（Incomplete Pass-through），因为出口商面临汇率的变化，调整的不是输往目的地国的货币价格，而是成本加成。对于不变的边际成本 MC，出口商在其国内的销售价格为 $P^* = MC$，如果出口到 i 国的商品加成有如下形式：$1 + \varphi_i(E_i)$，其中 $\varphi_i(E_i)$ 是由出口目的地国家 i 的需求弹性决定的对出口到该国的商品实行的边际成本加成率（E_i 是用进口国 i 的货币表示的出口国货币的价格），那么他对进口国 i 的当地货币定价为：$P_i = E_i[1 + \varphi_i(E_i)] P^* = E_i[1 + \varphi_i(E_i)] \cdot MC$。如果进口国 i 的货币出现贬值，那么出口商只有增加对进口国 i 的出口定价 P_i，才能得到与贬值前相同的收益。但是，由于出口商有市场垄断力，P_i 上升后需求弹性也随之上升（线性需求就是如此），较高的需求弹性导致国际垄断厂商对它出口目的地国家成本加成的下降（请回顾垄断厂商加成定价的原理），$1 + \varphi_i(E_i)$ 随汇率 E_i 的上升变得更小了。正是由于 E_i 的上升部分地被 $1 + \varphi_i(E_i)$ 的下降所抵消，出口商可以不增加对 i 国的定价 P_i，而是调整成本加成 $\varphi_i(E_i)$，使调整后的收益等于其边际成本。于是，由于汇率变化产生的对当地货币的调整就部分地被成本加成率的反向变化所抵消，汇率变化的不完全传递导致购买力平价不再成立。除了出口商之外，经销商的加成定价同样会产生汇率的不完全传递。考虑到贸易成本，商品套利一般不会发生在消费者身上，而是由经销商进行，零售环节的加成定价也使大部分汇率变动隔离于消费者之外，由消费者到批发商的进口价格传递链条增加，时间延长。较高的分销利润使得汇率传递在进口价格（或边界价格）与进口国消费价格之间形成缓冲。由于经销商的成本加成定价，汇率变动传递给进口价格部分要高于传递到消费者价格部分，由消费者价格指数反映的两国相对价格变化就会低于汇率的变化。据估计，美国进口商品的汇率传递率为 50%，德国为 60%，而日本为 70%。这就是说剩余的 50%、

40％和30％的汇率变化都被成本加成的变化所抵消。

通过价格行为解释购买力平价偏离的另一种理论是"加总偏差"。汇率的微观数据表明，出口对汇率变动是敏感的，汇率升值将导致出口下降。但是，加总的出口总量却出现汇率变动与出口量的微弱联系。这是因为最优出口量是名义汇率、商品价格和要素价格（包括进口投入要素的价格）以及要素生产力的函数。在加总的总出口函数中也应该包括这些变量。但是，一般对宏观变量的检验只考虑名义汇率与出口总量的关系，忽略了后两者，这就是所谓的加总偏差，它是购买力平价脱离之谜的另一个原因解释。

第三节　汇率决定的利率平价理论

汇率是由供求的市场力量决定的，购买力平价理论从商品市场套利出发，得到了两种货币的相对价格与两国商品的相对价格之间的关系。但是，国际市场上商品的供求并不是外汇供求的唯一决定因素，如果把各国货币都视为资产形式，则不同的货币资产可能提供不同的收益（率）；如果两种货币资产的转换不存在障碍，追求收益最大化的货币资产持有者总是希望持有高收益率的货币资产。如果将利率作为货币收益率的代表，那么利率高的国家其货币收益率也高，利率低的国家其货币收益率也低，于是追逐高利率收益就成为外币供求的另一个影响因素。由此形成的汇率理论被称为利率平价理论。利率平价理论是关于货币市场和外汇市场均衡的理论，它假定在两个国家的货币能够自由兑换、国际资本能够自由流动的情况下，市场参与者的理性活动最终能够促使两国的利率水平与货币的即期汇率、远期汇率（或未来的预期汇率）之间形成或保持一种均衡关系。利率平价理论最早由英国著名的经济学家凯恩斯于1923年在《货币改革论》中首次提出，被称为古典利率平价理论，又称为"利率裁定论"或"远期汇率论"。利率平价理论主要包括抛补利率平价和无抛补利率平价两种形式。

一、抛补利率平价理论

抛补利率平价理论（Covered Interest-rate Parity，CIP）是用无期外汇市场的无套利条件反映汇率变动的。在资本具有充分国际流动性的条件下，两国资产的收益率差额（利率差额）将导致套利，而套利行为使得国际金融市场上以不同货币计价的相似资产用同种货币计量的收益率趋于一致。如果用利率表示各国资产各自本国货币的收益率，则抛补利率平价可以表示为：

$$1 + i = (1 + i^*) F/E$$

其中 i 为本国利率，i^* 为外国利率（这里的时间为一期，即1年，以便和年利率相对应）。等式的左边部分是1单位本币在一定的投资期内（1年）用本币投资的收益率，右边则是同一单位本币投资于外币的收益率。在直接标价法的情况下，记远期汇率对即期汇率的升（贴）水率为 PR（Premium），即：$PR = \dfrac{F - E}{E}$，于是有 PR

$= F/E - 1 = \dfrac{1 + i}{1 + i^*} - 1 = \dfrac{i - i^*}{1 + i^*}$，即 $PR + PR \cdot i^* = i - i^*$。考虑到 PR 和 i^* 较小，其乘积近似地等于零，则得到：

$$PR = i - i^*$$

上式说明了抛补的汇率平价理论的经济含义：在均衡情况下，外汇市场上的远期升（贴）水率等于两国货币利率之差。如果本国利率高于外国利率，则本币在远期将贬值，如果本国利率低于外国利率，则本币在远期将升值。也就是说，汇率的变动会抵消两国间的利率差异，从而使金融市场处于平衡状态。

二、无抛补利率平价理论

（一）无抛补利率平价

无抛补利率平价理论（Uncovered Interest-rate Parity, UCIP）：假设投资者没有进行远期交易以规避风险，而是根据自己对未来汇率变动的预期而计算预期的收益，在承担一定汇率风险的情况下进行投资活动，并且投资者是风险中性的，那么，基于利率差异进行的套利活动得到的无套利条件为：

$$1 + i = (1 + i^*) \, E^e / E$$

其中 E^e 为投资者预期的未来汇率。和抛补套利形式相同，由该式也可得到预期汇率变动率用两国利率差额的表达式：

$$\dot{E}^e = i - i^*$$

其中，$\dot{E}^e$（Expected Premium）表示在直接标价法的情况下，预期的远期汇率对即期汇率的升（贴）水率。

上式表示在均衡时，预期的远期汇率对即期汇率的升（贴）水率等于两国货币的利率之差。在非抛补利率平价成立时，如果本国利率高于外国利率，则意味着市场预期货币在远期将贬值；如果市场预期的未来的即期汇率不变，而本国政府提高利率，则本币的即期汇率将升值。

根据 $1 + i = (1 + i^*) \, E^e / E$，可以对影响汇率的三个变量对汇率的影响进行分析。将它表示为汇率的显式表达式，有：

$$E = E^e \, \dfrac{1 + i^*}{1 + i}$$

由此可以推知：（1）汇率是预期汇率的增函数。如果人们预期未来的汇率上升，现在拥有外汇就可以从未来的汇率上升中受益，对外币需求就上升，从而推动汇率（外币币值）的上升。（2）汇率是外国利率的增函数。外国利率水平越高，外币资产的收益率越高，在高收益驱动下，人们对外币资产的需求量越多，汇率也就越高。（3）汇率与本国利率呈反比。因为本国利率水平越高，本币相对于外币的收益率越高，人们越愿意更多地持有本币，外币需求下降，本币需求增加，于是外币贬值、本币升值。

（二）货币政策对汇率的影响

根据利率平价理论，汇率由两国利率水平差额决定，但如果不解决利率的决定，汇率理论仍是有缺陷的。宏观经济学的理论告诉我们，利率与货币市场和商品市场的均衡有关，而货币供给是政策变量，于是，我们可以通过货币供给—利率—汇率这一线索得到货币政策对汇率的影响机制。这一机制的基本思想是，货币供给的增加通过货币市场均衡导致利率下降，本国利率下降通过外汇市场短期资本套利导致汇率上升。根据 $E = E^e \dfrac{1 + i^*}{1 + i}$ 可以很方便地得到：

$$i = \frac{E^e}{E} (1 + i^*) - 1$$

等式的左边是本国利率，它是本国名义货币供给量的函数，所以 $i = i(M)$，其中 M 表示名义货币供给量。等式的右边则是用本币表示的外币预期收益率：$\dfrac{1}{E}$ 是 1 单位本币即期兑换的外币数量，$\dfrac{1}{E}(1 + i^*)$ 是 1 单位本币兑换的外币在给定时期（1 年）以外币收益率 i^* 所得本利和，$\dfrac{E^e}{E}(1 + i^*)$ 则是 1 单位本币兑换的外币所得本利和按预期汇率 E^e 到期所能得到的本币数量，$\dfrac{E^e}{E}(1 + i^*) - 1$ 则是 1 单位本币以外币投资预期得到的净收益，即收益率。设本币表示的外币预期收益率为 X，则 $X = X(E) = \dfrac{E^e}{E}(1 + i^*) - 1$，由于 $dX/dE < 0$，所以，在 X、E 坐标系内，X 的斜率是负的（如图 11-2 中的上半部分），$X(E)$ 是向右下方倾斜的。

再来看本国利率的决定。利率是由货币市场决定的，货币市场均衡也是货币供给与需求的均衡，这一均衡条件在经济学中用 LM 曲线（方程）来表述：

$$M/P = L(i, Y)$$

方程的左边是实际货币供给（M 是名义货币量，也是货币当局掌握的政策变量），右边 L 是实际货币需求，实际货币需求是利率的减函数，随利率水平的上升而下降，因为利率是持有货币的机会成本，利率越高代表持币成本越高，持有货币的意愿就会越低。另外，实际货币需求是收入的增函数，随收入的增加而增加，因为与之相关的货币需求是交易货币需求，收入越高，交易量越大，因交易产生的货币需求也越多。如果价格水平不变，通过货币市场均衡条件可以得到利率与名义货

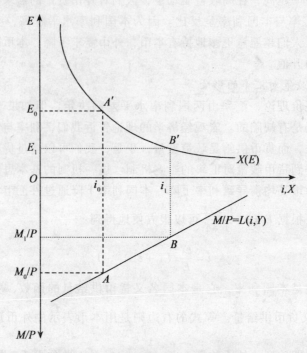

图 11-2　货币量变化对汇率的影响

币供给量的关系：利率越高，对货币需求越低，与之均衡的名义货币供给量也应越低。二者的反向变动对应关系反映在图 11-2 的下半部分的曲线上。

将图 11-2 的上下两部分结合在一起，就得到名义货币量与汇率之间的对应关系。对给定的初始货币供给量 M_0，通过 LM 曲线（货币市场均衡条件曲线）得到与之对应的利率水平 i_0；对于给定的国内利率水平 i_0，通过利率平价关系（外汇市场均衡条件）得到均衡的汇率水平 E_0。如果货币当局减少货币供给量，使名义货币量由 M_0 下降到 M_1，则利率水平就会相应地上升到 i_1，并通过外汇市场均衡条件得到一个新的更低的汇率水平 E_1。这一结果表明，在其他条件一定时，本国减少货币供给将导致本币升值（外币贬值）；同理，增加货币供给的结果将是本币贬值（外币升值）。

三、实际利率、通货膨胀与利率平价的关系

根据利率平价，一国货币对另一国货币的预期变动率（升水率或贴水率）的大小是由两国利率差额的大小决定的。根据上面的分析，一国货币量的变动通过影响本国利率可以改变两国利率差额（当另一国利率给定时），并通过利率差影响汇率的变动率。此中的利率指的是名义利率，当价格水平不变时，名义利率的变动与

实际利率的变动并没有差别；如果价格水平也在变化，名义利率和实际利率的变化就不完全一致了。

　　名义利率是资本借贷活动中实际使用的可观察到的利率。例如，一个借款人向银行（非银行金融机构、甚至是个人）借款时（同时也是后者向前者贷款），借款合约规定的利率就是名义利率。由于考虑到价格水平变动后名义利率并不能准确地反映借款人的成本或贷款人的收益，这就有必要引入实际利率的概念。例如，如果名义利率是 10%，100 元的借款一年后要归还 110 元（等价于贷款人在一年后收到 110 元），名义成本（收益）是 10 元。如果通货膨胀率为 0，一年后 110 元的购买力确实比期初 100 元本金的购买力提高了 10%。但是，若通货膨胀率为 20% 时情形会如何呢？直觉会告诉我们：这 110 元还不如期初的 100 元值钱！果真如此，借款人实际上没有付任何成本而使用了一年贷款人的 100 元资本。如果贷款人预期到这样的通货膨胀率，它就不会以 10% 的名义利率将这笔款项给借款人使用，而是以更高的名义利率。实际利率是名义利率剔除价格水平变动因素以后的利率水平，它可以反映一笔资金在扣除价格水平变动后实际购买力的变化。根据实际利率的含义，实际利率与名义利率具有如下关系：

$$1 + r = \frac{1 + i}{1 + \pi}$$

　　与往常一样，π 表示通货膨胀率，i 表示名义利率，而 r 为实际利率。这一关系可近似地表达为：

$$i = r + \pi$$

　　这表明名义利率等于实际利率加上通货膨胀率。这一关系式称为费雪方程式，它反映了名义利率在实际利率与通货膨胀率之间的分解。当实际利率不变时，名义利率就随通货膨胀率进行一对一的调整，这种变化关系称为费雪效应。如果另一国（外国）相应的变量用星号区分，则国外名义利率、实际利率与通货膨胀率也有同样的关系：$i^* = r^* + \pi^*$。

　　利用费雪方程式，利率平价就有如下形式：$r + \pi - (r^* + \pi^*) = \dot{E}^e$。这就是说，汇率的变动率与两国实际利率和通货膨胀率有关。这里的汇率变动是名义汇率的变动，由于名义汇率与实际汇率有如下关系：$e = EP^*/P$（e 为实际汇率），所以①

$$\dot{e} = \dot{E} + \pi^* - \pi$$

---

　　① 等式的推导仍利用对数导数的性质。将 $e = EP^*/P$ 两边对数化得到：$\ln e = \ln E + \ln P^* - \ln P$，再将等式两边取微分，有 $\dfrac{\mathrm{d}e}{e} = \dfrac{\mathrm{d}E}{E} + \dfrac{\mathrm{d}P^*}{P^*} - \dfrac{\mathrm{d}P}{P}$，将相应变量的变化率记为 $\dot{x}$，并定义 $\pi = \dot{P}$，$\pi^* = \dot{P}^*$，则可得到所要结果。

在购买力平价关系中我们已经指出，如果购买力平价始终成立，实际汇率的变动率应该为 0；反之，如果实际汇率 e 发生变化，名义汇率的变动率就不能完全反映两国价格水平的变动率，由上式可知，名义汇率的变动率等于实际汇率的变动率加上两国通货膨胀率差额的一个调整：$\dot{E} = \dot{e} + (\pi - \pi^*)$。将这一关系代入到 $r + \pi - (r^* + \pi^*) = \dot{E}^e$，使我们得到一个关于两国实际利率和实际汇率变动率的关系式：

$$r - r^* = \dot{e}$$

上式表明，在利率平价中，如果将名义变量转换为实际变动，利率平价仍然成立——实际利率之差等于实际汇率的变动率。

四、利率平价的进一步讨论

利率平价反映了资产市场的一价定律：在有效资本市场假设下，用同种货币表示的两国资产的收益率相等。与商品市场套利的购买力平价不同的是，无论是抛补利率平价的还是非抛补利率平价，都涉及时间因素，即未来汇率，而未来汇率与预期有关，所以，解释利率平价偏离实际上是在解释非基本变量——预期对汇率的影响，并确认预期汇率与未来即期汇率是否相等。事实上，上述问题的实证结论也是否定的：如果用可观察的远期汇率作为预期汇率，它并非未来即期汇率的无偏估计。

利率平价偏离的传统解释包括交易成本、风险溢价、理性投机泡沫和比索问题（Peso Problem）、新闻模型等。

对 q 的最简单的解释是金融市场的交易成本。与国际商品市场一样，国际金融市场也会发生交易成本。当国际金融交易有成本时，利率平价的偏离并不意味着盈利机会，即利率平价不成立产生的两种货币收益率的差别不一定能弥补交易成本。如果不能弥补交易成本，两种货币收益率差别在交易成本范围内的波动就不会产生套利，这种偏离也不会因套利而消除。例如早期的验证（Marston，1976；Cosandier and Liang，1981）都发现抛补利率平价不成立，并将其解释为金融市场的交易成本。W. Miles and M. D. Weidenmier（2004）验证了包括金本位时期在内的美元与英镑的抛补利率平价，结果显示在金本位时期，抛补套利平价的偏离较大，其中一个重要的原因是金本位时期的信息与通信技术落后，较高的信息成本阻碍了金融市场的套利，结果导致抛补利率平价的较大偏离。

另一种解释就是风险溢价。将资产转化为外币就可能产生风险。与外币资产或与资产交易有关的风险包括折算风险（Translation Exposure），交易风险（Transaction Exposure）以及经济风险（Economic Exposure）。折算风险也称为会计风险，是外币资产或负债头寸由于汇率变化产生的账面资产价值的变动；交易风险是外币资产或负债到期日之内由于汇率变化导致的资产价值下降或债务负担增加的风险；而经济风险则是企业价值（The Value of a Firm，通常以其未来现金流现值之和表示）由于汇率变动产生的风险。外汇风险既可以通过一定的外汇交易工具加以控制管理或消除，也可以通过贸易合约、结算手段予以回避或消除（具体方法可参见有关教科书关于回避外汇风险的论述）。

外汇风险对汇率决定会产生什么影响呢？由金融学的基本常识可知，如果一种金融资产的风险高于另一种金融资产，那么它的收益也必然高于另一种金融资产的收益，这就是风险报酬。在金融理论中，风险是资产收益率波动程度的反映，收益率越不稳定，变化越大，表示风险越高。① 具体到某一种资产，它的风险就是它的波动对资产组合收益波动的影响程度。不同货币的风险体现为两国货币收益率的差额，这种差额不仅与其收益的波动程度有关，而且还与人们对待风险的态度有关。对待风险的态度分为三种，即风险中性、风险偏好和风险规避。风险中性指的是人们对于一项确定的收益和与确定收益相等的不确定收益的期望值具有相同的效用；风险偏好指的是，与确定收益相比，与之相等的不确定收益的期望值具有更高的效用。与风险偏好相反，风险规避则是指人们宁愿要确定性收益而不要不确定性收益。风险态度的划分对理解风险升水也是极为重要的。如果人们是风险中性的，对于确定性收益和期望值与之相等的不确定性收益没有区别，那么，风险就不影响他对两种货币的选择。如果他是风险偏好的，那么，货币的风险越大，他愿意持有的数量就越多。人们对风险的态度并不一致，通常假定人们具有风险规避的偏好。对于风险规避者，如果（相对于本币资产）外币资产存在更高的风险，那么要使他投资于外币资产，就必须给他比本币更高的收益。

我们知道，当两国货币收益率不相等时，二者之间就产生一个差额，并使利率平价不再成立，这个差额就是 $i - \left(i^* + \dfrac{E^e - E}{E} \right)$，式中前一项是本国货币收益率，第二项是用本币表示的外国货币预期收益率，这一差额是既取决于风险，又取决于货币持有者对风险的态度，如果用 ρ 表示两者的函数关系，则 $\rho = \rho(R, A)$，其中 R 表示风险，A 表示对待风险的态度。于是有：

$$i - \left(i^* + \frac{E^e - E}{E} \right) = \rho(R; A)$$

根据抛补利率平价 $i - i^* = \dfrac{F - E}{E}$，上式就有如下的形式：

$$\frac{F - E^e}{E} = \rho(R; A)$$

其中 ρ 为风险溢价（Risk Premium）。如果风险溢价大于 0，表示本币资产存在

---

① 资产或资产组合收益率的波动程度是用方差（协方差）来测度的。

正的风险溢价，即只有一个高于外国货币收益水平的 ρ 才能使得资产持有者愿意持有给定的本币资产；反之，如果 ρ 小于 0，则表示外币资产存在正的风险溢价。如果没有风险，预期汇率与远期汇率是相等的，$E^e = E^F$。从风险溢价的表达式来看，风险溢价就是远期汇率与预期的未来即期汇率的差额。

风险溢价的大小由什么决定呢？如果两种资产的风险没有差别，那么在给定的相同收益率下，资产所有者在其预算约束下愿意持有任意数量的任何一种资产，因为相同收益率的资产对资产持有者来说是无差别的。一旦给定的收益率下两种资产产生风险差别，那么资产持有者只愿意持有风险较低的资产；当两种货币资产风险相同时，资产持有者则愿意持有收益率更高的资产。所以，资产的供给与需求决定着风险溢价的大小，直到风险溢价调整到资产的供求平衡为止。以本币资产需求为例，单个居民 j 对本币资产 B 的需求与本币利率 i 呈正比，与外币收益率呈反比，是本国利率与外币资产收益率差额的函数：

$$B_j^d = B_j^d [i - i^* - (E^e - E)/E]$$

总需求可以表示为 $B^d = \sum_j B_j^d = B^d [i - i^* - (E^e - E)/E]$。本币资产对私人的总供给表示为债券总量减去中央银行的本币资产 $B^s = B - B^c$，其中 B 为政府债券总量，B^c 表示中央银行持有的债券。资产市场的均衡条件为 $B - B^c = B^d [i - i^* - (E^e - E)/E]$，根据定义，风险溢价表示为 $\rho = i - i^* - (E^e - E)/E$，那么资产市场均衡条件可以表示为：$B - B^c = B^d (\rho)$，且 $\dfrac{dB^d}{d\rho} > 0$。据此可以得到 ρ 关于 B、B^c 的表达式：$\rho = \rho (B - B^c)$，且 $\dfrac{d\rho}{dB} > 0$，$\dfrac{d\rho}{dB^c} < 0$。至此我们可以知道，风险溢价的大小与一国的资产总量和中央银行持有的资产量有关。资产总量越大，资产价格波动给居民带来的风险越高，要求的风险溢价越高；反之，中央银行拥有的资产数量越多，私人手中的资产数量越少，资产价格波动给私人拥有者带来的风险越低。风险溢价的存在，或者说本币资产与外币资产的风险大小不同，使得本币资产与外币资产之间不存在完全的可替代性（同样收益下居民对持有两种资产不再是无差异的）。使资产供给与需求平衡的风险溢价可通过图 11-3 说明。图中的横轴 B 表示资产量，纵轴 ρ 表示风险溢价。往右上倾斜的曲线是需求曲线 B^d，垂直于横轴的是供给曲线 B^s。对于给定的债券总量 B，中央银行持有资产为 B_1^c 时，与需求曲线交于 A 点，对应的风险溢价为 ρ_1；如果中央银行持有资产减少到 B_2^c，相应的总债权对私人供给则由 B_1^s 增加到 B_2^s，均衡点为 C，对应的风险溢价为 ρ_2。所以，给定资产总量，中央银行持有的资产量越少，风险溢价越高。

根据上面的分析，风险溢价内生于资产总量，那么资产的变动就可能通过风险溢价影响汇率，从而使固定汇率的中央银行政策失效。Krugman 和 Obstfeld 利用

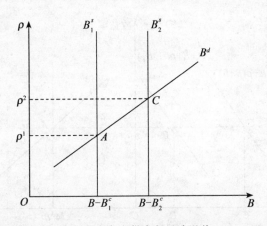

图 11-3 资产供求与风险溢价

这一模型得出了冲销无效的结论。这一结论可由图 11-4 说明：纵轴表示货币资产收益率，右边象限的横轴表示实际货币量，垂线表示实际货币供给量，向右下倾斜的曲线表示真实货币需求，其交点 A 对应的 i 为国内货币市场均衡的利率水平。左边象限的横轴为汇率，两条往右上倾斜的曲线为经风险调整以本币表示的外币资产的收益曲线，如果没有风险调整，它反映的是利率平价关系，在给定的远期汇率和外国利率水平下，即期汇率与用本币资产表示的外币资产收益率呈反比。经风险调整后，这一反比关系仍然存在，因为假定风险溢价是与汇率无关的变量。现在考虑中央银行的汇率政策。假定它要达到两个目标，稳定汇率和稳定利率，那么如果外汇市场存在风险溢价，这两个目标难以同时实现。如果本币存在升值压力，为稳定币值，中央银行必须在外汇市场上购买外币，货币供给量增加，经济中出现通胀压力。为此中央银行希望通过冲销（Sterilized Intervention）政策操作抵消外汇市场干预产生的过多的货币供给增加——出售本币资产。结果，本国货币供给量经冲销后不发生变化，仍然在 A 点，对应的国内利率水平仍然为 i；但是，由于中央银行出售资产导致私人持有的本国资产量增加，风险也增加，根据前述风险溢价的资产供求关系可知，私人持有者要求一个更高的风险溢价，即以本币表示的外币资产收益率由 $i^* + \dot{E} + \rho$（$B - B_1^c$）上移到 $i^* + \dot{E} + \rho$（$B - B_2^c$），在给定的本国利率水平上，均衡汇率由 E_1 上升到 E_2（因为只有本币贬值才能降低外币资产收益率，使本币产生一个正的风险溢价），起初将汇率稳定在 E_1 的目的无法实现。

对利率平价偏离的解释是理性投机泡沫。理性投机泡沫模型中表达出的基本思想是，一旦汇率相对于由基本因素所决定的水平有一个偏离，市场参与者在短期内会使预期汇率对均衡水平进一步偏离，于是继续购买被高估的货币，以期获得货币进一步升值带来的收益。只要投机者认为在某一期间内泡沫破灭的概率足够小，这

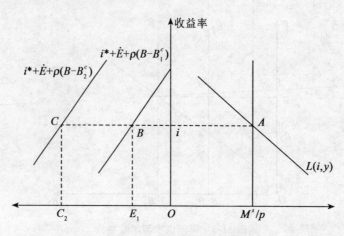

图 11-4　冲销政策的无效性

一过程就会持续下去，造成汇率在基本经济变量没有变化（或很少变化）的情况下出现暴涨或暴跌（Blanchard，1979；Dornbusch，1983）。投机泡沫源于交易人的短期预期，而基于资产的长期贬值预期对即期价格产生的影响被称为比索问题。比索问题指的是，虽然市场参与者已经预期到决定汇率水平的基本因素未来将会发生较大变化，但由于这一重大事件短期内发生的概率很小，于是出现预期的汇率变动和实际的汇率变动方向恰好相反的现象。比索问题是经济学家在研究墨西哥比索币值变化时发现的现象。币值高估使人们预期比索在未来会贬值，导致其收益率提高；这又引起更多的外资流入墨西哥，推动比索进一步升值。于是，人们更加相信比索在未来某一天会以更大幅度贬值，因而要求比索资产提供更高的收益率。这样循环持续下去，将汇率推到一个不可维持的高水平上，最终导致比索的急剧贬值。这种因未来贬值预期而要求较高收益并抬高该资产当前价格的现象就是所谓的"比索问题"。

　　第四，Mussa（1979）提出的新闻模型提供了资本市场上汇率脱离的又一种解释。根据理性预期的基本观点，交易者基于所有过去、现在和未来的可得信息做出的汇率预测是最好的预测。但问题是从预测时点到被预测时点之间的信息不可能都被预期到，并在其逐渐释放的过程中进一步影响汇率，这种"新闻"因素不断进入外汇市场将导致汇率的频繁波动。同时，"新闻"的不可预见性意味着"新闻"的出现对未预测到的即期汇率的影响是一个随机游走过程。

　　第五，国家对货币兑换的管制也会导致利率平价不成立。如果存在资本市场的管制，两国货币收益率的差异无法导致国际资本市场的套利行为，也无法通过外汇市场的供求力量使两种货币收益率趋于一致，这一点是容易理解的。即使两国在资本流动和货币兑换方面不存在管制措施，如果政府对资产收益征税，利率平价也要被修正。若 t_y、t_k 分别表示收入税和资本收益税的税率，那么国内投资的净收益应为 $i(1-t_y)$；若不考虑税收，同一个单位的本币用于外币资产投资的收益率为：

$$(1+i^*) F/E - 1 = i^* + (1+i^*) F/E - (1+i^*) = i^* + (1+i^*) \frac{F-E}{E}$$

这就是说，外币收益率分解为两部分，一部分为国外的收益率 i^*，另一部分是资产增值的收益率 $(1+i^*) \frac{F-E}{E}$，前者适用收入税，税后净收益率为 $i^*(1-t_y)$，而后者则适用资本增值税，所以其税后净收益率为 $(1-t_k)(1+i^*) \frac{F-E}{E}$，总收益率则为 $i^*(1-t_y) + (1-t_k)(1+i^*) \frac{F-E}{E}$。两种货币税后收益率相等的条件为：

$$i(1-t_y) = i^*(1-t_y) + (1-t_k)(1+i^*) \frac{F-E}{E}$$

或者

$$\frac{F-E}{E} = \frac{i-i^*}{1+i^*} \frac{1-t_y}{1-t_k}$$

显然，如果收入税与资本收益税等于 0，那么该式就回到利率平价的原来形式；同样的结果也会在 $t_y = t_k$ 发生。所以，当收入税与资本税不相等的时候，就会修正原来的结果。

第六，汇率的微观结构理论对利率平价不成立的解释。在 20 世纪 90 年代，汇率决定的理论中形成了一个新的理论流派，即汇率决定的微观结构理论。微观结构理论用微观交易主体的市场交易行为解释汇率的变化，具有两个明显的特点：（1）均衡汇率的产生不再是"黑箱"，而是外汇交易商在各时点的报价；（2）当前和未来的经济信息只有在影响外汇交易商的报价时才会影响汇率。该理论用微观信息结构解释汇率短期变化，强调交易者的异质性、私人信息以及交易过程等因素的重要性。

交易者异质性指的是不同的交易者使用不同的预期规则。在这些异质性交易者中，有的属于基本因素分析者（Fundamentalists），他们使用负反馈规则，根据基本变量的变化预测汇率的变化，相信汇率会回到与基本变量相适应的水平，从而使汇率更稳定；有的属于图表主义者（Chartists），他们使用正反馈规则，在已有的汇率走势基础上判断汇率以后的走势，并导致汇率大的波动。除此之外，市场上还有噪音交易者（Noise Trader），他们因为其错误信念而不能正确地预测未来资产收益，他们的市场行为是非理性的，并导致汇率的随机波动。具有不同信念的市场交易者的行为共同决定了汇率的变动：外汇市场的噪音交易者越多，汇率的波动性越大，汇率脱离基本变量的程度越高（Jeanne and Rose，2002；Shleifer and Vishny，

1997）。异质性预期与外汇交易者的信息有关。与传统方法中认为只有公开信息才影响汇率变化的观点不同，汇率的微观结构方法特别重视私人信息对汇率变动的重要影响。正是因为不同的交易者拥有不同的信息，才使他们产生不同的信念和预期（例如，噪音交易者的行为依赖于与基本变量无关的噪音信息）。如果进一步探究私人信息差异，就涉及微观结构理论所强调的外汇市场制度特征对交易过程的影响。与其他金融市场相比，外汇市场有两个明显的制度特征：市场分散性和无信息披露要求。在这样的市场上，参与者的交易动机各不相同，在银行间交易市场中起着做市商职能的各个银行获取信息的渠道也不一样，这就必然产生信息不对称，并影响外汇市场的有效性。

如果说汇率由外汇交易商的报价决定，那么订单流（Order Flow）就成为微观结构理论中的关键变量。订单流理论的创始人 Kyle（1985）将其定义为外汇市场上买方发起的订单与卖方发起的订单的差额，并用以测度外汇市场的购买压力。现在的研究已将订单流视为信息与汇率的转换机制，因为它体现着经外汇市场上汇总后的汇率决定的基本信息。Evans（2002）建立的订单流模型和检验表明，订单流对短期汇率运动有着较强的解释力。模型强调了订单流在异质交易主体之间的信息作用，是宏观变量的公共信息与影响汇率的私人信息之间的转换机制。据估计，宏观信息有一半通过订单流传递给汇率，其余部分因对微观交易没有影响，也不会传递给汇率变动。

利率平价理论从资本流动的角度分析了汇率与利率之间、货币市场和外汇市场之间存在的密切关系，以及在货币市场和外汇市场达到均衡时表现出来的汇率平价。利率平价理论常常被作为一种基本的关系式而运用在其他汇率决定理论的分析中，能够帮助我们正确认识资金流动频繁的外汇市场上汇率的形成机制。另外，利率平价理论还具有特别的实践价值。在宏观层面，由于利率的变动非常迅速，同时利率又可以对汇率产生立竿见影的影响，这就使得中央银行能够通过对一个有效的货币市场中短期利率的变动来对汇率进行调节。在微观层面，抛补利率平价理论被作为指导公式广泛运用于交易之中。根据对市场交易者的实际调查以及实证检验，抛补利率平价理论在大多数情况下是能够较好地成立的。相对来说，由于预期的汇率变动率是一个心理变量，很难获得可信的数据进行分析，对非抛补利率平价的一般形式难以进行实证检验。

小　结

汇率理论是国际经济学研究中争议最多的内容之一，但是，形式上最简明、理论上最易理解的汇率理论主要是购买力平价与利率平价理论。购买力平价理论告诉我们，如果商品市场的无套利条件得到满足，两国贸易商品或一篮子贸易商品用同种货币表示的价格应该相等，由此可以得到两国货币的比价，即汇率，它是两国商品用各自的货币表示的价格（水平）之比。购买力平价理论的隐含前提是，两国货币相互需求的背后是两国商品的相互需求；然而国际市场上货币的供求仅仅用商品供求来解释是不全面的，存在资本流动的情况下尤其如此，由此产生了汇率决定的另一种理论：利率平价理论。利率平价理论告诉我们，如果资本市场是完善的，资本市场的无套利条件将保证一种货币无论投资在哪个国家，用同种货币表示的收益率应该是相同的。如果收益率用利率表示，进一步的推论就是一国的利率等于另一国利率与其货币升值率之和，即利率平价。

思考与练习

1. 什么是绝对购买力平价？它的前提条件是什么？
2. 如果价格用消费者物价指数表示，如何根据一价定律推导出绝对购买力平价？
3. 什么是购买力平价之谜？如何从理论上进行解释？
4. 什么是利率平价？抛补利率平价与无抛补利率平价有什么不同？
5. 对利率平价偏离有哪些理论解释？
6. 假设加拿大年通货膨胀率为10%，英国为2%，根据相对购买力平价，英镑对加元的汇率将如何变化？

第十二章 汇率理论（下）

在现代汇率理论中，人们已经不再将两种平价作为汇率理论，而是将它们作为进一步分析汇率决定的前提条件。其中一个很重要的原因是，价格（或价格指数）、利率与汇率一样都是价格因素，如果说商品价格或利率决定汇率，就等于在说价格决定价格。于是就需要进一步分析这些因素又是如何决定的。与此相关的是汇率的资产市场分析方法，它强调的是金融资产市场在汇率决定中的作用。金融资产价格波动频繁，它与汇率的高度波动性是相吻合的。从分析方法上，它强调的是货币或资产的存量均衡对汇率的影响。本章主要介绍汇率决定的货币模型、资产组合模型及汇率的动态变化。

第一节 汇率决定的货币模型
——弹性价格理论

根据购买力平价理论，汇率是由两国相对价格水平决定的。价格水平可以解释汇率变化，我们又如何解释价格水平的变动呢？货币主义者认为，从长期看来，价格水平是由货币的供给决定的，在其他条件一定时，货币发行量越多，货币越不值钱，它对本国商品的贬值必然导致对外国货币的贬值。但是，货币供给的影响只是一个方面，另一个方面是货币需求。随着经济增长，经济体系中对货币的需求也会增加。所以价格水平是由货币供给与货币需求达到均衡时决定的，决定这一均衡的因素不仅是货币供给，而且还有收入水平。

货币的实际供给为 M/P，其中 M 是名义货币供给，它由中央银行决定；P 是物价水平。货币需求受两种因素影响：一是交易性货币需求，它是收入水平的增函数，收入水平越高，商品交易越多，交易性货币需求也越大；二是投机性货币需求，它是利率的减函数，因为持有货币是没有收益的，所以利息是持币的机会成本，利率越高，持币的机会成本越高，人们越不愿持有货币。于是货币需求可以表示为：

$$L = L\ (i,\ Y)$$

并且有 $dL/di < 0$，$dL/dY > 0$。货币市场均衡时，供给与需求相等，将这一结果表示为 $M/P = L\ (i,\ Y)$。

由此可得货币市场均衡时，价格关于名义货币量、收入和利率的函数：

$$P = M/L\ (i,\ Y)$$

对于国外的价格变量也有相同的形式：

$$P^* = M^*/L^*\ (i^*,\ Y^*)$$

将 P 和 P^* 代入购买力平价公式，得到汇率决定的基本表达式：

$$E = \frac{M/L\ (i,\ Y)}{M^*/L^*\ (i^*,\ Y^*)} = \frac{M}{M^*} \times \frac{L^*\ (i^*,\ Y^*)}{L\ (i,\ Y)}$$

如果将收入和利率视为固定变量，则汇率只受两国货币的影响，与本国货币供给量呈正比，与外国货币供给量呈反比。对此可做如下解释：如果利率、收入是不变的，并且货币需求函数是稳定的，则货币需求也不变；假如本国名义货币供给量增加，要保持货币市场的均衡，实际货币供给量不能增加，只有价格水平上升才能满足这一要求。如果国外的货币市场均衡变量保持稳定，则本国价格水平的上升必然通过购买力平价使本币对外贬值（直接标价法下的汇率上升）。

上述公式并没有涉及货币需求的具体形式，只是假定货币需求必须满足 $dL/di < 0,\ dL/dY > 0$，但满足这一条件的表达式是很多的，最简单的是将 L 表达为 i 和 Y 的线性形式：

$$L\ (i,\ Y)\ = \eta Y - ki\quad (\eta > 0,\ k > 0)$$

也可以表达为非线性形式：

$$L\ (i,\ Y)\ = ke^{-\lambda i} Y^{\eta}$$

以这种函数形式为例，货币市场均衡条件就可以表达为：

$$M/P = ke^{-\lambda i} Y^{\eta}$$

对此式两边求自然对数，并假定 $k = 1$，可以得到如下形式：

$$p = m + \lambda i - \eta y$$

其中 $m = \ln M$，$p = \ln P$，$y = \ln Y$。假定外国的货币需求函数具有与国内相同的形式，且有关参数也相同，于是对应的国外货币市场均衡的对数形式为：

$$p^* = m^* + \lambda i^* - \eta y^*$$

用同样的方法对绝对购买力平价也对数化，可以得到：

$$\varepsilon = p - p^*\quad (\varepsilon = \ln E)$$

再将 p 和 p^* 代入，并经简单整理就可得到弹性价格货币模型的基本形式：

$$\varepsilon = (m - m^*)\ - \eta\ (y - y^*)\ + \lambda\ (i - i^*)$$

汇率决定的货币模型表明汇率变动取决于三组变量：国内外名义货币供给量、两国收入水平的对比及两国和利率差额。这三组变量变动影响汇率的渠道都是满足货币市场均衡的价格变量。货币变化对汇率的影响已经作了说明，现在再来看收入与利率变化对汇率的影响。为了使所要说明的问题更为简化，这里假定国外的收入和利率变量不变，只考察本国收入和利率的变化对汇率的影响。

由货币决定的汇率公式可知，本国收入上升时，汇率下跌，即本币升值，这是因为本国收入的上升增加了本国交易性货币需求。汇率是可变的（否则分析汇率的决定就没有意义了），说明货币当局不用干预外汇市场，因而名义货币供给是稳定的。货币需求的上升只有通过实际货币供给的增加才能实现均衡，在名义货币供给量给定的前提下，实际货币量的增加只有通过价格下降来实现。由于假定购买力平价是成立的，本国价格水平的下降就会导致汇率下跌（直接标价法下的本币升值）。

从货币决定的汇率公式中可以看出，本国利率的上升将使汇率上升或本币贬值。利率变化对汇率的影响路径如下：本国利率上升导致实际货币需求下降，只有使实际货币供给下降才能维持货币市场供求的均衡；在名义货币供给量一定时，实际货币供给量的下降只有通过价格上升来实现。本国价格水平上升将通过购买力平价使汇率上升，本币贬值。在货币决定的汇率模型中，利率影响汇率的结果与利率平价恰好相反，在利率平价中，本国利率上升的结果是本币即期升值而不是贬值。两者的差别在于影响汇率的不同的渠道：前者是通过货币需求和价格水平，后者是通过资本市场。

值得一提的是，如果放弃价格完全可变的假设，上述结论就可能需要修正，比如当名义货币增加时，变化的可能不是价格，而是利率或者收入，这正是Dornbucsh 汇率超调理论所要解释的内容，我们将在本章第三节来介绍。

第二节　汇率决定的资产组合理论

一、汇率决定的资产组合理论：基本思想

无论是弹性价格货币模型，还是以价格粘性为基本假设的汇率超调理论，都遵循一个共同假定，即国内与国外的债券具有完全替代性，投资者为风险中性。然而，在现实中国内外资产却存在不完全的替代因素，如政治风险、税赋差别等。为解决这一问题，资产组合平衡模型因而得以产生。布朗森（W. Branson）最早于1975 年提出该理论，后来考雷（Kolly）、艾伦（Allen）与凯南（Kenen）、多恩布什（Dornbusch）、费雪（Fisher）等人也对该理论有进一步的研究。资产组合模型放松了货币模型对资产替代性的假设，认为国内外资产之间是不完全替代的。投资者根据对收益率和风险性的考察，将财富分配于各种可供选择的资产，确定自己的资产组合。资产组合达到了稳定状态，国内外资产市场供求也达到了均衡，汇率也相应地被决定。当财富总量（资产供给）发生变化时，通过汇率和利率的共同调节，资产组合达到新的平衡。资产组合模型与汇率决定的货币模型同属于汇率决定的资产分析方法（后者是购买力平价的扩展）。

资产组合理论认为，人们总是将自己的财富以各种形式保存，这些形式包括本

国货币、本国债券和外国债券。人们之所以持有货币，是因为它具有流动性，可用做交换媒介。但是，持有货币是没有任何名义收益的，而且还会因通货膨胀遭受实际损失，持有货币就要损失掉持有本国债券而可能带来的利息，所以，债券收益就是持币的机会成本：债券收益率（利率）越高，持币的机会成本越高，人们就越不愿意持有更多的货币。

人们持有本国债券是因为它能带来收益，利率越高，对利率的需求也就越高。同样，人们也会持有外国资产。因为外国债券有风险，持有者会要求一个风险报酬，这时，本国债券和外国债券不再具有完全的替代性。既然外国资产有风险，人们为什么还要将自己的财富以一定比例分配在外国债券上呢？因为将财富分散在更多的资产形式上有利于降低资产组合的风险，因为当经济受到冲击后，所有形式的资产收益同时下降的可能性是非常小的，这也是"不要将所有的鸡蛋放在一个篮子里"的基本道理。持有外国债券也有收益，其收益包括外国债券的利息、汇率变化产生的资产价值变化以及风险溢价。人们如何将他们的财富分布在不同的形式上，取决于他们的资产偏好和风险规避程度。他的风险规避意愿越高，持有的外国债券就会越少。经济中的均衡由财富在三种形式上的供给量和需求量相等条件决定。均衡时，利率、汇率、预期汇率变动（率）、财富量、收入、价格水平等各种变量的水平使人们不再有进一步调整资产组合的要求。均衡时，如果出现某一变量的变化使资产组合的均衡受到破坏，例如，由于本国货币供给的增加压低了本国利率，于是人们就会重新调整资产组合：增加本国货币需求，减少本国债券需求，增加外国债券需求。增加本国货币需求是因为利率下降降低了持币成本，对货币的需求意愿上升；减少本国债券需求是因为利率下降降低了本国债券的收益率，人们将寻找具有更高收益率的资产替代本国债券；这种替代就是持有外国债券，因为本国利率的下降相应提高了外国债券的预期收益率，在其他条件一定时，对外国债券的需求就会增加。对外国债券的需求要通过货币兑换来实现，所以它会进一步影响汇率的变化，而汇率的变化又会改变外币资产预期收益率，产生对外国债券的进一步调整，这一过程一直持续到所有变量的变化满足各种资产市场上的供求均衡为止。

二、汇率决定的资产组合理论：模型分析

资产组合模型基本假设与均衡条件包括：

（1）资产组合平衡模型将一国私人部门（包括个人和企业）持有的财富（W）划分为三种形式：本国货币（M）、本国债券（B）和外国债券（F）。

（2）本、外币资产不完全替代，所以无抵补利率平价条件在此不成立。

（3）投资者根据收益和风险两因素调整资产组合，则当各资产市场达到均衡时，有如下关系存在：

$$W = M + B + EF \quad （或 1 = M/W + B/W + EF/W）$$

每一种资产的需求函数具有如下等式：

$$M/W = m\ (i,\ i^* + \dot{E}),\ m_1 < 0,\ m_2 < 0$$

$$B/W = b\ (i,\ i^* + \dot{E}),\ b_1 > 0;\ b_2 < 0$$

$$EF/W = f\ (i,\ i^* + \dot{E}),\ f_1 < 0,\ f_2 > 0$$

第一个等式 $W = M + B + EF$ 是财富的定义等式，后三个等式分别为货币市场、本国债券市场和外国债券市场的市场均衡：左边表示各种资产的供给，右边表示这些资产的需求。各种资产的需求是两个收益率的函数：本国资产的收益率 i 和本币表示的外币资产收益率 $i^* + \dot{E}$，偏导数 1 和 2 分别代表各需求函数对 i 和 $i^* + \dot{E}$ 的偏导。由于两种债券不完全替代，$i \neq i^* + \dot{E}$，两者之差就是风险报酬 ρ：$\rho = i - i^* - \dot{E}$。由于三个等式的左边相加等于 1，意味着任何两个资产市场达到均衡，第三个市场也必定趋于均衡。

本国货币的需求与本国利率呈反方向变化，因为利率上升提高了持有货币的机会成本，故 $m_1 < 0$；本国货币需求与外币的预期升值率呈反向变动，因为预期外币升值将导致对外币表示的外国债券需求的增加，如果预期得以实现，将获得外币资产升值的好处，在财富总量给定时，就需要将本国货币资产转化为外国债券。

本国债券的需求与本国利率呈同方向变化，因为利率上升代表了国内债券收益率的提高。本国债券需求与预期外币升值率呈反比，因为当外币预期升值时，持有外币资产可以获得资产升值的好处，国内居民就会将手中的本国债券转化为外国债券。

对外国债券的需求与本国利率呈反向变动，因为本国利率上升提高了国内债券相对于外国债券的收益，降低了对外国债券的需求。与预期外币收益率呈同方向变化，因为预期外币收益率的上升会导致本国居民需求更多的外国债券，以期得到外币资产升值的好处。

为了分析汇率变化对均衡的影响，或者说均衡变化对汇率的影响，还必须找出汇率的作用。汇率体现在外币资产预期收益率上，因为外币预期升值率为 $(E^e - E)/E = E^e/E - 1$，所以，当预期汇率水平不变时，即期汇率 E 的上升会降低外币的预期收益率。这样，我们就可通过汇率对外币预期收益率的影响分析它对各种资产需求的影响。

在上述三个资产市场均衡条件中，如果将 W、i 和 E 视为三个内生变量，则可以找到一组 W、i 和 E 同时满足三个资产市场的均衡。然而，由于三个方程左边的和满足资产约束条件 $1 = M/W + B/W + EF/W$，所以当任意两个市场达到均衡时，剩余的一个市场也一定达到均衡，这就是瓦尔拉斯法则。

现在来考察外生变量的变化对均衡的影响以及均衡的调整过程。如果国内货币供给增加，在价格不变时，将通过货币市场均衡压低国内利率，利率下降导致本币需求和对外国债券需求的增加，同时降低了本国债券的需求。对外国债券的需求必须通过外汇市场对外币的需求来实现，对外币的需求增加会抬高外币价格——汇率。正如刚才的分析所看到的，汇率的上升（本币贬值）降低了预期外币升值率，进而导致外国债券预期收益率的下降，这种下降将进一步引起三个资产市场的均衡调整，所以，整个调整过程十分复杂，但最终会得到一个新的均衡点：新的国内利率和新的汇率水平。

在短期内，假定本国货币、本国债券和外国债券的供给量为既定，则各资产市场的均衡由相应资产的需求决定；需求是两个收益率的函数，若 i^* 给定，汇率就由第二个收益率——本国货币表示的外币资产收益率决定。根据最后的三个均衡等式，我们可在 (i, E) 的坐标系中得到三条不同的曲线（图 12-1）：货币市场均衡曲线 MM、本国债券市场均衡曲线 BB 和外国债券市场均衡曲线 FF，三条曲线的斜率分别由每种资产需求的两个偏导数决定。对 MM 线来说，在某一既定的资产组合水平下，如果汇率上升（本币贬值），则以本币表示的外国资产预期收益率下降，对本国货币的需求就会增加；货币市场要保持均衡，就必须使利率上升，降低货币的需求。所以，在 $i-E$ 空间内，货币市场均衡的 MM 线斜率为正。不仅如此，汇率的变化还会引起 EF 上升，因为 EF 是财富总量的一部分，财富总量（W）也会随之上升，而 W 上升导致对国内货币和债券的需求上升以保持资产组合的均衡。在货币供给不变的条件下，对货币的需求上升导致利率的提高，国内货币市场才得以均衡，这也要求 MM 线的斜率为正。对 BB 曲线来说，汇率上升产生的外国债券预期收益下降增加了对本国债券的需求，本国利率必须下降以减少对本国债券的需求，维持本国债券市场的均衡。所以，国内债券市场均衡的 BB 线斜率为负。同时，汇率上升的财富效应以及由此产生的本国债券的需求上升，也使得在本国债券供给既定的情况下，导致债券的价格上升，利率的下降，故 BB 线斜率为负。而对于 FF 线，国内利率的上升意味着国内债券比国外债券更具有吸引力，国内投资者将通过出售外国债券、购买本国债券来调整自己的资产组合，在外汇市场上对本币需求增加，对外币需求下降，于是汇率下跌；这种外币贬值会一直持续到恢复均衡水平为止，所以 FF 线的斜率是负的。BB 线之所以比 FF 线要陡峭些，是因为本国债券对国内利息率的反应要灵敏些（$b_1 > f_1$），而外国债券对汇率的反应要灵敏些（$f_2 > b_2$）。在三个市场中，只要任意两个市场达到均衡，第三个市场也将处于均衡，即三条线交于一点（图中的 A 点）。由此得出短期内的均衡利率（i_0）和均衡汇率（E_0）。

现在考察国内名义货币供给的变化——增加货币供给。当汇率不变时，货币供给的增加要求利率下降以增加货币需求（这是因为，在假定价格水平不变时，名义货币量的增加等价于实际货币供给的增加），MM 线应向左边移动，例如图中的 MM'。当利率不变时，货币供给的增加要求外国债券收益率下降，通过对外国债券的替代增加对货币的需求，只有汇率的上升才能降低外国债券收益率，所以，

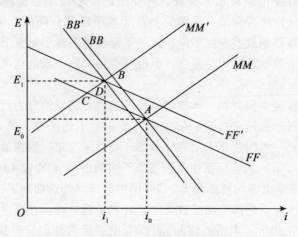

图 12-1　资产组合与均衡汇率的决定

在给定的利率水平上，货币供给的增加表现为 *MM* 线的上移。*MM'* 与 *BB* 和 *FF* 分别相交于 *B* 和 *C*，因此，还需要进一步的调整才能达到三个市场的同时均衡。国内货币供给增加使财富总量增加，对外国债券的需求增加，抬高了汇率，因此，*FF*线将向（右）上移动。同理，财富总量的增加也增加了对国内债券的需求，它抬高了本国债券价格，压低了本国利率，使 *BB* 线向左（下）移动，*BB* 和 *FF* 的移动直到在 *MM'* 上相交于一点，形成新的均衡，如图 12-1 中 *BB'*、*FF'* 和 *MM'* 的交点 *D*，对应的均衡利率为 i_1，均衡汇率水平为 E_1。

以上分析了在短期内，即当资产供给为既定时，通过对不同资产的调整，各个资产市场实现均衡，资产组合达到均衡，由此决定出一个均衡汇率。然而，当资产供给发生变化时，均衡汇率如何被决定呢？对此，资产组合平衡模型认为汇率正是在资产市场的动态调整从而资产组合的动态平衡过程中被决定的。

当资产供给变动时，通过资产市场和资产组合的重新调整，汇率也随之发生变化。具体说，资产供给的变化有两种情况：一是资产供给总量的变化，二是资产存量结构上的变化。前者对汇率产生的影响称为财富效应，后者的影响则称为替代效应。

（一）资产供给总量的变化

资产供给总量变化包括货币供给变化、本币债券供给变化和外国债券供给变化三种情况，它们各自对汇率产生影响的结果是各不相同的：

（1）货币供给量增加。这是由于政府增发货币引起的。货币供给量增加后，投资者持有的货币存量上升，为了使资产组合重新达到平衡，投资者将增加对本币债券和外币债券的购买，从而抬高本币债券的价格，使国内利率下降，汇率水平提高（本币贬值）。

（2）本币债券供给量增加。这是由于政府增发债券弥补财政赤字的结果。本币债券供给量的增加会增加对外币债券的需求，其结果是汇率上升，即财富效应。

本币债券供给量增加使本币债券价格下降，国内利率上升，国内收益率的上升会相对削弱对外币债券的需求，导致汇率下降，即替代效应。

最终汇率是上升还是下降取决于财富效应和替代效应哪一个占优势。如果替代效应大于财富效应，汇率将会下降；反之，汇率将上升。而替代效应的大小又与本外币债券之间的替代程度有关，当本外币债券的替代程度较低时，替代效应就小，反之替代效应就高。

（3）外币债券供给量增加。外币债券的供给来自国际收支中经常账户的盈余，它使外币债券市场出现超额供给，这降低了外币债券价格，导致汇率下降。

（二）资产存量结构上的变化

（1）本币债券与本国货币之间的相互转换，即 $\Delta M + \Delta B = 0$。当中央银行在国内货币市场上进行公开市场业务时，就会出现上述结果。例如，中央银行用本国货币购买本币债券，导致货币供给量的增加和债券需求量增加。前者使得利率下降以出清货币市场，后者对本币债券形成的超额需求也导致本币债券价格上升和利率下降。利率下降的结果使外币债券需求上升，通过替代效应导致汇率上升。

（2）外国债券与本国货币之间的相互转换，即 $\Delta M + \Delta EF = 0$。当中央银行在外汇市场上的进行买卖外汇时，就会出现这种情形。例如，中央银行用本国货币购进外币债券时，本币的供给量增加，外国债券的需求量也增加。前者导致国内利率下降，并通过替代效应使汇率上升；后者形成的外国债券超额需求也使汇率上升。

三、汇率的资产组合模型：更为简单的情形

为了便于分析，我们把资产组合理论简化为两种资产市场：国内债券市场和国外债券市场。在国内和国外资产不能完全替代时，两种资产的收益率差额就决定了财富总量在本国债券 B 和外国债券 F 之间的分配。同时假定本国是小国，只有本国居民持有本国债券，于是现在的财富约束形式为：$W = B + EF$，两个资产市场的均衡条件为：

$$B^s = b\ (i,\ i^* + \dot{E})\ W$$
$$EF^s = f\ (i,\ i^* + \dot{E})\ W$$

等式左边的 B^s、EF^s 分别表示本国债券和外国债券的供给，等式右边则分别是本国债券和外国债券的需求函数。由两个市场的均衡可以得到如下关系：

$$\frac{EF^s}{B^s} = \frac{f\ (i,\ i^* + \dot{E})}{b\ (i,\ i^* + \dot{E})} \Longleftrightarrow$$

$$E = \frac{B^s}{F^s} \varphi \ (i, \ i^* + \dot{E})$$

其中 $\varphi \ (i, \ i^* + \dot{E}) = f \ (i, \ i^* + \dot{E}) \ /b \ (i, \ i^* + \dot{E})$。可见，汇率是本国债券供给、外国债券供给、本国利率和外国债券收益率的函数，而本国利率和外国债券收益率分别是两国债券（用本币表示）的价格。汇率取决于两国资产的相对收益率，汇率的变动必须保证资产市场的均衡。如果国外债券的供给 F^s 增加，只有在更低的价格上，本国居民才愿意拥有更多的外国债券，所以，资产市场的均衡要求汇率下跌，以使增加的外国债券需求吸收增加的供给，外国债券资产的均衡才能实现，也就是说，仍成立 $EF^D = EF^s$。

第三节　汇率的动态变化——超调理论

在利率平价和购买力平价中，汇率分别由两国利率差额和相对价格决定；在资产组合模型中，汇率是货币、国内债券和外国债券市场在资产组合过程中同时均衡的结果，但是，我们并没有将商品市场的调节变量价格放在资产组合模型中（在更为复杂的资产组合模型中也包括价格的变化）。如果将商品市场的均衡和货币市场的均衡（或者说将价格变化和利率变化对市场的调节作用）联系在一起，汇率应该如何变化呢？本节介绍的汇率超调理论将给出问题的答案。

一、汇率超调理论的基本思想

当我们了解了利率平价和购买力平价后，如果放在两个平价中考虑汇率的决定，尽管我们不知道汇率到底由哪个平价决定，我们可以想象，利率变化和价格变化都会影响汇率的变动，也就是说，汇率是由利率变化和价格变化共同决定的。但是，汇率调节的是货币和资本市场，而价格调节的是商品市场。一般认为，货币和资本市场的调节速度要比商品市场的调节速度更快。例如，股票市场的价格不仅波动幅度大，波动也比较频繁，外汇市场上汇率也有类似的特点。商品市场的价格则相对稳定些，价格的变化往往在较长的时期才体现出来。所以，在经济分析中，经常使用价格粘性假定：有关变量变化后，价格不是在一个很短的时期迅速调整到位的，而是在一个较长的时期内逐渐调整到均衡状态的。

资产市场的迅速调整和商品市场的缓慢调整对汇率变化有什么样的意义呢？在小国假设下，如果资本市场是完全开放的，本国资产与外国资产具有完全的替代性，这时，汇率的变化就会符合利率平价——汇率的预期变动率等于两国利率差额。由于资产市场的调节是迅速的，本国利率变化后，例如本国利率下跌，在资本流动作用下，汇率将立即上升（本币立即贬值），汇率上升直到使两国资产的收益率相等为止，这正是利率平价作用的结果。

但是汇率的变化将对商品市场产生调节作用，因为汇率上升后，本国商品相对于外国商品变得更加便宜，对国内商品的需求就会增加，或者说出口需求增加。如果所分析国家的经济本来处于充分就业状态，总需求的增加将带动国内价格的缓慢上升。价格上升使名义货币需求量上升，因为交易同样多的商品，更高的价格必须要求更多的货币。对货币需求的增加会在货币市场上促使利率上升。由于利率的变化是迅速的，所以，价格的每一步变化都会导致利率的立即变化，并通过利率平价产生汇率的立即调整。根据假定，这里的价格上升产生的本国利率上升将产生汇率的下跌（本币升值），这种变化与先前所假定的变化方向恰好相反，因此，当价格变化调整完毕后，汇率并不像最初利率下跌后上升的幅度那么大，而是在最初下跌的水平上，随着价格上升而有所上升。价格调节完成后，汇率的变化重新达到一个长期的均衡水平，最初的汇率变化相对于这个长期均衡水平而言变化的幅度更大，也就是说，在短期，汇率变化"过头"了（Overshooting）。

二、汇率超调模型

超调理论是 Dornbusch（1976）提出的，并成为现代教科书中动态汇率理论的标准版本。汇率超调理论的基本假定包括：小国开放经济，资本完全流动，套利行为使国内利率与世界利率相等，同时，国内资产与国外资产具有完全的替代性，因此，无抛补利率平价总是成立；商品市场上进口商品的国际价格给定，国内产品与进口商品可以完全替代，所以两国相对价格的变化如果不符合购买力平价，就会导致商品市场的套利。根据无抛补利率平价，本国利率等于世界利率加上本币的预期贬值率。

$$i = i^* + \dot{E}^e$$

货币贬值预期机制通过下式实现：

$$\dot{E}^e = \theta \ (\bar{E} - E)$$

其中 $\bar{E}$、E 分别为对数形式的长期汇率和即期汇率，该式意味着汇率的预期变化率是即期汇率偏离长期汇率的差额与调整速度 θ 的乘积，长期汇率假定是已知的。货币市场上假定货币需求是实际收入与利率的函数，与通常的假定一样，货币需求与利率呈反向变动关系，与收入呈正向变动关系。实际货币供给仍然是 M/P，对数化后有 $\log (M/P) = \log M - \log P = m - p$。于是货币市场均衡条件可以表示为：

$$-\lambda i + \phi y = m - p$$

其中 m、p 和 y 分别为对数形式的名义货币供给量、价格和收入。等式左边为货币需求，它是利率的减函数，是收入的增函数，右边是实际货币供给量。将利率平价、预期机制与货币市场均衡相结合，便可得到：

$$p - m = -\phi y + \lambda i^* + \lambda \theta \ (\bar{E} - E)$$

上式反映了货币市场出清和无套利条件下价格与短期汇率和长期汇率之间的关

系。在静态货币供给的长期均衡下，国内利率应等于国外利率（小国假定），汇率也等于长期汇率，$i = i^*$，$E = \overline{E}$，如果满足这些条件，则 $\lambda\theta(\overline{E} - E) = 0$，价格就是长期水平的价格：$p = \overline{p}$。于是由货币市场的均衡条件可以得到：

$$\overline{p} = m + (\lambda i^* - \phi y)$$

再将其代入到货币市场均衡条件，即可得到汇率与价格的关系：

$$E = \overline{E} - (1/\lambda\theta)(p - \overline{p})$$

该式给出了在给定长期汇率和长期均衡价格下的汇率与价格之间的关系，并且即期汇率随当前价格线性递减。给定的价格在货币市场上决定了给定的国内外利率和与世界利率的差额；给定的国内外利率差额由抛补利率平价决定了给定的预期货币的升值（贬值）率。一旦价格上升，本国利率在货币市场作用下提高，由于假定资本流动是瞬时的，利率提高形成的资本流入压力使（外币）即期汇率下跌。由于汇率下跌使其低于长期汇率水平，由汇率变动的预期机制可知，预期汇率将上升，一直到预期贬值率抵消本国利率上升为止。

由 $E = \overline{E} - (1/\lambda\theta)(p - \overline{p})$ 反映的汇率与价格关系可由图 12-2 说明。图中斜率为负的 AA 线反映的就是式中的 E 与 p 的反向变动关系：价格上升，汇率必须下降才能使资产市场保持均衡。例如，图中的 A 点在 AA 线上，表示资产市场是均衡的，对应的均衡汇率与价格分别为 E_1 和 p_1。从 A 点出发，如果将价格水平提高到 p_2，在汇率仍为 E_1 的前提下，经济状态就离开了均衡点 A，而处于非均衡状态 B。由于价格水平的提高，实际货币供给下降，要使货币市场均衡，就必须提高利率，降低货币的实际需求。国内利率的提高在国际资本市场上产生资本的流入，对本币需求增加，从而推动本国货币的升值。所以，在 B 点，汇率将下跌，由 B 点向左移动（表示本币升值），直到 AA 线上的 C 点为止。在 C 点，新的汇率 E_2 和价格 p_2 重新满足货币市场的均衡，再次达到稳定状态。

在商品市场上，假设总需求取决于收入水平、利率水平以及相对价格水平，那么对数形式的总需求可以表示为：

$$d = \ln D = u + \delta(E - p) + \gamma y - \sigma i$$

其中 D 为总需求，u 为需求转移参数，$E - p$ 为相对价格，①它的完整形式应该是 $E + p^* - p$，这是用 PPP 的对数形式表示的相对价格水平。如果假设外国价格水平为 1（对数为 0），于是得到 $E - p$ 的相对价格形式，表示 1 单位外国商品折算

---

① 这里的相对价格也就是实际汇率。根据实际汇率的定义有：$e = E\dfrac{P^*}{P}$，对数化后有如下形式：$\ln e = \ln E + \ln P^* - \ln P$。假定国外价格水平等于 1，则 $\ln P^* = 0$；再令 $p = \ln P$，则有 $\ln e = \ln E - p$，对于 $\ln E$ 我们不再定义新的符号，直接用 E 来表示，这样就得到正文中的实际汇率表现形式 $E - p$。

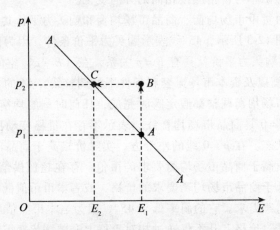

图 12-2　汇率超调理论中的资产市场均衡

为本国商品的数量，也就是用本国商品表示的外国商品的价格。显然 $E-p$ 越高，表明本国商品越便宜，对本国商品的需求越多，d 也就越大；y 对需求的影响是通过消费影响总需求的，所以收入水平越高，总需求也越高。i 通过投资需求影响总需求 d，与常规分析一样，它自然是（投资）需求的减函数，所以参数前冠以负号。

价格变化动态是超额需求的函数，如果没有超额需求，价格处于长期均衡状态，不会发生变化；超额需求促使价格上升，价格变化的动态由下式决定：

$$\dot{p}=\beta\ln\left(D/Y\right)=\beta\left[u+\delta\left(E-p\right)+\left(\gamma-1\right)y-\sigma i\right]$$

其中 β 为调整参数。由于长期均衡下 $p=\bar{p}$，价格不再调整，$\dot{p}=0$，再考虑到长期均衡时 $i=i^{*}$，由价格变化动态可得到长期均衡汇率：

$$\bar{E}=\bar{p}+\left(1/\delta\right)\left[\sigma i^{*}+\left(1-\gamma\right)y-u\right]$$

其中的长期价格水平 $\bar{p}$ 是由 $\bar{p}=m+\left(\lambda i^{*}-\phi y\right)$ 定义的，上式说明长期均衡汇率不仅取决于长期均衡价格，而且与基本变量 y 有关。

将反映货币市场均衡的利率代入到价格动态方程中，可以得出如下关系：

$$\dot{p}=\beta\left\{u+\delta\left(E-p\right)+\left[\gamma-1-\sigma\left(1/\lambda\right)\phi\right]y-\sigma\left(1/\lambda\right)\left(p-m\right)\right\}$$

当经济处于长期均衡时，式中的各变量都是长期状态水平，$\dot{p}=0$，于是有：

$$0=\beta\left\{u+\delta\left(\bar{E}-\bar{p}\right)+\left[\gamma-1-\sigma\left(1/\lambda\right)\phi\right]y-\sigma\left(1/\lambda\right)\left(\bar{p}-m\right)\right\}$$

由于 $\dot{p}=\mathrm{d}\left(p-\bar{p}\right)/\mathrm{d}t$，并且长期价格 $\bar{p}$ 不变，因此可以用汇率与长期均衡值的偏离、价格与长期均衡值的偏离来表示价格动态，方法是将上面两式两边相减，得到：

$$\dot{p}=\beta\left\{\delta\left(E-\bar{E}\right)-\left[\delta+\sigma\left(1/\lambda\right)\right]\left(p-\bar{p}\right)\right\}$$

此式反映了汇率和价格一旦偏离其长期水平后价格的调整情况。如果价格不再调整，可以得到汇率与价格的对应关系：$E=\bar{E}+\left(\sigma/\delta\right)\left(1/\lambda\right)\left(p-\bar{p}\right)$。它表示商品市场均衡时，汇率与价格应按相同的方向变化。

均衡汇率是由货币市场均衡、商品市场均衡和购买力平价共同决定的，由它们的交点得到。如图 12-3 所示，45°线表示购买力平价条件，因为假定国外价格对数为 0，对数形式的购买力平价就具有 $E=p$ 关系，在（$E-p$）空间内就成为 45°线。AA 为货币市场均衡以及资本市场无套利条件下的调整线，AA 的负斜率已经做了说明。由于这两个市场均衡调整都假定瞬时完成，任何时刻的均衡都表现为在 AA 线上各点的移动。$\dot{p}=0$ 是商品市场均衡线，表示不存在价格变动压力时，总供给等于总需求的市场状态。在 $\dot{p}=0$ 线的左上方，实际价格高于商品市场均衡要求的价格，或者本币币值高于商品市场均衡要求的币值，存在超额供给；在 $\dot{p}=0$ 线的右下方，实际价格低于商品市场均衡要求的价格，或者本币币值低于商品市场均衡要求的币值，存在超额需求。它的斜率低于 45°，因为当本币贬值后，存在超额需求压力促使价格上升，价格上升不仅通过相对价格上升减缓超额需求压力，而且还通过利率上升减少总需求，价格上升以低于本币币值下降的数量就可以完成商品市场的调整。长期均衡将在 A 点实现。

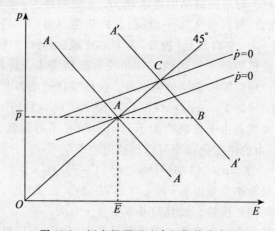

图 12-3　汇率超调理论中长期均衡水平

现在考虑货币政策对均衡的影响。如果中央银行增加货币供给，由于短期价格不发生调整，实际货币存量将随名义货币供给量的增加而增加，当收入不变时，调整的结果必然表现为利率下降。利率的下降反映到无套利条件上表现为汇率上升（本币贬值），于是 AA 线往右移动到与利率下降等量的新位置 $A'A'$ 上（如图 12-3 所示）。即期汇率上升了 AB（或 $\overline{EE}^1$），均衡点从原来的长期均衡点 A 移动到当前的短期均衡点 B。由于 B 点不在 45°线上（仍然在原来的价格水平上），所以，短期汇率高于长期均衡要求的汇率，于是在商品市场上产生超额需求，并促使商品市场价格上升。价格上升反过来作用于货币市场，实际余额的下降促使利率上升并将产生两种结果：一是资本市场的套利行为导致资本流入和汇率下降，使均衡沿 AA 线由 B 点到 C 点往右上移动；二是在商品市场上总需求下降，超额需求得以缓解。一旦到达 C 点，价格上升和汇率下降已将超额需求释放完毕，C 点就形成新的长期均衡点。B 点和 C 点的汇率差额就是短期产生的超调（Overshooting）。

为了更清楚地了解汇率动态调节过程，有必要对货币变动、价格变动、利率变动及汇率变动由短期向长期的转化过程加以描述。如图 12-4 所示，图中 4 个坐标分别反映了货币、利率、价格和汇率随时间变化的动态过程。图 12-4（a）是货币量的变化，这是一个静态货币政策，从 t_0 开始，货币当局一次性提高货币供给量，以后的货币量就稳定在更高的水平上，它在 t_0 表现为跳跃性变化。图 12-4（b）反映的是汇率的变化过程，由于在时刻 t_0 国内货币量的增加，货币市场会对此立即做出反映，利率水平立即下降，所以，利率在 t_0 处也是跳跃性变化；利率之所以变化，是因为当货币供给量增加后，价格并没有变动，所以货币市场均衡只有靠利率变化来维持。（c）则是价格变化情况，因为价格变化存在粘滞性，货币量增加时，在时刻 t_0 价格并没有立即发生变化。（d）是汇率的变化情况。一旦国内利率下跌，原来的利率平价关系受到破坏，我们知道，在资本完全流动、两国资产具有完全替代性假定下，利率平价关系总是存在的；在小国假定下，本国利率不会改变世界利率，所以本国利率的下跌必须通过本国货币的贬值维持利率平价，故汇率在 t_0 处瞬时上升，抛补利率平价再次得以恢复。

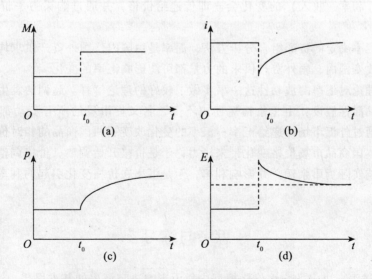

图 12-4　汇率超调理论中相关变量随时间变化的动态

汇率的上升在国内价格不变时会导致国内商品价格的相对下降，因为价格不变时名义汇率的上升等价于实际汇率的上升，实际汇率就是用本国商品表示的外国商品的价格，所以，实际汇率的上升也就是国外相对价格的上升。实际汇率上升引起对国内商品总需求的增加，由于假定初始的均衡处，国内处于充分就业状态，总供给等于总需求，所以，汇率上升引发的总需求的增加必将抬高国内价格，于是，从 t_0 开始，价格水平逐步上升。在长期，所有的货币变动都将转化为国内价格的变动（在简单的情形下，不考虑收入的变动）。但是，由于货币增加是一次性的，价格的上升将导致实际货币供给量下降，并促使国内利率上升，所以，价格上升过程体现在（b）中就是利率水平的上升，当价格调整完毕后，利率将重新返回到原来的利率水平，并与世界利率相等（小国情形下国内利率由世界利率决定）。利率的上升又要求汇率的下降（本币升值），以恢复利率平价关系，所以，在价格上升和利率上升的过程中，汇率从一开始调整过度的较高水平开始回落，等价格和利率回到长期水平，汇率也达到长期水平，它高于没有变动前的汇率水平，但低于最初变动后的水平，也就是说，最初的汇率调整过度了。

小　　结

决定的货币分析方法和资产组合分析方法。货币分析方法根据对价格变动所做的不同假设又分为弹性价格分析法和粘性价格分析法，后者就是汇率超调理论。弹性价格分析法假定价格可以随时调整，在货币市场均衡时，有关变量（如名义货币供给量、利率、收入）的变化会立即传递给价格，并通过购买力平价关系传递给汇率。

根据汇率决定的资产组合分析方法，汇率是由国内、国外资产供求均衡来确定的，任何改变国内、国外资产供求的力量都可能影响汇率的变化。

超调理论对汇率的波动性这一事实做了较好的理论解释。超调的发生在于对价格变动的粘滞性假设：由于价格短期内不变，名义货币量的所有变动都传递给利率，利率通过外汇市场传递给汇率；汇率的变化改变了两国商品的相对价格，并通过贸易给本国商品市场价格变化带来压力，于是价格开始调整；价格调整又会在货币市场影响实际货币余额，并影响利率，于是汇率在价格变化引起的利率变化下往回调整。

思考与练习

1. 简述汇率决定的弹性价格模型中货币影响决定汇率的基本思想。

2. 在汇率决定的资产组合理论中，货币量的变化是如何影响均衡汇率的？

3. 什么是汇率超调？为什么会出现汇率超调？

第十三章　国际收支的价格调节机制
——弹性调节理论

一国的国际收支会因各种原因产生失衡，国际收支失衡是经常现象，轻微的失衡对经济运行并无不良影响，然而严重的失衡将对本国经济产生不利影响。如果出现国际收支失衡，自发的经济力量就会对失衡进行校正，至少在长期是这样；如果经济不能自动恢复到均衡状态，或者自动恢复的过程非常漫长，政府就会采取必要的干预措施。由于国际收支均衡的概念不同，分析国际收支失衡与调节的分析方法也不同。本章将介绍国际收支调节的弹性分析方法，调节的内容是以贸易收支为核心的经常账户。经常账户的另一种调节分析（即收入调节分析）将在下一章介绍。

第一节　外部均衡及其衡量标准

外部均衡在不同的历史时期反映不同的经济内容，因此，不同历史时期的外部均衡标准也不尽相同。当然，不同的均衡标准所要求的调节方法也不可能完全相同。在资本主义发展的初期，各国的经济联系以贸易为主，外部均衡主要体现在贸易收支平衡上。最早涉及外部均衡问题的是重商主义，重商主义者认为获取货币财富的真正源泉是发展对外贸易，求得贸易顺差，从而增进一国的货币财富。重商主义者的外部均衡就是尽量取得贸易顺差，从而不断积累货币财富。

重商主义的观点被休谟提出的价格-铸币调节机制所否定。休谟认为一国不可能长期获得贸易顺差，一旦国际收支处于不平衡的状态，黄金将会流入或者流出这个国家，在货币数量论假设下，黄金的输出、输入将影响一国的物价水平，从而改变一国的实际汇率，最终使得该国的贸易收支不平衡自动消失。但是，休谟的货币数量-物价-贸易差额变化渠道有一个前提，即进出口存在价格弹性，这一问题到了19世纪20年代以后由马歇尔、勒纳等进一步进行了研究，得出了汇率贬值与贸易收支的关系，即著名的马歇尔-勒纳条件。

凯恩斯宏观经济理论的提出对国际收支的研究产生了巨大影响。吸收论和乘数论都与此有关。例如，吸收论强调从整个宏观经济平衡的角度去分析贸易收支问题。从凯恩斯的四部门国民收入核算等式开始，吸收分析法将国内的居民消费、投资和政府购买定义为吸收,因而如果一国的吸收超过本国的产出,则必须由国外部分来弥补,表现为贸易收支逆差,反之则表现为顺差。

货币分析法认为国际收支失衡是货币市场失衡的结果,国际收支出现严重逆差的国家,必须紧缩国内信贷,减少国内货币供给。国际收支的货币分析法与休谟的价格铸币流动机制在本质上是一致的,都是以牺牲内部均衡为代价从而换取外部均衡的改善。这在古典主义的世界里之所以行得通,是因为在工资价格充分弹性及货币数量论的经济学假设下,内部均衡将自动达到,政府不必采取维持内部均衡的措施。然而在布雷顿森林体系下,这种以牺牲内部均衡为代价的外部均衡调节思想很难实行。为解决内外均衡的冲突问题,经济学家进行了大量的研究,丁伯根提出了"丁伯根法则"。

针对国际资本流动的日益发展,蒙代尔在它的模型中给国际资本流动在内外部均衡调节中以重要地位。在凯恩斯主义 IS-LM 模型的基础上,蒙代尔将其扩展到包括国际收支平衡的开放经济条件下。他补充了丁伯根法则,提出了"以货币政策来调节外部均衡,以财政政策来调节内部均衡"的政策搭配法则。虽然蒙代尔-弗莱明模型代表了当时内外均衡调节的最高理论成就,并且是现在标准教科书的内容,但是它遗漏了关于国际资本市场中存量均衡的讨论,因为在模型中,蒙代尔认为国际资本流动是利率差别的唯一函数,因而只要存在利差,资本就会一以贯之的流动,从而弥补任何水平的经常账户不平衡,而在现实中各国间的利率差别普遍存在。

布雷顿森林体系崩溃后,世界主要发达国家进入浮动汇率时代。汇率的剧烈波动使得国际经济往来的不确定性增加,这增加了国际经济交易的成本,因此确定一个合理的均衡汇率水平成为浮动汇率制下外部均衡的应有之义。这一时期有关汇率决定的理论在两次世界大战间隔的浮动汇率时期发展的购买力平价和利率平价理论的基础上得到更进一步的充足发展。多恩布什的超调模型建立在价格粘性的假设前提下,克服了弹性价格货币模型假定价格完全弹性和蒙代尔-弗莱明模型假定价格完全刚性的缺陷,从而开创了汇率动态学之先河。而汇率的资产组合分析法则将流量因素与存量因素结合起来并注意到不同资产间的不完全替代性。

最优货币区理论则将有关浮动汇率和固定汇率优劣的争论逐渐统一到一个新的理论中。该理论表明,如果两个国家或一个地区的多个国家间的经济联系相当紧密(如贸易量和资本、劳动力等要素流动自由流动程度),则它们之间采用固定汇率甚至使用共同货币优于实行浮动汇率,反之,浮动汇率优于固定汇率。

1980 年以来,外部均衡的含义又有了深刻变化。一方面,一国仍有必要对经常账户乃至整个国际收支的结构进行控制;另一方面,理论研究的深入使人们认识到简单要求经常账户平衡是不必要的。一国应该利用经常账户可以调节储蓄与投资差额的性质,根据经济的不同特点、不同发展阶段来确定相应的经常账户目标。经常账户的跨时均衡是这一时期的外部均衡标准，它表明对于短期的经常账户不平衡，可以通过融资的方式调节，而对于长期的经常账户不平衡则需要通过调整来解决。经常账户的跨时分析法类似于以凯恩斯主义国民收入等式为出发点的吸收分析法，但在分析时引入了跨时预算约束。奥伯斯特菲尔德通过一个非常简单的经常账户跨时分析模型表明，短期内经常账户逆差并不是坏事，与封闭的经济相比，一个处于经常账户逆差的国家的经济运行甚至更好，因为跨时贸易使得消费在不同时期"平滑"成为可能，这会使消费者能达到更高效用的无差异曲线。奥伯斯特菲尔德认为外部均衡是维持与经济预期的跨期预算约束相一致的、能稳定最高消费水平的国际收支经常账户，也就是经常账户的跨期均衡是外部均衡的标准。此后，跨期预算约束的动态分析成为研究开放经济下国际收支、汇率运动的基本工具。

第二节　国际收支的弹性调节理论

一、弹性调节理论的基本思想

正如我们在国际收支平衡表中所看到的，经常账户记录的经济内容包括贸易收支、收益和单边转移，其中最基本的内容是贸易收支（既包括有形商品贸易，也包括无形商品贸易，即服务贸易）。为此，我们用贸易收支状况近似地代替经常账户，经常账户的失衡也就是贸易失衡。经常账户失衡有两种状况：顺差或逆差。在多数场合下，贸易顺差对应的资本账户形成本国的对外债权，是资本流出，这些国际投资会给本国带来投资收益；或者，在固定汇率制度下，贸易顺差是一国国际储备资产的可靠来源。因此，如果出现顺差，几乎没有哪个国家的政府急于去消除它。经常账户逆差则不然，它需要有资本账户为本国的逆差融资，如果本国在国际金融市场上的融资能力低（比如国内的金融体制不健全），难以为逆差进行融资，就可能出现货币危机；在固定汇率制度下，持续的逆差会不断消耗本国的外汇储备，当储备耗尽时，固定汇率无法维持下去，结果还是会出现货币危机。所以，很多国家都不愿看到经常账户逆差，即使经济实力雄厚的美国也是如此，它对中美之间的贸易逆差耿耿于怀，不断以此为借口制造贸易摩擦就说明了这一问题。基于上述理由，我们在分析时主要放在逆差的调整上。

一国贸易总是会有进口和出口，我们不考虑产业内贸易情形，那么进口和出口的商品就是不同的。[①] 用 X 表示出口商品，如果出口商品有很多种类，我们只需将 X 视为所有出口商品的合成物（或者说出口商品的"篮子"），同时，X 既表示

---

① 其实产业内贸易的商品也不应视为完全相同的，也是有差异的；至于贸易是出于什么样的理论解释与这里的分析没有关系。

出口商品，也表示出口商品的数量。同理，用 M 表示进口商品，如果有很多种进口商品，M 就表示各种进口商品的合成（或者说进口商品的"篮子"），M 既表示进口商品，也表示进口商品的数量。如果出口商品和进口商品都具有相同的度量单位，例如都用包含劳动的劳动量表示，我们就得到经常账户差额的最简单的表示方式：$X - M$。出口量大于进口量就是顺差，反之则是逆差。如果出口商品的成本上升（包含的劳动量上升，价格也会随之上升），出口就会受抑制，因为国外对出口商品的需求会因价格上升而下降。同样的道理，如果进口商品的劳动成本上升，进口价格也会上升，进口需求就会下降。于是进出口商品的劳动成本的变化会影响贸易差额：当 X 的供求和 M 的供求都达到均衡时，两个市场上的供求不再调整，此时的 X 和 M 就决定了贸易差额。①

事实上，进出口商品的价格首先表现为货币价格而不是劳动量，这时，影响进出口商品货币价格的因素都对贸易差额有调节作用。由于不同国家使用不同的货币，不同国家的商品都有用本国货币度量的价格。一国的出口商品价格首先是出口国家货币表示的价格，进口的商品价格同样也是首先表现为出口国的价格（进口商品的来源国价格）。例如，中国出口服装，进口轿车，那么服装的价格首先体现为人民币价格，而进口美国的轿车则首先体现为美元价格。于是，要衡量中国的贸易差额，就必须将用不同货币表示的价格转化为相同币种的价格。以中国的进出口为例，如果用本国货币表示，贸易差额应表示为：

$$P_X X - E P_M^* M$$

其中，"$*$"表示国外变量。同样地，进出口贸易差额也可以用外国货币表示，即：

$$(P_X / E)\ X - P_M^* M$$

暂且撇开贸易差额的自动调节。当两国价格和汇率不变时，国际收支差额就取决于进出口数量，即 X 和 M。但是，每一种商品的贸易量在均衡时都是由需求和供给两种力量共同决定的，与一般商品均衡市场分析相同，调节商品进出口的变量也是价格。在国际贸易中，这种调节不仅与本国价格、外国价格有关，而且还与汇率有关。以出口商品 X 为例，对于本国出口商而言，出口的本币价格越高，它的收入越高；而对于国外的进口商而言，它进口的本币价格越高，进口需求量就越低。但是，它的（即进口商或进口国消费者的）本币价格是用出口国货币价格除以汇率（X 商品进口国货币的价格）得到的，因此，X 商品的贸易均衡可以表示为：

$$X^S\ (P_X)\ = X^D\ (P_X / E)$$

这表明，一国出口的商品 X 在均衡时是本国价格和汇率的函数。当价格不变

---

① 显然，这是局部均衡分析，如果实现了一般均衡，就不存在贸易差额。

时，汇率越高（本国货币价值越低），出口商品的进口国价格越低，需求量就越大；对 X 需求的增加量取决于国外对 X 需求的价格弹性，弹性越大，一定量汇率变动产生的 X 的需求变动越大；反之则越小。同时，随着出口量的增加，本国市场上 X 的可供量减少；并且减少的程度与国内的供给弹性有关：如果供给弹性无穷大，X 商品国内的可供量就不会下降，因为国内厂商可在原来的价格水平上生产任意数量的 X 商品，所以汇率变化导致的 X 的均衡贸易量的变化较大；反之，如果供给缺乏弹性，则出口的增加将抬高本国价格，在给定的汇率下，国内价格的上升使 X 商品的进口国价格上升，即 (P_X/E) 上升，进口需求下降，这就会抵消由于最初汇率上升对进口需求增加的影响，并最终实现在一定价格和汇率水平下 X 商品的均衡。

进口商品也有同样的表示方法，它的均衡是由国外价格和汇率水平来调节的，均衡条件为：

$$M^S\ (P^*)\ = M^D\ (EP^*)$$

其中 P^* 为国外价格水平。当汇率上升时，对于给定的国外价格，进口商品的本币价格上升，需求量就会下降，需求量下降的多少则与需求的价格弹性有关；同时，如果国外供给的价格弹性大，进口需求的下降并不会影响出口国的国内价格；反之，如果供给对价格的弹性较低，进口商品需求的下降会导致出口国商品价格的下跌。给定汇率水平，P^* 的下跌会导致进口商品 M 本币价格的下降，这又刺激进口国国内对进口商品 M 需求量的增加，减缓汇率上升对进口需求下降的影响，直到供求在汇率与价格的某一个水平上达到均衡为止，即汇率 E 和价格 P^* 的变化最终导致上式的成立。

上述思想可用图 13-1 来表示。在图 13-1（a）中，X^S 是 X 商品的国内供给，国内价格水平越高，供给量越大；X^D 是国外的需求函数，(P_X/E) 越高，X 的需求量越小。如果汇率本币贬值（在直接标价法下表现为汇率上升），X 商品的国外价格 (P_X/E) 将下降，国外对 X 的进口需求将上升，这表现为需求曲线向右边的移动（如图 13-1 中箭头所示）。如果国内价格不变，出口商品的需求将上升到 B；但是，B 点的国内供给小于出口需求量，如果 X 的供给价格弹性不是无穷大（正像图中所描述的是往右上方倾斜的），就会导致 X 商品的国内价格上升；随着出口国国内价格 P_X 的上升，进口国价格 (P_X/E) 也随之上升，进口需求量将随着 (P_X/E) 的下降而上升，表现为图中由 B 点向 C 点的移动。在 C 点，汇率的变动（由 E 到 E'）和 P_X 的变动（由 P_X^0 到 P_X^C）恰好使 X 的出口供给与进口需求相等。与汇率改变之前相比，均衡的出口量由 X^A 上升到 X^C。因此，本币贬值具有促进出口的作用。

图 13-1（b）反映的是本国进口商品 M 的进口需求与国外出口供给的均衡。与图 13-1（a）不同的是，纵坐标是用 M 的出口国价格 (P_M^*) 表示的。国外对 M

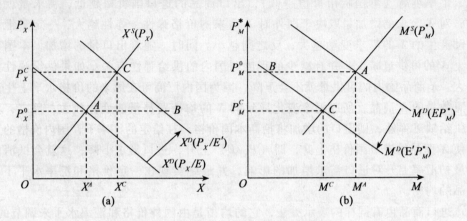

图 13-1　汇率变化与进出口商品的均衡

的供给 M^S 取决于出口商国内的价格，而进口需求则取决于进口商品 M 进口到本国后的价格（EP_M^*）。当汇率上升时（由 E 上升到 E'，等价于本币贬值），给定出口方国内价格不变，进口国的国内价格上升，进口需求就会下降，表现为 M 的需求曲线向左边移动。对 M 的需求由 A 点下降到 B 点。由于在 B 点 M 的出口供给超过了需求，会导致出口国国内价格 P_M^* 下降，P_M^* 下降（在汇率不变时）意味着进口国价格下降，需求会进一步上升，这一变化反映在给定的汇率 E'，进口需求量由 B 点向 C 点的移动。在 C 点，汇率与价格使 M 的进口需求与出口供给相等。与本币没有贬值以前的 M^A 相比，贬值后的进口量 M^C 更低了，这说明贬值具有抑制进口的作用。

结合上述两种情况可知，本币贬值可以增加出口，减少进口，因此可以改善经常账户差额。但是，能否增加出口（或减少进口）以及增加的出口量大小与需求和供给的弹性有关。以出口商品 X 为例，图 13-2 给出了两条 X 的供给曲线：平行的——供给具有完全的价格弹性，垂直的——供给对价格完全没有弹性。当本币贬值后，X 的出口需求曲线向右移动，如果供给有弹性（例如平行的 X^S），均衡的出口量就会上升到 B；反之，如果供给没有弹性（例如垂直的 X^S），均衡点由 A 移动到 C，出口数量没有任何变化。同样的道理，如果 X 的需求价格弹性低，需求就不会随 PX/E 的变化而变化，汇率的变化也不会影响出口量。同样的分析也适用于进口商品 M 的分析：只要 M 的进口需求或者出口供给缺乏价格弹性，汇率的变化就无法影响这种商品的均衡贸易量，并且这一均衡量由无弹性的一方来决定。

综上所述，本币贬值能否改善经常账户以及改善的大小取决于进出口商品的供求弹性，当进出口商品的供给有弹性时，汇率变化引起的价格变化才能起到数量调节作用，因此才能对经常账户差额进行调节。

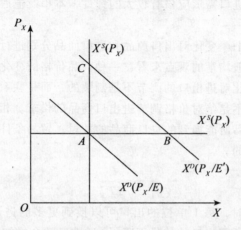

图 13-2　供给弹性与汇率变化对均衡出口量的影响

但是，进出口数量变化仅仅是经常账户差额变化的一个方面，即使进出口数量没有任何变化（如果出现没有弹性的情况），如果汇率发生变化，用货币衡量的经常账户收支也会发生变化。例如，当本币贬值（直接标价法下的汇率上升）时，出口量不变，用本币表示的出口收入不变；若进口量也不变，现在进口 1 单位商品虽然需要同样多的外币，但由于外币升值，现在需要更多的本币才能换到购买 1 单位外国商品所需的外币，于是，进口同样数量的商品需要支付的本币增加了。将出口与进口综合在一起可知，现在的经常账户变得更糟了（逆差增加）。

弹性分析方法主要围绕出口商品和进口商品的需求弹性来探讨货币贬值能否改善国际收支，及货币贬值需要具备什么条件才能改善国际收支的问题。该方法是马歇尔供求价格弹性理论在国际收支的应用，最初由琼·罗宾逊在 1931 年提出，其假设前提为：只考虑汇率变动对进出口商品价格和数量的影响；贸易商品供给的弹性无穷大；产出、就业和收支保持不变，于是，进出口商品的需求就是价格的函数；无资本流动，国际收支就是贸易收支。弹性分析方法认为，一国汇率调整会影响出口商品的外币价格和进口商品的本币价格，从而调节国际收支。但是，各种不同类别的商品供求对价格变动具有不同程度的反应，即具有不同的价格弹性，因此汇率调整后进出口商品的价格会有多大的变化，出口收入和进口支出会有多大增长或减少，特别是货币贬值是否会改善贸易收支，能在多大程度上改善贸易收支，将取决于进出口商品供求弹性的大小。

从出口商品看来，贬值促进出口的条件是出口商品在国际市场具有较高的需求弹性，也就是说，以外币表示的本国商品价格下降后，需求应该有较高的增加。同时，供给弹性应足够大，也就是说，国外需求的增加要有足够的本国供给，否则，即使需求富有弹性，国内商品因需求产生的价格提高也会将需求的增加抵消。从进口商品看来，本国的进口需求应该有较大的弹性，本币贬值后进口价格的上升能抑制进口增加。

上述分析强调了汇率变化对出口商品和进口商品分别进行的调节，也是局部均衡分析的结果。从一般均衡的观点来看，一种商品价格的变化会影响另一种商品的供给，因此，汇率变化对进出口的调节不是割裂的，而是联系在一起的，这种联系体现在是相对价格而不是绝对价格调节进出口商品的供求。相对价格也就是贸易条件，即出口1单位商品所能换到的进口商品的数量，贸易条件是由进出口商品的国内外价格和汇率决定的：

$$\pi = \frac{P_X}{EP_M^*}$$

当贸易条件改善时，每1单位的出口可以换到更多的进口商品（也可以说每进口一定数量的商品所需出口的数量下降了），进口就会增加，经常账户向顺差减少或逆差增加的方向变化；反之，如果贸易条件对本国不利时，每1单位的出口换回的进口商品数量下降，进口需求就会下降，经常账户向顺差增加或逆差减少的方向变化。

二、弹性调节理论的基本内容

国际收支的弹性调节理论就是考虑到进出口商品的供求价格弹性以后，汇率变化（本币贬值）对（改善）本国国际收支的作用。为了具体分析这种影响，不妨将以经常账户表示的国际收支表示为出口与进口的货币收支差额。这一差额既可用本币表示，也可用外币表示。当用本币表示时，国际收支具有以下形式：

$$CA = P_X X - EP_M^* M$$

其中，X 和 M 都受 P_X、P_M^* 及汇率 E 的影响，从而 $CA = CA\ (P_X,\ P_M^*,\ E)$。也就是说，不管是国内外价格的变化还是汇率的变化，都可能影响经常账户差额。为了分析汇率变化的影响，就必须首先假定两国的国内价格不变，从而 CA 的变化都是由 E 的变化引起的，即 $CA = CA\ (E)$。假定本币贬值后以本币表示的本国商品价格和以外币表示的外国商品价格不变，贬值的结果就是本国商品在外国市场以外币表示的价格更低，外国商品在本国市场上的价格更贵了（本币升值后的情形相反）。先分析简单的情形：出口商品的本国供给和进口商品的国外供给弹性无穷大。正如从上面的分析看到的，汇率变化导致的进出口数量的变化并不是国际收支变化（这里就是经常账户差额变化）的充分条件。由于国际收支是以货币表示的，使经常账户逆差减少的数量变化方向并不意味着也是使经常账户逆差减少的价值变化方向，国际收支的价值变化与进出口商品对汇率的弹性大小有关。出口商品和进口商品对汇率的弹性分别定义如下：

$$\eta_X = \frac{\mathrm{d}X}{\mathrm{d}E} \cdot \frac{E}{X}, \quad \eta_M = \frac{\mathrm{d}M}{\mathrm{d}E} \cdot \frac{E}{M}$$

根据定义，上述以本币表示的国际收支 $B = CA$ 为：$B = P_X X - E P_M^* M$，当价格不变时，$B(E) = P_X X(E) - E P_M^* M(E)$，两边对汇率 E 求导，可得：

$$\frac{\mathrm{d}B}{\mathrm{d}E} = P_X \frac{\mathrm{d}X}{\mathrm{d}E} - P_M^* M(E) - E P_M^* \frac{\mathrm{d}M}{\mathrm{d}E}$$

式中等号右边的第一和第三项表示贬值的数量效应（Volume Effect），即贬值通过进出口量的变化对贸易收支的影响；第二项是价值效应（Value Effect），即本币贬值后，由于同样数量的进口要支付更多的本币产生的国际收支的恶化作用（由于进口量大于 0，第二项总是负值）。上式经过整理后得到：

$$\frac{\mathrm{d}B}{\mathrm{d}E} = X \frac{P_X}{E} \frac{E}{X} \frac{\mathrm{d}X}{\mathrm{d}E} - \left[P_M^* M + M P_M^* \frac{E}{M} \frac{\mathrm{d}M}{\mathrm{d}E} \right]$$

$$= \frac{X P_X}{E} \eta_X - \left[P_M^* M + M P_M^* \eta_M \right]$$

$$= P_M^* M \left(\frac{X P_X}{E P_M^* M} \eta_X - 1 - \eta_M \right)$$

要满足汇率上升改善贸易收支，条件是 $\mathrm{d}B/\mathrm{d}E$ 大于 0，或者：

$$\frac{X P_X}{E P_M^* M} \eta_X - 1 - \eta_M > 0$$

如果初始的国际收支是均衡的，则有 $X P_X = E P_M^* M$，上述条件就变为：$\eta_X - 1 - \eta_M > 0$。因为进口的汇率弹性本身是负的（外币升值后外国商品用本币表示的价格上升，根据需求规律，进口就会下降），故有 $-\eta_M = |\eta_M| > 0$，于是，上述条件就有如下的表示方式：

$$|\eta_X| + |\eta_M| > 1$$

上式就是著名的马歇尔-勒纳条件，它描述了本币贬值改善贸易收支的条件是：从贸易收支均衡处出发，只有当出口需求和进口需求对汇率的弹性值之和大于 1 时，贬值才能改善贸易收支。为什么说是进出口商品的需求弹性而不是供给弹性呢？因为我们分析的是，当国内外商品价格不变时，汇率变化对国际收支的影响。如果用本币表示国际收支，出口商品价值是 $P_X X(E)$，也就是说，当汇率变化影响出口量 X 时，X 的出口变化并不影响它的国内价格，满足这一条件就意味着国内的出口供给对价格（从而也是对汇率）的弹性无穷大。同理，用本币表示的进口价值量为 $P_M^* M(E)$，当假定 P_M^* 不变时，意味着汇率变化导致的进口量的变化不会改变出口国的价格 P_M^*，M 的出口供给弹性无穷大。

这一条件背后的经济含义是什么呢？从出口商品来看，本币贬值后，只要出口有所增加，就会对改善国际收支有贡献，也就是说，单就出口商品而言，只要弹性大于 0，就具有改善国际收支的作用。从进口商品来看，如果本币贬值，当进口量不变时，进口 1 单位商品所需支付的本币增加，这种增加与本币贬值的幅度是同步的——本币贬值 1% 就会导致单位进口商品增加本币支付 1%；要使本币贬值不至于增加对进口的本币支付，进口量必须减少，并且进口数量的下降应足以抵消因本币贬值引起的支付增加，这要求进口量的下降要大于 1%，这样才能在抵消因本币贬值使每单位进口增加支付所产生的贸易收支恶化后，贸易收支仍有改善。所以，单从进口商品来看，贬值改善贸易收支的弹性条件是弹性值大于 1。将出口和进口的弹性条件结合在一起，就是马歇尔-勒纳条件：要使货币贬值改善国际收支，必须满足进出口商品需求对汇率的弹性（绝对）值大于 1。

马歇尔-勒纳条件还有一个前提，这就是要从贸易收支均衡点出发来考察汇率变动对贸易差额的影响。如果一国的国际收支不在均衡点上，贬值改善贸易收支的条件就要发生变化，即：

$$\frac{XP_X}{EP_M^* M}\eta_X + \left| \eta_M \right| > 1$$

如果该国的国际收支一开始就处于逆差，则有 $P_X X < EP_M^* M$，或者 $(P_X X) / (EP_M^* M) < 1 \Rightarrow \left[(P_X X) / (EP_M^* M) \right] \eta_X < \eta_X$，这时，上述条件变得更难以满足。如果逆差很大的话，即使出口需求对汇率的弹性很大，也可能不能满足 $\left[(XP_X) / (EP_M^* M) \right] \eta_X + \left| \eta_M \right| > 1$。

如果用外币表示国际收支，马歇尔-勒纳条件是不是还存在？若存在，是不是还有同样的形式呢？用外币表示的国际收支为：$B = \frac{P_X}{E}X(E) - P_M^* M(E)$，仿照上面的方式，在价格不变时，国际收支随价格变化而变化的条件为：①

$$\frac{\mathrm{d}B}{\mathrm{d}E} = \frac{P_X X}{E^2}\left[\eta_X - 1 + \frac{EP_M^* M}{P_X X}\left| \eta_M \right| \right]$$

汇率变化改善国际收支的条件为 $\eta_X - 1 + \frac{EP_M^* M}{P_X X}\left| \eta_M \right| > 0 \Rightarrow \eta_X + \frac{EP_M^* M}{P_X X}\left| \eta_M \right| > 1$，当国际收支的初始状态是收支平衡时，有 $P_M^* M = P_X X / E$，于是再次得到

---

① 具体的推导步骤如下：

$$\frac{\mathrm{d}B}{\mathrm{d}E} = \frac{P_X}{E}\frac{\mathrm{d}X}{\mathrm{d}E} - \frac{1}{E^2}P_X X - P_M^*\frac{\mathrm{d}M}{\mathrm{d}E} = \frac{P_X X}{EE}\frac{E}{X}\frac{\mathrm{d}X}{\mathrm{d}E} - \frac{1}{E^2}P_X X - P_M^*\frac{M}{E}\frac{E}{M}\frac{\mathrm{d}M}{\mathrm{d}E}$$

$$= \frac{P_X X}{EE}\eta_X - \frac{1}{E^2}P_X X - P_M^*\frac{M}{E}\eta_M = \frac{P_X X}{E^2}\left(\eta_X - 1 - \frac{EP_M^* M}{P_X X}\eta_M \right)$$

$$= \frac{P_X X}{E^2}\left[\eta_X - 1 + \frac{EP_M^* M}{P_X X}\left| \eta_M \right| \right]$$

$\eta_X + \mid \eta_M \mid > 1$。由此可知，马歇尔-勒纳条件与用什么货币表示国际收支无关：在国际收支处于均衡状态时，马歇尔-勒纳条件都可以保证本币贬值改善国际收支。

如果国际收支一开始不在均衡状态，而是位于国际收支逆差状态（正像用本币表示国际收支所分析的那样），则 $P_M^* M > P_X X / E \Leftrightarrow \dfrac{E P_M^* M}{P_X X} > 1$，显然，在此情形下（国际收支逆差），用外币表示的贬值改善国际收支的条件 $\eta_X + \dfrac{E P_M^* M}{P_X X} \mid \eta_M \mid > 1$ 更容易满足。

上述分析是建立在出口商品和进口商品供给无限弹性假设之上的，需求的变化只产生供给的调整，不产生价格的调整。也就是说，生产者在不改变供给价格的情况下，可以满足任何数量的需求，即分析中假定的出口国价格 P_X 和进口国价格 P_M^* 是不变的。对于处于非充分就业的经济而言，需求变化不会带来 P_X 和 P_M^* 的变化，P_X 和 P_M^* 不变的假设合理；反之，如果经济已经处于充分就业状态，需求的增加必然导致价格的上升，这就要求我们对更为一般的情形进行分析。

供给量通常是供给方货币价格的增函数，供求均衡同时决定了该商品的交易数量和价格。当汇率变化时，价格已不再是外生变量，它也随数量变化而变化（如图 13-1 所示）。首先来看出口商品 X。它的供给是国内价格 P_X 的函数：$X^S = X^S(P_X)$，它的需求则是 X 商品进口国货币价格的函数：$X^D = X^D(P_X / E)$。令 X 表示均衡时的数量，汇率和国内价格的变化达到均衡时应满足 $X = X^D = X^S$，并且有 $P_X = P_X(E)$。上述条件也可表示如下：

$$X(E) - X^S [P_X(E)] = 0$$
$$X(E) - X^D [P_X(E) / E] = 0$$

两式分别对 E 求导，就可得到如下的表达式：

$$\frac{dX}{dE} - \frac{dX^S}{dP_X} \frac{dP_X}{dE} = 0 \text{ 及 } \frac{dX}{dE} - \frac{dX^D}{d(P_X / E)} \frac{d(P_X / E)}{dE} = 0$$

由于 $\dfrac{d(P_X / E)}{dE} = \dfrac{dP_X / dE}{E} - \dfrac{P_X}{E^2}$，从第二式可以得到：① $\dfrac{dX}{dE} - \dfrac{dX^D}{d(P_X / E)} \dfrac{dP_X / dE}{E}$

---

① 过程如下：

$$\frac{dX}{dE} - \frac{dX^D}{d(P_X / E)} \frac{d(P_X / E)}{dE} = 0 \Leftrightarrow \frac{dX}{dE} - \frac{dX^D}{d(P_X / E)} \left(\frac{dP_X / dE}{E} - \frac{P_X}{E^2} \right) = 0$$

$$\Leftrightarrow \frac{dX}{dE} - \frac{dX^D}{d(P_X / E)} \frac{dP_X / dE}{E} + \frac{dX^D}{d(P_X / E)} \frac{P_X}{E^2} = 0$$

$$\Leftrightarrow \frac{dX}{dE} - \frac{dX^D}{d(P_X / E)} \frac{dP_X / dE}{E} = - \frac{dX^D}{d(P_X / E)} \frac{P_X}{E^2}$$

$= -\dfrac{\mathrm{d}X^D}{\mathrm{d}\ (P_X/E)}\ \dfrac{P_X}{E^2}$，上面两式的联立具有如下形式：

$$\begin{cases} \dfrac{\mathrm{d}X}{\mathrm{d}E} - \dfrac{\mathrm{d}X^S}{\mathrm{d}P_X}\ \dfrac{\mathrm{d}P_X}{\mathrm{d}E} = 0 \\[3mm] \dfrac{\mathrm{d}X}{\mathrm{d}E} - \dfrac{1}{E}\ \dfrac{\mathrm{d}X^D}{\mathrm{d}\ (P_X/E)}\ \dfrac{\mathrm{d}P_X}{\mathrm{d}E} = -\dfrac{\mathrm{d}X^D}{\mathrm{d}\ (P_X/E)}\ \dfrac{P_X}{E^2} \end{cases}$$

这是一个关于 $\mathrm{d}X/\mathrm{d}E$、$\mathrm{d}P_X/\mathrm{d}E$ 的联立方程组，求解可得：①

$$\begin{cases} \dfrac{\mathrm{d}P_X}{\mathrm{d}E} = -\dfrac{(P_X/E)\ \eta_X}{\varepsilon_X - \eta_X} \\[3mm] \dfrac{\mathrm{d}X}{\mathrm{d}E} = -\dfrac{(X/E)\ \eta_X \varepsilon_X}{\varepsilon_X - \eta_X} \end{cases}$$

式中的 η_X 是 X 的需求价格弹性，它的定义为 $\eta_X = [\mathrm{d}X^D/\mathrm{d}\ (P_X/E)]\ [(P_X/E)\ / X^D]$，$\varepsilon_X$ 是 X 的供给价格弹性，定义为 $\varepsilon_X = [\mathrm{d}X^S/\mathrm{d}P_X]\ [P_X/X^S]$。

现在再来考虑进口商品 M。M 的供给是 P_M^* 的函数，需求则是 EP_M^* 的函数。同时，如果汇率的变化导致 M 的出口国国内价格变化，则 $P_M^* = P_M^*\ (E)$。给定供求均衡条件下的进口商品数量为 M，于是有：

$$M\ (E)\ - M^S\ [P_M^*\ (E)]\ = 0$$
$$M\ (E)\ - M^D\ [EP_M^*\ (E)]\ = 0$$

将两式分别对汇率 E 求导可得：

$$\begin{cases} \dfrac{\mathrm{d}M}{\mathrm{d}E} - \dfrac{\mathrm{d}M^S}{\mathrm{d}P_M^*}\ \dfrac{\mathrm{d}P_M^*}{\mathrm{d}E} = 0 \\[3mm] \dfrac{\mathrm{d}M}{\mathrm{d}E} - \dfrac{\mathrm{d}M^D}{\mathrm{d}\ (EP_M^*)}\left(E\ \dfrac{\mathrm{d}P_M^*}{\mathrm{d}E} + P_M^* \right) = 0 \end{cases}$$

这是一个关于 $\mathrm{d}M/\mathrm{d}E$ 和 $\mathrm{d}P_M^*/\mathrm{d}E$ 的方程组，它的解为：

$$\begin{cases} \dfrac{\mathrm{d}M}{\mathrm{d}E} = \dfrac{(M^D/E)\ \varepsilon_M \eta_M}{\varepsilon_M - \eta_M} \\[3mm] \dfrac{\mathrm{d}P_M^*}{\mathrm{d}E} = \dfrac{(P_M^*/E)\ \eta_M}{\varepsilon_M - \eta_M} \end{cases}$$

其中 η_M 是进口商品 M 的需求价格弹性，且 $\eta_M = [\mathrm{d}M^D/\mathrm{d}\ (EP_M^*)] [(EP_M^*)\ /M^D]$；$\varepsilon_M$ 是 M 的供给价格弹性，且 $\varepsilon_M = [\mathrm{d}M^S/\mathrm{d}P_M^*]\ [P_M^*/M^S]$。

有了汇率变化对均衡进出口数量和价格的影响，现在可以进一步分析汇率变化

---

① 这里的具体推导过程不再重复，需要注意的是，推导过程中要利用均衡条件 $X = X^D = X^S$。

对贸易收支的影响。我们只分析以本币表示的国际收支 $B = P_X X - E P_M^* M$，对该式的两边对汇率 E 求全导，现在不仅 X、M 是 E 的函数，P_X、P_M^* 也是 E 的函数，于是有：

$$\frac{\mathrm{d}B}{\mathrm{d}E} = P_X \frac{\mathrm{d}X}{\mathrm{d}E} + X \frac{\mathrm{d}P_X}{\mathrm{d}E} - \left(P_M^* M + E M \frac{\mathrm{d}P_M^*}{\mathrm{d}E} + E P_M^* \frac{\mathrm{d}M}{\mathrm{d}E} \right)$$

将上面得出的 $\dfrac{\mathrm{d}X}{\mathrm{d}E}$、$\dfrac{\mathrm{d}P_X}{\mathrm{d}E}$、$\dfrac{\mathrm{d}P_M^*}{\mathrm{d}E}$、$\dfrac{\mathrm{d}M}{\mathrm{d}E}$ 代入 $\dfrac{\mathrm{d}B}{\mathrm{d}E}$，整理后得到：

$$\frac{\mathrm{d}B}{\mathrm{d}E} = P_M^* M \left(-\frac{P_X X}{E P_M^* M} \frac{(\varepsilon_x + 1)\, \eta_x}{\varepsilon_x - \eta_x} - \frac{(\varepsilon_M + 1)\, \eta_M}{\varepsilon_M - \eta_M} - 1 \right)$$

本币贬值改善国际收支的条件为 $\mathrm{d}B/\mathrm{d}E > 0$，也就是 $-\dfrac{P_X X}{E P_M^* M} \dfrac{(\varepsilon_x + 1)\, \eta_x}{\varepsilon_x - \eta_x} -$

$\dfrac{(\varepsilon_M + 1)\, \eta_M}{\varepsilon_M - \eta_M} - 1 > 0$。如果初始的国际收支是均衡的，则有 $\dfrac{P_X X}{E P_M^* M} = 1$，将这一条件代入，并经过整理，贬值改善国际收支的条件就变为：

$$-\frac{(\varepsilon_x + 1)\, \eta_x}{\varepsilon_x - \eta_x} - \frac{(\varepsilon_M + 1)\, \eta_M}{\varepsilon_M - \eta_M} - 1 > 0$$

或者：

$$-\frac{\varepsilon_x \varepsilon_M\, (\eta_M + \eta_x + 1)\, - \eta_x \eta_M\, (\varepsilon_x + \varepsilon_M + 1)}{(\varepsilon_x - \eta_x)\, (\varepsilon_M - \eta_M)} > 0$$

　　这就是毕克戴克-罗宾逊-梅茨勒条件，它是马歇尔-勒纳条件的进一步推广。它同时考虑到进出口商品的需求价格弹性和供给价格弹性，考虑到汇率变化对均衡价格变化的影响，因而是更为一般化的汇率变动改善国际收支的条件。如果进出口商品的供给价格弹性无穷大（$\varepsilon_x \to \infty$，$\varepsilon_M \to \infty$），对上述第一式求极限便得：$-\eta_x - \eta_M - 1 > 0$，由于 X、M 的需求弹性本身是负值，上式又可记为 $|\eta_x| + |\eta_M| > 1$，这恰恰是马歇尔-勒纳条件。

　　将供给弹性考虑进去以后，汇率变化改善国际收支的条件更容易满足。如果供给缺乏弹性，即使进出口商品的需求价格弹性之和小于 1，贬值也能够改善国际收支。例如，在极端情形下，进出口商品的供给完全无弹性，即 $\varepsilon_x = \varepsilon_M = 0$，则不论需求弹性有多低，上述条件总能得到满足。

　　汇率变化不仅影响国际收支，也影响贸易条件。在价格不变时（供给弹性无穷大），汇率变化对贸易条件的变化影响非常简单：汇率上升（本币贬值）恶化本国的贸易条件。因为贬值意味着用本币表示的进口商品更贵了，在出口价格不变时，出口 1 单位商品能换得的进口商品数量下降了。或者（用外币表示时）出口 1 单位商品换得的外币数量下降，在进口商品价格不变时，能买到的进口商品数量也下降了。如果供给不是完全弹性，汇率变化将导致价格变化，汇率变化对贸易条件的影响变得更复杂。

将贸易条件记为 $\pi(E) = P_X/(EP_M^*)$，汇率变化对贸易条件的影响可由 π 对 E 的导数大小（及方向）来判断，导数为：$\dfrac{d\pi}{dE} = \dfrac{dP_X}{dE} \dfrac{1}{EP_M^*} - P_X\left(\dfrac{P_M^* + dP_M^*/dE}{(EP_M^*)^2}\right)$，再将汇率对价格影响的条件（$dP_X/dE$ 及 dP_M^*/dE）代入，并令汇率等于 1，整理后有：

$$\frac{d\pi}{dE} = \frac{P_X}{P_M^*} \cdot \frac{\eta_X\eta_M - \varepsilon_X\varepsilon_M}{(\varepsilon_X - \eta_X)(\varepsilon_M - \eta_M)}$$

由这一条件可知，要使得本币贬值改善贸易条件，必须满足进出口需求价格弹性的乘积大于供给价格弹性的乘积。如果进出口任何一个商品的供给价格弹性为 0，上述条件在需求价格弹性不为 0 时都能满足；反之，如果有一个需求价格弹性为 0，则贬值总会使贸易条件恶化。

弹性分析方法的最大贡献在于，它向人们说明贬值改善贸易收支是有条件的，不同的需求弹性产生的收支改善作用并不相同。例如，工业发达国家的进出口多是工业制成品，需求弹性较大，所以其货币贬值对改善贸易收支的作用一般比较大；而发展中国家的进出口多是初级产品或必需品，需求弹性较低，货币贬值的作用不大。

弹性分析方法也有很多局限。第一，该理论只是在价格理论或微观经济学的范围内分析汇率变动导致的相对价格变动对贸易收支（或经常账户）的影响，属于局部均衡的比较静态分析。它既没有考虑进出口变动对国民收入，进而反作用于进出口的影响，也没有考虑贸易收支变化的动态过程，后者由 J 形曲线效应分析得以弥补。第二，没有考虑国际资本流动，这里的国际收支并非完整意义上的国际收支。第三，它仅考虑货币贬值对本国商品和外国商品相对价格的影响，而未考虑贬值对国内贸易品和非贸易品相对价格的影响。第四，该理论作为马歇尔弹性理论在国际经济学领域的一个理论延伸，在如何估算进出口商品的需求价格弹性方面还有很多难题。例如进出口商品的结构变动，其他因素对进出口数量的影响等，都是正确估算弹性的障碍。

第三节　J 形曲线效应及其理论解释

一、J 形曲线效应

在国际收支的弹性调节理论中，所有调节都是瞬时完成的，没有体现时间动态。弹性并不是固定的，弹性大小与时间长短有关。通常来说，时间越长，数量对价格变化所作出的调整就越充分，或者说，短期弹性往往小于长期弹性。由于从贬值到有关经济主体对此做出充分反应需要一定的时间，所以，贬值后可能立即出现价值效应，而且该效应总是负的；数量效应要在以后的一定时间显现，因此，贬值的最初结果可能是恶化贸易收支，这一现象就是所谓的 J 形曲线效应。J 形曲线的标准解释是：如果没有名义价格变化的抵消作用，本币贬值将提高国内购买者的进口商品相对价格，同时降低本国出口商品的国外购买者相对价格，因此，短期国际收支会恶化。在长期，随着各种反应的充分显现，贬值改善国际收支的作用才开始出现。这就是说，即使马歇尔-勒纳条件得到满足，本币对外币贬值改善国际收支的结果在短期内可能不会出现；由于本币贬值对经常账户的时滞性，本币贬值对经常账户的影响路径呈现 J 形（如图 13-3 所示）。

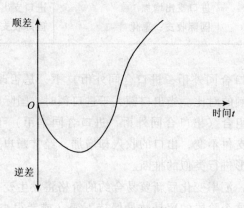

图 13-3　J 形曲线效应

二、J 形曲线的解释

J 形曲线反映的是贬值对改善国际收支产生影响的时间路径。从长期来看，贬值的确具有改善国际收支的作用，但短期却可能出现国际收支恶化，这就是说，贸易收支变化对汇率变化长期和短期的反映是不同的。贬值发生后有三个阶段：货币合同阶段（Currency Contract Period）、传递阶段（Pass-through Period）及数量调整阶段。货币合同阶段指的是货币实行贬值后与此前签订合同到期日之间的时期。由于货币合同阶段内已签订合约的贸易商品的货币价格不能变化，汇率的变化就会改变已签合约的收入或支付价值，即改变国际收支。在短期，先前签合约的进出口商品数量一定，这部分贸易商品受货币贬值对国际收支的影响取决于所使用的支付货币；新合同的贸易量则受货币贬值后的相对价格影响，对出口商品需求增加，进口商品需求下降。货币合同期贬值对国际收支的具体影响与进出口合约使用的支付货币的选择有关，如表 13-1 所示：

表 13-1   货币合约期间贬值的国际收支效应

出口合同＼进口合同	外　币	本　币
外币	出口收入增加 进口支出增加 国际收支：与初始状态有关	出口收入增加 进口支出不变 国际收支：改善
本币	出口收入不变 进口支出增加 国际收支：恶化	出口收入不变 进口支出不变 国际收支：不变

在货币组合（出口合同外币，进口合同外币）下，是否改善（恶化）国际收支取决于进出口贸易额的对比。当出口额大于进口额时，国际收支改善；反之，国际收支恶化。在货币组合（出口合同外币，进口合同本币）下，对于给定合同的贸易量，进口的本币支付不变，出口的收入却增加，经常账户得以改善。其他两种组合可按照前两种情形进行类似的推断。

在汇率传递阶段，汇率变化后新贸易合约的价格将发生变化，但由于进出口需求或供给存在刚性，这个阶段的贸易数量保持不变（或者很小的变化）。例如，短期贬值国家的居民对进口产品的需求和外国对贬值国家出口的需求都是无弹性的，进口国的国内价格因贬值而上升，但需求并未发生变化，因此进口支出增加。贬值使出口商品外币价格降低，但需求没有变化，因此，出口的外币收入降低，本币收入不变，这样，以本币表示的国际收支会恶化。货币合同期内，已签订的合同由于无法更改可能导致本币贬值后产生国际收支恶化。随着时间的推移，新合同的签订会对汇率变化做出反应，并导致均衡价格发生变化。汇率传递反映的就是短期内价格调节能力。贬值通常是针对持续的贸易逆差采取的措施，它使贬值国进口商品的国内价格上升，进口需求下降；出口商品对国外的价格下降，对贬值国出口商品需求增加。两者相结合，结果将改善贸易收支逆差。但是，由于在短期数量来不及调整，逆差反而会加剧。

如果汇率变化完全反映到进出口商品价格的变化上，那么这种传递就是充分的，反之就是不充分的。汇率变化到底反映在贬值国国内价格上还是升值国国内价格上，抑或是两者的同时变动，取决于进出口商品的供求弹性。以低需求价格弹性的进出口商品为例，进口需求无弹性意味着本币贬值后，对进口商品需求量不变，本国要为同样的进口量支付更高的价格；出口商品的需求缺乏弹性，如果出口商品的国内价格不变，意味着出口同量商品的出口收入不变；综合两者可知本币贬值的结果是恶化国际收支。汇率变化向价格传递的幅度可以用汇率变化百分比对应的进口商品价格变化百分比来表示。根据购买力平价的基本公式，如果假设国外价格水平不变，那么汇率变化对进口商品国内价格的传递率为 100% ：

$$p = Ep^* \Rightarrow \ln p = \ln E + \ln p^* \Rightarrow \dot{p} = \dot{E} \Rightarrow \dot{p}/\dot{E} = 1$$

但是，这样的推导有两个前提：一是国外出口商品的成本加成不变，且在完全竞争下等于 0；二是出口商品生产的边际成本不变（常数）。在此假设下出口商并不要求价格变动，汇率变动的结果自然完全由进口方价格变动承担。实证研究并不支持完全价格传递。例如美国在浮动汇率期间的传递率仅为 60% 左右（Goldberg and Knetter，1997）。剩余的部分如何解释？这就要求放松关于出口商品边际成本不变或成本加成不变的假设，完全竞争假设是不存在大于 0 的成本加成的，只有垄断才会出现大于 0 的成本加成（详见购买力平价理论中的介绍）。

Müller-Plantenberg（2003）通过研究日本的国际收支与日元汇率的关系，发现日元与外部的国际支付流量对日元汇率的影响起关键作用，并且其国际支付流量与国际收支平衡紧密相关。从长期看来，经常账户的变化会等价地传递给汇率，如出口上升推动日元汇率上升，出口疲软则促使日元汇率下跌。但二者之间存在 1～2 年的时滞，直到汇率得到充分调整。日本的经常账户顺差用于对外信贷，该信贷的时间结构与当期收付的贸易流量金额形成其国际收支流量，它的变动直接影响着日元的汇率变动。也就是说，外部失衡作为贸易失衡和资本流动失衡的综合反映，将对汇率产生持久的影响。

最后是数量调整阶段，在这个阶段，价格和数量都可变化，这时，如果马歇尔-勒纳条件得到满足，这个阶段的国际收支一定能得到改善。

三、经常账户逆差是否有害的争论

开放经济的流行观点是，逆差对经济是有害的，最简单的解释是，逆差需要通过负债融资，如果经济体系不能在未来行之有效地偿还外债，必然会引发债务危机，并对本国经济产生不利冲击。然而 Sebastian Stolorz（2005）通过考察经常账户逆差对福利的影响得出一个相反结论：经常账户逆差未必是坏事，它可以在相当程度上提高逆差国的福利。因为逆差总是源于国际上低价商品对本国市场的优势，消费者可以以低价的进口商品替代高价国内产出的商品，从而提高本国福利水平。

David Backus，Espen Henriksen，Frederic Lambert and Chris Telmer（2005）在研究美国巨额逆差问题时，也提出逆差无害的观点：尽管美国经常账户逆差接近其GDP 的 6%，但是他们认为这并不像有些经济学家认为的那样，美国将"舒适地走向毁灭"（on the comfortable path to ruin），也不意味着一定要作"痛苦的调整"。因为尽管国民储蓄较低，居民手中的净财富对 GDP 的比率仍然较高；正是投资率较低的发达国家向美国提供融资，而这些国家的经常账户盈余占将近一半的美国逆差。对美国巨额收支逆差的多数观点是，巨额收支逆差是国民储蓄率低的结果，而国民储蓄率低则是政府巨额财政赤字的结果。由于一国经常账户逆差必须通过外部借款融资，而对外债务本息的长期积累将会超过本国收入，所以它是不能持久的，最终必然要下降。经常账户赤字与两国相对价格有关，减少逆差要求降低美元对外的真实价值。尽管如此，外债的积累仍将降低未来的生活水准。针对上述观点，Backus 等认为，由外部逆差显示的国内强劲的消费与国民净财富增加能够并存，是因为净财富的增加是价值变化的结果；美国稳固的制度特征给债权人（国）以较强的信心，美国的债务大多是私人债务而非政府担保的债务，同时在美国的对外负债中，大多是以长期投资形式存在的，这就决定了这样的债务结构不会发生向发展中国家那样的债务危机。

经常账户逆差无害的另一种解释是所谓的劳森教义（Lawson Doctrine）：由于公共部门存在盈余，经常账户逆差无关紧要，因为它反映的是储蓄和投资市场的最优决策。但这一观点只适用于私人部门最优决策假定更真实的发达国家。

经常账户逆差无害论与人们对外部均衡的理解有密切的关系。从国际收支平衡分析可知，外部均衡可以通过很多概念来反映。但是，以往的均衡多集中在经常账户的均衡上，以至于称为外部均衡的代名词，现在的研究则更多地将资本账户涵盖进去，Obstfeld（2004）甚至认为后者更重要。

跨期均衡分析给逆差无害提供了另一种解释。该方法将经常账户平衡看成是居民户前瞻性跨期储蓄决策与企业投资决策的结果。它提供了综合考虑外部平衡政策、外部平衡的可持续性以及均衡真实汇率的框架。但是大多数研究没有考虑资本收益对经常账户的影响，Pierre-Olivier Gourinchas 和 Helene Rey（2005）对此进行了补充。他们认为如果一国的对外资产或负债规模巨大，汇率的变化将产生巨大的财富转移效应。跨期预算约束下有两种含义：一是现期净储蓄的下降与未来贸易盈余之间相关联，如果对外资产总收益预期是稳定的，本期经常账户赤字必须通过后期贸易盈余弥补。这是传统的调节渠道。二是对外资产和负债的收益变化，不管是即期的还是预期的，会改变后期贸易盈余或赤字的必要性。这种价值变化形成新的金融调节渠道。简单地说，即期出口或外部资产净头寸下降必须与后期净出口的增加或者是资产净头寸的收益匹配。有数据显示，美国有 31% 的外部调整是通过资产的价值效应实现的。跨期预算约束意味着即期经常账户平衡可以用于预测后期的贸易增长和资本收益的变化。强调资本收益是 Pierre-Olivier Gourinchas 和 Helene Rey（2005）分析中的一个重要特点。考虑一个跨期外部资产积累的恒等式：$NA_{t+1} = R_{t+1}(NA_t + NX_t)$，$NX_t$ 是 t 期的净出口，NA_t 为 t 期的外国净资产（外部总资产与总债务的差额）。该等式意味着外部资产净头寸随着净出口和净头寸收益率 $R_t + 1$ 的增加而增加，这里显示了净出口与经常账户是不同的概念。一旦考虑到资本收益和汇率变化，经常账户与市场价值衡量的对外净资产的变化就不再一致。因为传统的簿记方法略去了资本价格变化和汇率变化对未实现资本收益的影响。

第四节 金本位下经常账户的调节：价格-铸币流动机制

在国际间普遍实行金本位制的条件下，一个国家的国际收支可通过物价的涨落和黄金的输出输入自动恢复平衡。这一自动调节规律称为物价-现金流动机制（Price Specie-Flow Mechanism）。它是在 1752 年由英国经济学家休谟提出的，所以又称休谟机制。物价－现金流动机制自动调节国际收支的具体过程如下：一国的国际收支如果出现逆差，则外汇供不应求，外汇汇率上升，若外汇汇率上升超过了黄金输送点，则本国商人不再用本币购买外汇付给商人，而是直接用黄金支付给外国出口商，导致黄金流出和本国流通中货币量减少，物价下跌；而物价下跌使得出口成本降低，出口竞争力增强，出口增加，进口减少，直至国际收支改善。这样，国际收支的不平衡完全能够自发调节，用不着任何人为的干预。如果一国国际收支出现顺差，其自动调节过程完全一样，只是各经济变量的变动方向相反而已。

典型的金本位制度具有如下特征：黄金可以自由兑换、自由铸造、自由输出和输入。此外，为了便于分析金本位的调节，假定货币供给随一国黄金持有量的变动而变动。在金本位制度下，各国的货币币值都与一定的黄金量相联系，从而各国货币也通过黄金挂起钩来。各国货币的金平价（如 1 盎司 = 14.58 英镑；1 盎司 = 35 美元）决定了各自货币的含金量，而各国货币的含金量决定了两国货币的铸币平价。例如，如果英镑的金平价为 1 盎司 = 14.58 英镑，美元的金平价为 1 盎司 = 35 美元，则英镑与美元的兑换比率则为：（35/14.58 = \$ 2.40/£ ）。如果外汇市场上出现英镑或美元的过度需求，英镑与美元的汇率就会偏离铸币平价 \$ 2.40/£ 决定的水平。如果英镑由于超额需求变得更贵了，结果英镑汇率就会高于 2.40。但是由于黄金可以作为支付手段自由输出和输入，英镑价格上升提高了美国贸易商用英镑支付的成本，从而改为用黄金直接支付，只要英镑价格足够高，用黄金支付就是合算的。但是，美国的贸易商用黄金支付给英国的贸易商，也会发生成本，因为他要将黄金从美国运送到英国，不仅要花费运费，而且要支付保险费，这就是输金费用。汇率变化导致贸易商用黄金支付的点称为黄金输送点。使黄金输入的点称为黄金输入点，使黄金输出的点称为黄金输出点。黄金输送点的高低是由输金费用大小决定的，输金费用一般为 6‰，所以（1 + 6‰ = 1.006）就决定了英镑汇率变动的上限，汇率变动如果超过这一界限，即（2.4 × 1.006 = \$ 2.4144/£ ），就会导致黄金输出，故称为黄金输出点；（1 – 6‰ = \$ 0.994/£ ）则决定了英镑汇率变动的下限，（外汇）汇率变化低于这一界限就会导致黄金输入，即（2.4 × 0.994 = \$ 2.3856/£ ），故称为黄金输入点（见图 13-4）。

金本位下的汇率机制对国际收支调节有什么意义呢？答案是，它使国际收支

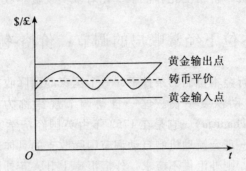

图 13-4　美国的黄金输送点与英镑汇率波动

具有自动稳定性。例如，一国如果出现国际收支顺差，意味着对本币的需求量增加，本币将升值。而金本位下本币的升值被严格限制在黄金输送点以内，超过黄金输送点对汇率变动的压力全部由黄金的输出和输入承担，也就是说，如果本币有升值压力，就会产生黄金输入。黄金输入使国内货币量增加，国内的价格水平上升。因为汇率被限定在固定水平上，价格水平上升使本国商品以外币表示的价格也同比上升，出口竞争力下降，最初的顺差得以缓解或消除。反之，如果出现贸易逆差，本币有贬值压力，汇率的固定性使得本国贸易商更愿意用黄金支付，导致本国黄金流出，国内货币供给量下降，价格水平也随之下降。这使本国商品以外国货币表示的价格下降，本国商品的国际竞争力上升，出口量增加，最初的贸易逆差得到消除。

当然，休谟的物价-现金流动机制在理论上的分析存在着一些缺陷：首先，他是以货币数量论为依据的，因而得出物价仅因货币数量变化而变化；其次，该理论假定所有的黄金都是流通中货币，这与马克思关于黄金的"蓄水池"作用有着明显的差别；再次，他强调相对价格的变动，而忽视了产量和就业的变动，这一问题到凯恩斯那里才得到强调。

小　结

国际收支不平衡是对外经济关系表现的常态。如果是经常账户不平衡，改变汇率可以使之得到纠正。因为在价格水平不变时，名义汇率的变化可以改变实际汇率，改变两国商品的相对价格，并调节两国的进出口差额。但是，汇率变化调节经常账户失衡是有条件的，这就是进出口商品在需求方面必须有足够的弹性，这一思想具体体现为马歇尔-勒纳条件。

弹性分析方法的最大贡献在于，它向人们说明贬值改善贸易收支是有条件的，不同的需求弹性产生的收支改善作用并不相同。例如，工业发达国家的进出口多是工业制成品，需求弹性较大，所以其货币贬值对改善贸易收支的作用一般比较大；而发展中国家的进出口多是初级产品或必需品，需求弹性较低，货币贬值的作用不大。

J 形曲线反映的是贬值对改善国际收支产生影响的时间路径。从长期来看，贬值的确具有改善国际收支的作用，但短期却可能出现国际收支恶化，这就是说，贸易收支变化对汇率变化长期和短期的反映是不同的。

思考与练习

1. 推导马歇尔-勒纳条件，并解释这一条件的经济含义。
2. 推导毕克戴克-罗宾逊-梅茨勒条件。
3. 什么是 J 形曲线？为什么会出现这种现象？
4. 简述金本位制度下的国际收支调节机制。

第十四章 国际收支的收入调节机制
——乘数调节理论

价格是影响外部均衡的重要调节变量，这方面的理论已经在上一章做了考察。与上一章一样，如果我们仍把国际收支限定在贸易收支范围内，当考察影响进出口的因素时，显然价格（包括汇率）并不是唯一的因素。商品的进口是国内对国外商品的需求，而出口则是国外对本国生产的商品的需求。于是，进出口差额反映了一国对外国商品的需求强度与外国对本国商品需求强度的对比。由经济学基本原理可知，需求不仅受价格的影响，也受收入的制约：给定价格水平，收入水平越高，需求量也越大。一国的国民收入水平越高，它对进口需求量越大，反之则越小。不仅如此，从宏观经济理论的短期分析方法中可知，出口（或自发进口）的变动也能改变国民收入水平，并且具有所谓的乘数效应。本章就是要分析收入变动和贸易收支变动的相互作用的机制，并将这种相互作用扩展到两国之间的相互影响中去（即回振）。本章的最后还将介绍国际收支的其他调节机制，即吸收方法和货币方法。

第一节 乘 数 理 论

对外贸易乘数理论是传统的国际收支调节理论的重要组成部分，它产生于 20 世纪 50 年代初，是凯恩斯主义者哈伯格（A. C. Harburger）和蒙特格勒（L. A. Metgerler）对凯恩斯"投资乘数"理论在对外贸易方面的运用和发展，主要阐述了贸易支出与国民收入之间相互作用的机制，故又被称为收入分析法。后被运用于国际收支的吸收分析法，形成了国际收支的收入-吸收分析法。对外贸易乘数理论有如下基本假设：第一，宏观经济处于非充分就业状态，社会上存在闲置的生产能力，供给具有完全弹性，产出仅由需求决定；第二，要素投入的边际收益不变，要素的价格以及国内物价水平不变；第三，仍不考虑国际资本流动，国际收支问题简化为贸易收支问题。

在收入调节理论中，乘数分析起着十分重要的作用。乘数理论是凯恩斯宏观经济理论的基本内容，它反映了如下的事实：在短期，如果经济处于非充分就业状态，自发性支出的增加将引起均衡国民收入的增加，而且国民收入的增加量大于最初的自发性支出的增加量，即具有乘数效应。下面我们将对乘数效应的基本原理做简单介绍。

在短期宏观经济分析中，如果经济中的总需求不能达到充分就业水平上的产出水平，由于需求不足，厂商就会减少产出，解雇工人，于是经济中的失业增加。如果价格和工资具有充分的灵活性，实际工资的调整总会将劳动市场调节到需求量与供给量相等的水平，从而实现劳动市场的"出清"。但是，现实中名义工资常常因下述原因而不能（向下）调整：（1）政府的最低工资法限制；（2）工会的垄断力量；（3）厂商也许认为较高的工资与较高的效率相对应，因而也不愿降低工资，这是效率工资理论的核心。如果实际工资不能进行有效的调整，劳动市场就不能达到均衡状态，并且劳动的实际就业量由较少的一方——需求方决定（所谓的短边决定），在较高的实际工资水平上，超过需求的劳动供给就处于失业状态，由于产出是由实际就业的人数决定的，较高的失业意味着较低的产出。这时，产出量就由需求量决定。厂商在给定的价格水平上愿意供给任何水平的产品。

需求决定供给（实际产出）的思想可用凯恩斯交叉来描述，即意愿的支出与实际支出相等。意愿的支出是一个社会在给定的收入水平下愿意支出的数量，如果意愿支出与实际支出不相等，实际支出就会发生调整。例如，当意愿支出大于实际支出时，表示人们愿意购买的物品大于实际购买到的物品，这会导致厂商存货数量的意外下降，厂商根据需求的增加来增加产出，从而使收入水平增加。反之，如果意愿的支出小于实际支出，厂商就会发现存货数量意外地上升了，于是它会减少产出，进一步导致收入下降。

在四部门经济中（厂商、居民户、政府和外国），意愿的需求由四部分组成：消费需求 C、投资需求 I、政府购买 G 和净出口 NX。如果以 E 表示意愿的支出，那么：

$$E = C\left(Y^D\right) + I + G + NX$$

消费是由可支配收入决定的，收入越高，消费量越大，所以，消费是可支配收入的增函数。但是可支配收入又是如何形成的呢？它是总收入扣除税收的余额，即 $Y^D = Y - T$，其中 Y 是国民收入总量，T 是税收总量。关于税收 T 的大小有不同的分析和处理方法：一种方法是将 T 视为固定数额的税收，即 $T = \bar{T}$；另一种方法是将 T 看作总收入的函数，总收入越大，税收总量也越大，即 $T = T\left(Y\right)$，在大多数情况下，如果将税收视为总收入的函数，则采用固定比例税率，假定这一固定比例的税率为 t，则税收就由下式决定：$T = \bar{T} + t\left(Y\right)$。其中的 $\bar{T}$ 是与收入无关的税收。在下面的分析中，为了不致使分析显得复杂，我们将采用固定税额的税制 $T = \bar{T}$。于是，消费函数就是 $C\left(Y - T\right)$。为了便于处理，再将意愿消费表示为可支配收入的线性形式，则有：

$$C = \overline{C} + c\ (Y - T)$$

其中 $\overline{C}$ 是自发性消费；c 是边际消费倾向，即每增加 1 单位可支配收入增加的消费数量；$c\ (Y - T)$ 是与收入有关的消费，称为引致性消费。

关于投资 I，在宏观经济分析中，多数场合下将它视为利率的函数，因为利率是投资的成本（或机会成本），利率越高，意愿的投资需求就越低。投资不受收入的影响，与国民收入水平无关。[①] 这样，意愿的投资函数就可以记为：

$$I = \overline{I}$$

同样，政府支出也视为与收入无关的变量，它是由政府为实现自己的社会目标而进行的支出，可以假定这种支出是与收入无关的（最典型的就是国防支出）。于是，$G = \overline{G}$。

再来分析净出口 NX。净出口是出口总额与进口总额之间的差额。如果用 X 表示出口量，M 表示进口量，则有[②] $NX = X - M$。X 和 M 又是如何决定的呢？X 是外国对本国商品的需求，需求是收入的函数，因此，外国收入水平越高，对本国商品的需求量也会越高，本国的出口量 X 也越大。在考虑国家之间的回振效应之前，我们假定外国收入是给定的，因此本国出口量也是固定的：$X = \overline{X}$。进口量 M 是本国对外国商品的需求，它与本国的收入水平有关：收入水平越高，进口需求量也越大，即 $M = M\ (Y)$。类似消费函数的构造，也将进口需求表达为收入的线性函数：$M = \overline{M} + mY$，其中 $\overline{M}$ 是与收入无关的进口数量，称为自发性进口；mY 是与收入相关的进口量，称为引致性进口（Induced Import）。m 称为边际进口倾向——每增加 1 单位的收入量所增加的进口数量。将出口和进口结合在一起，意愿的净出口为：

$$NX = \overline{X} - (\overline{M} + mY)$$

将各部分意愿的支出函数代入到总支出 E 中，那么，意愿支出 E 也是总收入的函数，即 $E = E\ (Y)$，且：

$$E = \overline{C} + c\ (Y - T)\ + \overline{I} + \overline{G} + \overline{X} - (\overline{M} + mY)$$

意愿支出是收入的增函数，因为收入增加时，意愿的消费需求增加，意愿的进口需求也增加。意愿的支出与实际支出不一定相等，如果不相等，国民收入就不是稳定状态的国民收入。如果实际支出 Y 大于意愿支出 E，非意愿存货的增加使厂商减少产出，实际收入也下降；而实际支出 Y 小于意愿支出 E，非意愿存货将下降使厂商扩大产出，实际收入上升，只有当两者相等时，收入水平才处于稳定状态，这一条件就是：

$$Y = \overline{C} + c\ (Y - T)\ + \overline{I} + \overline{G} + \overline{X} - (\overline{M} + mY)$$

---

① 这仅仅是一般的宏观经济学的假定，也有的分析将投资需求视为收入的函数（如贾恩卡洛·甘尔道夫的《国际金融与开放经济的宏观经济学》一书中就是这样）。

② 在收入调节分析中，不考虑汇率和价格的变动，因此，可以假定 $P = P^{*} = E = 1$。

$$= (\overline{C} - c\,\overline{T} + \overline{I} + \overline{G} + \overline{X} - \overline{M}) + (c - m)\ Y$$

这一均衡条件可以表示为凯恩斯交叉图（见图 14-1）。图中的纵坐标是意愿的支出，横坐标是实际支出，$Y = E$ 是一条 45°线，线上的各点表示实际支出与意愿支出相等，即均衡条件。两条斜率低于 45°的线是意愿支出线（E_0 和 E_1）。它的斜率之所以低于 45°，第一个原因是边际消费倾向小于 1。当收入增加时，每增加 1 单位收入，用于消费支出的数量小于 1 单位；第二个原因是在意愿支出中不仅有对国内产出的支出，也包括对国外产出的支出，即收入增加导致的消费的增加并不都是对本国商品的消费，还有一部分用于购买外国的商品，这部分支出是对国内商品支出意愿减少的因素，它使得每增加 1 单位收入对本国商品的支出意愿更低了。考虑到这种因素，在每增加 1 单位的收入中，用于国内消费支出的数量应为边际消费倾向（用于消费的部分）减去边际进口倾向（用于国外支出的部分）：$c - m$。如果所有消费全部为对国外商品的消费，则 $c = m$，对本国产出的意愿支出成为与收入无关的量，E 就是一条平行线。

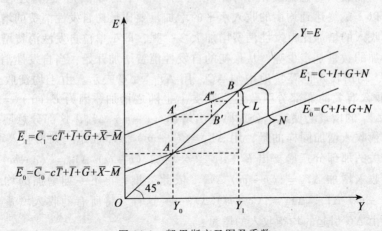

图 14-1 凯恩斯交叉图及乘数

意愿支出线的另一个特征是它的截距，如果每部分意愿支出都表示为收入的线性形式，那么自发性意愿支出就是与收入无关的各部分意愿支出之和，这时，意愿支出 E 可以简化为：

$$E = \overline{E} + E\ (Y)$$

其中 $\overline{E} = \overline{C} - c\overline{T} + \overline{I} + \overline{G} + \overline{X} - \overline{M}$，$E\ (Y) = cY - mY = (c - m)\ Y$。显然，$E$ 的截距就是 $\overline{E}$。

如果自发性意愿支出（如带横道的支出变量）发生变动，表示意愿支出外生性改变，意愿支出线 E 就会发生移动。以自主消费的增加为例，在 $\overline{C}_0$ 水平上，自发性意愿支出为 $\overline{E}_0$，由此决定的 E_0 与 45°线相交于 A 点，由此决定了均衡收入水

平 Y_0。如果自发性消费增加到 $\overline{C_1}$，自发性意愿支出变为 $\overline{E_1}$，则 E 由 E_0 上移到 E_1，E_1 与 45°线相交于 B 点，均衡收入增加到 Y_1。现在的问题是，自发性消费改变量 $\Delta\overline{C} = \overline{C_1} - \overline{C_0}$ 与均衡收入的改变量 $\Delta Y = Y_1 - Y_0$ 哪个大（或者是同样大）？答案是后者更大。如图 14-1 所示，由于自发性消费的改变量也就是自发性意愿支出的改变量，这一改变量表现为意愿支出线的上移距离 L，而均衡收入的增加量 ΔY 则等于 N，显然 $N > L$，这就是所谓的乘数效应：自发性支出每增加 1 单位，导致均衡收入增加超过 1 单位。

为什么会出现乘数效应呢？从图 14-1 中可以看出，自发性支出增加后，给定实际支出 Y，意愿支出由 A 上升到 A'，根据上面的分析可知，它将导致均衡收入的增加，如果均衡收入也增加同样的量，则均衡收入应在 45°线的 B' 点。由于意愿支出中引致性消费和引致性进口是收入的函数，当收入增加后，[1] 这部分引致性意愿支出也增加，这说明当收入在 B' 点时，意愿支出不会在 A'，而应在更高的水平：与 B' 点对应的 E_1 上的一点 A''。于是，意愿支出进一步增加，而均衡收入也越来越高，直到均衡收入与意愿支出水平相等（图 14-1 中的 B 点），这一过程才会停止下来。所以，最终达到均衡的收入水平的增加量要比最初自发性消费的增加量大。

均衡收入的增加比自发性消费增加大多少呢？即 1 单位自发性消费增加导致均衡收入增加的数量是多少呢？从最初的自发性消费增加开始，当自发性消费增加量为 $\Delta\overline{C}$ 时，均衡收入也等量地增加 $\Delta\overline{C}$，用 $\Delta Y_1 = \Delta\overline{C}$ 表示。由于均衡收入增加了 ΔY_1，与收入有关的那部分引致性意愿支出也随之增加，因为 $E(Y) = (c - m)Y$，所以 ΔY_1 的增量会使这部分意愿支出增加 $(c - m)\Delta Y_1$，这部分意愿支出增加又会使均衡收入增加同样的量，用 $\Delta Y_2 = (c - m)\Delta Y_1$ 表示。如果收入增加 ΔY_2，与收入有关的那部分意愿支出 $E(Y)$ 又会增加 $(c - m)\Delta Y_2 = (c - m)^2\Delta Y_1$，从而使均衡收入增加 $\Delta Y_3 = (c - m)^2\Delta Y_1$。依此类推，再下一期增加的均衡收入为 $\Delta Y_4 = (c - m)^3\Delta Y_1$，$\Delta Y_5 = (c - m)^4\Delta Y_1$……这样，将所有的收入增量全部加起来，就是由 $\Delta\overline{C}$ 引起的均衡收入的增量：

$$\Delta Y = \Delta Y_1 + \Delta Y_2 + \Delta Y_3 + \cdots$$

$$= \Delta Y_1 + (c - m)\Delta Y_1 + (c - m)^2\Delta Y_1 + \cdots$$

$$= \frac{1}{1 - (c - m)}\Delta Y_1 = \frac{1}{1 - (c - m)}\Delta\overline{C}$$

式中的 $1/[1 - (c - m)]$ 就是开放经济下的自发性消费支出乘数，它表明每增加 1 单位的自发性消费，将导致均衡收入增加 $1/[1 - (c - m)]$ 单位。如果进

---

① 注意在 45°线上，实际支出等于意愿支出，而实际支出等于收入，因为实际支出只不过是 GDP 的一种衡量方式而已。根据国民收入核算原理，它们是同一个量。

口需求总是消费需求的一部分，① 那么可以假定 $c > m$，则 $c - m > 0$。根据边际消费倾向和边际进口倾向的性质可知，它们都应在 $[0, 1]$ 之间。由此可以推断 $1/[1 - (c - m)] > 1$。从自发性消费支出乘数的推导过程可以看出，如果不是自发性消费支出的变化，而是自发性意愿支出中的其他项目的变化，也会产生相同的均衡收入增加的乘数。如果是由投资增加（或减少）引起的，则称为投资乘数；如果是由政府支出增加（或减少）引起的，则称为政府支出乘数；如果是由自发性出口引起的，则称为出口乘数。

　　上述的乘数还可以从实际支出等于意愿支出的条件中推导出来。根据这一条件：$Y = \overline{E} + (c - m) Y$，两边分别对 Y 和 $\overline{E}$ 求微分，得到 $dY = d\overline{E} + (c - m) dY$，将该式整理后得到：

$$dY = \frac{1}{1 - (c - m)} d\overline{E}$$

或者

$$\frac{dY}{d\overline{E}} = \frac{1}{1 - (c - m)}$$

　　根据这一结果，我们可以得到自发性意愿支出中任何一项变动对收入的乘数。以投资支出为例，根据 $\overline{E} = \overline{C} - c\overline{T} + \overline{I} + \overline{G} + \overline{X} - \overline{M}$ 可得 $d\overline{E} = d\overline{I}$，将这一结果代入到乘数中可得投资乘数：$dY/d\overline{I} = 1/[1 - (c - m)]$。但是，当我们试图得到税收乘数和自发性进口乘数时，结果就会发现这两个乘数与前面所述的几个乘数是不同的。不同之处首先在于它们有着与前者不同的符号：乘数是负号。负号无非说明每当税收或自发性进口增加 1 单位，均衡收入将下降若干单位。我们分别考察其中的原因。先来看税收。当税收增加时，可支配收入下降，引致性消费也随之下降，均衡收入自然也要下降，这就是为什么税收乘数是负的理由。再来看自发性进口，它的增加导致对本国收入用于本国产出中的支出量下降，而本国均衡收入是由对本国产出的支出决定的，所以对本国产出的支出下降会导致本国均衡收入的下降，故乘数是负的。事实上，不仅符号与前面的乘数有差异，有的乘数大小也发生变化。由于 $d\overline{E} = -d\overline{M}$，由此可知自发性进口乘数应等于 $dY/d\overline{E} = -1/[1 - (c - m)]$，除了它的负号以外，它的大小仍可从前面关于自发性消费支出乘数来说明。

　　由于 $d\overline{E} = -cd\overline{T}$，$dY/d\overline{T} = -c/[1 - (c - m)]$，所以，不仅符号上，就连大小与前面的乘数也不同。为什么税收乘数有这样的差别呢？当税收增加 ΔT 时，可支配收入则相应减少与 ΔT 相等的量，引致性消费减少 $c\Delta T$，所以均衡收入也下降 $c\Delta T$。下一期，$c\Delta T$ 的收入下降又会导致消费下降 $(c - m) c\Delta T$，收入也下降相同

---

　　① 事实上并非完全如此，因为进口需求中不仅体现在消费上，投资需求、政府支出中也有一部分是进口需求。

的数量；再下一期，收入会下降 $(c-m)^2 c\Delta T\cdots\cdots$ 将所有收入的下降累加便可得到收入下降的总和：

$$\Delta Y = -c\Delta T - c(c-m)\ \Delta T - c(c-m)^2\Delta T\cdots$$

$$= -c\Delta T / [1-(c-m)] \Leftrightarrow$$

$$\Delta Y/\Delta T = -c/[1-(c-m)]$$

$1/[1-(c-m)]$ 也称为开放经济中的乘数，相对于封闭经济中的乘数 $1/(1-c)$ 而言，由于 $m>0$，开放经济中的乘数要小于封闭经济中的数值。原因在于在开放经济下，由于外生性因素或自发性变量的变动导致收入增加后，增加的收入中将有一部分用于进口，导致收入漏损。

第二节　经常账户与乘数

一、收入均衡与贸易均衡

根据开放经济下的收入均衡条件可知，收入应等于消费支出、投资支出、政府支出与净出口之和。将这一均衡条件稍加变化就可得到如下形式：$Y - C - G - I = NX$，由于 $Y - C - G$ 是国民储蓄，用 S 来表示，则有开放经济下的收入均衡条件：

$$S - I = NX$$

等式的左边是国内储蓄减去国内投资的余额，如果 $S - I > 0$，表示国内资本的供给大于国内投资需求。在封闭经济下，储蓄大于投资的状况是不可能存在的，当储蓄与投资不相等时，利率就会发生变化以使两者相等。一般而言，储蓄随利率增加而增加，是利率的增函数；投资随利率的上升而下降，是利率的减函数。如果某一利率水平使储蓄大于投资，不能被投资利用的储蓄只能通过更低的价格——利率来为自己寻求出路，利率下降的同时，储蓄的供给会越来越少；相反，利率下降使投资需求量上升。只要储蓄大于投资，这一过程就会一直持续下去，直到利率变动到使储蓄与投资相等为止（当 $S - I < 0$ 时，调整的机理相同，只不过方向相反而已）。

然而在开放经济中，收入均衡并不要求国内储蓄与投资相等，只要两者的差额与净出口相等便可。当 $S - I > 0$ 时，均衡条件告诉我们，$NX > 0$，即国内过剩的储蓄与本国的贸易顺差相对应。从国际收支平衡表的分析中可知，以贸易顺差为主要内容的经常账户顺差对应的是为经常账户融资的资本账户的逆差，而资本账户逆差的经济意义是资本流出。这样，开放经济下储蓄大于投资的经济含义就很明显了：国内的过剩资本流向国外，转化为对外投资。在封闭经济下，国内储蓄与投资必须相等，在开放经济下，国内储蓄可以不必等于国内投资，它等于国内投资与国外投资之和：$S = NX + I$。

为什么净出口对应净资本流出（对外投资）？假如中国与美国最初不存在贸易，或者是虽然存在贸易，但双方贸易是均衡的。然后，一个中国厂商（无论是生产企业还是进出口商）向美国出口价值1万美元的服装，但中国却没有一个厂商进口美国的产品。于是，在中美贸易中，中国对美国的贸易就出现1万美元的顺差。这笔款项不论如何处理，都会是资本流出（只要这个厂商不是无偿将款项捐献给进口国国民——如果这样的话就等价于该中国厂商向美国捐献其出口的商品）。（1）出口服装的中国厂商可能将这1万美元存入它在美国的开户行，这相当于它将该笔款项贷给美国，是对美国的投资；（2）如果它用这笔款项购买美国的美元资产（如国库券），它向美国贷款的性质没有变，只不过现在是向美国政府提供贷款；（3）如果它将这1万美元在中国银行兑换成人民币，这只不过就是这笔美元转换了中国对美国的债权人身份而已——现在是中国银行拥有这笔美元投资，根据假定，如果没有进口，也就没有人去购买这笔美元，中国银行则将这笔美元通过它在美国的分行将美元贷出；（4）也许中国银行将这笔款项卖给中国人民银行，中国人民银行行使中央银行的职能，当中央银行购入美元后，就会增加中国的外汇储备，这笔美元的求偿权（投资权益人）就转移给了官方；（5）如果出口方和进口方在支付合同中规定，货款一年后再支付，① 这同样是中国出口商向美国进口商的融资，是资本流出。所以，无论这笔出口的款项如何持有以及由谁持有，都是中国对美国的一笔投资。

读者也许会想到，如果不是用美元结算，而是用人民币结算，② 净出口还是不是本国的净资本流出呢？首先，如果是商品赊销，等同于上面的第（5）种情形，只不过这里的金额是用人民币表示的。其次，如果美国的进口商先用美元在外汇市场上兑换人民币，然后再用这笔款项支付给中国的服装出口商，这时，出售人民币的银行（如中国银行）则拥有了与该笔服装出口相应的美元资产，这相当于上面的第（3）或第（4）种情形（如果中国银行将美元再卖给中国人民银行）。

如果国内储蓄小于国内投资 $S - I < 0$，这一差额对应的就是经常账户逆差 $NX < 0$。与经常账户顺差相反，经常账户逆差对应的是资本净流入。如果将上例中的贸易方向反过来，现在不是中国向美国出口服装，而是中国一个航空公司向美国进口一架波音飞机，但中国却没有相应的出口。如果用美元支付，那么在没有出口的情形下进口商根本没有美元，它只有赊购了，赊购就是向进口商借款，是资本流入。航空公司也可以向中国银行购买美元，然后再向波音公司支付。这时，如果中

_____

① 有些进出口商品如大型成套设备的出口有时要求出口方向进口方提供更长时间的融资。

② 尽管事实上的中美贸易结算是用美元，用这一假定来说明这里的问题仍然是合适的，毕竟有不少国家之间的贸易使用的货币可以是两国任何一国的货币，当然也有不少使用第三方国家货币的情形（如中日贸易使用美元就属于这种情况了）。

国银行拥有美元，那么它的美元资产下降，对外投资下降，等价于资本流入的增加。如果中国银行一开始美元头寸为零，它向航空公司卖出美元后就必须（向美国金融机构）借入美元，美国对中国的美元债权就增加了，即中国有资本流入。

二、贸易差额的收入调节

（一）收入变化对贸易差额的影响

无论是贸易顺差还是贸易逆差，也无论这种差额有多大，只要为贸易差额融资的渠道没有问题，它都可以与均衡收入并存。然而问题是经常账户逆差大到一定程度，通过资本流入进行融资就会产生困难，并因此出现支付危机或货币危机，并危及国内金融市场，引起经济混乱，所以，如果一国金融制度脆弱，容易遭受国际资本市场的冲击，它就会极力改变自己的经常账户逆差。降低逆差有很多方式，减少进口就是其中一种方法。当出口不变时，减少进口就是降低经常账户逆差。由于进口是收入的函数，随收入的增加而增加，因此，要降低进口，就必须使均衡收入下降。

由 $CA = X - M$ 可知，要使逆差下降 1 单位（或者说顺差增加 1 单位），就必须使进口等量地下降 1 单位。要使进口下降 1 单位，收入必须下降多少呢？这要看边际进口倾向的大小。由于 $M = \overline{M} + mY$，所以有 $\Delta M = m\Delta Y$。可见，如果边际进口倾向 m 很大，收入较少的下降就可以导致进口大幅下降；反之，如果边际进口倾向 m 很小，则需较大的收入下降才能进口下降 1 单位。如果边际进口倾向为 $m = 0.05$，1 单位进口的下降要求收入下降的量为 $\Delta Y = \Delta M/m = 1/0.05 = 20$。

改善 1 单位的国际收支逆差，在边际进口倾向为 0.05 时，要求收入下降 20 个单位。如果一个短期中的经济处于总需求不足的状态，采取收入下降的措施（不管这种收入下降是由货币政策还是财政政策引起的），无疑使本来就萧条的经济雪上加霜，以国内失业的增加换取逆差的减少可能使政策操作者陷入两难的境地，这就是内部均衡与外部均衡的冲突。

（二）出口变化、自发性进口变化对贸易差额的影响

1. 出口变化

如果通过收入下降减少进口不具有可行性，增加出口可以作为减少进口的替代措施，在进口不变时，增加 1 单位出口，同样可以增加 1 单位顺差，或减少 1 单位逆差。但问题是，当出口增加时，进口也随之增加，而不是不变。这是因为当出口增加时，均衡收入会通过乘数作用上升，而收入的上升在边际进口倾向作用下使进口也增加。于是，在最终的均衡中，1 单位的出口增加并不能使国际收支逆差改善 1 单位，而是小于 1 单位。1 单位出口的增加能使经常账户差额改善多少呢？根据 $NX = CA = \overline{X} - (\overline{M} + mY)$，可以得到：$\Delta CA = \Delta \overline{X} - m\Delta Y$，收入水平之所以会变化，是因为出口增加导致意愿需求的增加。因此，均衡收入也增加，并且收入的增加有

乘数效应：$\Delta Y = [1/(1-c+m)]\Delta\overline{X}$，将这一结果代入 ΔCA，即可得到：

$$\Delta CA = \Delta\overline{X} - [m/(1-c+m)]\Delta\overline{X}$$
$$= [(1-c)/(1-c+m)]\Delta\overline{X}$$

由上式可知，当出口增加 1 单位，经常账户就会改善 $(1-c)/(1-c+m)$ 单位（所谓的改善指的是逆差的下降或顺差的增加）。由于 $m>0$，$(1-c)/(1-c+m)<1$，这表明 1 单位出口的增加所产生的逆差的下降（或顺差的增加）不到 1 单位。例如，如果边际进口倾向仍是 0.05，边际消费倾向为 0.65，则 $(1-c)/(1-c+m) = (1-0.65)/(1-0.65+0.05) = 0.5$，即进口增加 1 单位，只能使逆差下降 0.5 单位。

在前述分析中，我们假定边际进口倾向 m 是不变的常数，m 的大小是由什么因素决定的呢？如果自发性进口仍是固定的，进口的变化仅仅由收入决定，将边际进口倾向的表达式分解后可以得到：

$$M = \overline{M} + mY \Rightarrow \Delta M = m\Delta Y$$
$$m = \frac{\Delta M}{\Delta Y} = \frac{\Delta M}{\Delta Y}\frac{Y}{M}\frac{M}{Y} = \varepsilon_{MY}\frac{M}{Y}$$

式中第一项是进口需求的收入弹性，第二项是进口在收入中的比重，将这一指标定义为开放度。所以，开放度越高，进口的需求弹性越大，一国的边际进口倾向越高。由于 m 越大，增加出口改善国际收支的作用越不明显，由此可见，开放度较高、进口收入弹性较大的国家，促进出口的措施对改善贸易收支的作用也小。

出口增加改善经常账户差额可用如下图解的方法说明（见图 14-2）。根据开放经济下的收入均衡条件 $S - I = NX$，它的左边是收入的函数，它的完整表示应该为 $S - I = Y - C(Y-T) - G - I$。当收入增加时，消费也在增加，但是，由于收入边际消费倾向小于 1，增加 1 单位的收入导致的消费增量小于 1 单位，这就导致 $\Delta Y - \Delta C > 0$，因此储蓄将随收入的增加而增加。这就是图 14-2 中向上倾斜的 $S-I$ 线（图中的纵坐标表示储蓄减投资或者出口减进口）。

同理，收入均衡等式的右边 NX 也是收入的函数，即 $NX(Y) = \overline{X} - (\overline{M} + mY)$，并且是收入 Y 的减函数，显然，如果用图 14-2 表示，$NX = X - M$ 就是往右下倾斜的直线，$\overline{X}$ 体现在直线的截距中，$\overline{X}$ 越大，截距越大，直线的位置越靠上，图中的两条 NX 就是以不同的 $\overline{X}$ 画出的，一个是较小的 X_0 与较低的 NX 线相对应，另一个较大的 X_1 与较高的 NX 线相对应。

假设有一个 $X = X_0$，使净出口与净储蓄曲线交于横轴 Y 的 E_0 点，① 在 E_0 点的

———————————————

① 注意这里的横轴表示的是收入 Y。数学上则习惯将横轴用 X 表示，且 X 可以根据它所代表的实际意义去定义。如果将 X 定义为收入，于是数学上的 X 轴代表的就是收入 Y。因此，两者并不矛盾。

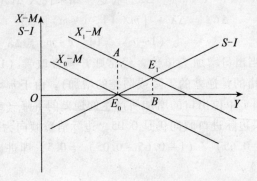

图 14-2　出口增加、收支改善与收入

收入水平上，净储蓄和净出口都为 0。如果从这一点开始，政府希望通过增加出口改善收支状况（产生一定量的顺差），例如将出口由原来的 X_0 增加到 X_1，净出口线往上移动一定量的距离为：$X_1 - X_0 = AE_0$。但是，当收入为 E_0 时，A 点并不是收入的均衡点，因为出口的增加会导致收入的增加，收入增加又会使进口增加，净出口下降，于是，收入增加时净出口就会由 A 点沿 $X_1 - M$ 线下降。

在 $X_1 - M$ 线上的各点，如果它不在净储蓄线（$S - I$）上，国内收入就不均衡，当 $NX > (S - I)$ 时（如图 14-2 中的 A 点），资本的净流出大于国内储蓄超过国内投资的余额，或者说国外部门对本国商品的需求大于本国向国外部门的供给，在短期经济中，如果经济没有达到充分就业状态，需求的增加就带动收入的进一步上升，所以 E_0 点的收入不再是均衡收入，收入将从 E_0 点往右移动。收入的增加使净储蓄（$S - I$）不断增加，而 NX 则不断下降，直到二者在 E_1 点相交。在 E_1 点的收入水平上，国外部门对本国商品的需求与国内部门的供给相等，收入（对应的 B 点）处于均衡状态，不再有改变的压力，稳定在 B 点。与图 14-2 中 E_0 对应的顺差 AE_0 相比，在 B 点的收入水平上，顺差为 BE_1，且 $BE_1 < AE_0$。这说明最初的出口增量小于由此产生的、收入到达均衡时的顺差数量。

2. 自发性进口的变化

如果不增加出口，而是降低自发性进口，同样也能改善经常账户逆差。当政府采取限制进口的措施使进口下降，或者由于消费者对国内外商品需求的偏好发生变化使进口下降（例如由于国内商品因为质量或其他方面的原因更适合国内消费者的口味导致消费者产生国内商品对进口商品的替代），都会使自发性进口下降。如果没有收入的变化，1 单位自发性进口的下降会产生 1 单位经常账户的改善。但是，进口下降导致的净出口上升同样使收入上升，而收入的上升会进一步导致引致性进口需求增加，从而部分地抵消了最初由于自发性进口增加对经常账户改善的作用。1 单位的自发性进口增加在收入均衡时能够使国际收支差额改善多少呢？答案是与增加 1 单位出口产生的国际收支差额改善相同。增加 1 单位出口对国际收支的改善作用是由 $\Delta CA = [(1-c)/(1-c+m)]\Delta \overline{X}$ 决定的，由此可知，减少 1 单位自发性进口产生的国际收支变化应为：

$$\Delta CA = -[(1-c)/(1-c+m)]\Delta \overline{M}$$

假定在自发性进口增加的同时，其他自发性支出都不发生变化，根据 $\Delta CA = \Delta X - \Delta M$ 可知，当 $\Delta X = 0$ 时，$\Delta CA = -\Delta M = -(\Delta \overline{M} + m\Delta Y)$，根据前面关于自发性消费变动的乘数可知，$\Delta Y = -[1/(1-c+m)]\Delta M$。将 ΔY 代入上式，便可得到自发性进口变动对经常账户影响的表达式。需要注意的是尽管式中的系数与出口变化导致经常账户变化的系数相同，但符号却相反，这说明要改善国际收支，自发性进口必须下降。

3. 出口和自发性进口的同向等量变化

如果同时增加出口和自发性进口，并且增加的出口与增加的自发性进口数量相等，对国际收支差额会有什么影响呢？答案很简单，对国际收支的影响为 0。因为出口使经常账户增加 $[(1-c)/(1-c+m)]\Delta \overline{X}$，而自发性进口增加使经常账户增加 $-[(1-c)/(1-c+m)]\Delta \overline{M}$，当 $\Delta \overline{X} = \Delta \overline{M}$ 时，二者的和等于 0，所以等量地增加出口和自发性进口不会改变国际收支。尽管贸易收支差额没有变化，贸易额却增加了，因为出口额和进口额都增加了。

（三）其他因素变化对贸易差额的影响

除了变动收入、变动出口或自发性进口可以改变国际收支状况以外，自主性消费、投资、政府支出及税收变化也会影响国际收支。首先考虑自发性消费支出变动对经常账户的影响。当自发性消费增加时，会通过乘数作用导致均衡收入的增加，收入增加导致引致性需求增加，经常账户逆差就会增加（或顺差下降），下降的数量是由收入增加量、乘数大小决定的。根据 $\Delta CA = \Delta X - \Delta M$，引致性进口的变化并不影响出口 X，故 $\Delta X = 0$，于是 $\Delta CA = -\Delta M = -m\Delta Y$，再将因自发性消费 $\Delta \overline{C}$ 引起的收入增量 $\Delta Y = [1/(1-c+m)]\Delta \overline{C}$ 代入，则有：

$$\Delta CA = -m\Delta Y = -[m/(1-c+m)]\Delta \overline{C}$$

由此可知，自发性消费的增加会恶化经常账户，并且可以用下述方式加以解释：每增加 1 单位自发性消费支出可以增加 $1/(1-c+m)$ 的收入，而每单位收入增量会导致 m 单位的引致性进口增加，所以 1 单位自发性消费支出增加可以使进口增加 $m/(1-c+m)$ 单位。因为在这一过程中出口量不变，所以经常账户就会下降 $m/(1-c+m)$ 单位，这就是为什么它的符号是负的。

自发性消费支出增加导致经常账户恶化的图示如下：在图 14-3 中，各坐标代表的变量与图 14-2 相同，自发性消费的增加导致储蓄外生性下降，例如由 S_0 下降到 S_1，图中体现为国内储蓄与国内投资差额线向下移动，由 $S_0 - I$ 移动到 $S_1 - I$，在收入为 E_0 处，将有 AE_0 的逆差，在 A 点，由于净出口超过国内储蓄与投资的差额，意味着对国内商品的需求大于供给，收入会上升，并且在收入的上升过程中，储蓄也在上升，净储蓄将沿 $S_1 - I$ 上移；进口同时上升，净出口将沿 $X - M$ 线下移，直到二者在 E_1 点相交。由于 E_1 点的收入已经均衡，对应的 B 点收入水平就不再变化。B 点逆差为 BE_1，这就是公式中的 $-[m/(1-c+m)]\Delta\overline{C}$，它比最初的 $\Delta\overline{C} = AE_0$ 要低（指绝对值），但比 $S = S_0$ 时的逆差要大。类似地，如果出现投资的外生性增加，[①] 它对国际收支的影响也会得到与自发性消费增加相同的分析结果，这里不再重复。

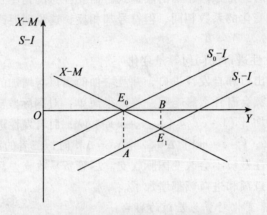

图 14-3　自发性消费增加、收支改善与收入

　　值得一提的是政府支出的变动所产生的影响。从国民收入均衡等式中可以看出，G 的增加对收入和国际收支的影响与自发性消费增加、投资增加的影响是一样的：国际收支恶化与收入增加。在封闭经济中，由于不必考虑外部均衡问题，在经济萧条时采取扩张性支出政策会导致收入增加，实现政策的调控目标；在开放经济下，如果逆差与萧条并存，政府需要同时改善收入状况和国际收支逆差，单纯的支出扩张政策就难以奏效。

　　最后分析税收变化对经常账户的影响。税收增加使可支配收入下降，消费随之下降，意愿消费支出的下降导致收入下降，收入下降导致引致性进口需求下降，在出口不变时，国际收支得到改善。这一结果可用图 14-4 加以说明。消费的下降使储蓄增加，$S - I$ 由移动到 $S_0 - I$ 向上移动到 $S_1 - I$，均衡点由 E_0 改变到 E_1，出现了一个 BE_1 数量的顺差（说明收支状况改善了）。在增税情形下，尽管国际收支得到改善，均衡收入却下降了（由 E_0 下降到 B）。增税使均衡收入下降的结论与封闭经

---

　　①　由于模型中不考虑利率对投资的调节，只考虑收入的调节，利率变化导致投资变化也是外生的；但是，在 IS-LM 模型中，由于投资受利率的调节，利率就不再是外生变量。

济是一致的。

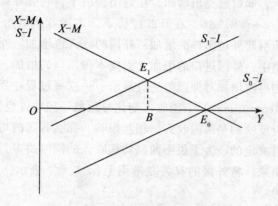

图 14-4　税收增加与国际收支

税收增加 1 单位会使国际收支改善多少呢？根据 $\Delta CA = \Delta X - \Delta M$，由于税收变化影响的是收入，并不影响出口，故 $\Delta X = 0$，所以税收变化对经常账户的影响只体现为进口的变化上，即 $-\Delta M$。由于 $-\Delta M = -m\Delta Y$，而税收乘数为 $\Delta Y/\Delta T = -c/[1-(c-m)]$，将这一结果代入到经常账户变化的计算公式中有：

$$\Delta CA = -m\Delta Y = [cm/(1-c+m)]\Delta T$$

由此可见，税收增加 1 单位，将使国际收支改善 $cm/(1-c+m)$。由于 $c < 1$，$m < 1$，所以税收变化对国际收支的影响是有限的。

第三节　回振与乘数

一、国内外收入的相互依赖与回振

在开放经济下的国民收入均衡分析中，意愿支出中包含净出口——出口与进口的差额。如果出口增加，净出口增加，意愿支出总量也增加，最后结果是均衡收入的增加。前面的分析在假定进口需求是本国收入函数的同时，假定出口是外生的——出口与本国收入变化无关。对称地看，如果进口需求受本国收入影响，那么出口是外国的进口需求，也受外国收入的影响，由于外国收入不是本国收入，所以前面的分析将其视为外生变量。根据均衡收入决定的分析，我们还知道，出口需求增加可以增加本国收入，这意味着下述重要的推论：当外国收入增加时，对本国需求增加，本国出口增加，从而增加了本国均衡收入水平，简言之，本国收入水平受外国收入水平的影响。这一结论反过来也成立：外国收入受本国收入影响。总之，一国收入增加，会导致对另一国进口需求的增加，并进一步导致另一国收入的增加。

收入的这种相互影响对上面乘数效应的分析有何影响呢？如果本国采取一项旨在扩大收入的措施，如财政支出增加，在封闭经济下，它会导致收入增加的量表示为 $\Delta Y = [1/(1-c+m)]\Delta G$。在开放经济下，本国收入的增加导致引进口的增加，而进口的增加引起外国出口的增加，外国的收入也增加。外国收入增加会增加进口，在两国模型中，外国进口的增加又引发本国出口的增加，本国收入进一步增加；本国收入增加再次增加对外国的进口需求……这一过程往复循环不已，就是所谓的回振效应（Repercusion）：一国收入变化导致另一国收入也发生变化。

既然回振效应反映的是两国收入的相互影响，那么各国的均衡收入就不能独立地决定，而是同时决定的。为了说明两国均衡收入的同时决定，必须将两国收入均衡条件同时表示出来。将外国的有关变量用上标"∗"表示，则本国与外国的收入均衡条件分别为：

$$\begin{cases} Y = \overline{C} + c\,(Y-\overline{T}) + \overline{I} + \overline{G} + \overline{X} - (\overline{M}+mY) \\ Y^* = \overline{C}^* + c^*\,(Y^*-\overline{T}^*) + \overline{I}^* + \overline{G}^* + \overline{X}^* - (\overline{M}^*+m^*Y^*) \end{cases}$$

由于两国模型中本国的出口就是外国的进口，本国进口就是外国出口，于是有：

$$\overline{X} = \overline{M}^* + m^*Y^*$$
$$\overline{X}^* = \overline{M} + mY$$

将它代入到各国的收入均衡条件：

$$\begin{cases} Y = \overline{C} + c\,(Y-\overline{T}) + \overline{I} + \overline{G} + \overline{M}^* + m^*Y^* - (\overline{M}+mY) \\ Y^* = \overline{C}^* + c^*\,(Y^*-\overline{T}^*) + \overline{I}^* + \overline{G}^* + \overline{M} + mY - (\overline{M}^*+m^*Y^*) \end{cases}$$

整理后可得到一国收入关于另一国收入的关系式：

$$\begin{cases} Y = Y(Y^*) = \dfrac{\overline{C} - c\overline{T} + \overline{I} + \overline{G} - \overline{M} + \overline{M}^*}{s+m} + \dfrac{m^*}{s+m}Y^* \\ Y^* = Y^*(Y) = \dfrac{\overline{C}^* - c^*\overline{T}^* + \overline{I}^* + \overline{G}^* + \overline{M} - \overline{M}^*}{s^*+m^*} + \dfrac{m}{s^*+m^*}Y \end{cases}$$

式中的 s、s^* 分别代表两国的储蓄率，即 $s=1-c$，$s^*=1-c^*$。一定量的一国收入变化导致另一国收入变化的数量是由 $m^*/(s+m)$ 和 $m/(s^*+m^*)$ 两个系数决定的。两个系数大于0是显然的，这说明一国收入的增加必定导致另一国收入的增加。但是，系数是否大于1则无法确定。以第一个等式为例，如果 $m^* > (s+m)$，则 $m^*/(s+m) > 1$，当外国的边际进口倾向足够大，本国的边际进口倾向相对很小，而本国边际消费倾向又很高（或边际储蓄倾向很低），就会出现这种情形。一旦这种情况出现，意味着外国收入增加1单位，它所引起的本国收入的增加大于1单位。反之，如果 $m^* < (s+m)$，则有 $m^*/(s+m) < 1$，与本国边际进口倾向相比，只要外国边际进口倾向不是特别大，这一条件就能得到满足。具体地说，就是外国边际进口倾向与本国边际进口倾向的差额如果低于本国边际储蓄倾

向，上述条件就能满足。在下面的分析中，我们假定这种情形总是得到满足，这时，1 单位的外国收入增量导致的本国收入增加总是不到 1 单位。两国均衡收入由 $Y = Y(Y^*)$ 和 $Y^* = Y^*(Y)$ 联立便可解出。

两国均衡收入的确定可由图 14-5 说明。如果两国收入中任何一方对对方国家的收入影响的系数都符合小于 1 的假设，那么，每个国家的收入均衡线都表现为对本国收入更敏感，从图形上看，体现在每个国家的收入均衡线都对自己的坐标轴更陡峭，相对于另一国收入的坐标轴更平缓。具体来说，就是 $Y = Y(Y^*)$ 线对本国收入 Y 更敏感，而 $Y^* = Y^*(Y)$ 则对外国收入更敏感。

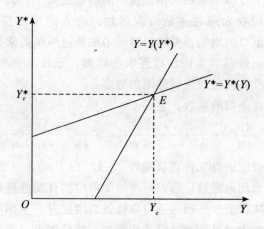

图 14-5　回振与均衡收入的决定

如果两国收入组合点 (Y, Y^*) 只在本国收入均衡线 $Y = Y(Y^*)$ 上，本国收入实现了均衡，而外国收入则不能均衡；反之，若收入组合点 (Y, Y^*) 只在外国收入均衡线 $Y^* = Y^*(Y)$ 上，外国收入实现了均衡，而本国收入则不能均衡。只有两条线的交点才能同时实现两国收入的均衡。图中的 E 点就是这样的点，E 点对应的收入组合 (Y_e, Y_e^*) 是同时满足两国收入均衡的水平。

二、具有回振效应的乘数

两国均衡收入联立求解，就可得到使两国同时均衡的收入水平，即 (Y_e, Y_e^*)。解的形式（过程略去）如下：

$$\begin{cases} Y = \dfrac{(\bar{C} - c\bar{T} + \bar{I} + \bar{G})(s^* + m^*) + (\bar{M}^* - \bar{M})s^* + (\bar{C}^* - \bar{T}^* + s^*\bar{T}^* + \bar{I}^* + \bar{G}^*)m^*}{ss^* + ms^* + sm^*} \\[4mm] Y^* = \dfrac{(\bar{C}^* - c^*\bar{T}^* + \bar{I}^* + \bar{G}^*)(s + m) + (\bar{C} - c\bar{T} + \bar{I} + \bar{G})m - (\bar{M}^* - \bar{M})s}{ss^* + sm^* + ms^*} \end{cases}$$

这是一个看上去十分复杂的表达式，但是，如果要计算某个变量的乘数，则只需考虑与该变量相关的项。例如，本国自发性消费乘数的计算只需考虑与 $\bar{C}$ 有关的项，后面的项皆可不予考虑。于是，它的乘数为：

$$\frac{\mathrm{d}Y}{\mathrm{d}\bar{C}} = \frac{s^* + m^*}{ss^* + ms^* + sm^*} = \frac{1 + m^*/s^*}{s + m + sm^*/s^*}$$

与没有回振效应时的自发性消费支出乘数 $1/(s+m)$ 相比，现在的乘数是更大了还是更小了呢？为了回答这个问题，令 $x = m^*/s^*$，与没有回振效应时的自发性消费支出乘数相比，有回振效应的乘数分子增加的百分比为 x；分母增加的百分比为 $sx/(s+m) = x/(1+m/s)$。由于 $m/s > 0$，$x/(1+m/s) < x$，也就是说，分子增加的比例大于分母增加的比例，现在的乘数更大了。其中的原因是，当自发性消费增加时，本国收入通过乘数效应增加，收入的增加使引致性进口需求增加——等价于外国出口的增加，外国出口的增加通过外国的乘数效应增加了外国的收入，并进一步导致外国对本国出口需求的增加，于是本国收入进一步上升，最后，收入的增加比没有回振效应时的增加更多。

现在来看自发性进口的乘数，它等于：

$$\frac{\mathrm{d}Y}{\mathrm{d}M} = -\frac{s^*}{ss^* + ms^* + sm^*} = -\frac{1}{s + m + sm^*/s^*}$$

这与没有回振效应的自发性进口乘数 $|-1/(s+m)|$（绝对值）相比，这一乘数更小了，即考虑到回振效应后，每增加 1 单位的自发性进口，收入的下降要比没有回振效应时下降得更少。因为当自发性进口增加时，本国收入通过乘数效应下降；但进口增加等价于对外国商品需求的增加，使外国出口增加，收入上升，进一步导致对本国商品需求的增加，这种增加减缓了本国收入最初因自发性进口增加产生的收入下降。

第四节 国际收支调节的其他分析方法

一、国际收支调节的吸收分析法

国际收支的吸收调节理论强调的是国内收入对国内产出的支出变化与国内产出的关系。在吸收分析方法中，贸易差额被视为国内生产与国内对这些产出的支出（即吸收）之间的差额。根据国民收入的均衡等式 $Y = C + I + G + X - M$，其中 X 是出口量，M 是进口量。定义 $A = C + I + G$ 为国内吸收，那么 $Y = A + X - M$，或者：

$$CA = X - M = Y - A$$

其中的吸收 A 是国内总支出，如果国内总产出超过吸收——国内消费的部分，多余的部分就要出口到国外，因此产生一个贸易顺差。反之，如果国内吸收超过国内总产出，不足的部分就要从国外进口，因此产生一个贸易逆差。进一步的问题就是什么因素影响国内总产出与国内吸收的关系，一般是分析汇率变化对产出和吸收的影响。根据 $CA = Y - A$，有 $\Delta CA = \Delta Y - \Delta A$。若采用本币来改善经常账户，贬值对贸易差额的影响取决于贬值对国民收入和吸收的影响程度：只有 $\Delta Y - \Delta A > 0$ 时才会改善国际收支。贬值对吸收的影响又可分解为两部分，一部分是贬值对吸收的直接影响，用 ΔA_1 表示；另一部分是贬值对收入产生影响，收入变动再影响吸收，这是贬值对吸收的间接影响，用 ΔA_2 表示。间接效应是收入的函数，收入变动对吸收的影响也就是对消费的影响，因为根据一般假定，在消费、投资和政府支出中，只有消费 C 受收入变化的影响，投资和政府支出与收入的变化无关。收入变化对消费影响的数量是由边际消费倾向决定的，根据这一分析可得：$\Delta A_2 = \Delta C = c\Delta Y$。将吸收的两种变化加在一起，可以得到贬值对吸收的影响：$\Delta A = \Delta A_1 + \Delta A_2 = \Delta A_1 + c\Delta Y$。再将其代入到 ΔCA，有：

$$\Delta CA = (1 - c)\ \Delta Y - \Delta A_1$$

因此，贬值改善国际收支的条件为 $(1 - c)\ \Delta Y > \Delta A_1$。下面分两种情况分析贬值对经常账户的影响。

（一）贬值对收入的影响

1. 闲置资源效应

如果一国存在未被利用的资源，即经常处于非充分就业状态，贬值引起的出口增加会导致产出增加，收入水平增加。收入增加又会引起吸收的增加，所以通过收入变化导致的贸易收支改善取决于边际消费倾向的大小：边际消费倾向 c 越大，增加的收入中用于国内吸收的部分越多，对国际收支的改善作用越小。

2. 贸易条件效应

如果一国进出口需求弹性满足马歇尔-勒纳条件，贬值可以使国民收入增加，并改善国际收支。

3. 资源配置效应

贬值使一国资源从国内生产率较低的部门流向生产率较高的部门，生产率的提高抵消了贸易条件恶化的效果，提高了国内的实际收入。如果不存在闲置资源效应，资源配置效应就是提高收入的重要渠道。

（二）贬值对吸收的直接影响

1. 实际余额效应

如果国内处于充分就业状态，贬值引起的总需求增加会导致国内物价水平上升，在给定的名义货币供给量下，实际货币余额下降了。较低的实际货币余额迫使人们减少支出，导致总吸收下降；或者导致利率上升（请回顾货币市场均衡中相关变量的变化关系），利率的上升进一步引起吸收的下降。不管哪种情况发生，实际余额效应总是能改善国际收支。

2. 收入再分配效应

贬值导致国内物价上涨，而工资的增加往往滞后于物价上涨，结果是实际工资的下降。实际工资下降改变了收入在劳动与资本之间的分配格局：劳动收入减少，资本收益（利润）增加。由于工人的边际消费倾向高，资本家的边际消费倾向低，由实际工资下降产生的收入再分配使社会边际消费倾向下降，吸收水平随之下降，国际收支得到改善。

3. 货币幻觉效应

货币幻觉效应是指人们只看到价格变化而看不到实际变量的变化，于是，即使名义工资与价格同步增加使实际收入不变，人们也会认为价格变化使实际收入下降，并由此减少消费，降低吸收，改善了国际收支。

吸收分析方法的结论依赖对经济状态的不同假设：充分就业状态和非充分就业状态。在非充分就业状态下，货币贬值可以刺激国外对出口商品的需求，使闲置资源向出口部门转移，起到增加收入、改善国际收支的作用。在充分就业状态下，货币贬值无法增加收入，只能通过压缩吸收（或减少支出）起到改善贸易收支的作用。这就是说，调节国际收支逆差不能单纯地依赖货币贬值对进出口商品相对价格水平的影响，而必须从增加收入和减少支出两方面着手，通过财政金融政策对国民经济进行调整。

二、国际收支调节的货币分析法

货币分析法的主要观点是，当国民收入和货币需求不变时，货币供给的增加会使国内价格高于国际价格，由此引起出口减少和进口增加，导致一国储备量减少；反之，在相同的条件下，货币供应的减少会使国内价格低于国际价格，引起出口增加和进口减少，导致一国储备量增加。因此，调整货币政策，使货币供应适应货币需求，就可以调节国际收支，使之保持平衡。货币调节理论主要强调货币市场存量和货币供给与需求状况在国际收支不平衡的形成和调节过程中的作用，从货币的角度而非从商品角度考察了国际收支失衡的影响。货币分析方法假定，在充分就业的均衡状态下，一国的实际货币需求是收入和利率的稳定函数，货币供给的变动没有实际效应，贸易商品价格由世界市场决定。在开放型经济条件下，一国的货币供给分成两个部分：国内信贷创造的部分（D）和来自国外的部分（R），即由于国际收支顺差所获得的国际储备。用公式表示为：

$$M^s = m\ (D+R)$$

这里的 m 是货币乘数，为方便起见，假定 $m=1$。

由货币市场均衡条件可知 $D+R = M^d$，对两边求增量，$\Delta D + \Delta R = \Delta M^d$，将两边除以货币量 M，得到 $\dfrac{\Delta D}{M} + \dfrac{\Delta R}{M} = \dfrac{\Delta M^d}{M}$，再进行整理后就可以得到：

$$\frac{\Delta D}{D}\frac{D}{M} + \frac{\Delta R}{R}\frac{R}{M} = \frac{\Delta M^d}{M}，\ 或者\ \alpha\dot{D} + (1-\alpha)\ \dot{R} = \dot{M}^d$$

其中 α 是国内信贷在货币量中的比例，$1-\alpha$ 则是国际储备在货币量中的比例，$\dot{D}$、$\dot{R}$、$\dot{M}^d$ 分别表示国内信贷、国际储备和货币需求的增长率。在货币需求稳定假设下，$\dot{M}^d=0$，于是

$$\dot{R} = -\frac{\alpha}{1-\alpha}\dot{D}$$

这说明，国内信贷的扩张将导致储备资产的下降。要减少逆差，就必须限制国内信贷的增长。不考虑资本市场的作用，一国储备的变动就是该国贸易差额的结果：顺差增加国际储备，逆差减少国际储备。因此，储备的下降对应的是贸易逆差的积累。如果货币当局扩大国内信贷，使货币供给超过货币需求，因为货币需求是稳定的，所以国际储备必须下降才能使货币供给下降，并恢复货币市场的均衡，于是国际收支就出现逆差。反之，如果国内信贷减少，恢复货币市场均衡要求储备增加，即国际收支出现顺差。这样，一旦国内出现货币市场的失衡，这种失衡就会反映在国际收支上，国际收支失衡是国内货币市场失衡的结果，要恢复国际收支失衡，就要恢复国内信贷市场的失衡。

在固定汇率下，货币市场的失衡可以通过货币供给的自动调整机制自行消除。例如，如果一国货币供给增加，将导致国内商品和资产本币价格的上涨，市场竞争力下降，本国货币将更多地用于国外商品和资产的支出上，体现在外汇市场就是本币供给增加，出现贬值压力。中央银行为稳定汇率，就必须在外汇市场上抛售外币，增加外汇供给，同时购入本币，国内信用自动收缩。在浮动汇率下，储备资产变动率为0，汇率就要发生变化，货币需求通过汇率的变化来适应货币供给。例如，如果一国货币供给超过货币需求，该国的国际收支就会出现逆差，并且本币对外币贬值。贬值导致国内价格上升，使货币需求增加，货币市场均衡得以恢复，国际收支也趋向平衡。

货币理论强调了货币因素在国际收支分析中的重要性和货币政策对于国际收支调节的作用，唤醒了人们在国际收支分析中对货币因素的重新重视，并将国际资本流动因素纳入国际收支调节的理论中，从而克服了弹性分析方法和吸收理论的局部性和片面性的缺点。

货币理论也存在着局限。首先，它将国际经济的因果关系颠倒了。货币理论强调货币供求的均衡，并把它看成是决定性的，而把收入水平、支出政策、贸易条件和其他实际因素看成是次要的，它们只有通过对货币供求关系的影响才发生作用。实际上，应该是商品流通引起并决定货币流通，而不是相反。其次，它忽视了对短期国际收支不平衡的分析和调节。货币论研究的是长期货币供求平衡对于国际收支平衡的效果，即长期的国际收支调节问题。它关于货币需求具有稳定性的假设仅对长期情况有效。而在短期内，货币需求往往是不稳定的，会受到种种因素甚至包括货币供给变动的影响，从而使货币政策对于调节短期国际收支的作用具有不确定

性。因此，它只是一种长期理论，不能用来指导对短期国际收支的分析和调节。再次，他关于货币供给的变动不影响实物产量的假定不符合实际。货币供给变动后，人们不仅会改变对国外商品和证券的支出，也会改变对本国商品和证券的支出，由此必然影响到国内产量的变化。最后，它过分强调"一价定律"的作用。货币分析论以"一价定律"作为其理论前提，但从短期甚至较长一段时期来看，由于垄断因素和商品供求粘性的存在，一价定律往往是不能成立的。

小　结

根据宏观经济学原理，当投资、政策支出、净出口增加时，GDP 也会相应发生变化，并且变化更大，这就是乘数效应。净出口是意愿支出中的一个组成部分，它的增加会通过乘数效应使本国的国民收入增加。但是，开放经济下的乘数与封闭经济中的乘数是不同的，区别在于，在开放经济中，进口与收入有关，随收入的增加而增加。于是，当自主性支出增加后，在通过边际消费倾向引起收入增加的同时，边际进口倾向导致收入的下降：因为收入增加后导致引致性进口增加，净出口下降，部分地抵消了收入的增加。既然收入变化可以改变净出口，当经常账户出现逆差后，减少收入有助于减少逆差，这就是收入调节。

由于开放经济下乘数所具有的特点，使得通过增加出口改善经常账户差额的有效性下降：增加 1 单位的出口并不能使经常账户改善 1 单位，而是小于 1 单位。

由于本国的出口（进口）就是伙伴国的进口（出口），如果本国出口增加引起收入增加，本国进口也增加，使伙伴国出口增加，伙伴国的收入也增加了。这种收入增加的叠加增进作用就是回振。回振使得贸易国之间具有"一损俱损、一荣俱荣"的相互依赖关系。

思考与练习

1. 用语言而不是用模型说明乘数原理。

2. 如果投资发生变化，经常账户会产生什么样的影响？分别用图形和公式加以表述。

3. 等量地增加出口和自发性进口不会改变国际收支，它会不会改变均衡收入？为什么？试用图形说明你的解题思路。

4. 与政府支出变化相比，税收变化对国际收支的影响较小，请解释这是为什么？

5. 仿照正文中的方法，推导回振效应下本国税收变动的乘数，并与没有回振效应时的乘数相对比。

6. 在吸收分析中，贬值是如何起到改善国际收支作用的？

第十五章　开放经济下的宏观经济均衡
及政策分析

　　前面两章着重考察了外部均衡的调节问题。正如在国际收支部分的分析所看到的，一旦考虑到经济的对外联系，外部均衡问题就会出现。于是，任何一项旨在调整内部均衡的政策措施都可能影响到外部均衡。同样，我们也看到，旨在调节外部均衡的政策措施也影响内部均衡。这样，内部均衡与外部均衡的协调就成为开放经济下政策调节的核心问题。正如我们在一般教科书中所看到的，一国的宏观经济政策的目标是充分就业、价格稳定、经济增长和收支平衡。在不考虑开放经济情形下，货币政策和财政政策以及它们的各种搭配可以实现政府的各种目标（如扩张性财政或货币政策实现充分就业），当然，政策的有效性取决于一国经济所处的状态（如是充分就业还是存在未就业的剩余资源，决定政策手段传导渠道的政治经济体制等）。考虑到外部均衡，如果实现内部均衡的政策措施天然地可以实现外部均衡，内外部均衡的协调也就没有研究的必要了。可事实并非如此，一旦考虑到外部经济联系，内部均衡与外部均衡之间既有相互协调的一面，同时也存在着各种各样的冲突。同时，在开放经济下又多出了一个价格变量和调节工具，即汇率。目标的多样性与政策手段的多样性使得开放经济的调整要比封闭经济复杂得多。再者，前两章介绍的外部均衡调节仅仅是经常账户，没有考虑资本账户。巨额资本流动是现代国际经济往来的基本特征和重要内容，将资本账户平衡排除在外部均衡之外显然是不合适的。所以，内外部均衡的协调分析中应将外部均衡的概念延伸到资本账户。本章主要考察反映开放经济下内外部均衡的蒙代尔-弗莱明模型（或称 IS-LM-BP 模型）以及这一模型的政策含义。

第一节　Mundell-Fleming 模型

　　Mundell-Flemming 模型（或 MF 模型）是封闭经济下 IS-LM 模型在开放经济中的扩展。在开放经济中，如果加入国际收支平衡线 BP 作辅助分析，该模型通常被称为 IS-LM-BP 模型。这个模型具有强烈的凯恩斯理论特征，它隐含的假设有：（1）总供给曲线水平，因此总产出完全由总需求曲线决定；（2）购买力平价不成立，因此浮动汇率下的汇率完全可以根据国际收支情况进行调整；（3）不存在汇率预期，投资者风险中立。蒙代尔-弗莱明模型包含三个基本模块：开放经济下的商品市场均衡（用 IS 曲线代表），货币市场均衡（用 LM 曲线代表），国际收支均衡（用 BP 代表，也有称为 BB、FF 的）。

一、开放经济中的 IS 曲线

在开放经济中，总支出等于消费、投资、政府支出与净出口之和。

$$AE = C + I + G + (X - M)$$

其中，消费仍然是可支配收入的函数，线性形式的消费函数一般表示为 $C = \bar{C} + c(Y - T)$，投资是利率的函数，且是利率的减函数，所以投资函数（线性形式）为 $I = \bar{I} - br$。净出口是出口减去进口的差额，进口与本国收入水平有关，不仅如此，就像我们在弹性调节理论所使用的基本思想，进出口还受实际汇率的调节。由于模型假定经济处于非充分就业状态，价格不会变化，故实际汇率的变动等价于名义汇率的变动。于是净出口就可用下式表示：$NX = NX(Y;E) = X(E) - M(Y;E)$。因为收入只调节进口，并且进口随收入的增加而增加，所以净出口必定随收入的增加而下降，即 $\partial(NX)/\partial Y < 0$。如果汇率是直接标价法的汇率，汇率的上升等价于外币升值，所以汇率上升可以通过促进出口、抑制进口来增加净出口，于是有 $\partial(NX)/\partial E > 0$。将净出口函数线性化，可以用下述公式表述：$NX(E,Y) = g - mY + nE$，其中 g、m、n 是参数，m 为边际进口倾向，n 表示实际汇率变动对净出口的影响程度。将这些式子代入总支出，得到：

$$AE = \bar{C} + c(Y - T) + \bar{I} - br + G + g - mY + nE$$

根据商品市场均衡条件 $Y = AE$，将 AE 代入，整理后得到均衡时的产出：

$$Y = (\bar{C} - cT + \bar{I} + G + g + nE) / (1 - c + m) - rb/(1 - c + m)$$

上式就是开放经济条件下的 IS 曲线，IS 曲线描述产品市场达到均衡，即 $I = S$ 时，利息率与均衡国民收入之间存在着反向变动关系。

如图 15-1 所示，在 $r - Y$ 空间内，开放经济条件下 IS 曲线的斜率为负值，它表明：与封闭经济（或三部门经济）相比，在开放经济条件下，除自发性支出乘数有所变动外，IS 曲线仍然从左上方向右下方倾斜。原因在于：第一，投资是资本边际效率和利率的函数。在资本的边际效率不变的情况下，投资与利率呈反向变动关系，即利率下降使投资成本下降，这必将刺激投资水平的提高。第二，投资是总支出的一个组成部分，投资增加使总支出增加，在没有供给限制的情况下，总支出的提高通过乘数效应导致均衡国民收入成倍提高。

IS 曲线的斜率的绝对值等于 $(1 - c + m)/b$，其中包括边际消费倾向 c、边际进口倾向 m 和投资的利率弹性 b。边际消费倾向 c 越大，斜率的绝对值越小，IS 越平缓，这是因为边际消费倾向越高，利率下降导致投资上升后，带来的收入增加就

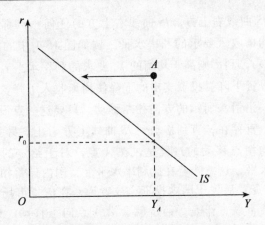

图 15-1　开放经济中的 IS 曲线

越多。边际进口倾向 m 越大，斜率绝对值越大，IS 越陡峭，因为边际进口倾向 m 越大，利率下降导致投资上升后，增加的收入中用于进口的部分越多，进口是收入的"漏出"，是收入下降的因素，所以，边际进口倾向越大，收入增加越小，IS 曲线越陡峭。最后是投资的利率弹性 b。b 越大，表示一定量的利率变化导致的投资变化越大，在给定的乘数作用下（即给定的边际消费倾向 c 和边际进口倾向 m），收入的增加数量就越多，所以曲线就越平坦。

　　IS 曲线位置的变动将受到自发性消费支出 $\bar{C}$、自发性投资支出 $\bar{I}$、政府购买 G、自发性净出口 g、政府税收 T 和汇率 E 等变量的影响，各变量对 IS 曲线位置的影响方向可根据 IS 曲线的表达式判断。以 G 的变化为例，G 的增加使意愿支出增加，并通过乘数使收入成倍增加，所以 G 的增加使同一利率水平的收入增加，IS 曲线向右移动。再来看自发性净出口 g 的增加。当 g 增加同样使意愿总支出增加，并通过乘数作用使收入成倍增加，IS 曲线向右移动。

　　需要注意的是，与封闭经济的 IS 曲线相比，开放经济中的 IS 曲线中含有汇率变量 E。实际汇率提高（即一定量的外国商品可以交换到更多的本国商品，本币实际贬值）使本国商品的竞争力上升，净出口增加，对本国商品的支出增加，IS 曲线向右移动。反之，实际汇率降低（即本币实际升值）将导致本国商品出口竞争力下降，对本国商品的支出下降，IS 曲线就会向左移动。

　　如果利率和收入的组合不在 IS 曲线上，而是在 IS 曲线外的某个点上，其含义是什么呢？根据 IS 曲线的定义可知，曲线上的每一个点都是在产品市场实现均衡时，利率与均衡国民收入之间的对应关系。IS 曲线作为一条分界线，把整个坐标图分为三个区间：

　　第一个区域在 IS 曲线上，所有利率-产出组合均表示产品上总供给等于总需求，或 $S = I$，在利率不变的情况下，国民收入将保持不变。

　　第二个区域在 IS 曲线右上方。IS 曲线右上方的任何一点都表示，给定某一收入水平，利率高于均衡收入要求的利率水平。例如图 15-1 中的 A 点，对应的收入为 Y_A；但对于收入 Y_A，利率则高于均衡的 Y_A 要求的利率水平 r_0。较高的利率对投资具有抑制作用，投资下降。投资支出的下降使均衡收入下降，收入与利率的组合点就会从 A 点出发，沿箭头所示的方向往左移动。只要这一点没有到达 IS 曲线上，向左移动的力量就一直存在，直到移动到 IS 曲线上方为止。另一种说明 IS 曲线右上方的非均衡点向均衡点移动的过程是，在 A 点，对于给定的利率，收入高于 A 点利率要求的均衡水平，这意味着在此利率水平上，国内储蓄扣除对净出口的余额（净出口是对外净投资）后大于国内投资，或者说，在信贷市场上，资金供给大于资金需求，利率就会下跌，于是，经济就会沿 A 点向下移动。只要利率与收入组合点还在 IS 曲线以上，利率一直存在下降的压力，所以 IS 曲线以上各点都有向下移动的力量。综合上述两种情形，IS 曲线上方的任何利率-产出组合均表示产品市场上总供给大于总需求，或者 $S > I$，国民收入存在减少的倾向，利率存在下降倾向。两种力量的综合使 A 点既不是向左平移，也不是向下垂直移动，而是向左下方（或称西南方）移动（图中没有标出），移动的最终结果是到达 IS 曲线上，实现收入均衡。

　　第三个区域在 IS 曲线下方，在这一区域，任何利率-产出组合均表示总供给小于总需求，或者 $S < I$，国民收入存在增加的倾向，利率则存在上升的倾向，所以在 IS 曲线下方，经济力量会使非均衡点向右上方移动，直到 IS 曲线上的某个点为止。

二、开放经济中的货币市场均衡与 LM 曲线

　　LM 曲线描述当货币市场达到均衡，即货币实际余额的需求等于货币实际余额供给（$L = M/P$）时，均衡利息率与国民收入之间存在的对应关系。开放经济下的 LM 曲线与封闭经济没有区别，其数学表达式为：

$$M/P = L\ (Y;\ r)\quad \left(\frac{\partial L}{\partial Y} > 0,\ \frac{\partial L}{\partial r} < 0\right)$$

将货币需求函数线性化，可以得到经济学常用的形式：

$$M/P = L\ (Y;\ r)\ = kY - hr$$

或者：

$$r = -\ (M/Ph)\ +\ (k/h)\ Y$$

　　在 $r - Y$ 空间内，纵轴代表利率 r，横轴代表国民收入 Y，所以 k/h 表示 LM 曲线的斜率。由于 $k/h > 0$，所以其斜率为正，[①] 收入增加要求利率上升才能保持货

[①] 　LM 斜率为负的较为严格的证明如下：对 LM 两边就利率和收入求微分，有：$0 = \frac{\partial L}{\partial Y}dY + \frac{\partial L}{\partial r}dr$，于是可得 $\frac{dY}{dr} = -\frac{\partial L/\partial r}{\partial L/\partial Y}$。由于 $\partial L/\partial r < 0$，$\partial L/\partial Y > 0$，故 $-\frac{\partial L/\partial r}{\partial L/\partial Y} > 0$，$dY/dr > 0$。

币市场的均衡（如图 15-2 所示）。它的经济意义是，当货币实际余额保持不变时，从任意一个均衡点出发，利率的上升使货币实际余额需求下降（利率是持币的机会成本）；要继续保持货币市场的均衡，就要求货币实际余额需求增加，只有收入增加才能满足此要求。LM 曲线的斜率也可以用下面的方法分析：将货币市场均衡表示为如下形式 $M/P = L_1(Y) + L_2(r)$，其中 $L_1(Y)$ 是由收入决定的货币需求，$L_2(r)$ 是由利率决定的货币需求。当货币实际余额的供给 M/P 不变时，L_1 和 L_2 必须反向变动才能保持货币市场均衡。如果从收入增加开始（从利率增加开始结果是一样的），收入的增加使 L_1 增加，只有 L_2 的下降才能恢复货币市场均衡，而 L_2 的下降则要求利率上升。所以，满足货币市场均衡的条件是收入上升与利率上升相对应。

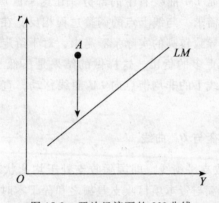

图 15-2　开放经济下的 LM 曲线

LM 曲线上的任何一点表示的都是 $L(r, Y) = M/P$，即货币市场的均衡点。影响 LM 曲线斜率的因素有两个：实际余额需求对收入的弹性 k 和实际余额需求对利率的弹性 h。① k 越大，货币实际余额需求对收入变化越敏感，对于给定的利率变化所导致的实际余额需求的变化，很小的收入变化就可以满足平衡货币市场均衡的要求。所以，当货币需求对收入敏感（也就是 k 值较大）时，LM 曲线较为陡峭。h 越大，即货币实际余额需求的利率弹性越大，较小的利率变化（如下降）就会导致较大的需求变化（如上升）。对于给定的货币需求对收入的弹性 k，较大的需求变化（增加）要求较大的收入变化（下降）来平衡最初由利率变化导致的货币需求变化。所以较小的利率变动与较大的收入变化相对应，LM 曲线较为平坦。凯恩斯经济理论认为，货币的交易需求函数一般比较稳定，LM 曲线的斜率主要取决于货币的投机需求函数。

---

① 在 $M/P = kY - hr$ 中，如果 Y 是对数形式的量，k 就是弹性系数；否则，k 就是边际量。

与 IS 一样，LM 曲线也是一条分界线，它把整个坐标图分为三个区间：第一个区域是 LM 曲线的所有利率-产出组合点，根据定义，线上所有各点均表示货币供给等于需求。第二个区域是 LM 曲线左上方的各点。在 LM 曲线上方，如图15-2中的 A 点，对于给定的收入，利率高于货币市场均衡要求的利率水平，较高的利率会导致货币需求下降，人们将调整手中持有的资产组合，用货币购买有价证券。较高的有价证券需求抬高了有价证券价格，降低了它的收益率，从而降低了利率水平，利率的下降意味着经济将从 A 点沿箭头所指方向往下移动，并且一直移动直到 LM 曲线上（恢复均衡）为止。当然，在 A 点我们也可以说，在给定的利率水平上，收入低于货币市场均衡要求的均衡收入。但是，货币市场的不均衡并不能导致收入的调整。我们可以说实际货币余额需求取决于收入，但不能说收入取决于实际余额需求。第三个区域是 LM 曲线右下的部分。在这一区域，任何利率-产出组合点均表示货币供给小于需求，与线上点的调整过程相反，在 LM 曲线下，对于同一收入水平，较低的利率导致较高的实际余额需求，对于给定的货币实际余额，人们将出售有价证券来获得更多的货币，这样做的结果是压低了证券价格，抬升了利率，利率的上升将使曲线下的非均衡点向 LM 曲线移动，直到到达 LM 曲线上的某一点为止。

三、国际收支的均衡与 BP 曲线

BP 曲线也称国际收支平衡线，即国际收支处于均衡状态，官方储备变动等于零，或经常项目收支差额与资本项目收支差额之和等于零时，国民收入与利率之间存在的变动关系。根据国际收支平衡分析可知，如果资本流动平衡经常账户不存在任何障碍，一国经常账户差额必须由资本账户来平衡。例如，本国居民愿意向外国提供任意数量的融资，或者，本国居民可以从外国得到任意数量的融资，那么这种平衡也始终不会成为问题。但是，资本账户并不是担当被动平衡经常账户的角色，资本流动有其自己的决定因素。就我们现在考察的目的，这里只分析短期资本，决定短期资本流动的主要因素是利率。① 利率不是指本国利率，而是指本国利率与外国利率之间的差额，根据利率平价理论，本国利率高于外国利率时，外汇市场均衡表现为本国货币远期贴水。如果给定远期汇率和即期汇率，当本国利率高于外汇市场均衡的利率水平，利率差就会吸引更多的资本流入。我们假定外国利率是给定的，利率差的大小只由本国利率变动决定，因此，资本账户可以简单地表示为：

$$K = K(r - r^*)$$

其中 K 定义为资本流入，它是利率差的增函数，因为当利率差表示为 （r −

---

① 投机性资本的流动不仅受两国利率差额的影响，还受预期汇率变动的影响，因为两者都影响短期资本流动的收益。

r^*）时，它是本国利率高于外国利率的差额，本国利率越是高于外国利率，本国资本收益率越高，就越能吸引更多的资本流入。如果不存在任何资本管制，也不存在任何资本流动的成本和障碍，那么资本流动对利率差的敏感度为无穷大，任何微小的利率差都会导致极大量的资本流入。反之，如果存在资本流动管制，或者存在资本流动成本，资本流动对利率差变化的反映就不会太灵敏，这时，一定量的资本流入就需要较高的利率差额。

有了资本流动的函数，我们就可以构造外部均衡。因为经常账户顺差总是对应资本流出，根据上述资本流动的定义，资本流出定义为 $-K = -K(r - r^*)$，所以外部均衡就是：

$$CA(Y,E) = -K(r - r^*)$$

其中 CA 为经常账户。仍以净出口为代表，它是收入和汇率的函数：收入增加使 CA 下降（顺差下降或逆差上升），因为收入增加导致进口增加；汇率上升导致 CA 上升（顺差增加或逆差下降）。外部均衡的另一种表示方式为：

$$BP(Y,E,r) = CA(Y,E) + K(r - r^*) = 0$$

它是包含收入 Y、汇率 E 和利率 r 等变量的函数，因此，给定汇率 E，从均衡等式中，可以得到利率 r 和收入 Y 之间的关系：较高的利率对应较高的收入。原因是当利率较高时，本国利率与外国利率差额较大，这导致较大的资本流入，资本账户出现较大的顺差，要保持外部均衡，经常账户就必须为逆差，而经常账户的逆差需要从收入的增加中得到。这样，我们就得到高利率与高收入相对应满足外部均衡的条件，如图 15-3 所示，$BP = 0$ 就是一条向右上倾斜的曲线，为简单起见，下面我们称之为 BP 线。

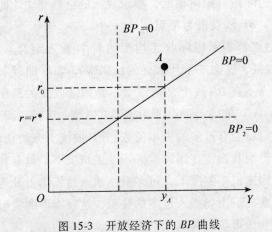

图 15-3　开放经济下的 BP 曲线

BP 线的斜率取决于两个因素：资本流动对利率的敏感度和进口对收入的敏感

度（用边际进口倾向来度量）。如果资本流动对利率变化极其敏感，BP 线就较为平坦。因为利率的微小变化就能引起大规模的资本流动，对于给定的边际进口倾向，必然要求收入的大幅度变化以变动贸易收支，抵消利率变化引起的资本流动，重新平衡国际收支。例如，设边际消费倾向为 0.05，如果利率每增加 1 个百分点，资本流入增加 100 万元，要求收入增加 2000 万元，才能使贸易出现 100 万元的逆差，与资本流入 100 万元的顺差相抵消；如果利率变化 1 个百分点，资本流入增加 1000 万元，即资本流动对利率变化的反映更敏感，这就要求收入增加 20000 万元才能用贸易逆差与资本顺差相抵消。这就意味着实现国际收支平衡要求较小的利率变化与较大的收入变化相对应，BP 线是平缓的。

资本流动对利率变动反应的敏感度有两种极端情形。一是敏感度为零，即无论利率如何变化，资本流动都没有变化。这时，资本流动与利率变化没有关系，当一国进行资本流动管制或者资本流动成本无穷大时，就会出现这样的情形。由于 BP 与利率无关，BP 就成为一条垂线，如图 15-3 中的 $BP_1 = 0$。二是资本流动对利率变化的敏感度无穷大，即微小的利率变动就会引起资本的无穷大的流动，这时，只有收入做无穷大的变化才能恢复国际收支的平衡，所以 BP 线就成为一条平行线，如图 15-3 中的 $BP_2 = 0$。这时利率位于给定的水平上，在小国、资本完全流动的情形下，这一利率水平是由国际利率决定的，即图中 $BP_2 = 0$ 对应的 $r = r^*$。

影响 BP 线斜率的第二个因素是边际进口倾向。边际进口倾向越大，每变动 1 单位的收入产生的进口变动也越大，在出口量为给定时，产生的经常账户差额也越大。这意味着较小的收入变化就能平衡由利率变化引起的国际收支失衡，BP 线就陡峭；反之，如果边际进口倾向很低，要求收入的巨幅变动才能平衡因利率变化引起的国际收支失衡，BP 线就极为平坦。

BP 线上所有的点都表示国际收支均衡的利率-收入组合。如果某一点不位于 BP 线上，而是在线外，这会产生什么样的结果呢？与 IS 曲线和 LM 曲线的分析相类似，如果某一个点不在 BP 线上，则该点不是国际收支的平衡点。以 BP 线（即图 15-3 中 BP = 0 的线）的线上一点 A 为例，在 A 点，利率高于国际收支均衡要求的利率水平 r_0，这时就会有过多的资本流入。BP 曲线上方的任何利率-产出组合均表示国际收支处于盈余状态，在国民收入不变的情况下，只有利率下降才能恢复国际收支的均衡。在固定汇率制度下，过多资本流入给汇率上升造成压力，为稳定汇率，货币当局就要在外汇市场买入过多的外汇，这样本币的货币供给就增加了。货币供给量的增加在货币市场上将压低利率水平，于是利率下降，经济状态就会从 A 点往下移动。BP 线下方的任何利率-产出组合均表示国际收支处于赤字状态，在国民收入不变的情况下，只有利率上升才能恢复国际收支的均衡。

图 15-3 中描述的 BP 线都是直线，事实上，如果经常账户 CA（Y，E）和资本账户 K（Y，r）没有任何限定，BP 线未必是直线，为了方便，可将二者线性化为如下形式：

$$CA\ (E，Y)\ =g-mY+nE$$

$$K\ (i)\ =\sigma\ (r-r^{*})$$

其中 CA 就是 NX，参数 g、m 和 n 与 NX 定义完全相同；K（r）中的 s 是资本对利率的弹性，① 并且有 s > 0。于是，BP 线就有如下具体形式：$BP = g - mY + nE + \sigma\ (r-r^{*})\ =0$，或者：

$$r=\ [r^{*}-g/\sigma-\ (n/\sigma)\ E]\ +\ (m/\sigma)\ Y$$

由此可见，如果将 CA 和 K 都线性化，那么 BP 就具有线性形式。其斜率由 m/σ 决定，② m 越大，m/σ 越大，BP 线越陡峭；σ 越大，m/σ 越小，BP 线越平坦。σ 反映了两国之间的资本流动程度，$\sigma\to\infty$ 表示资本流动对利率的弹性无穷大，资本流动不存在任何障碍；如果 $\sigma\to0$，则表示存在资本流动障碍，资本流动无法对利率变化做出反映。σ 的大小对 BP 调节有着重要意义：当 $\sigma\to\infty$ 时，BP 失衡的调节主要由资本市场完成；反之，当 $\sigma\to0$ 时，资本市场调节不起作用，BP 失衡的调节功能全部落在经常账户 CA 上。一国的金融力量越小，它所面临的 BP 曲线就越平坦，任何因为国内货币政策的扩张或紧缩所引起的本国利率与外国利率的差异会立即被大规模的国际资本流动所消除，本国在国际货币市场上成为"价格的接受者"。

我们已经知道，BP 线的形状是由边际进口倾向、资本流动对利率差额反应的敏感程度决定的，BP 线的位置（或者说位置的变化）由什么因素决定呢？从方法论上来看，这是一个比较静态分析。由 BP 的显性表达式可知，它受 r^{*}、g、n 和 E 的影响。它们对 BP 位置的影响如表 15-1 所示：

---

① 由于利率是百分点，所以 s 可以看作利率每变动一个百分点时资本变动的比率，在这个意义上，可以将 s 视为弹性。

② BP 的斜率也可以由 BP 对利率和收入取微分的方式得到。在隐性表达式 $CA\ (Y，E)\ + K\ (r-r^{*})\ =0$ 中，对 Y 和 i 求微分的结果为：$\dfrac{dCA}{dY}dY+\dfrac{dK}{d\ (r-r^{*})}\ di=0\Rightarrow\dfrac{di}{dY}= -\dfrac{dCA/dY}{dK/d\ (r-r^{*})}$，因为 dCA/dY < 0，dK/d（r-r*）> 0，故 dr/dY > 0。在 BP 的显性表达式中，我们可以直接得出 $dr/dY=m/\sigma>0$。

表 15-1　　　　　　　　　　　　参数变化对 *BP* 位置的影响

引起 *BP* 曲线移动的因素	*BP* 曲线移动的方向
外国利率水平 r^* 上升	向左（上）方移动
外生性净出口 g 增加（如外国收入增加）	向右（下）方移动
汇率 E 上升（本币贬值）	向右（下）方移动
外国商品的价格水平 P^* 上升	向右（下）方移动
本国商品的价格水平上升	向左（上）方移动

说明：*BP* 中并没有国内价格和国外价格变量，但是，实际调节 *CA* 的不是名义汇率，而应是实际汇率，所以，*BP* 中的 *E* 本应该为实际汇率 e，且 $e = EP^*/P$，将 e 替代 *BP* 中的 *E*，*BP* 中就出现了国内外价格变量。

以汇率的变化为例，它对 *BP* 线移动的推导如下：假定利率不变，对 *BP* 就收入和汇率求微分，得到下面的结果：

$$CA(Y,E) + K(r) = 0 \rightarrow \frac{\partial(CA)}{\partial Y}dY + \frac{\partial(CA)}{\partial E}dE = 0 \rightarrow \frac{dY}{dE} = -\frac{\overset{(+)}{\overbrace{\partial(CA)/\partial E}}}{\underset{(-)}{\underbrace{\partial(CA)/\partial Y}}} > 0$$

这说明汇率上升（指的是名义汇率），在利率不变时，国际收支均衡要求收入上升，即 *BP* 向右移动。或者假定收入不变，对 *BP* 就利率和汇率求微分，则得到如下结果：

$$CA(Y,E) + K(r) = 0 \rightarrow \frac{\partial(CA)}{\partial E}dE + \frac{dK}{di}dr = 0 \rightarrow \frac{dr}{dE} = -\frac{\overset{(+)}{\overbrace{\partial(CA)/\partial E}}}{\underset{(+)}{\underbrace{dK/dr}}} < 0$$

这说明汇率上升后，在收入不变时，国际收支均衡要求利率下降，即 *BP* 向下移动。将二者结合在一起，即可得到上表中汇率变化的结果：汇率上升使 *BP* 向右下方移动。

四、开放经济下的内部均衡与外部均衡

我们分别分析了开放经济下的 *IS*、*LM* 和 *BP*，并且知道 *IS*、*LM* 是内部均衡，*BP* 是外部均衡。但是，根据 *IS*、*LM* 和 *BP* 的模型构造可知，它们都以利率和收入为变量，这表明内部均衡和外部均衡是相互作用、相互影响的。例如，在 *IS* 中，总支出包括净出口，而净出口就是表示外部均衡的基本组成模块；外部均衡中包括资本账户，而资本账户受利率调节，利率又受货币市场均衡的调节，于是，国内货币市场均衡确定的利率不一定恰好满足外部均衡对利率的要求。所以，在开放经济中，均衡要同时满足三个条件，即商品市场、货币市场和国际收支的均衡。显然，

实现这一均衡的调节过程和渠道也更为复杂。下面我们将分不同情况来分析内部均衡与外部均衡的调节。

（一）完全资本流动

我们首先分析一种简单情形：完全资本流动。如图 15-4 所示（图中纵坐标和横坐标代表的含义与图 15-1 相同），完全资本流动使 BP 线成为平行线，IS 和 LM 都有正常的斜率，三条线相交于 E 点，E 点满足三个市场同时均衡的要求。

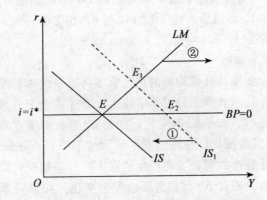

图 15-4　开放经济下的内部均衡与外部均衡（资本完全流动）

如果三条线不交于一点，而是交于三点会出现什么情形呢？如图 15-4 所示，如果 IS 在 IS_1 的位置上，LM 和 BP 仍在原来的位置上，这就出现三个交点：E、E_1 和 E_2。对于 IS_1，E 点实现了货币市场和国际收支均衡，商品市场处于失衡状态；E_1 点实现了货币市场和商品市场均衡，国际收支处于失衡状态；E_2 点实现了商品市场和国际收支均衡，货币市场则处于失衡状态。在上述三种失衡状态下，经济能否以及如何进行自动调整以实现三个市场的同时均衡呢？对于第一个问题，答案是肯定的；对于第二个问题，回答是取决于汇率制度。

在浮动汇率下，货币当局不干预外汇市场，汇率在外汇的供求压力下发生变化，这种变化反过来影响净出口。在固定汇率下，货币当局为稳定汇率要对外汇市场进行干预，而货币当局干预外汇市场的过程也就是用本币买卖外汇的过程，这就必然造成本国货币供给量的增加或减少，即主动地干预外汇市场就是被动地变动货币供给量。先分析浮动汇率下从非均衡向均衡状态的调整过程。对于 IS_1 决定的内部均衡 E_1，国内利率高于国际利率水平，资本就会从国外向国内流动，外汇市场上本币需求的增加使本币升值，在国内、国外价格水平给定时，本币升值降低了本国出口的竞争力，净出口下降。由于净出口是总支出中的一部分，它的下降会导致 IS 曲线向左移动（如箭头①所示的方向）。如果 IS_1 与 LM 的交点仍在 BP 线之上，国内利率高于世界利率，本币一直升值，净出口也一直下降，IS_1 就会一直往左边移动，直到它到达 LM 与 BP 的交点，这时，内部和外部同时实现了均衡。

如果实行的是固定汇率，当内部均衡处于 E_1 点时，国内利率高于国际利率水平，本币有升值压力，这时，货币当局要在外汇市场上用本币购买外币，以消除过多的外币供给（或过多的本币需求），这就增加了本国的货币供给量，货币供给量增加使货币市场均衡曲线 LM 沿箭头②所指方向往右移动。只要 LM 与 IS_1 的交点 E_1 还在 BP 之上，本币升值压力就会存在，货币当局的干预过程就不能停止，货币量就一直增加，LM 就会一直往右边移动，直到 LM 移动到使 E_1 点与 E_2 点重合为止，因为 LM 移动到 E_2 点以后，使 LM、IS_1 与 BP 相交于一点，重新实现了三个市场（也是内部与外部）的同时均衡。

（二）不完全资本流动

如果资本不完全流动，外部均衡的调节就不再唯一地由利率决定，而是由利率和收入共同决定，并且当利率上升时要求收入上升才能恢复外部均衡，即 BP 线是往右上方倾斜的。同时，如果汇率变化，净出口（经常账户差额）也随之变化，BP 曲线的位置就会发生变化。在完全资本流动情形下，由于资本流动对利率变化的敏感度无穷大，任意小的利率变动产生的资本账户差额变化都足以平衡汇率变动导致的经常账户失衡，所以 BP 线位置不会发生变化。如果资本流动不充分，存在障碍，汇率变化导致净出口变化，要平衡由此产生的国际收支不平衡，或者让收入发生变化影响进口，或者让利率变化影响资本流动，无论哪一种变化都改变 BP 的位置。以汇率上升为例，汇率上升导致净出口上升，收入的增加可以通过进口增加使净出口恢复原来的平衡，即 BP 往右移以实现对应本币贬值的国际收支均衡；也可以是利率下降，利率下降使资本流出，通过资本账户逆差平衡了经常账户的顺差，这表现为 BP 线的向下移动。

同样，在资本不完全流动下，两种汇率制度的调节过程是不同的。首先分析浮动汇率制度下的失衡调节过程。如图 15-5 所示，E 是某个内部与外部同时均衡的点。如果 IS 不通过 E 点，而是 IS_1 通过 E_1 点，这时的 IS_1、LM 和 BP 就有三个交点：E、E_1 和 E_2，任意一个交点都只能满足其中两个市场的均衡，剩余的一个则不在均衡状态。在 E_1 点，国内 IS_1 和 LM 决定的利率高于外部均衡要求的利率，资本流入的压力会导致本币升值。本币升值使净出口下降，IS 线就会沿箭头①所指方向往左边移动，因为净出口下降就是意愿支出下降。同时，净出口下降就是经常账户赤字，它或者要求利率上升以吸引更多的国外资本，用资本账户顺差弥补经常账户逆差，或者是收入下降，用经常账户顺差抵消经常账户逆差。不论哪一种情形，都会使 BP 向左上方移动（如箭头②所示）。BP 和 IS_1 移动的结果使 E、E_1 和 E_2 逐渐接近，直到三点重合为止，这样，在汇率机制调节下，内部与外部实现了均衡。

接下来分析固定汇率下非均衡状态的调整过程。仍以图 15-5 中 IS_1、LM 和 BP

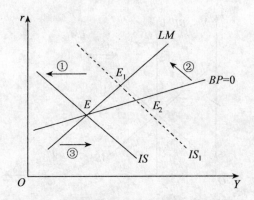

图15-5　开放经济下的内部均衡与外部均衡（资本不完全流动）

的非均衡状态为例，在 E_1 点，国内均衡的利率高于外部均衡要求的利率，外部失衡表现为顺差——过多的资本流入。顺差造成本币升值压力，货币当局稳定汇率的操作是购买外币，卖出本币，货币供给量增加。结果是 LM 向右移动（如箭头③所示），只要 E_1 点还在 BP 线之上，本币升值压力就持续存在，货币供给就会一直增加，直到 LM 移动到 E_2 点为止，这时，内部和外部同时实现了均衡。

（三）资本完全不能流动

最后一种情形是资本完全不能流动时内、外部不均衡的调整。这里所谓完全不能流动指的是资本因种种原因不受国内外利率差变化的影响。如图 15-6 所示，当资本完全不能流动时，BP 线成为垂线，给定的收入决定了 BP 线的特定的位置。在 BP 线的左边，收入低于国际收支均衡要求的收入，即进口少于国际收支均衡要求的进口量，于是国际收支处于顺差状态；在 BP 线的右边，收入高于国际收支均衡要求的收入，即进口大于国际收支均衡要求的进口量，于是国际收支处于逆差状态。IS、LM 与 BP 的交点 E 是一个满足内部与外部均衡条件的均衡点。如果任何一条线不经过这一点，例如商品市场均衡不是 IS 而是 IS_1，它与 LM 的交点为 E_1，与 BP 的交点为 E_2。

在浮动汇率下，国内均衡点 E_1 决定的收入使国际收支出现逆差，逆差促使本币贬值，这进一步促进出口，使 IS 曲线沿箭头①向右移动。同时，因贬值引起的净出口增加要求收入增加以增加进口，抵消净出口增加以平衡国际收支，因此，贬值后的国际收支均衡要求以更高的收入水平相对应，即 BP 向右移动（如箭头②所示）。如果 BP 和 IS_1 同时向右边移动，二者的交点 E_2 可能永远不能到达 E_1，这样，自发的调整就无法到达均衡点。事实上，贬值导致的净出口增加在 IS 曲线上会通过乘数作用使收入增加，而在 BP 中的 CA（ = NX）中，净出口与收入的对应不存在乘数关系，贬值产生的同样的净出口变化，在 CA 中对应的收入变化要比 IS

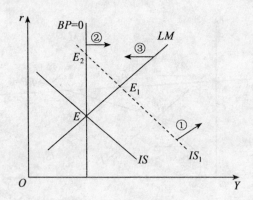

图15-6　开放经济下的内部均衡与外部均衡（资本完全不流动）

对应的收入变化小得多，所以，*IS* 的右移速度可能高于 *BP* 的右移速度，使 E_2 总位于 *LM* 线之上。只有 *BP* 线向右移动得较快、*IS* 线右移较慢时（如边际消费倾向较低从而乘数较小），自动调节才能（较快地）到达内、外部同时均衡点（E_2 与 E_1 重合）。

在固定汇率下，为支持本币，货币当局必须在外汇市场上出售外币，购入本币。于是本国货币供给量下降，使 *LM* 曲线沿箭头③向左边移动。E_1 逐渐与 E_2 重合，实现内部与外部的同时均衡。可见，当资本不流动（资本账户不能调节国际收支）时，固定汇率比浮动汇率更容易实现内部均衡与外部均衡的稳定。

五、开放经济下财政政策与货币政策的效果：资本完全流动情形

前面几部分分析了蒙德尔-弗莱明模型的基本原理。我们看到，在多数场合下，通过市场调节可以使经济从非均衡状态恢复到均衡状态。但是，如果经济处于非充分就业状态，这样的均衡并不是政府所希望的，政府希望通过政策措施使经济从不景气恢复到充分就业。开放经济下政策调节是否有效呢？什么样的政策有效？在什么条件下有效？这是下面要分析的问题。采用标准的 *MF* 模型可以分析资本完全流动情况下财政政策和货币政策的效力。在国外利率水平给定以及资本完全流动情况下，本国利率的微小改变都将导致资金的迅速流进或流出，因此，*BP* 曲线是平行的。又由于汇率在开放经济中起调节作用，因此，开放经济中的分析还必须考虑汇率制度的差异。

（一）固定汇率制度

在固定汇率制度下，货币当局为维持固定汇率进行的政策操作使货币当局的货币政策目标独立性受到影响，货币政策工具的效力也同时受到影响。假设货币当局根据国内均衡的需要扩大货币供给，以降低国内利率水平，刺激国内投资。然而本

国利率的下降引起资本外逃，造成本币贬值压力。货币当局为稳定汇率，必须在外汇市场上抛售外币，购入本币，从而导致货币紧缩，最初的货币扩张作用被抵消。这一过程可用图 15-7 来说明。

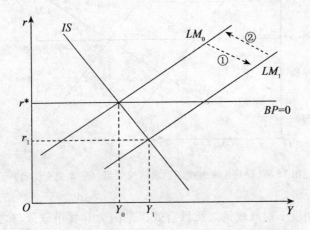

图 15-7　固定汇率制度下的货币政策效果（资本完全流动）

图中由 IS、LM 和 BP 决定的初始均衡为 (r^*, Y_0)，货币当局的扩张政策使 LM 线由 LM_0 沿箭头①所指的方向移动到 LM_1，并与 IS 线决定了一个新的利率水平 r_1，均衡收入水平也由 Y_0 上升到 Y_1。但是，在该点，国内利率低于国外利率水平 $(r_1 < r^*)$，在资本自由流动情形下，资本外流引起的外币需求增加产生外币升值压力，为稳定汇率，央行必须在外汇市场上出售外汇，购进本币，而购进本币恰恰是本国货币供给量的减少，并使 LM_1 沿箭头②所指方向回移。只要国内均衡决定的利率还低于国际利率 r^*，这一过程就会持续下去，直到 LM_1 恢复到 LM_0 的原位置。收入水平也由 Y_1 回到最初的 Y_0。由此可知，在固定汇率制度下，货币政策是无效的。

固定汇率制度下的财政政策效力如何？假定一国政府根据需要进行财政扩张，增加总支出。国内均衡的结果将是利率上升和收入增加。利率的上升使本币具有升值压力，货币当局必须在外汇市场上出售本币，增加本币供给。这说明，财政扩张引发货币扩张，收入水平必定上升。所以，固定汇率下财政政策是有效的。上述过程可由图 15-8 来说明。图中箭头①表示最初的财政扩张使 IS 线由 IS_0 移动到 IS_1，并形成高于世界利率水平 r^* 的国内利率水平 r_1。这一结果造成本币升值压力，并迫使央行扩大货币供给以稳定汇率，于是 LM 线沿箭头②所指方向由 LM_0 向 LM_1 移动。在这一过程中，利率不断下降，收入水平不断上升，直到利率下降到等于国外利率为止。所以，固定汇率下财政政策是有效的。

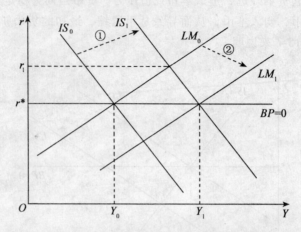

图 15-8   固定汇率制度下财政政策效果（资本完全流动）

固定汇率制度下财政政策之所以有效，是因为有货币政策与之相配合，并且强化了最初的收入增加效果。

（二）浮动汇率制度

在浮动汇率制度下，货币当局没有干预外汇市场的义务，可以实行自主的货币政策，这意味着货币供给量可能不发生变化；但是，汇率却要发生变化，并且汇率的变化还会通过经常账户改变收入水平。首先分析货币政策。货币政策扩张导致的国内利率下降促使本币贬值，如果两国相对价格水平不变，名义贬值的结果是实际贬值，本国商品的出口竞争力上升，收入水平也由此增加，故浮动汇率制度下货币政策是有效的。这一结果由图 15-9 说明：货币扩张使 LM 沿箭头①所指方向由 LM_0 右移到 LM_1，利率下降到 r_1，收入水平上升到 Y_1；利率的下降使本币贬值，经常账户出现顺差，并导致 IS 线往右移动，直到与扩张后的 LM 线和 BP 线交点重合为止，即 IS 沿箭头②所指方向由 IS_0 移动到 IS_1，均衡收入也进一步由 Y_1 上升到 Y_2。所以，浮动汇率下的货币政策是有效的。

再来看浮动汇率下的财政政策。如图 15-10 所示，财政扩张使 IS 由 IS_0 移动到 IS_1，国内均衡利率由 r^* 上升到 r_1，国内收入水平也由 Y_0 上升到 Y_1。但是，较高的国内利率使本币升值，净出口下降，这将使 IS 曲线沿箭头②所指方向往回移动，直到最初的 IS_0 为止。至此，均衡收入水平也由 Y_1 回到最初的水平 Y_0。因此，浮动汇率下的财政政策是无效的。

六、开放经济下财政政策与货币政策的效果：资本完全不流动

在资本完全不流动的情况下，$\sigma = 0$，资本市场不再起调节外部均衡的作用，

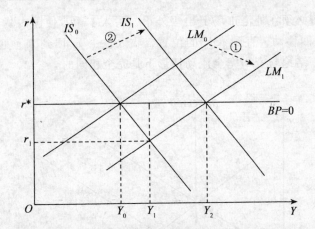

图 15-9 浮动汇率制度下的货币政策效果（资本完全流动）

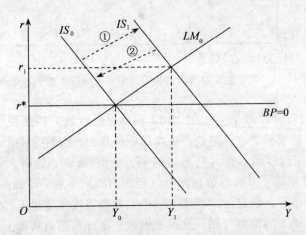

图15-10 浮动汇率制度下的财政政策（资本完全流动）

外部均衡全部由商品市场调节，即 $BP = CA(Y;EP^*/P) = 0$，正如我们在前面的分析中看到的，这时的 BP 是一条与利率无关的垂线。

（一）固定汇率制度下的货币政策和财政政策效果

在固定汇率制度下，政府增加货币供应会导致国内均衡收入水平上升；这又会对外部均衡产生收支逆差，给本币带来贬值压力。为稳定汇率，货币当局必须抛售外币，回收本币，造成货币紧缩。这一过程可通过图 15-11 说明。与资本完全流动下标准的 MF 模型不同，在资本完全不流动情形下，图中的外部均衡表现为对应于某一收入水平的垂线（即图中的 Y_0）。货币扩张使 LM 线由 LM_0 移动到 LM_1，均衡收入水平也由 Y_0 提高到 Y_1（由于利率对外部均衡调节不起作用，我们的分析暂时撇开均衡利率的变化）。收入的增加产生经常账户逆差，并产生本币贬值压力，为支持本币，央行必须在外汇市场上出售外币，买入本币，使国内货币供给量下降，LM 线由 LM_1 向回移动，直到 LM_0 的位置，收入也由 Y_1 回到 Y_0。也就是说，货币政策无效。这一结论与资本完全流动情形下是完全相同的。

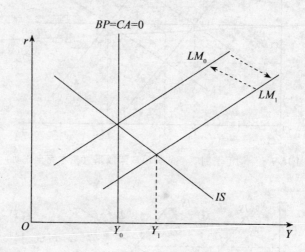

图 15-11　固定汇率制度下的货币政策效果（资本完全不流动）

　　再来看财政政策的效果。如图 15-12 所示，财政政策扩张使均衡收入增加到 Y_1，并给外部均衡带来逆差；逆差产生本币贬值压力，央行为稳定币值，必须紧缩本币，使 LM 往左边移动，直到它与新的 IS_1 与 BP 重合，这时，收入又回到原来的水平 Y_0，也就是说，财政政策也无效（但国内的利率水平却提高了）。为什么在资本完全流动情形下，固定汇率制度有效的财政政策现在变得不起作用了呢？回想一下资本完全流动下的情形可知，在那里财政扩张导致国内利率上升并造成国际收支顺差，本币升值压力使货币当局必须增加货币量以稳定汇率，这就相当于扩张性的财政政策引发了扩张性的货币政策，所以财政扩张政策是有效的。现在情况不同了，财政扩张引起的收入增加使国际收支出现逆差，为稳定汇率，货币当局必须进行货币量紧缩，这就是说扩张性的财政政策引发了紧缩性货币政策，并将最初的扩张效果抵消了。

　　（二）浮动汇率制度下的货币和财政政策

　　在浮动汇率下，货币当局不再为稳定汇率而改变货币供给量；但是，汇率的变化将对 IS 和 BP 起调节作用。首先来看货币扩张政策。在图 15-13 中，货币政策的扩张使收入增加，收入增加使外部均衡产生逆差。但由此产生的逆差会导致本币贬值，这会使 BP 和 IS 同时向右移动，直到与扩张后的货币均衡 LM_1 交于一点。新的均衡收入 Y_1 比原来的均衡收入 Y_0 水平要高。也就是说，货币政策是有效的。财政政策效果也可用类似方法进行分析，这里就不再重复（参见思考题）。

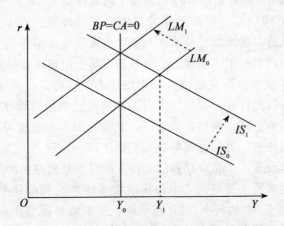

图 15-12　固定汇率制度下财政政策效果（资本完全不流动）

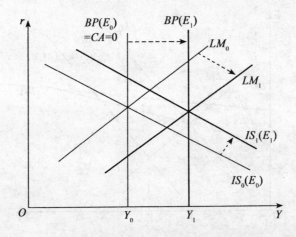

图 15-13　浮动汇率制度下货币政策效果（资本完全不流动）

七、开放经济下财政政策与货币政策的效果：资本不完全流动

资本不完全流动是介于资本完全流动与完全不流动之间的状态，因此，这种状态下的财政政策与货币政策有效性的说明也与前两种情形有关，是前两种情形的结合。尽管如此，资本不完全流动情形下的政策效力说明仍然是最复杂的。在此情形下，IS 和 LM 的形状仍与前两种情形相同，但是，BP 的形状则是介于垂直与平行之间的斜率为正的线段。即如果满足 $0 < \sigma < \infty$，则有 $\dfrac{\mathrm{d}r}{\mathrm{d}Y} = \dfrac{m}{\sigma} > 0$（条件是 $m > 0$）。

（一）固定汇率制度下的货币与财政政策效果

首先分析货币政策。如图 15-14 所示，从初始的均衡点 E 出发，政府采取扩张性货币政策，导致 LM 由初始的 LM_0 沿箭头①向右移动至 LM_1，同时导致国民收入增加到 Y_1，利率下降到 r_1。利率下降带来短期资本外流，资本账户差额被恶化；国民收入增加带来进口量增加，经常账户差额也被恶化。国际收支出现赤字。国际收支赤字意味着国内对外汇需求增加，或外汇市场上出现本币供过于求的情况，外汇汇率存在升值（或本币存在贬值）的市场压力。在固定汇率制下，为了维持汇率的稳定，中央银行抛售外汇，换回本币，导致流通中的货币供给减少，LM 沿箭头②向左移动，利率上升，国民收入下降。利率上升，一方面导致短期资本流入，资本账户差额得到改善；另一方面导致投资的下降，国民收入下降，进口量下降，经常账户差额得到改善，产品市场和国际收支同时恢复到原来的均衡点。在这一过程中，外部失衡的恢复主要是由资本市场（资本账户）调节还是由商品市场（经常账户）调节取决于 BP 的斜率：BP 越平缓，资本市场调节作用越大；反之，BP 越陡峭，资本市场调节作用越小。

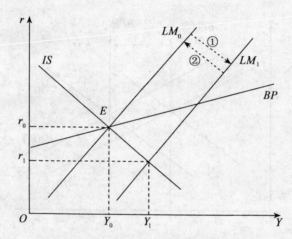

图 15-14　固定汇率制度下的货币政策效果（资本不完全流动）

再来看财政政策。在图 15-15 中，财政扩张使 IS 沿箭头①向右移动到 IS_1，均衡收入和均衡利率都上升。由于利率上升偏离了外部均衡 BP 所要求的水平，汇率存在变动的压力，为维持汇率稳定，货币当局必须干预外汇市场，并改变本币供给量，导致 LM 线发生位置变化。然而，货币当局为调节汇率而改变货币供给的方向则与 BP 和 LM 线的相对斜率假设有关。如果国际资本市场上资本流动程度较低，则外部均衡 BP 比国内货币市场均衡 LM 对利率的变化具有更低的敏感度，故 BP 的斜率要高于 LM 的斜率（如图 15-15 所示）。这时，财政扩张导致的利率上升位于 BP 的下方，低于外部均衡要求的利率水平，本币具有贬值压力，并要求货币当局干预外汇市场，进行货币紧缩，LM 线沿图 15-15 中箭头②的方向往左上方移动，结果是收入水平有所下降，利率则进一步上升，但收入水平（图中的 Y_2）仍高于初始的均衡收入水平 Y_0。

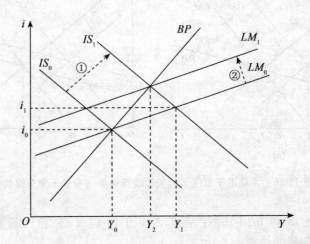

图 15-15　固定汇率制度下的财政政策效果（资本不完全流动）

相反，如果国际资本市场上的资本流动程度足够高，则外部均衡 BP 比国内货币市场均衡 LM 对利率的变化更敏感，LM 的斜率要高于 BP 的斜率。这时，财政扩张导致的利率上升位于 BP 的上方，高于外部均衡要求的利率水平，本币升值压力要求货币当局进行货币扩张，结果是收入水平进一步上升，利率有所下降，但要高于初始的均衡利率水平（请读者自行画图解释这种情况）。

综上所述，如果资本不完全流动，固定汇率制度下财政政策和货币政策都有作用，并且财政政策效果大小与 BP 和 LM 的相对斜率（即外部资本市场和内部货币市场对利率的相对敏感度）有关，BP 越平缓，财政政策效果越明显，当 BP 完全平行时，就转化为标准的 MF 模型，结论也与之完全相同。

（二）浮动汇率制度下的货币与财政政策效果

在浮动汇率制度下，政策效果的分析更为复杂，因为浮动汇率制度下汇率的变化会产生 BP 和 IS 位置的改变。我们仍然先分析货币政策的效果。如图 15-16（a）所示，货币扩张（如箭头①所示）使利率水平低于外部均衡要求的水平，并导致本币贬值，结果 IS 和 BP 都向外移动（体现为图中的箭头②），直到三者重新交于一点，并产生 Y_2 的收入水平。如果 BP 和 LM 初始的相对斜率发生逆转，如图 15-16（b）所示，收入变化的结果仍然不变（读者可自行解释）。

浮动汇率下的财政扩张政策的效果如图 15-17 所示。图 15-17（a）是 BP 斜率小于 LM 斜率的情形。财政扩张造成国内均衡利率高于外部平衡要求的利率水平，因而产生本币升值。本币升值导致本国商品市场上的国际竞争力下降，经常账户出

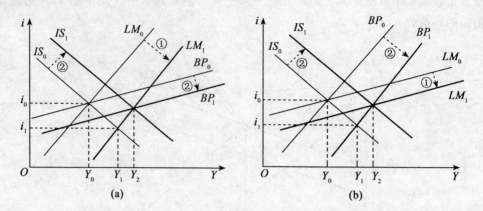

图 15-16 浮动汇率制度下的货币政策效果 (资本不完全流动)

现逆差。这将使 IS 和 BP 同时往左移动 (图 15-17 (a) 中的箭头②), 并在点
(r_1, Y_1) 处达到新的均衡。

图 15-17 (b) 则是 BP 斜率大于 LM 斜率的情形。财政扩张 (箭头①所指向的
加粗点画线) 造成国内均衡利率低于外部平衡要求的利率水平, 因而产生本币贬
值。本币贬值导致本国商品市场上的国际竞争力上升, 经常账户出现顺差。这将使
IS 和 BP 同时往右移动 (图 15-17 (b) 中箭头②所指), 并在点 (r_1, Y_1) 处达到
新的均衡, 该点也是三条线在原来的 LM_0 上相交的一点。

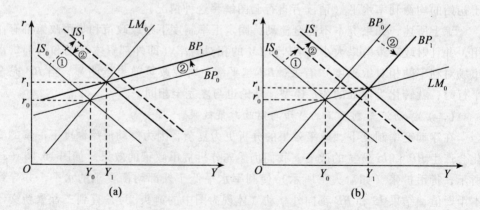

图 15-17 浮动汇率制度下的财政政策效果 (资本不完全流动)

综上所述, 如果资本不完全流动, 浮动汇率制度下两种政策也都有效力。同
样, 政策效果的大小取决于国内货币市场均衡与外部均衡对利率的相对敏感度。

第二节　开放经济下的政策目标

政策目标就是通过政策实施要达到的目的。政策目标的具体内容取决于不同的研究中对政府目标函数的假定。在开放经济中，传统的宏观政策目标假设为充分就业、价格稳定，经济增长、国际收支平衡。前三个目标属于内部目标，第四个则是外部目标。外部目标从属于内部目标，因为前者是后者在开放经济情形下衍生的。

一、内部政策目标

1. 充分就业

内部政策目标包括充分就业、价格稳定和经济增长。所谓充分就业，是指除了摩擦失业和自愿失业以外所有愿意工作的人都按他们愿意接受的工资找到职业的一种经济情况。充分就业的一般含义是指一切生产要素都有机会以自己愿意接受的报酬参加生产过程的状态。根据充分就业的定义，我们不难看出，宏观经济学关心的是非自愿失业人数与劳动力人数的比率，这一比率即为失业率。而自愿失业和摩擦失业的人数之和与劳动力人数的比率被视为自然失业率。一个经济体系是否实现充分就业是决定该经济体系运行是否有效率的主要指标，因为只有在充分就业状态下，该经济体系才可能有效地动员其可用资源生产出更多的国民财富。所以，对于一个旨在增加本国国民财富的政府来说，消除失业、实现充分就业必定是其内部政策的重要目标，并且不会因开放经济而有所改变。

充分就业目标不仅是公益性政府假设下的必然结果，而且也是政治经济假设下的内生政策的必然取向。因为失业者为了自己的利益，往往（通过游行等政治活动）向政府施加压力，迫使政府采取措施改善就业环境以增加就业。而且，失业严重时还会引发社会动荡和政治危机，这更是政府所不愿看到的。

2. 价格稳定

价格稳定，就是指价格水平的稳定，价格水平是指一组商品绝对价格的加权平均值，所以，价格水平稳定表现为价格指数的稳定。价格指数的变化反映了通货膨胀（或通货紧缩）状态。衡量通货膨胀的指标是通货膨胀率，即价格指数的变动比率。用公式表示为：

$$\pi_t = (P_t - P_{t-1}) / P_{t-1}$$

价格稳定之所以成为政府目标（这里的政府是广义的，即包括中央银行，因为货币政策通常为中央银行所掌握，在发达国家尤其如此），是因为无论通货膨胀还是通货紧缩，都会对经济产生不利影响。通货紧缩会导致经济紧缩和失业，因而影响充分就业目标的实现；经济紧缩和衰退还将直接影响政府的经济增长目标。更多的情形是政府受通货膨胀的困扰，尤其是严重的通货膨胀。尽管通货膨胀对经济的影响有不同的理论观点，但流行的观点仍然认为通货膨胀是有害的。通货膨胀的不利影响反映在以下几方面：

在通货膨胀的情况下，货币本身的价值缺乏应有的稳定性，出现了磨鞋成本、菜单成本等。当出现通货膨胀时，消费者的价格搜寻成本增加（买东西就要跑多家商店去比较价格），还要到银行去提存款，这就是所谓的磨鞋成本（Shoe Leather Cost）。菜单成本（Menu Cost）是指高通货膨胀使得企业面对价格变化要不断改变自己的报价，并向客户发布。所有这些成本都使得经济主体在作决策时面临很高的不确定性，因此降低了宏观经济运行的效率。

通货膨胀产生再分配效应。由于市场上出现的各种价格信号都在不同程度上受到扭曲，因此货币的基本职能得不到正常发挥，无法为社会提供一种被人们普遍接受的共同价值标准，从而使得各种合约尤其是长期合约（不管是借贷性的还是服务性的）都不具有稳定性。首先，通货膨胀在债务人和债权人之间产生了再分配作用。通货膨胀的加剧使借贷契约关系中的债务人受益，而债权方因为货币的购买力下降而受损，阻碍了信用制度的发展。其次，不仅仅借贷关系有可能受到通货膨胀的侵蚀，整个国民经济都会由于未预期到的通货膨胀所导致的财富在人们之间的不合理分配而受到影响。那些名义收入与某种物价指数挂钩或薪金能定期做出调整的阶层的实际收入水平将不会受到影响，甚至往往从通货膨胀中获益，这些人的货币收入会走在价格水平和生活费用上涨之前。但是，对于依靠固定工资或其他固定货币收入（如退休养老金、抚恤金等）维持生活的人，他们的收入是固定的，其实际收入因通货膨胀而减少，通货膨胀使这些人的购买力下降，从而恶化他们的生活水平。

3. 经济持续均衡增长

经济增长是指在一个特定时期内经济社会所生产的人均产量和人均收入的持续增长，通常用一定时期内实际国内生产总值（GDP）年均增长率来衡量。这样的衡量方式可能有很多局限，例如，非市场交易活动难以得到反映，人们的生活舒适度、生活的环境质量无法得到反映，财富分配状况无法得到反映等。尽管如此，人均 GDP 水平及其增长速度仍然是从整体上反映和衡量一国富裕程度和福利增进程度的最基本的综合指标。

二、外部政策目标

外部政策目标表现为外部均衡，即国际收支的均衡。均衡是自主经济活动力量在市场行为中的稳定状态。相对于国际收支平衡而言，国际收支均衡时可能是平衡的，也可能是不平衡的。例如，经常账户逆差可能是（无政府干预下的）均衡状态，但不是平衡状态。然而，几乎没有哪个国家任其外部均衡由市场力量实现，因为外部均衡状态会影响内部政策目标的实现。于是，外部均衡多少含有价值判断，可以将其定义为与一国宏观经济相适应的合理的国际收支结构，或者更具体地，与一国宏观经济相适应的合理的经常账户差额。经常账户赤字固然会引发债务危机等偿还问题，经常账户盈余也会面对贷款无法收回的损失，还容易成为巨额贸易赤字国家实行歧视性贸易保护措施的对象。因此，除非有显著的证据表明跨期贸易将带来巨大收益，否则政府一般应该避免过大的顺差或逆差。

确定"合理"的经常账户差额的标准主要有两条。

（1）经济理性：包括时间偏好和资本边际收益率的国际差异。

时间偏好表现为一国国民储蓄率的高低。偏好即期消费的国家储蓄率低，只有较高的利率才能诱使人们储蓄，因此利率较高；而偏好未来消费的国家储蓄率较高，较低的利率即可产生足够的储蓄，因此利率较低。当各国时间偏好存在差异时，偏好即期消费的国家应在当期追求经常账户赤字，以便从外部获得更多资源；而偏好未来消费的国家应当在当期追求经常账户盈余，以便为后期积累外部消费资源。

（2）可维持性：可维持性是一个跨期预算约束问题。

本期的债权债务在未来的到期日总要结清，所以，以资金流入形成的债务必须在将来某一时期偿还，也就是说，逆差是不能永久维持下去的，本期逆差总要从以后各期的顺差中进行补偿。以两个时期为例，假设某国第一期产生经常账户赤字，即第一期净外国资产为：

$$B_1 = Y_1 - C_1 = CA_1 < 0$$

第二期净外国资产为：

$$B_2 = B_1 + iB_1 + CA_2 = (Y_1 - C_1)(1 + i) + (Y_2 - C_2)$$

因为第二期末该国"寿命"结束，因此有 $B_2 = 0$，根据此条件可得到：

$$(Y_1 - C_1) = -\frac{Y_2 - C_2}{1 + i} \quad \text{或} \quad C_1 + \frac{C_2}{1 + i} = Y_1 + \frac{Y_2}{1 + i}$$

这表明，本期经常账户逆差是下期经常账户顺差的贴现，或者一国跨期预算约束的条件是总消费的贴现值必须等于总国民收入的贴现值。因此，跨期预算约束条件意味着一定时期内的经常账户赤字必须通过以后的经常账户盈余加以弥补，否则该赤字就是不可维持的。外部均衡要求赤字应在可维持范围内。

第三节 开放经济中的政策工具效力与搭配

开放经济下政府要实现充分就业、物价稳定、经济增长和收支平衡四大政策目标，可利用的政策手段除了传统的财政政策和货币政策外，还有主要针对实现外部均衡的汇率和贸易政策。如果用少量的政策工具去实现多量的政策目标，就会遇到多种政策目标之间的冲突。如果实现外部均衡的政策工具受到限制（就像在布雷顿森林体制下那样），要用传统的财政和货币政策同时实现内部与外部均衡，而同时又要避免政策目标冲突，就必须对政策工具和目标进行合理的搭配。

一、开放经济下的政策目标冲突：米德冲突

第二次世界大战后至 1973 年，根据布雷顿森林体系的安排，各国实行的是可调整的钉住汇率制。尽管 IMF 的章程规定，当一国外部经济处于根本性不平衡（Foundamental Disequilibrium）时，英国经济学家米德于 1951 年最早提出了固定汇率制下的内外均衡冲突问题，被称为"米德冲突"。在米德的分析中，内外均衡的冲突一般是指在固定汇率下，在失业增加、经常账户逆差或通货膨胀、经常账户盈余这两种特定的内外经济状况组合下，用一种政策工具同时解决两个目标，会使决策者面临两难处境，"米德冲突"所描述的正是这一矛盾。如图 15-18 所示，在该图中的 II 区，国际收支逆差与通货膨胀同时发生，可采取紧缩性的政策来调节内外经济。在 IV 区国际收支顺差与失业衰退同时发生，可采取扩张性的政策来调节内外经济。但是在 I 区和 III 区，支出增减政策将陷入左右为难的困境：扩张政策缓解顺差压力的同时加剧了通货膨胀，紧缩政策则在缓解逆差的同时加剧了失业。

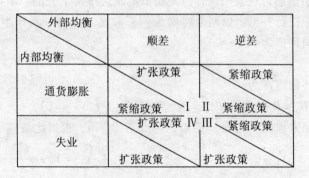

图 15-18　米德冲突

二、开放经济中政策目标冲突的解决方法

面对政策目标的冲突，经济学家从理论上探讨并设计了各种解决冲突的方法。传统的理论方法包括两类：一类是政策目标与政策工具数量的规定，即"丁伯根原则"；另一类是政策目标与政策工具的结构规定，即有效政策搭配。

（一）"丁伯根规则"

宏观经济管理实际上是一个首先确定经济目标，然后选择足够多的政策工具，并设定这些政策工具的适当量值（Magnitude）以使这些目标顺利实现的过程。经济政策理论中有一个著名的命题，即要想顺利达到所设定的经济目标，政策工具的

数量或控制变量数至少要等于目标变量的数量；如果可供使用的政策工具少于独立的经济目标的数量，政府就不得不在边际的意义上做出选择，舍弃某个（或某些）目标。这个有效政策工具和经济目标的结构框架，最先是由荷兰经济学家丁伯根（Jan Tinbergen）创立的。丁伯根还指出，在面临着多种经济目标需要实现和多种政策工具可供使用时，一国政府必须确定哪一种政策工具对实现其中的某一项经济目标的作用是最佳的。在做出决定时必须注意，在有些情况下，针对某一项特定经济目标的政策工具在实施过程中可能会帮助该国靠近其他的经济目标；而在另一些时候，却会将一国推得离其他经济目标更远。鉴于丁伯根提出的经济目标和有效政策工具的框架结构对各国经济的宏观调控具有鲜明的政策含义，他荣获了1969年的诺贝尔经济学奖。

　　"政策工具至少要和政策目标一样多"的命题可用下述方法证明。假定每一种政策目标相对于各种政策工具都是线性的，那么目标 i 对于所有的工具 J 可以表示为

$$O_i = \sum_{j=1}^{n} T_j$$

　　对于 m 个不同的目标（$i = 1, 2, \cdots, m$），它们对各种政策工具的线性组合构成下述线性方程组，

$$O_1 = T_1 + T_2 + \cdots + T_n$$
$$O_2 = T_1 + T_2 + \cdots + T_n$$
$$\cdots$$
$$O_m = T_1 + T_2 + \cdots + T_n$$

　　要使 n 个政策工具对 m 个目标同时有效，要求该方程组有唯一解。如果 $m > n$，即可用的政策工具少于政策目标的数量，方程组可能无解，也就是说，m 个目标不可能同时实现；如果 $m \leqslant n$，则方程组有唯一解或无穷多解，意味着可以实现给定的一组目标或任意一组目标，于是上面的命题得到证明。

　　（二）有效市场分类原则

　　按照"丁伯根规则"，政策制定者必须掌握不少于目标数量的政策手段。但是，存在足够的政策工具只是有效实现政策目标的必要条件而不是充分条件。在足够的政策工具数量条件下，要有效地实现政策目标还要求将不同的政策工具在各政策目标之间进行合理的分配。有两种理论给出了政策的有效搭配规则：蒙代尔的支出增减政策（财政政策和货币政策）在实现内外均衡目标的搭配以及斯旺的支出增减和支出转换政策在实现内外均衡目标的搭配。

　　对于"米德冲突"命题，蒙代尔认为，由于不同的政策工具对不同的目标有着不同的调节速度，通过分配给财政政策以内部平衡的任务，而分配给货币政策以外部平衡的任务，或是根据具体情况将二者适当搭配的办法来解决，可以更有效地实现内外部均衡目标。因为财政政策通常对国内经济的作用大于对国际收支的作

用，而货币政策则对国际收支的作用大于对国内经济的作用。这一解决办法被称为"蒙代尔分配原则"。这种政策搭配可由图 15-19 来说明。图中纵轴 r 表示利率水平，均衡利率水平主要受货币政策操作的影响，所以可以用它代表货币政策效应；横轴表示政府净支出（$G-T$），代表财政政策效应。IB 曲线为内部平衡线，FB 曲线为外部平衡线。

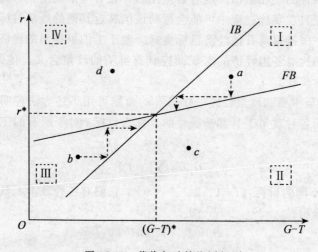

图 15-19　蒙代尔政策指派规则

内部均衡线 IB 正的斜率基于下述理由：财政扩张使收入水平上升，要保持内部均衡即收入水平不变，要求利率上升以抑制投资需求，对应于货币政策就是紧缩银根。外部均衡线 FB 的正斜率是因为，如果财政扩张使收入水平上升，就会导致经常账户逆差；这时，只有提高利率水平，吸引更多的资本流入，才能继续维持外部平衡。FB 与 IB 相比更为平坦，是因为外部均衡对利率变化更敏感，而内部均衡对财政政策更敏感。

如果存在一点 a 位于区域Ⅰ，则该点在外部均衡线以上，表示实际利率水平高于均衡时要求的利率水平，国际收支表现为顺差；同时，该点又在内部均衡线以右，表示实际的财政支出水平高于内部均衡所要求的支出水平，内部存在通货膨胀。如果这时采取扩张性的货币政策和紧缩性的财政政策搭配方案，经济状态就会由 a 点沿箭头方向移向内外部的共同均衡点。反之，如果做相反的指定，即用财政政策调节外部失衡，用货币政策调节内部失衡，那么，经济状态处在 a 点时，应采取扩张性的财政政策消除顺差，经济由 a 点往右移动；同时应采取紧缩性的货币政策消除通胀，使经济由 a 点往上移动，两者共同作用的结果是经济状态往右上方移动，离共同的均衡点越来越远。

如果经济位于区域Ⅲ中的一点 b，则该点在外部均衡线以下，表示实际利率水平低于国际收支均衡时要求的利率水平，国际收支表现为逆差；同时，该点又在内部均衡线以左，表示实际的财政支出水平低于内部均衡所要求的支出水平，存在经济紧缩。如果这时采取扩张性的财政政策和紧缩性的货币政策搭配方案，经济状态就会由 b 点沿图中所指的箭头方向移向内外部的共同均衡点。反之，在相反的指定下，即用财政政策调节外部失衡，用货币政策调节内部失衡，那么，经济状态处在 b 点时，应采取紧缩性的财政政策消除逆差，经济由 b 点往左移动；同时采取扩张性的货币政策消除紧缩，使经济由 b 点往下移动，两者共同作用的结果是经济状态往左下方移动，离共同的均衡点也是越来越远。

　　如果经济位于区域 Ⅱ 中的一点 c，则表示通胀压力与收支逆差并存，两种政策都要求紧缩；如果经济位于区域 Ⅳ 中的一点 d，则表示紧缩压力与收支顺差并存，两种政策都要求是扩张性的。

　　图 15-19 中的 IB 和 FB 也可分别用公式表示为：

$$IB: Y = C + I\left[r\left(M\right)\right] + \left(G - T\right)$$
$$FB: EX - IM\left[Y\left(G - T\right)\right] = -K\left[r\left(M\right)\right]$$

其中 $r\left(M\right)$、$Y\left(G-T\right)$ 分别表示货币政策对利率的调节和财政政策对收入的调节（M 表示货币量，IM 表示进口量）。K 定义为资本流入，是利率的增函数。IB 和 FB 两边分别就利率 r 和财政支出 $G-T$ 求微分，于是得到：

$$IB: 0 = \frac{\mathrm{d}I}{\mathrm{d}i}\mathrm{d}r + \mathrm{d}\left(G - T\right)$$

$$FB: -\frac{\mathrm{d}\left(IM\right)}{\mathrm{d}Y}\frac{\mathrm{d}Y}{\mathrm{d}\left(G-T\right)}\mathrm{d}\left(G-T\right) = -\frac{\mathrm{d}K}{\mathrm{d}i}\mathrm{d}r$$

经整理可得：

$$\left.\frac{\mathrm{d}r}{\mathrm{d}\left(G-T\right)}\right|_{IB} = -1\Big/\underbrace{\left[\frac{\mathrm{d}I}{\mathrm{d}r}\right]}_{(-)} > 0$$

$$\left.\frac{\mathrm{d}r}{\mathrm{d}\left(G-T\right)}\right|_{FB} = \left[\overbrace{\frac{\mathrm{d}\left(IM\right)}{\mathrm{d}Y}}^{(+)}\overbrace{\frac{\mathrm{d}Y}{\mathrm{d}\left(G-T\right)}}^{(+)}\right]\Big/\underbrace{\left[\frac{\mathrm{d}K}{\mathrm{d}r}\right]}_{(+)} > 0$$

　　这就证明了在利率和财政支出两变量内，内部均衡和外部均衡的斜率均为正。如果将 r 替换为货币政策的直接工具变量 M，由于存在 $\mathrm{d}r/\mathrm{d}M < 0$ 关系，则上述均衡线的斜率均为负：

$$\left.\frac{\mathrm{d}M}{\mathrm{d}\left(G-T\right)}\right|_{IB} = -1\Big/\underbrace{\left[\frac{\mathrm{d}I}{\mathrm{d}M}\right]}_{(+)} < 0$$

$$\left.\frac{\mathrm{d}M}{\mathrm{d}\left(G-T\right)}\right|_{FB} = \left[\overbrace{\frac{\mathrm{d}\left(IM\right)}{\mathrm{d}Y}}^{(+)}\overbrace{\frac{\mathrm{d}Y}{\mathrm{d}\left(G-T\right)}}^{(+)}\right]\Big/\underbrace{\left[\frac{\mathrm{d}K}{\mathrm{d}M}\right]}_{(-)} < 0$$

其图像则具有如图 15-20 的形态：

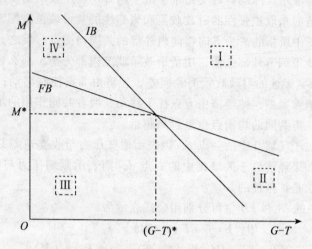

图 15-20　蒙代尔指派规则（以 M 为变量）

政策搭配论的主要贡献在于为政府解决内外经济失衡问题提供了理论上的有力支持。但在现实操作中，由于各国在制定和实施各项政策时不仅要考虑各种社会政治经济因素和社会各阶层的利益，还要顾及外国可能做出的反应，"蒙代尔分配原则"的实施往往会遇到很大的困难。尤其是在对资本流动实行不同程度的限制的情况下，实施货币政策和财政政策的调节效果具有很大的差别。因此，并没有一个可以普遍适用的调节模式。

（三）斯旺模型

1963 年澳大利亚人特雷弗·斯旺（Trever W. Swan）将丁伯根的理论运用于开放经济的宏观调控分析，并对其一般原则进行图解，提出了一个为同时实现两个经济目标（内部平衡和外部平衡）而至少需要实施两种政策工具（支出增减政策和支出转换政策）的模型。在斯旺展示的理论框架中（见图 15-21），纵轴的汇率（E）代表政府的支出转换政策，即 E 上升指本币贬值或外币汇率上涨，E 下降指本币升值或外币汇率下跌。如果名义汇率变动与实际汇率变动是一一对应的话，这实际上就是相对价格体系的调节，这类政策调节主要用来实现外部经济平衡。横轴的国内实际支出（D）代表政府的支出增减政策，即 D 增大指政府在采取扩张性的财政政策或货币政策，而 D 减小则是指紧缩总需求的宏观经济政策（总需求政策既包括财政政策，也包括货币政策）。

在图 15-21 中，EB 曲线上的各点表示的是外部平衡，与蒙代尔政策指派所用的外部均衡不同的是，此处的外部平衡仅指经常账户的平衡，不包含资本账户。EB 曲线呈正斜率的经济意义在于，当外币汇率升高（本币贬值）时，在马歇尔-勒

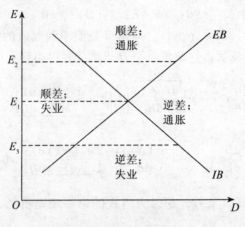

图 15-21 斯旺模型

那条件得到满足的情况下，本国的贸易收支会表现顺差。因此，必须配合以国内吸收（Domestic Absorption）的扩大，以便提高国民收入和增加引致性进口，并使进口的增加正好抵消出口的扩大，从而重新恢复经常账户的平衡；反之，当外币汇率下降（本币升值）时，为消除贸易逆差重新恢复外部经济均衡，国内的实际开支必须缩减。由此可确认，所有落在 EB 曲线左上方的点都代表着外部经济顺差，而在 EB 右下方的点则意味着存在逆差。同样，IB 曲线反映了能实现内部经济平衡的各种政策组合。IB 曲线呈负斜率，向右下方倾斜。因为 E 下降（本币升值）导致一国的出口减少，国内失业增加，因此，为重新恢复内部经济平衡，国内吸收或支出必须扩大。如果 D 的增幅不够大，失业人口虽有所减少，但仍有一部分工人找不到工作；反之，如果国内开支增加过大，又会导致需求拉动的通货膨胀。只有适当的支出增加才能使国内均衡得以恢复。由此可见，所有落在 IB 曲线左下方的点都是指经济运行中存在着失业，而右上方的所有的点都代表着国内发生了通货膨胀。

在上述模型中，EB 曲线与 IB 曲线的相交点代表着一国同时实现了外部平衡和内部平衡，这是国民经济运行处于理想的均衡状态。除此之外，所有偏离内外同时均衡的情况都被划分在四个区域之内，不同区域的非均衡需要使用不同的政策组合（Policy Mix），才能使一国经济重新恢复均衡。这便是斯旺模型的政策含义所在。同时，斯旺模型还揭示了这样一个道理：只有一个汇率水平（图中的 E_1）能允许一国经济同时实现内外平衡。假如政府将其货币汇率钉在一个错误的水平上（譬如说，是本币汇率高估的 E_3 或者是本币低估的 E_2）而又不愿意加以改变，那么，该国国内的实际支出水平无论怎样调节，都不可能同时实现两个平衡。

上述 EB 和 IB 也可以表示为下述形式：

$$IB: Y = C + I + D + NX \ [E; \ Y \ (D)]$$

$$EB: NX \ [E; \ Y \ (D)] = 0$$

其中 $NX \ (E; \ Y)$ 表示净出口，净出口是汇率和收入的函数。分别对公式两边就汇率 E 和财政（或货币）政策水平 D 求微分，可得到：

$$\frac{\mathrm{d}D}{\mathrm{d}E}\bigg|_{IB} = -\left[\overset{(+)}{\overbrace{\frac{\mathrm{d} \ (NX)}{\mathrm{d}E}}}\right] \bigg/ \left[1 + \underset{(+)}{\underbrace{\frac{\mathrm{d} \ (NX)}{\mathrm{d}Y}\frac{\mathrm{d}Y}{\mathrm{d}D}}}\right] < 0$$

$$\frac{\mathrm{d}D}{\mathrm{d}E}\bigg|_{EB} = -\left[\overset{(+)}{\overbrace{\frac{\mathrm{d} \ (NX)}{\mathrm{d}E}}}\right] \bigg/ \left[\underset{(-)}{\underbrace{\frac{\mathrm{d} \ (NX)}{\mathrm{d}Y}\frac{\mathrm{d}Y}{\mathrm{d}D}}}\right] > 0$$

式中 $\frac{\mathrm{d} \ (NX)}{\mathrm{d}Y}\frac{\mathrm{d}Y}{\mathrm{d}D}$ 具有负号，是因为因式的第一项是负的，即收入增加净出口（表示外部均衡）下降；$1 + \frac{\mathrm{d} \ (NX)}{\mathrm{d}Y}\frac{\mathrm{d}Y}{\mathrm{d}D}$ 的符号为正是因为 $0 < \left|\frac{\mathrm{d} \ (NX)}{\mathrm{d}Y}\frac{\mathrm{d}Y}{\mathrm{d}D}\right| < 1$，具体地说，若不考虑乘数效应，有 $\frac{\mathrm{d}Y}{\mathrm{d}D} = 1$，而 $\left|\frac{\mathrm{d} \ (NX)}{\mathrm{d}Y}\right| < 1$，这是因为收入的增加只是通过边际进口倾向影响净出口。上述推导进一步证明图 15-21 曲线斜率的正确性。

小　结

　　与封闭经济不同，开放经济下不仅存在内部均衡问题，而且存在外部均衡问题。两种均衡以及货币政策、财政政策对均衡的调节集中反映在 IS-LM-BP 模型中，或称蒙代尔-弗莱明模型。IS-LM-BP 模型实际上是在封闭经济 IS-LM 模型的基础上增加表示外部均衡的条件（BP 曲线）。在小国开放经济和资本完全流动情形下，本国利率是由国际市场利率决定的。此时的财政与货币政策效果取决于汇率制度。在固定汇率制度下，由于货币政策被绑定在汇率政策上，调节收入和利率的作用失效；财政政策则可以很好地发挥作用。在浮动汇率制度下，财政政策变动导致国内利率水平变动并引起汇率变化，汇率变化通过调节净出口抵消了政策最初对收入的影响，所以财政政策无效；货币政策则可能通过影响国内利率和汇率，对收入调节有较好的效果。如果资本不完全流动或完全不流动，上述结论就要根据不同的情形做修改。如果资本不完全流动，浮动汇率制度下两种政策也都有效力。同样，政策效果的大小取决于国内货币市场均衡与外部均衡对利率的相对敏感度。

　　开放经济中内部均衡与外部均衡有时会产生冲突。要化解这种冲突不仅要求有足够的政策手段，而且还要对这些政策手段在不同的政策目标之间进行合理的搭配。蒙代尔指派法则和斯旺模型就是探索这种合理搭配的模型。

思考与练习

1. BP 曲线的斜率是由什么因素决定的？在什么情况下是水平的？在什么情况下是垂直的？

2. 汇率的变化（如本币贬值）对 BP 曲线有什么影响？

3. 蒙代尔政策指派规则是什么样的政策指派？为什么这种指派是有效的？

4. 斯旺模型中的外部均衡的含义是什么？用什么政策进行调节内部均衡与外部均衡？在两种调节目标上如何分配这些政策？

5. 开放经济下的 IS 曲线与封闭经济的 IS 曲线有何区别？

6. 请推导 BP 曲线中外生性净出口 g 的变化对 BP 位置的影响，并说明这种影响的经济意义。

7. 在图 15-4 中，IS 曲线不在 BP 和 LM 交点时，出现内部均衡与外部均衡不一致，正文分析了 IS 向左移动的原因。请解释在浮动汇率制度下为什么是 IS 移动而不是 BP 和 LM 的移动？

8. 在图 15-13 中分析了资本完全不流动、浮动汇率制度下货币政策效果，同样的经济状态下，财政政策会产生什么结果？

第十六章　汇率制度与国际货币体系

从上一章的内容可以看出，一个国家要调节内部失衡和外部失衡，什么样的汇率制度是至关重要的。一个国家的汇率制度选择有两种典型形式，即固定汇率制度和浮动汇率制度，本章的第一个任务就是考察两种汇率制度的优劣。汇率制度并非僵化为固定与浮动两种极端形式，所以接下来我们要考察其他形式的汇率制度形式。汇率制度的影响往往不是一个国家单方面选择的结果，它与其他国家的选择也有紧密的联系，这就涉及国际货币政策的合作及国际货币制度的创建。最优货币区理论是区域货币一体化的重大理论创新，这种理论的实践则是欧洲货币。这是本章要考察的第二方面的内容。最后，本章将沿历史发展的顺序考察国际货币体系的沿变，并介绍国际货币政策合作理论。

第一节　汇率制度

在 20 世纪 90 年代，国际金融领域发生了两大重要事件：一是东南亚货币危机，二是欧盟经济体欧元的诞生。在东南亚金融危机中，泰国、马来西亚、印度尼西亚、菲律宾等发展中国家的经济受到巨大冲击，甚至连韩国、日本、中国台湾、中国香港这样有着较强经济实力的经济体也备受金融危机之苦。经济学家大都将危机归咎于东南亚国家实行的"钉住汇率制度"。自 1999 年 1 月 1 日起，欧盟在部分成员国之间正式启动欧元货币，2002 年 7 月 1 日起，欧元正式取代各创始成员国的货币进入这些国家的流通，成为欧元区唯一的法偿货币。这是国际货币史上的一个里程碑，是国际货币区域一体化的成功典范，它给欧盟经济一体化、政治一体化及欧盟的经济增长带来深刻的影响。这两个事件都与汇率制度有关，从这两个事件可以看出汇率制度对一国、一地区乃至世界经济的影响。

一、固定汇率与浮动汇率的优劣

（一）固定汇率与浮动汇率制度的运作

汇率制度是国际货币体制的核心内容，它的主要形式有两种，即固定汇率制度和浮动汇率制度。在金本位（或与金本位有关的）制度下，固定汇率制度是按货币的含金量作为制订汇率的基准，根据不同货币的含金量对比，制订出不同的汇率，只要货币的含金量不变，汇率就不会变化（如前所述，至少变化不会超出黄金输送点）；但是，在现代信用货币制度下，各国货币都不再规定本国货币的含金量，固定汇率如何实施呢？在纯粹的信用货币制度（纸币制度）下，固定汇率是由一国的货币当局来维持的。它维持固定汇率的方法是：宣布一个本国货币与其他货币的兑换率（这个货币就是关键货币），并且按照宣布的兑换率买卖任意数量的外汇。这样，如果外汇市场上交易的汇率与货币当局宣布（承诺）的汇率不一致，就会出现套利，套利使得汇率稳定在货币当局预先承诺的汇率水平上，使汇率具有稳定性。

例如，假定中国实行固定汇率，将美元与人民币的兑换率稳定在 1：8.00 的水平，也就是说，如果外汇市场上美元与人民币不是 1：8，就会有套利机会。假设外汇市场的交易汇率是 1：7.90，美元低于固定汇率的目标水平，市场上的交易者就可以在市场上以人民币 7.90 元的价格购买 1 美元，然后将 1 美元以 8.00 元的价格卖给中国人民银行（中国的中央银行），交易的结果是，中国人民银行增加了 1 美元的资产，同时增加了 8 元人民币的负债①，即增加了 8 元人民币的发行量。只要外汇市场上美元汇率低于中国人民银行的目标汇率，外汇市场的交易者在套利动机的驱动下就会不停地在外汇市场上购进美元，再将其卖给中国人民银行。这样，随着市场上对美元需求的增加，美元价格会越来越高；人民币供给越来越充足，相对于美元的价格越来越低，最后，套利作用使市场汇率与固定汇率目标相一致。在这一过程中，货币当局显然是被动的。如果货币当局主动干预（前面有关章节中谈到货币当局的干预时，就是指的这种情形），结果是一样的。在上面的例子中，如果汇率低于货币当局的目标汇率水平，它将在外汇市场购买美元，同时也是向外汇市场投放人民币，结果，随着美元需求的增加，人民币供给的增加，美元价格逐渐上升，直到达到 1：8.00 的目标汇率水平。同样的道理，如果美元价格一开始高于 1：8.00，相反过程的调整就会发生，如市场汇率为 1：8.10，这时，套利者将会以 1：8.00 的价格向中国人民银行购买美元，并以 1：8.10 的价格在外汇市场出售，每 1 单位美元可以赚得 0.1 元人民币。这样，市场上美元供给不断增加，美元价格就会下跌，直到它等于目标汇率水平 1：8.00。

浮动汇率制度指的是政府不规定本国货币与外国货币的黄金平价，不规定汇率波动的上下限，货币当局也不再承担维持某一固定水平的汇率的义务，市场汇率由外汇市场供求力量自行决定。

（二）固定汇率与浮动汇率制度的优劣比较

两种货币制度孰优孰劣的争论由来已久，事实上，两者各自在不同的方面有自

---

① 货币发行是货币当局的负债，与一般债务证书不同的是，债权人（货币持有者）无法直接向债务票据发行人求偿。而且也没有到期日（其他债务也有无到期日的情形）。

己的缺点,而在另外一些方面有自己的优点,下面我们将从不同的角度给出两种汇率制度的表现。

1. 货币纪律的约束性与货币政策的灵活性

固定汇率制度的选择实质上是货币当局的汇率承诺,如果这种承诺是可信的,货币当局就不可能再根据非汇率目标改变货币量,也就是说,它不能再有除稳定固定汇率之外的其他政策目标,否则,它稳定汇率的政策目标就难以实现,它的固定汇率承诺就再没有可信性。原因很简单,如果货币当局根据其他经济政策目标调整货币供给量,这将影响国内利率,进而影响汇率,如果它回过来再纠正汇率,就会将原来的货币供给变动自动抵消,非汇率目标也就无法实现。

固定汇率使本国货币政策与伙伴国的货币政策捆绑在一起,例如,如果伙伴国实行稳定的货币政策,汇率没有变动的压力,本国的货币当局就不用干预外汇市场,也用不着改变货币供给量,因为伙伴国的货币政策是本国货币当局或本国政府不可控的,这就使本国货币当局不可能根据自己的意志随意改变货币供给量,因而货币政策的可信度增加。但是,固定汇率也意味着货币当局不能根据国内经济运行的需求制订适当的货币政策,使货币政策失去灵活性。

与固定汇率制度相反,在浮动汇率制度下,货币当局不受固定汇率目标的约束,可以根据需要灵活地掌握货币量以调节经济运行,有了自主的货币政策。但是,自由处置的货币政策很容易导致货币当局失去约束,导致货币量供给过多,产生通货膨胀。这也使政府的货币政策失去可信性。

2. 对贸易与投资的促进作用

在固定汇率制度下,汇率是不变的和可预测的。无论是贸易商还是跨国投资者,都能比较准确地预测自己的未来收益。例如,一日本贸易商与美国贸易商签订10 000美元的出口合约,签约时美元兑日元的汇率为1:120。显然,日本的出口商要根据汇率计算它这笔出口的日元收益。如果美元与日元汇率是固定的,如固定在1:120,他知道他的这笔交易给他带来的日元收益是1 200 000日元。假定只有在这个收益水平下,他的出口生意才是合算的,那么,他在签订贸易合约时就不必考虑(不必担心)汇率变化给自己带来的(不利)影响。同样,如果海外投资者知道汇率是稳定的,他也不用担心汇率变化对未来投资收益的不利影响。因此,固定汇率有利于贸易和投资。

在浮动汇率制度下,汇率是不断变化的(例如上例中的美元贬值),这种变化就可能给日本出口商的这笔交易带来风险。假如他收到10 000美元货款后,美元与日元的兑换比率已经下降到1:110,则他将美元出售后只能得到1 100 000日元,比他签订出口合同时参照的汇率1:120少收入100 000日元。如果他知道汇率会不断变化,也许他会取消按此合约价格成交的买卖,这样,汇率的波动对贸易是一个不利因素。当然,汇率变动后,交易者可以调整合约价格,但这就增加了交易成本。对于投资者，汇率变化或汇率的不稳定也会影响他们的投资行为。如果投资者预期东道国国家的货币会贬值，那么，他们的预期投资利润率就会下降。或者，如果他无法断定汇率的变化，如果他预测汇率波动异常大，他就会对海外投资持更审慎的态度。总之，浮动汇率可能导致汇率的不断波动，这种波动对贸易与投资是不利因素。

尽管如此，经济学家并没有找到固定汇率下的贸易与投资比浮动汇率下的贸易与投资更多的证据，这也可能是，现代金融手段的创新为交易者找到了种种回避外汇风险的工具，使得汇率波动的风险不再成为问题。但这种解释在解释回避短期外汇风险方面是可行的，长期外汇变动的风险就难以通过金融交易工具来消除，如此看来，汇率制度的选择对投资可能仍有一定的影响。

3. 对资源配置效率的影响

在浮动汇率制度下，由于汇率不断的变化，出口部门和潜在的出口部门出口竞争力不断改变，这些部门就要根据汇率变化不断进行资源调整，资源调整成本较为高昂。如果资源不做调整，资源配置不当和无效率状态就会一直存在下去。在固定汇率下，这种频繁的调整成本就可以避免。

固定汇率固然可以消除贸易部门频繁调整的成本，但它自己也带来另一种成本：由于固定汇率固定了开放经济下最重要的一个价格（即汇率），可能产生更大范围的价格扭曲，使汇率不能准确地反映两国商品的相对价格。例如，当一国货币在固定汇率制度下被高估时，由于币值不能下调，使本国出口行业受到抑制，而出口部门是本国最有效率的部门，这样，错误的资源配置会导致效率下降。

固定汇率影响效率的另一个因素是，它要求有一定的国际储备资产（甚至庞大数量的储备资产）作为固定汇率制度的物质保障。这些储备资产是国民财富的一部分，当它们以储备资产存在时，就不能用做生产性资本，也就是说，不能用于参加财富增值的过程，这就是储备资产的机会成本，因此，固定汇率制度使实施国要牺牲这些储备资产可能带来的国民产出。

4. 对政策效果的影响

我们已经对财政政策与货币政策的效果做了详细的分析。一般而言，在固定汇率下，财政政策更为有效，因为财政政策产生的汇率变动效应要求货币政策的"跟进"，尽管这种"跟进"是被动的，它确实对财政政策效果起到强化作用。反之，固定汇率制度下的货币政策则效果较差（或者无效）。其原因在于，一项货币政策的效果引发的汇率变动力量，会迫使货币当局进行稳定汇率的操作，而这种操作对起初的货币政策效果起到抵消作用。财政政策与货币政策有效性的结论在浮动汇率制度下恰好相反，这里不再赘述。

当然上述关于财政政策与货币政策在不同汇率制度下的效果并不能说明汇率制度本身的优劣，要对它们进行规范的判断，就需要给出一国在财政政策和货币政策之间的偏好。如果一国政府更喜欢使用财政政策，那么固定汇率对它来说就比浮动汇率更好，因为固定汇率下财政政策能更好地发挥作用。反之，如果一国更偏好于货币政策，浮动汇率就是"好"的，因为固定汇率等价于让该国放弃自主的货币政策。

5. 稳定外汇市场的作用

浮动汇率制度下，由于汇率变动是没有界限的，这很可能会在外汇市场投机作用下导致汇率的大幅度波动。例如，如果投机者都预期某种货币会贬值，于是就会在外汇市场上抛售这种货币，而抛售的结果会导致该货币的进一步贬值；相反的结果也会发生，如果交易者预期某种货币升值，他们就会购进这种货币，结果使这种货币进一步升值，外汇市场的泡沫就是这样产生的。上述导致汇率不稳定的外汇投机称为使经济不稳定的投机（Destabilizing Speculation），然而并非所有的投机都属于这种类型，也有一种投机是属于使经济稳定的投机（Stabilizing Speculation）。与使经济不稳定的投机相反，如果某种货币汇率下跌，投机者预期它将来会上升（不会一直跌下去），这样，它就会购买下跌的货币，以期在它升值后从中获利。对币值下跌货币的购买本身抑制了这种货币的进一步贬值，从而起到稳定汇率的作用。如此看来，浮动汇率制度是否具有稳定投机的作用，就要看两种投机力量——使经济稳定的投机和使经济不稳定的投机——哪一种更强。

固定汇率制度似乎要比浮动汇率制度更具有稳定投机冲击的力量，因为只要固定汇率制度是可信的，对于任何偏离固定汇率的汇率水平，投机者都会预期它迟早会回到目标固定汇率水平上。因此，当汇率低于政府宣布的固定汇率时，投机者就会预期未来它会上升，因而会在外汇市场上买进，结果将汇率抬高到政府宣布的固定汇率水平。反之，当汇率高于政府宣布的固定汇率时，投机者预期未来迟早会下跌，因此会在外汇市场上卖出，结果促使汇率下跌到固定汇率水平。

但是，这只是问题的一个方面。我们知道，维持固定汇率不仅仅在于政府宣布一个固定汇率水平，更重要的在于政府必须有维持固定汇率的物质手段——充足的外汇储备。如果投机者认为货币当局没有足够的外汇储备来维持它宣布的固定汇率，投机者的投机性冲击就会使固定汇率制度坍塌。例如，如果投机者预计泰国没有足够的美元储备，它们就会在泰国外汇市场上按照美元与泰铢的固定汇率大量买进美元、卖出泰铢。一旦泰国美元储备耗尽，它就只能放弃美元与泰铢之间的固定汇率，并导致泰铢的大幅度贬值，投机者可以赚得可观的投机收入。所以，在固定汇率制度下，它抵抗投机性冲击的能力取决于实施固定汇率的政府有没有足够的外汇储备和经济实力。

6. 稳定外部冲击的作用

一般认为，固定汇率无法隔绝外部冲击，于是，一国的经济萧条和繁荣在固定汇率下会传递给另一国。例如，在实行固定汇率的 A 国与 B 国，如果 A 国出现了经济萧条，该国收入下降，由于汇率不变，当两国相对价格不变时，收入的下降使A国减少了对B国商品的进口需求，B国商品需求下降使B国经济也陷入萧条。反之，如果A国经济出现繁荣，对B国商品的进口需求增加，相应地会带动B国的经济繁荣。

在固定汇率下，通货膨胀也会在两国之间传递。如果A国发生通货膨胀，A国商品价格上升，由于名义汇率不变，A国商品相对于B国商品的价格上升，A国对B国进口需求增加，如果B国经济最初位于充分就业状态，B国商品的过度需求也会导致B国价格上升。

在浮动汇率下，汇率的变化会自动调整供求，从而阻断外部冲击的传递。如果A国出现经济萧条，它对B国的进口就会下降，对B国货币需求也下降，B国货币将贬值，结果B国出口需求的下降在货币贬值下被抑止，A国的经济萧条向B国的传递被隔阻。同样，如果A国发生通货膨胀，在浮动汇率下，将使A国货币贬值，A国与B国的实际汇率保持不变，于是A国的通货膨胀就不会传递到B国。

二、其他形式的汇率制度

如果考察各国汇率制度的实际操作，就会发现很少有国家实行的是完全的固定汇率或者完全的浮动汇率。实行固定汇率制度往往有一定浮动的余地，而实行浮动汇率制度的国家，如果出现汇率的大幅度波动，政府也可能会出面干预。

（一）汇率制度的中间形式

如果将固定汇率与浮动汇率看做是汇率变动的两个极端，在这两个极端内，就能找出无数个固定与浮动程度的搭配。为简便起见，我们介绍其中两个典型形式，即钉住汇率制度和管理浮动制度。

1. 钉住汇率制度

钉住汇率即一国将本国货币与另一国或若干国家货币联系在一起。在钉住汇率制度中，既可以钉住单一货币，也可以钉住一篮子货币。货币当局不仅可以通过干预或限制措施来维持固定汇率，而且还可以调整汇率水平，具有较大的灵活性。这使得钉住汇率产生以下的优点：汇率保持相当的稳定性，有利于促进贸易和投资；外汇交易者以稳定经济的投机为主，汇率具有自动稳定性；为货币政策提供可信的名义锚。

钉住汇率有如下几种形式：一是钉住平行汇率带，即将汇率保持在官方承诺的汇率带内，并可通过调整中心汇率达到调节汇率的目标。二是爬行钉住制度，根据这种制度，汇率将按照固定的、预先宣布的比率做小幅调整。货币当局往往根据过去的通货膨胀差异来定期调整货币平价，并将汇率波动幅度限制在狭窄的范围内。三是爬行带内浮动，也称为汇率目标区，在这种钉住汇率制度下，汇率围绕中心汇率在一定幅度内上下浮动，同时中心汇率按固定的、预先宣布的汇率做定期调整，它比爬行钉住汇率制度具有更大的灵活性。

2. 管理浮动汇率制度

管理浮动又称肮脏浮动，指货币当局通过在外汇市场的积极干预来影响汇率的变动，但事先并不宣布汇率的路径，也没有平价汇率或一个公开宣布的汇率目标水平及汇率波动界限。总之，只要政府认为有必要干预时，它就会采取干预汇率的行动。货币当局用于干预汇率的参考指标包括国际收支状况、国际储备、经济增长情况等。这种汇率制度更接近于浮动汇率制度，它使央行能执行独立的货币政策，不会被禁锢在某些规则或事先安排好的行为模式中，有较大的自由度；对汇率的干预又可避免汇率的大幅度波动。由于货币当局并不承诺某一固定汇率水平，所以不必准备充足的外汇储备，降低了外汇储备的成本。同时，这种制度还有助于抑制投机，因为投机者并不知道政府干预的时机、干预力度和干预方向。

（二）货币局制度

固定汇率也可能会受到投机性冲击而崩溃，于是，仅仅宣布一个固定汇率并不能保证人们对这种固定汇率的信心，因为货币当局不能保证有足够的储备来维持它所宣布的固定汇率。如何才能增强人们对固定汇率的信心呢？显然储备量是最重要的因素，如果将本币的发行与储备货币相联系，使本币有充足的外汇储备相对应，固定汇率的可信度就会大大增强，这就是货币局制度（Currency Board）。

货币局制度是指由法律明确规定本国货币与某一外国可兑换货币保持固定汇率，并要求本国货币的发行必须以一定（通常是100%）的该外国货币作为准备金保证的汇率制度。在此制度下，一国将其货币的汇率牢牢钉住另一种货币，例如美元或欧元。货币局制度保证该国的钞票和硬币能以某一固定的汇率完全兑换成被钉住的货币。由于有此保证，货币局制度不能发行超过与其外汇储备等值的钞票和硬币。这种制度可防止政府通过印钞票来为其活动融资，能避免因此而产生的通货膨胀。我国香港的联系汇率制就是货币局制度，港元的汇率以1美元兑7.8港元钉住美元。

传统的货币局制度起源于19世纪中期，是英、法等国海外殖民体系的货币发行方式，在20世纪初较为流行。20世纪五六十年代，随着政府积极干预经济的盛行，同时由于货币局带有明显的殖民时代经济色彩，原先实行货币局制度的国家纷纷采取中央银行制度。近年来货币局制度又有回潮的势头。1983年，港元贬值的波动，促使港英当局决定重建货币局制度，将港币和美元挂钩。1991年，阿根廷也建立了货币局制度，用以控制国内的高通货膨胀，稳定市值，恢复经济，立陶宛、爱沙尼亚等国在经济转型的过程中，也建立了货币局制度来稳定经济和重建货币体系。

货币局制度与中央银行制度的主要区别是：在严格的货币局制度下，货币发行完全受货币局的外汇储备限制；而在中央银行制度下，政府和商业银行都可通过向中央银行借款发放货币，而不受外汇储备的限制。因此，可以说中央银行在制定货币信贷政策方面，自由度要比货币局大得多，如中央银行可以控制本国利率。可以充当"最后贷款人"的角色向政府提供贷款，而货币局却没有这些功能。

货币局制度的基本要素包括：（1）中央银行每发行一定量的本币要有相应的外汇储备作基础，本土货币发行额只与外汇储备额相关。（2）它具有自动兑换约束，即中央银行必须无条件地按照固定的汇率接受市场对所固定外汇的买卖要求。（3）中央银行只能被动地应市场对本土货币需求的变动，扩张或收缩本国货币的供给，不能主动创造国内信贷，因而无法主动地去影响本土的经济发展。货币局制度一旦形成，不能轻易改变，往往要以法律的形式固定下来。

货币局制度具有自动稳定经济的机制，例如，如果国际收支出现持续逆差，当局发行货币的外汇储备就会减少，国内货币供应量也将随之减少，利率就会偏高。这将有助于减少进口需求，同时也减缓国内经济增长速度。国内工资、物价的下跌，也会降低生产成本，增加出口竞争力。同时，货币局制度相对稳定的汇率有助于稳定投资者的信心，保持国际贸易的稳定发展。

货币局制度也有其自身的不足：（1）政府不能控制货币供应和利率，利率由基准货币发行国制定，货币总量取决于收支平衡，以及银行体系中的货币乘数；（2）政府不能利用汇率来调整外部冲击对本国经济的影响，如进口价格的上涨、资本的转移等，而只能调整国内工资和商品价格；（3）货币局制度不会像传统的中央银行那样，帮助周转困难的银行平息危机。

（三）美元化

如果说货币局将本币发行与储备货币联系在一起并由此增加了人们对固定汇率制度的信心，那么为什么不直接使用储备货币作为自己的货币，完全放弃货币发行权，不是使货币更稳定吗？的确有一些国家使用其他国家的货币作为本国的通货，因为主要是美元，所以被称为美元化。

美元化是指一国或一经济体的政府让美元逐步取代自己的货币并最终自动放弃货币或金融主权的行动。美元化的理论根据之一是所谓的"三难抉择"（Trilemma）。对任何一个经济实体而言，它通常要寻求三个货币金融目标：一是拥有独立的货币政策，以便利用利率杠杆来对付通货膨胀或经济衰退。二是维持较为稳定的汇率，以便消除或降低由币值波动引起的不确定性和对金融体系的扰动。三是确保货币的完全可兑换性，以便使资本来去自由。然而，这三个目标在逻辑上和操作上却是相互矛盾的，一个经济体最多可以同时实现其中的两个目标。这种"三难抉择"使得每个经济体只能在下述三种汇率体制中选择一种。（1）浮动汇率制，它允许资本自由流动，并且不要求决策者必须采取诸如提高利率的措施去维持汇率，从而使政府能够运用货币政策去实现其经济目标，然而它却不可避免地要在币值波动方面付出代价。（2）固定汇率制，它在维持币值稳定和资本自由流动的同时牺牲了货币政策的独立性，因为这时利率必须成为维持汇率稳定的主要工具。（3）资本管制，它相对地调和了汇率稳定与货币政策独立性的矛盾，但是却不得不在资本自由流动方面有所放弃，并承担由此而带来的其他一切代价。美元化就在于通过放弃三大政策目标之一的货币政策独立性目标，以换取币值的稳定和资本的自由流动两大目的实现，从而使决策者避免了必须同时兼顾上述三个政策目标，但结果又只能是顾此失彼的窘境。

美元化的主要成本表现在：

（1）美元化经济体将失去独立的货币政策。在此，独立的货币政策有两种相关但又不同的含义，其一为广义的政策独立性，即某经济依据经济运行实际来实施货币政策的能力，包括利率升降、货币供应量的调节和汇率变动等。其二为狭义的政策独立性，即在实施货币政策时不受其他因素的干扰，如不必为了捍卫固定汇率而提高利率。在中央银行制度下，通常这些政策可以被用来对付经济周期和外部冲击，比如运用扩张性货币政策对付失业，运用汇率工具可以在一定期间内平衡国际收支和提高本国产品的竞争力。独立的货币政策的丧失，将使得美元化经济体在遇到"不对称冲击"（Asymmetric Shocks）时，亦即经济变化对美元区内各不同成员的影响往往各异时，无法采取积极有针对性的措施以应对。实施美元化或建立美元区后，其统一的、并且主要是以美国利益为优先考虑的货币政策，可能因发展不平衡和周期因素而损害美元化经济体的利益。

（2）美元化使美元化国家失去铸币税（Seigniorage）。铸币税原指铸币成本与其在流通中的币值之差，现通常指中央银行通过发行货币而得到的收入。在纸币制度下，当不存在通货膨胀时，铸币税来自于随经济增长而来的对货币需求的增加。当存在通货膨胀时，铸币税也被称之为通货膨胀税。美元化经济体损失的铸币税包括它们所拥有的、被用来实施美元化的外汇储备。这笔储备资产或来源于经常账户盈余，或来源于资本账户盈余，且构成未美元化经济体对美国或其他接受美元的经济体的债权。一旦实施美元化，不仅以储备资产之利息表现的狭义铸币税消失了，而且这笔储备资产本身（广义铸币税）也荡然无存了。

（3）美元化经济体的真正的中央银行将不复存在，将丧失对银行体系的监管和最后贷款人职能，不利于本国银行体系的稳定。

美元化的主要益处表现在：

（1）美元化将降低外汇交易成本与风险，有利于发展对外贸易和吸引外国投资，从而推动各国经济与世界经济的融合，增强竞争力，促进国内经济效率的提高。

（2）美元化为美元化经济体带来更为严格的金融纪律，使执政者不能为了自身的短期政治利益需要而滥发纸币，剔除了恶性通货膨胀的制度根源。许多政治家之所以反对美元化，基本原因就在于在美元化（或欧元化）过程中他们的权力将被削弱。

（3）美元化有利于国内金融市场的稳定，有利于金融深化，也促进国内市场与国际市场的一体化发展，还有防止资本外流的作用，大大降低了货币危机的可能性。

三、影响汇率制度选择的主要因素

由于各种汇率制度都有其优点和缺点，不分场合地选择某种汇率制度显然是不合适的。一个国家或地区应根据本国或本地区的经济结构特征选择适合于本国的汇率制度。经济结构特征包括一国的经济规模、经济开放程度、进出口贸易结构、相对通货膨胀率、经济开放程度等。

1. 经济规模

经济规模越大（一般以 GDP 规模来衡量），实行浮动汇率制越有利。因为大国经济的独立性较强，对国内进行调整的政策工具要求也越强烈，故大国不愿为固定汇率而放弃货币政策的独立性。相反，经济规模较小的国家或地区为规避汇率变动对经济的冲击，倾向于选择固定汇率制。

2. 经济开放度

经济开放度一般以进出口总额占 GDP 的比重来衡量，经济开放度越高，汇率变化对本国经济的影响就越大，为避免汇率变动的冲击，经济开放度高的国家倾向于实行固定汇率制。

3. 经济发展水平

经济发展水平一般以人均 GDP 来衡量，经济发展水平高的国家更倾向于选择浮动汇率制。因为经济发展程度越高，经济实力越强，金融制度越健全，抵抗汇率变化冲击的能力越强，选择浮动汇率制能使自己保持货币政策的独立性。

第二节　最优货币区理论与欧元的实践

在固定汇率制度中有不同的形式，但是第一节中所谈到的固定汇率都是国别选择。如果一国选择固定汇率而另一国任其浮动，两国在调节上就存在不对称性。在货币局制度和美元化情形下，也属于国别选择。固定汇率要成为两国（或更多国家）的共同选择，其高级形式就是使用共同货币。什么样的条件下在某个经济体范围内采用固定汇率制度——共同货币最好？这是最优货币区理论研究的问题。最优货币区理论的最伟大的实践是欧元的诞生。

一、最优货币区理论

所谓最优货币区（Optimum Currency Area）是指由不同国家或地区组成的一种

货币联盟，区域内实行单一的共同货币，或虽有几种货币但相互之间具有无限可兑换性，其汇率在对内进行经常交易和资本交易时互相钉住，保持不变，对外则统一浮动，以求在总体上达到宏观经济政策的最优效果，即对内稳定物价、控制失业，对外维持国际收支的平衡。在严格的固定汇率下，即使各国有自己的货币，但本国货币和实行固定汇率的区域内其他国家的货币是没有区别的，因为本国货币总是可以按照固定的比率无限制地兑换成区内另外一个国家的货币，这就像中国的一张面值 100 元的人民币总是可以按照 1:10 的比率兑换成 10 张面值为 10 元的人民币是一样的——如果你把面值 100 元的人民币和面值为 10 元的人民币看做两种货币。类似地，在美国各州之间，不同的州可能会遇到不同的美国联邦储备体系银行发行的美元，但是，不论面值为 1 美元的货币是哪个美联储成员银行发行的，它都可以与其他成员银行发行的同样面值的美元进行 1:1 的兑换。因此，整个美国就是一个实行固定汇率的货币区。

（一）最优货币区设立标准

最优货币区理论最早是由蒙代尔于 1961 年提出的，后来经济学家相继提出不同的最优货币区设立标准，下面分别予以介绍。

1. 要素流动性标准

蒙代尔认为，在价格、工资呈刚性的前提下，是否能组成最优货币区主要取决于相关地区的要素流动程度。如果劳动力和资本在区域内能够自由流动，则组成单一货币区既可以提高微观效率（如消除交易成本），又有利于抵抗外部冲击，维护宏观经济的稳定。

蒙代尔指出，浮动汇率支持者把浮动汇率看做是调节国际收支的装置，赤字国可以用贬值替代失业，而盈余国可以用升值来替代通货膨胀。但问题在于是否所有的国家都应该采取浮动汇率制度。例如，如果欧洲共同市场的国家继续它们经济联盟的计划，这些国家是应该允许各自的货币上下浮动还是应该建立一个共同货币区？这个问题可以以一种更清楚的方式提出：如果定义一个货币区为区内汇率固定的一个领域，那么一个货币区的合理领域应该有多大？

假定世界只有两个国家：美国和加拿大。两国之间的汇率是浮动的，这意味着汇率的调整能顺利地解决两国之间的任何国际收支失衡。再假定每个国家都有两个地区：东部和西部。东部地区专业化生产汽车，西部地区专业化生产木材。假定生产要素在各国的东西部地区转移存在障碍，在两个行业间也不能自由转移。如果出现需求转移的冲击——消费者需求从汽车向木材转移，结果两国西部会产生通货膨胀压力，东部则产生失业。如果美联储为了缓解东部的失业压力而扩大货币供给，西部地区就会出现通货膨胀压力；反之，如果美联储为了缓解西部的通货膨胀压力而紧缩货币供给，东部地区的失业就会进一步加剧。加拿大也会遇到相同的两难困境。现在的问题在于，作为政治实体，加拿大和美国之间实行的是浮动汇率，作为经济实体（各国的东部与西部），在要素不能流动的地区间实行的是固定汇率。如果美国东部和加拿大东部的经济实体之间采用固定汇率，两国西部之间也是如此，情况就会发生改变。同时，让两国东部经济和西部经济之间的汇率自由浮动，这样，当需求由汽车向木材转移时，西部货币相对于东部货币就会升值，需求在汇率的变动下自动等待调节。如果两国货币当局都在西部实行紧缩政策，在东部实行扩张政策，就能同时避免失业和通货膨胀。蒙代尔的结论是，对那些结构相似、要素流动性强的国家之间应实行固定汇率，而对其他国家则实行浮动汇率。

2. 经济开放度标准

麦金农（Ronal McKinnon）将经济开放度（即一国生产或消费中贸易商品对非贸易商品之比）作为最优货币区的标准。他认为在外部世界价格同样稳定的前提下，那些贸易关系密切的经济开放区应组成一个共同的货币区，从而有利于实现内外部经济的均衡和价格的稳定。在开放度较高的国家，如果实行浮动汇率，货币的贬值就会抬高进口商品的国内价格以及国内进口替代品的价格；同样，贬值将提高出口品的国内价格，因为贬值使本国出口商品的需求增加。总之，贬值使贸易品价格上升，而开放度高的国家贸易品占国内产出比例较大，贸易品价格上升会引发国内通货膨胀。所以，对于开放经济而言，浮动汇率的本币贬值并不能改善国际收支，反而会导致通货膨胀，采用固定汇率对这些国家更有利。

反之，开放度低的国家贸易品占产出比例较低，尽管贬值会导致贸易品价格变化，但不会引起国内价格水平的变化；并且贸易品价格上升将刺激贸易品生产，改善国际收支。所以，这些国家采用浮动汇率更为有效。

3. 产品多样化标准

继麦金农之后，凯南提出了产品多样化标准。当外国对进口品需求发生变化时，产品多样化程度越高的国家将越能抵御外部冲击对经济总产出水平的影响，因而也更适合于实行固定汇率制，组成单一货币区。产品多样化思想的核心在于，对于出口的某种积极的变化将被另一些消极的变化所抵消，例如对一种商品的需求增加，对另一种商品的需求就下降。出口商品种类越是多样化，这种抵消机制越有效。进行多样化生产的国家，遇到外部需求下降的冲击后，其总产出下降就较慢。所以，多样化程度较低的国家就实行浮动汇率，这样才能隔离或缓冲外部冲击；而多样化程度高的国家实行固定汇率更有利。

4. 金融一体化标准

英格拉姆提出的金融一体化标准认为，当金融市场高度一体化时，一国就可以借助资本的自由流动来恢复由于国际收支失衡所导致的利率的任何不利变化，从而降低通过汇率波动来改变区域内贸易条件的需要，因此就适宜于固定汇率制。

5. 通货膨胀率的相似性

通货膨胀率的较大差异会影响商品的流动，导致贸易条件的变化，从而出现经常账户失衡，需要汇率变化来抵消由此产生的经常账户失衡。反之，如果通货膨胀率相似或相同，则不会影响贸易条件，货币区的经常账户是平衡的。

　　6. 政策一体化程度

　　政策一体化包括从成员国之间简单的经济政策协调到各国放弃自己的货币与财政主权，将其交给统一的超国家货币当局和统一的超国家财政当局，这就要求较高程度的政治一体化。

　　（二）最优货币区的成本收益分析

　　加入一个货币区既会给成员国带来收益，也会产生成本。只有收益大于成本时，一国加入某个货币区才是合理的。

　　加入货币区的收益主要有：

　　（1）永久的固定汇率可以消除货币区成员国之间的投机性资本流动。

　　（2）节约外汇储备，因为货币区的成员国无须持有国际储备。

　　（3）促进经济政策和经济一体化，因为加入货币区后任何成员国都有义务维持汇率稳定，这就使成员国之间保持政策的一致性。

　　（4）货币一体化能带来政治收益，因为货币区作为一个整体在对外谈判上比单个国家更有影响力。

　　加入货币区的成本包括：

　　（1）各成员国货币政策和汇率政策自主权的丧失。

　　（2）各成员国财政政策受到限制，根据开放经济下的政策有效性分析可知，在固定汇率下，货币政策无效而财政政策有效；但在货币区内，成员国财政政策也受到约束。

　　（3）可能带来失业的增加，如果一个成员国处于低通胀和顺差状态，且这个国家又是货币区的领导者（即具有较大的影响力），它将迫使其他成员国进行调整，如果赤字国不得不采取紧缩措施，将导致失业增加。

　　（4）原先存在于各成员国内部的区域失衡现象有可能加剧。一般而言，资本的国际流动性要高于劳动力的国际流动性，资本更容易从其他成员国获得较高的收益，这会导致一国落后地区发展更慢。

　　（三）一个简单的最优货币区成本收益分析模型

　　固定汇率给一国带来的收益或者给它造成的成本与该国和相关国家的经济联系程度有关。从固定汇率的收益来看，它主要来自于因不必进行货币兑换、汇率的换算、回避汇率变化风险等操作带来的成本节约。如果一国与另一国经济一体化程度越高，经济联系越紧密，这种成本节约越明显，收益也就越大，用图形表示固定汇率与经济一体化程度的关系就是 GG 线。在图 16-1 中，纵轴代表加入货币区的收益（或成本），横轴表示加入国与货币有关国家的经济一体化程度。一体化程度越高，得自加入货币区的收益就（Gains）越大，所以，GG 线是向右上方倾斜的。

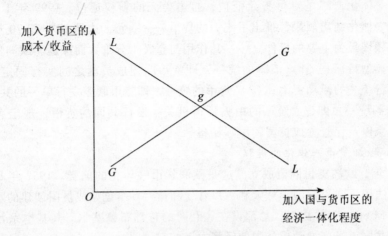

图 16-1　加入货币区的决策

　　加入货币区的成本是因固定汇率无法对外部冲击进行调节而产生的损失（Loss）。因为实行固定汇率后，货币政策失效，如果经济产生外生性冲击，例如其他国家对本国的需求减少，这时，本国就会出现经济衰退，价格下跌。如果本国与另一国汇率固定，当另一国没有受到冲击而仅仅是本国受到冲击时，另一国不进行调整，调整的任务就全部落在本国身上，由于汇率不能调整，这就会导致本国价格下跌，失业增加。这种固定汇率的成本与什么因素有关呢？答案仍然是本国与另一国（与之固定汇率的国家）经济一体化程度。一体化程度越高，本国与货币区其他国家之间商品、资本和劳动力的流动性越强，外部冲击一旦造成失业和价格下降，货币区其他国家对本国商品的需求就会增加，失业的劳动力也可以到其他国家寻找就业机会，本国所承受的损失就越低。所以，加入货币区固定汇率的成本随一国与货币区的一体化程度呈反比，在图 16-1 中表现为向右下方倾斜的 LL 线。

　　反映加入货币区收益的 GG 线与反映加入货币区成本的 LL 线相交于 g 点，在 g 点的左边，LL 线在 GG 线的上方，表示在低于 g 的一体化水平内，加入货币区的成本大于加入货币区的收益，加入货币区是不合算的。在 g 的右边，GG 线位于 LL 的上方，表示在大于 g 的一体化水平区间，加入货币区的收益大于成本，加入货币区是合算的。这也再次说明，经济一体化程度越高，货币一体化的可能性也就越大。

　　二、欧盟的货币一体化实践——欧元

　　欧洲货币一体化，是布雷顿森林体系崩溃后国际金融一体化的突出表现与勇敢的尝试。所谓货币一体化（Monetary Integration），是指将共同体成员国的货币联合成一个整体的过程。一个完整的货币联盟（Complete Monetary Union）是完成货币一体化标志。欧洲货币一体化的根本目的有二：一是稳定币值和汇价，便利关税同盟与农业一体化；二是对付美元贬值，打击美元的霸权地位。1999 年 1 月 1 日，欧洲货币一体化结出硕果，推出了统一的货币——欧元，这是 20 世纪 70 年代以来国际金融领域最为重要的事件之一，其作用与意义十分重大而深远。欧洲货币一体化有三个典型特征：（1）汇率的统一，即货币联盟成员国之间实行固定汇率制，对外则实行统一的浮动汇率；（2）货币的统一，即货币联盟发行单一的共同货币；（3）机构的统一，即建立统一的中央货币机关，发行共同的货币，规定有关货币联盟的国家以及保管各成员国的国际储备。

（一）欧洲货币一体化的进程

1950 年，欧洲支付同盟成立。这是欧洲货币一体化的前奏。1952 年 8 月，由比利时、法国、联邦德国、意大利、卢森堡和荷兰 6 个创始成员国创建的欧洲煤钢共同体（ECSC）正式成立，总部设在比利时的首都布鲁塞尔。其基本宗旨是通过建立煤钢共同市场来推动成员国的经济发展。

1958 年 1 月 1 日，欧洲煤钢共同体的 6 个成员国又同时组建了欧洲经济共同体（EEC）和欧洲原子能共同体（EURATOM），总部均设在布鲁塞尔。1958 年，欧洲经济共同体 6 国签署了欧洲货币协定以代替欧洲支付同盟。这促进了西欧国家货币自由兑换的发展。1960 年 10 月，第一次美元危机爆发，导致伦敦市场金价暴涨。这不仅对美元压力很大，而且使欧洲各国外汇市场也受到极大威胁。1961 年 3 月，为了减缓外汇投机活动对欧洲主要货币的压力，参加国际清算银行的英国、联邦德国、法国、意大利、荷兰、比利时、瑞士、瑞典 8 国的中央银行在瑞士的巴塞尔达成一项不成文的君子协定，规定当某国货币发生危机时，其他各国中央银行应在外汇市场上合作，以维护外汇市场的稳定。

1967 年 7 月，欧洲煤钢共同体、欧洲经济共同体和欧洲原子能共同体宣布合并，同时以单一的欧洲共同体委员会和部长理事会取代原来三个共同体的相应机构，组成统一的欧洲共同体（The European Communities，简称欧共体）。由于当初欧共体的首要目标是建立关税同盟、组织统一市场，因而也称其为欧洲共同市场（European Common Market）。1968 年 3 月，第二次美元危机爆发，英国被迫暂时关闭伦敦黄金市场。1969 年 3 月，欧共体首脑会议首次提出建立欧洲货币联盟的概念。

1970 年 10 月，以卢森堡首相兼财政大臣魏尔纳（Werner）为首的一个委员会，向欧共体理事会提交了专门报告，即魏尔纳计划。该计划建议从 1971 年到 1980 年分三个阶段实现欧洲货币一体化。然而 70 年代动荡的金融形势以及欧共体国家发展程度的巨大差异，使得魏尔纳计划几乎完全落空。1971 年 2 月，欧共体 6 国部长会议通过建立欧洲货币联盟的协议，并决定在 1971～1980 年的 10 年内分三个阶段来实现货币联盟的目标。根据这一目标，到 1980 年底，欧共体将成为一个商品、资本、劳动力自由流动的经济统一体；固定汇率制向统一的货币发展；货币储备基金向统一的中央银行发展。这一协议的签订，标志着欧洲货币一体化的第一个回合的开始。

1971年3月，货币联盟计划正式开始实施。其主要内容是：第一，在欧共体内实行蛇形浮动（snake in the tunnel）汇率制，对内规定成员国货币汇率的波动幅度，对外则实行联合浮动；第二，建立欧洲货币合作基金；第三，仿效特别提款权，建立自己的一篮子货币——"欧洲计算单位"。

1972年4月24日，欧共体原6国开始构筑蛇形浮动汇率制；同年5月，当时准备参加欧共体的英国、爱尔兰、丹麦、挪威四国为表示诚意也加入了蛇形浮动汇率制。同年6月，因无力维持蛇形浮动汇率制，英国和爱尔兰宣布退出蛇形浮动汇率制，英镑和爱尔兰镑重返自由浮动；同年9月，挪威公民投票否决了参加欧共体一案，挪威克朗于是退出蛇形浮动汇率制。1973年2月，欧共体9国财长达成协议，正式建立联合浮动集团（Joint Floating Group）。与此同时，由于里拉大幅贬值，意大利退出蛇形浮动汇率制，里拉单独自由浮动。这时，参加"联合浮动集团"的有法国、荷兰、比利时、卢森堡、丹麦和联邦德国6个欧共体成员国；英国、爱尔兰和意大利3个成员国暂不参加，仍实行单独浮动。同年3月，挪威与瑞典同时成为联合浮动集团的非共同体成员国的两个参加国。

1973年4月，欧洲货币合作基金（EMCF）建立。其职责主要是支持成员国在外汇市场上的干预活动，以促进汇率的稳定，管理成员国中央银行间的信贷，逐步集中成员国的外汇储备，并逐步发展为各成员国间的划拨结算中心。

1974年6月，由"一篮子"的成员国货币加权定值的欧洲计算单位（EUA）诞生。欧洲计算单位作为欧共体内部财务核算的工具，是共同货币的萌芽。

为了制止汇率剧烈波动，促进共同体国家经济的发展，在法、德两国推动下，1978年12月欧共体各国首脑在布鲁塞尔达成协议，决定建立欧洲货币体系。1979年3月13日，欧洲货币体系正式启动。其主要内容有：（1）继续实行过去的联合浮动汇率制。除了维持原有的±2.25%波动幅度以外，还规定了汇率波动的警戒线，一旦货币波动超出此线，有关国家就要进行联合干预。（2）创设欧洲货币单位（European Currency Unit，ECU），即埃居。ECU实际上是由EUA演变而来的，是欧洲货币体系的中心。在欧共体内部，ECU具有计价单位和支付手段的职能。（3）成立了欧洲货币基金（European Monetary Fund，EMF），以增强欧洲货币体系干预市场的力量，为共同货币ECU提供物质准备以及给予国际收支困难的成员国更多的信贷支持。

1989年6月，以欧共体委员会主席雅克·德洛尔（J. Delors）为首的委员会向马德里峰会提交了德洛尔计划。该计划与魏尔纳计划相似，规定从1990年起，用20年时间，分三个阶段实现货币一体化，完成欧洲经济货币同盟的组建。

1991年12月，欧共体在荷兰马斯特里赫特峰会上签署了《关于欧洲经济货币联盟的马斯特里赫特条约》（简称《马约》）。《马约》目标是：最迟在1999年1月

1 日前建立经济货币同盟（Economic and Monetary Union，EMU）。届时将在同盟内实现统一货币、统一的中央银行（European Central Bank）以及统一的货币汇率政策。根据《马约》的规定，只有在 1999 年 1 月 1 日达到以下四个趋同标准的国家，才能被认为具备了参加 EMU 的资格条件：（1）通货膨胀率不得超过三个成绩最好的国家平均水平的 1.5 个百分点；（2）当年财政赤字不得超过 GDP 的 3%，累积公债不得超过 GDP 的 60%；（3）政府长期债券利率不得超过三个最低国家平均水平的 2 个百分点；（4）加入欧洲经济货币同盟前两年汇率一直在欧洲货币体系汇率机制规定的幅度（±15%）内波动，中心汇率没有重组过。

经过不懈努力，欧共体各成员国议会于 1993 年 10 月底通过了《马约》，1993 年 11 月 1 日，欧共体更名为欧盟。1995 年芬兰、奥地利、瑞典加入欧盟，欧盟成员国增至 15 个。同年的《马德里决议》将单一货币的名称正式定为欧元（EURO）。欧洲货币一体化自此开始进入了稳定的发展阶段。

根据《马约》规定，EMU 应分三个阶段实现：第一阶段从 1996 年到 1998 年底。该阶段为准备阶段，其主要任务是确定首批有资格参加货币联盟的国家，决定发行欧元的合法机构，筹建欧洲中央银行。第二阶段，从 1999 年 1 月 1 日起到 2002 年 1 月 1 日止。该阶段为过渡阶段。"欧元"一经启动，便锁定各参加国货币之间的汇率。各国货币仅在本国境内是合法支付手段。在此阶段，没有有形的欧元流通，但新的政府公债可以用欧元发行。另外，将由欧洲中央银行制定统一的货币政策。第三阶段，从 2002 年 1 月 1 日起，欧元开始正式流通。欧洲中央银行将发行统一货币的硬币和纸钞，有形的欧元问世，并且各参加国原有的货币退出流通，欧元将成为欧洲货币联盟内唯一的法定货币。届时，欧盟数十年的夙愿也将最终实现。

1996 年底，欧洲货币联盟的发展取得了重大的突破。12 月 13、14 日，欧盟首脑会议在爱尔兰首都都柏林举行。经过各国财长的反复磋商，欧元国与非欧元国之间就建立新汇率机制、欧元使用的法律框架、货币稳定与经济增长的原则及主要内容等达成妥协，并原则同意了欧洲货币局提供的欧元纸币的"样币"①。至此，都

---

① 欧元现钞包括欧元纸币和硬币。纸币共分 7 种面值，分别为 500、200、100、50、20、10、5 欧元，票面额越大，纸币面积越大。纸币正面图案由象征合作精神的门和窗组成，背景是由 12 颗五角金星环绕的欧盟旗帜；纸币背面图案是含义为联系纽带的桥梁。各种门、窗和桥梁等图案分别代表欧洲各时期的建筑风格，按币值从小到大依次为古典派、浪漫派、哥特式、文艺复兴式、巴洛克和洛可可式、铁和玻璃式、现代派风格，颜色依次为灰色、红色、蓝色、橙色、绿色、黄褐色、淡紫色。此外，纸币还留下 1/5 的票面空间，由欧元成员国印制各自的徽记，如风景名胜、国王头像等。欧元硬币共分 8 种面值，分别为 1、2、5、10、20、50 欧分和 1、2 欧元，1 欧元等于 100 欧分。硬币的正面是代表欧盟国家之间凝聚力的欧盟地图和条形图案，背面图案由成员国选择各自的国家标志。这些带有不同国家标志的纸币和硬币是可以在所有欧元区国家使用的。

柏林首脑会议获得成功，欧洲单一货币机制框架基本形成。

欧盟首脑会议第 1103 号条例正式对过渡期结束后的欧元的法律地位作了规定，规定明确指出，1999 年 1 月 1 日作为成员国范围内一种具有独立性法定货币地位的超国家性质的货币，开始启用，至 2002 年 7 月 1 日，创始国货币全部退出流通领域；欧元正式成为唯一的法定货币。在这三年半的过渡期内，欧元以记账单位、银行贷款、债券、旅行支票、信用卡和股票等形式使用，同时，发票、工资、单据、商品目录将实行欧元和本国货币的双重标准。

1997 年 10 月 2 日，欧盟 15 国代表在荷兰首都正式签订了 6 月达成的《阿姆斯特丹条约》，这是一个在《马约》基础上修改而成的新欧盟条约。新条约及先前已获批准的《稳定与增长公约》、《欧元的法律地位》和《新的货币汇率机制》等文件，为欧元与欧洲经济货币联盟于 1999 年 1 月 1 日的如期启动，又奠定了坚实的基础。

1998 年 5 月 2 日，欧盟 15 国在布鲁塞尔召开特别首脑会议，决定接受欧盟委员会和欧洲货币局的推荐，确认比利时、德国、西班牙、法国、爱尔兰、意大利、卢森堡、荷兰、奥地利、葡萄牙和芬兰等符合《马约》条件的 11 个国家为欧元创始国，首批加入欧洲单一货币体系。欧盟的其余 4 个国家，即英国、丹麦、瑞典和希腊，因暂时不愿加入欧元体系或未能达标，没有成为首批欧元国家。同时决定在原有的欧洲货币局基础上成立欧洲中央银行，由荷兰人杜伊森贝赫出任欧洲中央银行行长。欧洲中央银行行长之争由此也暂告一个阶段。1998 年 12 月 3 日，首批加入欧元体系的 11 个国家宣布联合降息，除意大利（利率 3 厘半）外，其余 10 国均把利率降至 3 厘，此举显示了这些国家准时启动欧元的决心和强烈的政治意愿。

1999 年 1 月 1 日，欧元准时启动。欧洲货币单位以 1:1 的比例转换为欧元，欧元与成员国货币的兑换率锁定，欧洲中央银行投入运作并实施统一的货币政策，欧元可以以支票、信用卡等非现金交易的方式流通，各成员国货币亦可同时流通，人们有权选择是否使用或接受欧元。从 2002 年 1 月 1 日起，欧元纸币和硬币开始全境流通，欧洲中央银行和成员国将逐步回收各国的纸币和硬币，届时人们必须接受欧元。至 2002 年 7 月 1 日，各成员国货币完全退出流通，欧盟货币一体化计划完成，欧元国际化启动，欧洲货币一体化的完成与欧元的产生，是世界经济史上一个具有里程碑意义的事件，它不仅对欧盟内部成员国的经济活动，而且对世界其他国家的经济往来以及国际金融市场、国际货币体系的运作与发展等方面，均将产生重大而深远的影响。

（二）欧元的特点及对现行国际货币体系的挑战

1. 欧元的特点

欧元的特点可以概括为以下两点：（1）跨主权国家创造的信用本位货币。其信用将来自于人们对欧洲货币联盟内部高效率的协调能力、其经济实力和经济增长潜力所赋予的信心。（2）货币政策与财政政策的分离造成欧元的缺陷。一国范围内的货币政策与财政政策是有矛盾情形的，该矛盾对于具有第一个特点的欧元来讲显得更加突出，因为其统一的欧洲中央银行与分离的各国主权政府之间，并不能保证在必要时能够完全协调一致。因此分离的财政政策和货币政策也可能从内部动摇欧元的生命所在——币值稳定。

2. 欧元对现行国际货币体系的挑战

欧元对现行国际货币体系的挑战具体表现在三个方面。

第一，对国际货币基金组织协调能力的挑战。从历史上看，IMF 在协调其成员国缓解 1973 年与 1979 年两次石油危机对世界经济的危害、救援 1982 年拉美债务危机、帮助发展中国家进行结构性改革并促进其经济稳定增长方面，表现出较强的协调能力。但在特别提款权问题、南北货币关系问题、以及 IMF 的贷款条件等问题上，其协调能力却使人质疑。可以肯定的一点是，欧洲货币联盟作为同样的跨主权国家的国际货币机构，尽管它也将面临许多困难，但在保证欧元稳定方面将发挥出更完善的协调能力。另一方面，在货币问题上以一个声音说话的欧洲，将会代替原发达国家内部美、日、德三极上德国的位置，并将大大增强这一极的力量，从而使 IMF 在协调西方发达国家内部立场的问题上难度更大。

第二，对国际储备体系的挑战。现有的多元化国际储备体系可以概括为美元主导下的美元、日元、马克、SDRs（特别提款权）及其他硬货币并存的体系。欧元的产生与运作，对美元在国际储备体系中的主导地位及 SDRs 作为国际储备货币的地位，无疑将带来严峻的挑战。从经济实力来看，统一货币后的欧盟国家 GDP 在 1996 年占经济合作与发展组织（OECD）成员国 GDP 的 38.3%，而美国只占 32.5%，日本则占 20.5%，因此，以这种经济实力为基础的欧元，在一定时期内有望在国际储备体系中挤占美元所占的一部分份额，并可能在中长期内动摇美元作为国际储备货币的主导地位，从而形成未来国际储备体系中非对称三极（美、欧两极强，日本一极弱）的局面。与特别提款权相比，欧元也具有它不可比的优势。这是因为：（1）从货币的价值尺度的角度考察，虽然作为一篮子货币的 SDRs 的价值也很稳定，但从作为信用货币其价值所必须依靠的信用源泉来讲，统一的欧洲中央银行的作用，显然要比 IMF 在国际储备货币创造上的作用大得多。（2）从货币的流通手段的角度考察，在非官方结算之中，SDRs 的作用可以忽略不计。而欧元则不一样，它不但可作非官方结算货币，而且还可作区域内统一的流通货币。

第三，挑战目前的所谓"非体系"，为世界货币的发展起到示范作用。汇率制度安排多样化、黄金非货币化以及国际政策协调艰难，是目前牙买加体系之所以被称为"非体系"的重要原因。欧元将以其汇率稳定、跨国界的协调及统一的中央银行对这一"非体系"直接提出挑战。并且统一的欧元将是人类历史上第一次可用于非官方结算的跨国界信用本位货币的一种创造，它的诞生及其后的发展，将为未来统一世界货币的创造提供宝贵的经验，也将为其他区域性经济合作组织货币一体化起到示范作用。

（三）欧元诞生以来的汇率走势

欧元的前身是 ECU，它与美元的汇率情况如下：自 1979 年创立埃居到 1999 年底的 20 年间，埃居对美元的年均汇率有 8 年高于 1.1 美元，4 年高于 1.2 美元，3 年（1979/1980、1995 年）高于 1.3 美元，5 年（1982/1986 年）低于 1 美元。其中峰值为 1980 年年均汇率 1.392 美元；最低值为 1985 年年均汇率 0.763 美元。

欧盟 11 国在 1999 年 1 月 1 日（由于 1～3 日是假期，故实际操作是在 4 日）启动欧元。1998 年 12 月 31 日，1 埃居 = 1 欧元被 11 国锁定。1999 年 1 月 4 日，欧元对美元的开盘汇率是 1:1.1740，短时间内一度上升至 1:1.19，随后逐步下滑，1999 年 3 月下旬，北约轰炸南斯拉夫前夕跌至 1:1.08，战后 7 月 13 日继续跌至 1.0108。受欧盟经济好转消息的刺激，8 月 5 日升至 1.10826，此后在 1.04/1.08 间波动。

1999 年 12 月 2 日，据传美国第四季度经济的强劲增长，欧元首次跌破 1 美元大关，至 0.995。2000 年 4 月下旬加速下跌至 4 月 26 日的 0.9165。4 月 27 日欧洲央行宣布将指导利率从 3.5% 提高至 3.75%（半年内第 3 次加息），欧元却继续下跌至 91.5 美分。此时欧元对美元的汇率已下跌了 22%。5 月 3 日，欧洲外汇市场上欧元的汇率跌至 0.8899 美元，跌破的 0.90 美元大关。6 月 8 日，第四次加息为指导利率 4.25%，但仍无效。2000 年 10 月 26 日，欧元一度跌至 0.8245 美元，比欧元启动初跌 29.8%。此后，由于欧洲央行多次干预外汇市场，支持欧元汇率，同时传来美国经济放慢的消息，欧元开始止跌回升。

2000 年 12 月 4 日，在法兰克福外汇市场上欧元对美元汇价上升至 0.8908 美元，接近了 9 月 21 日西方国家央行联手干预欧元的目标价位 0.90 美元。至此，欧元已在 0.90 美元以下运行了 7 个多月。

在经过一个长时期的低价位跌荡起伏之后，2002 年以来，欧元对美元的比价不断上涨。年初 1 欧元兑 0.87 美元。6 月 24 日，欧元对美元的比价上涨到 1 欧元兑 0.98 美元。2003 年 5 月 19 日，欧元兑美元的汇率上升至 1:1.17 之上，接近欧元自 1999 年 1 月 1 日正式进入外汇交易市场以来的历史新高。

2003 年 11 月，在美国"感恩节"后第一个交易日，欧元对美元比价首次突破 1:1.20。2004 年 12 月，在圣诞节后的第一个交易日，欧元兑美元汇率突破 1:1.36 关口，再创历史新高，并创下了自 1992 年 11 月以来，埃居或欧元兑美元的历史最高价位。2005 年 5 月第一周，欧元兑美元开始了一轮中线下跌的行情。周末收于本周最低点 1.2815。2005 年 11 月 8 日，欧元对美元比价一度跌至 1:1.1711，2006 年 1 月，欧元对美元比价再次回升至 1:1.20 之上。

第三节　国际货币制度及其演变

一、国际货币体系概述

（一）国际货币体系的含义

国际货币体系（International Monetary System），是指为适应国际贸易与国际支付需要，各国政府对货币在国际范围为发挥世界货币职能所确定的原则、采取的措施和建立的组织机构。它是国际货币制度、国际金融机构以及由习惯和历史沿革所约定俗成的国际货币秩序的总和。它的形成基本上有两种：一种是通过惯例和习惯演变而成的，当相互联系的习惯或程序形成以后，一定的活动方式就会得到公认，国际金本位货币制度就是这样形成的国际货币体系。另一种是通过有约束力的法律条文和在短期内就能够建立起来的特点，尽管这些体系的建立和运行同样需要一定的时间过程。布雷顿森林货币体系和现行的牙买加体系就是通过这种途径建立起来的货币体系。无论是通过哪种途径形成的国际货币体系，都是世界经济发展客观历史的必然产物。

（二）国际货币体系的内容

一个国际货币体系包括如下几方面内容：

（1）确定关键货币作为国际货币。关键货币是在国际货币体系中充当基础性价值换算工具的货币，是国际货币体系的基础。只有确定了关键货币，才能进而确定各国货币之间的换算率、汇率的调整以及国际储备构成等。

（2）确定各国货币的比价。根据国际交往而产生的国际支付的需要，货币在执行世界货币职能时，各国之间的货币一定要确定一个比价，即汇率。

（3）货币的兑换性和对国际支付所采取的措施。

（4）国际结算的原则。一国的对外债权债务，或者定期进行结算并实行限制的双边结算；或者立即进行结算，并在国际结算中实行自由的双边结算。

（5）国际储备资产的确定。为保证国际支付的需要，各国必须保持一定的国际储备，保存一定数量的，为各国所接受的国际储备资产，是构成国际货币体系的一项主要内容。

（6）国际收支的调节。世界各国国际收支的平衡发展是国际货币体系正常运转的基础。在有些情况下，一国的国际收支失衡，通过本国所采取的国内经济政策或外汇政策就可以恢复平衡；在有些情况下就需要根据国际协定，通过国际金融组织，外国政府贷款，或通过各政府协调政策，干预市场达到国际收支平衡。

（7）黄金和外汇的流动与转移是否自由。

（三）国际货币体系的类型

货币本位和汇率安排是划分国际货币体系类型的两项重要标准。货币本位涉及储备资产的性质。一般来说，国际货币储备可以分为两个大类：商品储备和信用储备。根据储备的性质，可将国际货币体系分为三类：（1）纯商品本位，如金本位；（2）纯信用本位，如不兑换纸币；（3）混合本位，如金汇兑本位。

汇率在国际货币体系中占据中心位置，因而可以按汇率的弹性大小来划分各种不同的国际货币体系。汇率的两个极端情形是永远固定和绝对富于弹性，介于两者之间有管理浮动，爬行钉住和可调整的钉住汇率制度。

根据上述类型的划分，可将历史上的国际货币体系演变划分为三个时期：（1）国际金本位制。它是 19 世纪初至 20 世纪上半期资本主义国家普遍实行的一种货币体系，由黄金来执行世界货币的职能。（2）布雷顿森林体系，建立了会员国货币平价和固定汇率制。（3）牙买加货币体系于 1978 年建立。其主要内容是：承认世界各国实行浮动汇率的合法化；增加成员国的基金份额；降低黄金在国际货币体系中的作用；规定特别提款权作为主要国际储备资产；扩大对发展中国家的资金融通。实际上牙买加货币体系尚不能算做一个系统的国际货币体系。

二、国际金本位条件下的国际货币体系

国际金本位制始于 19 世纪 80 年代，是一种随着各国普遍采用金本位而自发形成的国际货币制度，也是人类历史上最初的国际货币制度。金本位制是以一定重量和成色的黄金为本位货币，并建立起流通中各种货币与黄金间固定兑换关系的货币制度。金本位制有广义与狭义之分。广义的金本位制是指以一定重量和成色的黄金来表示一国本位货币的货币制度，包括金币本位制、金块本位制和金汇兑本位制。狭义金本位制仅指金币本位制。

（1）金币本位制（Gold Specie Standard）。这是金本位制的最初形态。其特点是：银行券可自由兑换金币；金币可自由铸造；黄金可自由输出输入；货币储备全部使用黄金；国际结算使用黄金。在这种金币本位制下，货币等同于黄金，与黄金直接挂钩，价值比较稳定。

（2）金块本位制（Gold Bullion Standard）。这是在金币本位制崩溃以后出现的一种货币制度。其主要内容是：金币虽然是本位货币，但在国内不流通，只流通银行券，不允许自由铸造金币，但仍规定货币的含金量，并规定有黄金平价；银行券不能自由兑换金币，但在国际支付或工业方面需要时，可按规定数量向中央银行兑换金块。

（3）金汇兑本位制（Gold Exchange Standard）。金汇兑本位制又称虚金本位制，是与金块本位制同时盛行的货币制度。其主要内容是：国内不流通金币，只流通不能直接兑换黄金、只能兑换外汇的银行券；本国货币与另一实行金本位制的国家货币保持固定比价，并在该国存放外汇和黄金作为储备金；通过买卖外汇来稳定外汇行市。

金币本位制始于 1816 年的英国，此后其他欧美国家纷纷效仿；到 1914 年，第一次世界大战爆发而终止。第一次世界大战结束后，金块本位和金汇兑本位的货币制度开始流行。这个阶段金本位制的基础与战前相比已被严重削弱。1929 ~ 1933 年爆发的世界性经济危机，使得西方国家统一的国际金本位制终于彻底瓦解。

三、布雷顿森林体系

1. 布雷顿森林体系的建立

国际金本位制度崩溃后，国际货币体系出现了动荡。第二次世界大战结束前夕，为了改变由于国际金本位制的崩溃而出现的国际金融经济秩序混乱局面，促进战后经济的恢复和贸易的发展，美、英等国经济学家积极着手研究重建国际货币体系问题。第二次世界大战后期，美国已经取代英国成为世界第一经济强国，主张战后重建的货币体制中，不允许关税保护、贸易限额、竞争性贬值、多重汇率等各种形式的金融壁垒；而英国则从自己的利益出发，维护其英镑的地位。美国提出的"怀特计划"从美国拥有大量黄金储备出发，强调黄金的作用，主张取消外汇管制和国际资本流动限制，这有利于美国进行贸易扩张和资本输出。在怀特计划中，主张建立一个国际货币基金，发行国际货币，并将各国货币与它相联系实行固定汇率。英国的"凯恩斯计划"则极力贬低黄金的作用，主张成立世界性中央银行，用于清算各国之间的债权债务。

1944 年 4 月，在美国新罕布什尔州的布雷顿森林召开有世界 44 个国家参加的国际货币金融会议，会议通过了以怀特计划为基础的《联合国家货币金融会议的最后决议书》及《国际货币基金组织协定》和《国际复兴开发银行协定》两个附件，总称为布雷顿森林体系，一个以美元为中心的国际货币体系宣告成立。

2. 布雷顿森林体系的主要内容

（1）建立两个国际金融机构，即国际货币基金组织（IMF）和国际复兴开发银行（IBRD），维持布雷顿森林体系的运行。IMF 属于短期的融资机构，宗旨是重建国际货币秩序，稳定外汇，促进资金融通及推动国际经济繁荣。IBRD 属于长期的融资机构，宗旨是从长期资金方面配合 IMF 的活动，促进国际投资，协助战后受灾国家经济的复兴，协助不发达国家经济的发展，解决国际收支长期失衡问题。

（2）确定国际储备货币，实行可调整的钉住汇率制度。布雷顿森林体系是以黄金为基础、以美元为主要储备货币的美元-黄金本位制，规定美元与黄金挂钩，各 IMF 会员国确定 1934 年 1 月美国政府规定的 35 美元等于 1 盎司黄金的官价，美元的黄金平价为 0.888671 克黄金，其他会员国按照本国货币平价与美元保持固定比价，这就是"可调整的钉住汇率制度"。

（3）美元等同于黄金，作为国际间主要清算支付工具和储备货币，发挥国际货币的各种职能。美国政府承担美元作为可兑换货币的义务，各国中央银行可随时申请用美元按官价向美国政府兑换黄金。

（4）通过基金组织和调整汇率来调节国际收支。会员国如果出现国际收支暂时不平衡，可向基金组织申请借款；如果出现长期持续的逆差，则要通过改变货币平价，即改变汇率的办法加以调节。

（5）取消外汇管制，规定成员国不得限制经常账户的支付，不得采取歧视性货币措施。

布雷顿森林体系上述内容的核心是美元与黄金挂钩，各国货币与美元挂钩，因而又称"双挂钩"。通过这一系列安排，确立了美元在世界货币体系中的中心地位，使它发挥着世界货币的职能，其他国家的货币则依附于美元。所以，有人称第二次世界大战后以美元为中心的国际货币体系为新金汇兑本位制或黄金-美元本位制，以区别于20世纪20年代末30年代初曾实行的金汇兑本位制。

3. 布雷顿森林体系的作用

布雷顿森林体系的建立和运转，对战后国际贸易和世界经济的发展起到了一定的积极作用。主要表现在：

第一，确立了美元与黄金、各国货币与美元的双挂钩原则，结束了战前国际货币金融领域的动荡无序状态。

第二，实行可调整的固定汇率制度下，货币汇率保持相对稳定，有利于国际贸易的扩大以及国际投资和信贷的发展。

第三，美元成为最主要的国际储备货币，弥补了国际清偿能力的不足，在一定程度上解决了由于黄金供应不足所带来的国际储备短缺问题。

第四，使会员国国际收支困难得到暂时性缓解。IMF通过向会员国提供各种中、短期贷款，一定程度上缓解了会员国的国际收支困难。

最后，促进了国际贸易合作和多边货币合作。该体系条件下，要求各成员国取消外汇管制，客观上推动了战后国际贸易合作、国际货币合作的建立和发展。

4. 布雷顿森林体系的缺陷及其崩溃

布雷顿森林体系从其产生伊始，就面临着四个不可回避的问题。

其一，各国政府必须有足够的外汇与黄金储备来缓解国际收支的短期波动，维持与美元的固定汇率。随着第二次世界大战后世界经济快速发展，国际贸易和国际投资的急剧扩大，趋于加大的国际收支差额的波动幅度，要求各国不得不加大本国的外汇及黄金储备额。结果必然会对本国经济宏观调控的自主性和有效性产生不利影响。

其二，美国政府必须拥有足够的黄金储备，以保证美元与黄金的可兑换性。但是事实上，无论是从全球范围的黄金产量的增长，还是从美国的黄金储备量的变化，都远远不能达到上述要求。到 1971 年，美国黄金储备下降到不足所欠外国短期债务的 1/5。显然，这会严重影响其他国家对美国按官价保持黄金可兑换性能力的信心。

其三，布雷顿森林体系所奉行的固定汇率制导致的国际收支调节机制失灵。由于 IMF 贷款能力有限，汇率调整次数很少，各国国际收支失衡的调整，常常只能消极地以牺牲国内宏观经济政策自主权为代价。在这一国际货币体系下所出现的国际收支调节压力的不对称现象，导致了巨大的世界性国际收支失衡。

其四，对付由外汇投机引致的国际金融动荡或危机，成为各国政府的棘手问题。

除了上述存在的问题之外，作为建立在黄金-美元本位基础上的布雷顿森林体系的根本缺陷还在于，美元既是一国货币，又是世界货币。作为一国货币，它的发行必须受制于美国的货币政策和黄金储备；作为世界货币，美元的供给又必须适应于国际贸易和世界经济增长的需要。由于黄金产量和美国黄金储备量增长跟不上世界经济发展的需要，在"双挂钩"原则下，美元便陷入了进退两难的境地：为满足世界经济增长对国际支付手段和储备货币的增长需要，美元的供给应当不断地增长；而美元供给的不断增长，又会导致美元同黄金的可兑换性日益难以维持。美元的这种两难处境，是美国耶鲁大学教授罗伯特·特里芬（Robert Triffin）于 20 世纪 50 年代最早提出的，故又被称之为"特里芬两难"（Triffin Delimma）。"特里芬两难"指出了布雷顿森林体系的内在不稳定性及危机发生的必然性，该货币体系的根本缺陷在于美元的双重身份和双挂钩原则，由此导致的体系危机是美元的可兑换的危机，或人们对美元可兑换的信心危机。

随着美国相对经济实力的下降，布雷顿森林体系的内在矛盾越来越突出，随着美元不断贬值，到 1973 年终于彻底崩溃。

第二次世界大战后，美国的经济实力空前增强，1949 年美国拥有世界黄金储备的 71.2%，达 245.6 亿美元。饱受战争创伤的西欧、日本为发展经济需要大量美元，但又无法通过商品和劳务输出来满足，从而形成了普遍的美元荒。50 年代初，美国发动侵朝战争，国际收支由顺差转为逆差，黄金储备开始流失，1960 年，美国的黄金储备下降到 178 亿美元。与此同时，西欧和日本的经济已经恢复，进入迅速发展时期，出口大幅度增长，国际收支由逆差转为顺差，从而爆发了第一次美元危机。1960 年 10 月，国际金融市场上掀起了抛售美元抢购黄金的风潮，伦敦金融市场的金价暴涨到 41.5 美元 1 盎司，高出黄金官价的 18.5%。

美元危机的爆发严重动摇了美元的国际信誉，为了挽救美元的颓势，美国与有关国家采取了一系列维持黄金官价和美元汇率的措施，包括"君子协定"、"巴塞尔协定"、"黄金总库"以及组成"十国集团"签订"借款总安排"等，目的在于当汇率波动时，运用各国力量共同干预外汇市场，尽管如此，也未能阻止美元危机的再度发生。

60 年代中期以后，美国扩大了侵越战争，国际收支更加恶化，黄金储备不断减少，对外债务急剧增加。1968 年 3 月，第二次美元危机爆发，巴黎市场的金价涨至 44 美元 1 盎司，美国的黄金储备半个月之内流失了 14 亿美元。"黄金总库"被迫解散，美国与有关国家达成"黄金双价制"的协议，即黄金市场的金价由供求关系自行决定，35 美元 1 盎司的黄金官价仅限于各国政府或中央银行还能够向美国兑换。

70 年代中期以后，美国经济状况继续恶化，1971 年再次爆发美元危机，西方国际金融市场大量抛售美元，抢购黄金，美国的黄金储备降至 102 亿美元，而美国同期的短期外债高达 510 亿美元，黄金储备不及其短期债务的 1/5。为防止黄金继续外流，1971 年 8 月 15 日美国总统尼克松宣布实行"新经济政策"，内容之一就是对外停止履行美元兑换黄金的义务，切断了美元与黄金的直接联系，从根本上动摇了布雷顿森林体系。

美元停兑黄金以后，引起了国际金融市场的极度混乱，西方各国对美国的做法表示强烈的不满，经过长期的磋商，"十国集团"于 1971 年 2 月通过了"史密森协议"。其主要内容是，美元贬值 7.89%，黄金官价升至每盎司 38 美元，西方各国主要通货的汇率也作了相应的调整，并规定汇率的波动幅度为不超过货币平价的上下各 2.25%。

1972 年 6 月和 1973 年 2 月，国际金融市场相继又掀起了抛售美元、抢购联邦德国马克、日元和黄金的风潮。美国于 1973 年 2 月被迫宣布美元再次贬值 10%，黄金官价由 1 盎司 38 美元提高到 1 盎司 42.22 美元。当 1973 年 3 月再次出现抛售美元的风潮时，为维持本国的经济利益，西方各国纷纷放弃固定汇率，实行浮动汇率。这时，布雷顿森林体系的两大支柱全部坍塌：美元不能按官价兑换黄金，其他国家货币也不再与美元挂钩，以美元为中心的布雷顿森林体系彻底瓦解。

四、牙买加货币体系

布雷顿森林体系崩溃后，国际金融形势更加不安，各国都在探寻货币制度改革的新方案。1976 年国际货币基金组织国际货币制度临时委员会在牙买加国际货币基金组织理事会通过《国际货币基金组织协定的第二次修正案》（第一次修正案是 1968 年，授权国际货币基金组织发行特别提款权），这就是牙买加协定，它形成了国际货币关系的新格局。

（一）牙买加货币体系的主要内容

牙买加协定宣布废除黄金官价，实行黄金非货币化，用特别提款权（SDRs）作为主要储备资产，会员国可以自由选择汇率制度等。牙买加货币协定的主要内容包括：

（1）增加会员国的基金份额。根据该协定，会员国的基金份额从原来的 292 亿特别提款权增至 390 亿特别提款权，即增长 33.6%，各会员国的基金份额也有所调整。

（2）汇率浮动合法化。1973 年后，浮动汇率逐渐成为事实。修改后的基金协定规定，会员国可以自行选择汇率制度，事实上承认固定汇率制与浮动汇率制并存。但会员国的汇率政策应同基金组织协商，并接受监督。浮动汇率制应逐步恢复固定汇率制。在条件具备时，国际货币基金组织可以实行稳定但可调整的固定汇率制度。

（3）降低了黄金在国际货币体系中的作用。新的条款废除了布雷顿森林体系中所有的黄金条款，并规定黄金不再作为各国货币定值的标准；废除黄金官价，会员国之间可以在市场上买卖黄金；会员国间及其与基金组织间，取消以黄金清算债券债务的义务；基金组织持有的黄金部分出售，部分按官价退还原缴纳的会员国，剩下的酌情处理。

（4）规定特别提款权作为主要的国际储备资产。新协定规定，特别提款权可以作为各国货币定值的标准，也可以供有关国家用来清偿对基金组织的债务，还可以用做借贷。

（5）扩大对发展中国家的资金融通。用按市价出售的黄金超过官价的收益部分，设立一笔信托基金，向最不发达的发展中国家以最优惠的条件提供援助，帮助解决国际收支问题；扩大基金组织信用贷款的额度；增加基金组织"出口补偿贷款"的数量。

牙买加协议后的国际货币制度实际上是以美元为中心的多元化国际储备和浮动汇率的货币体系。在这个体系中，黄金的国际货币地位趋于消失，美元在诸多储备货币中仍居主导地位，但它的地位在不断削弱，而德国马克、日元的地位则不断提高。在这个体系中，各国所采取的汇率制度可以自由安排。主要发达国家货币的汇率实行单独或联合浮动。多数发展中国家采取钉住汇率制，把本国货币钉住多种形式的管理浮动汇率制度。另外，在这个体系中，国际收支的不平衡通过多种渠道进行调节。除了汇率机制以外，国际金融市场和国际金融机构也发挥着重大作用。

（二）牙买加体系存在的问题

以牙买加协定为基础的当代国际货币体系的实践，对维持国际经济的正常运转，推动世界经济的持续发展，其积极作用是应当肯定的。但同时，该体系作用的结果也存在着消极的一面。这主要表现在它使得国际货币格局错综复杂，缺乏统一稳定性。国际金融的动荡加剧，国际贸易和金融市场受到严重的冲击。

第一，汇率安排的多样化与汇率波动的加剧乃至国际金融危机的频发。浮动汇率所导致的对各国财政政策约束的放宽，难免导致一些国家无限制地实行膨胀性的财政货币政策，从而加剧世界性的通货膨胀压力。除此而外，浮动汇率还为外汇市场的投机者提供了活动的空间，亦成为 20 世纪 90 年代以来国际金融危机频繁爆发的一个原因。

第二，国际储备多元化与各国国际储备资产管理难度的增加。

第三，国际收支调节机制的多样化与国际收支问题严重化。在浮动汇率条件下，汇率机制是国际收支调节的主要方式，但它要受到进出口商品弹性等的限制；利率机制的使用，亦要受到各国宏观经济面的制约；而国际收支逆差国和顺差国的对称性调节，则长期缺乏有权威和有成效的引导监督。

第四，金融创新的纷纷涌现与国际金融风险的不断加大。

第五，金融全球化与国际货币金融监管协调机制的不力。这首先表现在对国际金融市场的动荡乃至危机，缺乏行之有效的"预警"机制。亦表现在金融危机爆发时，传统的处理危机的"一揽子"救助措施常常不能对症下药，并且通常附带有利于西方发达国家的经济、社会和政治改革条件。此外更表现在对金融全球化和自由化背景下每天活跃在世界市场上数以亿万计的庞大游资，缺乏有效的监督和约束机制。使之成为国际金融市场动荡的一个重要因素。

（三）国际货币金融体系的改革趋向

面对当代国际货币金融关系的矛盾冲突，尤其是 20 世纪 80 年代以来旷日持久的国际债务问题，以及 20 世纪最后几年相继发生的国际金融危机和动荡，如何改革现行的国际货币金融制度，使之能在尽可能大的程度上适应经济全球化趋势下世界经济的健康发展，客观上已成为包括发达国家在内的世界各国共同关注的问题。对现行国际货币金融制度进行较彻底的改革乃至重建新的适应经济全球化趋势下世界经济发展的国际货币金融制度，已经成为国际金融界大多数国家所普遍认同或接受的主张。彻底改革或重建国际货币金融体系的建议与方案很多，概括地归纳起来主要有以下几种：

方案一：恢复国际金本位制。持这种观点者，主要以法国的吕埃夫和瑞士的海尔普林等为代表；而更多人则主张实行改进的金汇兑本位制，两者只是侧重点有所不同，其代表人物包括：美国的伯恩斯坦（主张建立新储备单位来增加世界清偿能力）；英国的哈罗德等（主张提高金价来增强世界清偿力）；瑞士的拉兹等（主张建立多种通货储备体制）。总的来说，这种将黄金为基准货币的固定汇率体系的金本位制，并非原来流行的那种金本位制的简单复兴，而是"新金本位"制。这种新的全球金本位制并不依赖于实际存在的黄金储备，而是以中央银行发行保证本国货币按固定比率购回黄金的远期合约的意愿为基础。这样一来，根据对未来的预期，金融市场力量便可被用来扩张或收缩一国的货币供应量，同时，投机者的行为便具有了一种稳定效应，因为他们买卖债券的活动将会导致货币与黄金的相对价格走向均衡固定比率。

新金本位制度相对于布雷顿森林体系而言有它的优势。因为黄金作为货币已有很长的历史，它容易被接受，而且各国中央银行仍能采取主动的货币政策。但是在现实经济情况下，国际货币市场的自动调节机制及重归金本位制，必然要受到各种因素制约。由于黄金储备分布的不合理，仅拥有世界黄金储备20%的发展中国家自然首当其冲，缺乏货币稳定的基础。此外，金本位制同各国国内的经济政策目标也有其矛盾的一面。比如，在国际收支出现逆差的情形下，要维持金本位制，就得用黄金去进行清偿。这不仅会出现黄金严重外流，引起国内货币量收缩，抑制经济增长，而且根本就没有那么多黄金用于这种清偿。如果希望保持经济增长，那就必须冻结黄金外流，但这不仅会加剧出现更严重的国际收支逆差，而且还从根本上动摇着金本位制的基础。

方案二：恢复布雷顿森林体系。从本质上讲，布雷顿森林体系与金本位制类似，即所有国家的货币均与某一核心货币挂钩，并在此基础上确定（并固定）各国之间的汇率。布雷顿森林体系和金本位制的区别仅在于核心货币：前者为美元，后者为黄金。今天提出恢复布雷顿森林体系的主张，其理论依据是：（1）从1944～1971年这段时间的国际货币制度来看，总的情况是稳定的，对世界经济与国际贸易的发展是有益的。（2）恢复了布雷顿森林体制，也就是恢复了美元等同黄金的地位，这样，从理论上来讲，国际货币就有了稳定的基础。（3）现在，美国虽不是世界产金和储金最多的国家，但却仍是比较多的地方，这也是有利条件。（4）和第二次世界大战刚结束时类似，冷战结束后，美国在世界舞台上一直扮演着举足轻重的角色，东亚金融危机的爆发和90年代初期以来，美国经济近90个月的持续增长，乃至在可预见到的将来相当一个时期美国在世界经济中的重要地位，均对该方案的提出起到推动作用。

这种方案尽管有其许多合理之处，但在具体的实行中困难也很多。首先，在70年代，美国的黄金尚且难以维持与美元的挂钩，则更不用说在世纪之交世界经济迅猛发展的今天了。其次，经济全球化趋势下世界经济的多极化发展已成事实，美国的近十年来的持续增长，并不能改变欧盟、日本及发展中的新兴工业化国家经济的崛起，国际基准货币及国际储备的多元化亦难以逆转。最后，让美国独家主导全球的货币政策，通过控制世界基础货币发行，再次享有向全球征收铸币税和转嫁其国内通胀压力的权力和机会，也难以为包括南北方在内的大多数国家所接受。

方案三：创建单一世界货币和世界中央银行的国际管理通货本位制。建立世界中央银行并让其发行统一货币的思想，最初源于哈耶克1937年出版的一本题为《货币的民族主义与国际稳定》的著作。哈耶克指出，货币改革者的理性选择只有两种：建立国际货币政策的"世界中央银行"和与通常理解的货币政策毫不相关的"完全自由的银行"。哈耶克的第一种方案认为，与其由民族国家执行货币政策，不如由一个单一的世界中央银行负起责任。

该方案较为理想，但其实施的困难在于，它与各主权国家利益密切相关，要想建立高度统一的世界银行机构，统一行使权力，必然面临着来自不同国家的众多压力。实行固定汇率，固然有着有助于发展中国家金融稳定的一面，但推行固定汇率的弊端亦早已被许多发展中国家所领教过。此外，这种要在全球范围内创造一种统一管理通货的设想的实行中，也存在着许多具体的困难。

方案四：建立区域性货币联盟。根据地理和经济的联系及特点，将世界分成若干货币区，货币区内各国实行固定汇率或准固定汇率制；各货币区之间的汇率则可根据市场供求而自行变动。面对 90 年代国际金融的动荡，建立类似欧洲货币联盟式的区域性货币联盟的构想，业已成为东亚国家近来常加以讨论的议题。其中，较为具体而现实的是马来西亚总理马哈蒂尔提出的旨在降低对美元依赖的货币联盟方案，即在东盟的四个关键国家（马来西亚、泰国、菲律宾和印度尼西亚）间进行贸易时，用新加坡元来取代美元，并使之成为东盟各国货币的标准货币。他的这一建议已经受到了泰国的欢迎，并将在其他东盟国家得到认真的讨论。有些分析家指出，此方案实施后将会减少 30% 甚至更多的对美元的需求，并且能缓和这一地区的货币波动。尽管这一建议的实施面临着不少的问题，但其建立区域性货币联盟的动向已引起了国际金融界的广泛关注。

方案五：在现行国际货币体系的基础上，进行较大幅度的改革。之所以继续维持现行国际货币制度的基础，是因为到现在为止，各种建立新的国际货币制度的主张都缺乏现实的可行性，无法很快加以实现。这样就只好从现行国际货币制度本身来想办法。同时，美国的经济现在仍是最发达的，其国民生产总值仍居世界首位，这是重要的物质基础，美元现在仍然是国际上的关键货币和主要的世界货币。另外，其他国家的货币，如日元、西德马克、瑞士法郎等，可以相互配合同时起世界货币的作用。虽然其间矛盾在深化，但经济全球化和多极化已成定势，欧元的启动已经开始逐渐改变美元在国际货币金融体系中的传统独霸地位。因此，改革应是在现行国际货币金融体系的基础之上进行，它包含诸多不同的方面和层次。

其中的一种意见就是改革现有的国际货币基金组织和世界银行以稳定国际市场。以索罗斯为代表的一批金融家认为，金融市场生来就是不稳定的，而国际金融市场尤其如此。与此同时，鉴于市场本身往往要做出过度反应，并且垄断市场是所有竞争者的目标，故市场无法纠正其自身的错误。这样一来，就需要一定程度的国家干预；而在经济日益全球化的今天，更加密切的国际合作是必要的。在面对东亚金融危机时，索罗斯建议成立一个新的"国际信贷保险公司"。

立足现行国际货币金融体系基础进行改革的另一种意见是，在现行的国际货币基金组织体系下继续推行金融自由化。其具体含义是，要求各国进一步开放金融服务业以及其他市场，减少政府管制，增加其透明度，并且力求凭借国际货币基金组织等国际金融机构来完成上述目标。对此方案的支持，1998 年 2 月 17 日来自 22 个主要国家的官员在美国首都华盛顿就以下三个关键问题达成了共识：第一，解决目前的并且防止未来的金融危机的基础是自由市场；第二，各国政府在提供金融信息时要增加透明度；第三，国际货币基金组织应该继续发挥其不可或缺的作用。显而易见，这是一个实现可能性最大的方案，因为它一方面顾及了金融家和国际金融机构等既得利益者的利益；另一方面又迎合了市场化和全球化的时代潮流。其所包含的逻辑是：金融自由化无疑对世界贸易和分工有着巨大的促进意义，但它本身却不是无条件的；存在一个像国际货币基金组织这样的国际金融机构，是保证全球市场化的必要条件。

小 结

汇率制度有两种典型形式，一种是固定汇率制度，在这种制度下，一国的货币当局通过干预外汇市场以保持汇率的固定性，当然，它要求货币当局有足够的外汇储备资产作为物质后盾。货币局制度和美元化制度都是固定汇率的形式。另一种是浮动汇率制度，在这种制度下，一国货币的币值根据市场需求变化，政府或货币当局不加干预。此外还有各种中间形式的汇率制度，如钉住汇率制度、管理浮动制度等。一国在选择汇率制度时应考虑本国的经济规模、经济开放度及经济发展水平。

两种汇率制度各有优缺点，它们集中地反映在货币纪律的约束性与货币政策的灵活性、对贸易与投资的促进作用、对资源配置效率的影响、对政策效果的影响、稳定外汇市场的作用、稳定外部冲击的作用等方面。

当两个（或两个以上）国家经济联系达到一定程度时，固定汇率的收益大于成本，使用固定汇率是合适的，固定汇率的最高形式就是使用统一货币，最优货币区理论就是从理论上论证什么条件下在一些国家之间实行固定汇率或统一货币才是有利的。最优货币区的标准包括要素流动性标准、经济开放度标准、产品多样化标准、金融一体化标准等。从单个国家来看，加入货币区既有收益，也有成本，只有收益大于成本时，它才会选择加入货币区。

国际货币体系是国际货币制度、国际金融机构以及由习惯和历史沿革所约定俗成的国际货币秩序的总和。国际上曾出现的国际货币体系有金本位体系、布雷顿森林体系及牙买加体系。

思考与练习

1. 在现代货币制度下，固定汇率制度是如何维系的？
2. 固定汇率和浮动汇率制度各自的优缺点是什么？
3. 什么是货币局制度？货币局制度是如何运作的？
4. 什么是最优货币区？最优货币区的标准有哪些？

5. 什么是国际货币体系？它包括哪些内容？

6. 布雷顿森林体系的主要内容是什么？它为什么最终不可维持地走向崩溃？

参 考 文 献

[1] 高鸿业，主编. 西方经济学 [M] .3 版（宏观部分）. 北京：中国人民大学出版社，2004.

[2] 姜波克，主编. 国际金融学 [M] . 北京：高等教育出版社，1999.

[3] 李坤望，主编. 国际经济学 [M] . 北京：高等教育出版社，2005.

[4] 李小北，王珽玖，主编. 国际投资学 [M] . 北京：经济管理出版社，2003.

[5] 刘玉操，编著. 国际金融实务 [M] . 大连，东北财经大学出版社，2006.

[6] 刘园，主编. 国际金融实务 [M] . 北京：高等教育出版社，2006.

[7] 沈国兵，主编. 国际金融 [M] . 上海：上海财经大学出版社，2004.

[8] 张向晨，主编.WTO 与中国贸易政策分析 [M] . 北京：中国商务出版社，2003.

[9] ［美］保罗·R. 克鲁格曼，茅瑞斯·奥伯斯法尔德. 国际经济学：理论与政策 [M] .6 版. 海闻，潘圆圆，张卫华，等译. 北京：中国人民大学出版社，2006.

[10] ［美］查尔斯·范·马芮威耶克. 中级国际贸易学 [M] . 夏俊，等译. 上海：上海财经大学出版社，2006.

[11] ［美］丹尼斯·R. 阿普尔亚德，小艾尔佛雷德·J. 菲尔德，著. 国际经济学 [M] . 龚敏，陈琛，高倩倩，译. 北京：机械工业出版社，2003.

[12] ［意］贾恩卡罗·甘道尔夫，著. 国际金融与开放经济的宏观经济学 [M] . 靳玉英，译. 上海：上海财经大学出版社，2006.

[13] ［意］贾恩卡罗·甘道尔夫，著. 国际贸易理论与政策 [M] . 王根蓓，译. 上海：上海财经大学出版社，2005.

[14] ［美］Dominick Salvatore, International Economics [M] .8th ed. 北京：清华大学出版社（影印），2004.

[15] ［美］Steven Husted, Michael Melvin. International Economics [M] .5th ed. 北京：高等教育出版社（影印），2002.

[16] Bhagwati, J. N., Protectionism [M] . Cambridge, Mass：MIT Press, 1988.

[17] Calvo, G. A., Carmen M. Reinhart. Fear of Floating [J] . Quarterly Journal of Economics, 2002, Vol. CXVII (May) .

[18] Caves, R. Multinational Enterprise and Economic Analysis [M] . Cambridge: Cambridge University Press, 1990.

[19] Dixit, A. , Victor Norman. Theory of International Trade [M] . Cambridge: England: Cambridge University Press, 1980.

[20] Dornbusch, R. , S. Fischer, P. Samuelson. Comparative Advantage, Trade and Payments in a Ricardian Model [J] . The American Economic Review, 1977, Dec.

[21] Dornbusch, R. , Expectations and Exchange Rate Dynamics [J] . Journal of Political Economy, 1976.

[22] Fleming, J. M. Domestic Financial Policy under Fixed and under Floating Exchange Rate [J] . IMF Staff Papers, 1962.

[23] Frenkel, J. A. , A. Razin. The Mundell-Fleming Model a Quarter Century Later [J] . IMF Staff Papers, 1987.

[24] Goldberg, P. K. , Michael M. Kentter. Goods Prices and Exchange Rates: What Have We Learned? [J] . Journal of Economic Literature, 1997

[25] Grubel, H. G. , H. G. Johnson, Effective Tariff Protection [M] . Geneva: United Nations, 1971.

[26] Helpan E. , P. Krugman. Market Structure and Foreign Trade [M] . Cambridge: MIT Press, 1985.

[27] Mundell, Robdft A. A Theory of Optimum Currency Areas [J] . The American Economic Review, 1961.

[28] Rogoff, Kenneth. The Purchasing Power Parity Puzzle [J], Journal of Economic Literature, 1996.

后　　记

　　经过长期的工作，本书的写作终于完成了。写作过程是完成书稿的最后步骤，但并不是唯一的工作。该书主要是平时教学和研究过程中在该领域的成果积累。在写作的过程中，不仅借鉴了大量国内外优秀教材，也参考了一些研究文献，在很多地方都使用了自己的逻辑安排和叙述方式，还有的地方融入了自己的观点。同时，本书也是集体工作的结晶。李振华、辛韬为本书第一篇写作提供并整理了部分素材，并参与部分习题编写；李涛、张月娥为本书第二部分写作提供并整理了部分原始数据，并对部分的结构安排提出了宝贵意见，在此表示衷心的感谢！由于作者水平所限，书中难免存在有待完善之处或不足，恳请读者不吝赐教。

宋世方　李红艳

2007 年 7 月 11 日于上海罗秀苑

21世纪经济学系列教材

- 管理经济学
- 产业经济学
- 发展经济学概论
- 新制度经济学
- 国际贸易学
- 国际投资学
- 环境经济学
- 国际经济学